Margarete Götz · Karin Müller (Hrsg.)

Grundschule zwischen den Ansprüchen
der Individualisierung und Standardisierung

Jahrbuch Grundschulforschung
Band 9

Margarete Götz · Karin Müller (Hrsg.)

Grundschule zwischen den Ansprüchen der Individualisierung und Standardisierung

VS VERLAG FÜR SOZIALWISSENSCHAFTEN

Bibliografische Information Der Deutschen Bibliothek
Die Deutsche Bibliothek verzeichnet diese Publikation in der Deutschen Nationalbibliografie;
detaillierte bibliografische Daten sind im Internet über <http://dnb.ddb.de> abrufbar.

1. Auflage September 2005

Alle Rechte vorbehalten
© VS Verlag für Sozialwissenschaften/GWV Fachverlage GmbH, Wiesbaden 2005

Der VS Verlag für Sozialwissenschaften ist ein Unternehmen von Springer Science+Business Media.
www.vs-verlag.de

Umschlaggestaltung: KünkelLopka Medienentwicklung, Heidelberg
Satz: Anke Vogel
Druck und buchbinderische Verarbeitung: MercedesDruck, Berlin
Gedruckt auf säurefreiem und chlorfrei gebleichtem Papier
Printed in Germany

ISBN 3-531-14814-1

Inhaltsverzeichnis

Einleitung

Margarete Götz & Karin Müller
Einleitung zum Tagungsband: Grundschule zwischen den Ansprüchen der
Standardisierung und Individualisierung...11

I   Bildung in der Grundschule unter den Bedingungen von Individualität und standardisierten Erwartungen

Heinz-Elmar Tenorth
Grundbildung – institutionelle Restriktion oder legitimes Programm?...........17

Andreas Nießeler
Individualität und Kulturalität - Aspekte grundlegender Bildung aus Sicht
der Kulturtheorie..31

Bettina Blanck
Reflexive Erwägungsorientierung als leitende Idee im Umgang mit
Standardisierung und Individualisierung...37

Anne Unckel
Nationale Bildungsstandards und individuelle Förderung – Das englische
Schulentwicklungsprogramm „Excellence in Cities".......................................43

II   Die Perspektive des Kindes als Anspruch auf Individualisierung

Friederike Heinzel
Subjekt und Methode – Wege einer kindzentrierten Grundschulforschung.......53

Gudrun Schönknecht & Ruth Michalek
Kinder sprechen über Schule – Inhalte von Gruppendiskussionen mit
Kindern im Grundschulalter...69

Heike Deckert-Peaceman
Hausaufgaben in der Ganztagsgrundschule aus der Perspektive von Kindern
im Spannungsfeld zwischen Individualisierung und Standardisierung 77

Sabine Martschinke, Gisela Kammermeyer & Angela Frank
Die ersten Notenzeugnisse und der Übertritt in der Perspektive der Kinder –
Ergebnisse aus der KILIA-Studie 85

**III Individualisierung und Standardisierung angesichts heterogener
Lernausgangslagen**

Birgit Brandt
Interaktionsprozesse in jahrgangsübergreifenden Arbeitsgruppen.................... 95

Petra Hanke & Anna Katharina Hein
Bildungsprozesse von Kindern in jahrgangsübergreifenden und
jahrgangsbezogenen Lerngruppen in der Schuleingangsphase 101

Liselotte Denner & Anke Lindmaier
Schulerfolg von Zuwandererkindern am Ende der Grundschulzeit in
mehrperspektivischer Sicht 107

IV Standardisierte Lernstandsdiagnose und individuelle Förderung

Peter Tymms & Monika Wylde
Basisprüfverfahren: Zum Schaden oder zum Nutzen? 117

Katja Koch
Standardisierte Messung und individuelle Förderung – Zwei sich
widersprechende Prinzipien in der (vor)-schulischen Sprachförderung? 131

Axel Backhaus
Der Stolperwörter-Lesetest und der Siegener Lesetest..................................... 137

Frank Grittner
Leistungsbewertung mit Portfolio – ein Schulversuch an einer Berliner
Grundschule 145

V Individualisierung und Standardisierung in unterrichtsbezogenen Kontexten

Lernbereichsübergreifende Perspektive

Joachim Kahlert, Mechthild Hagen, Christiane Hemmer-Schanze &
Ludowika Huber
Hör- und Zuhörförderung in der Grundschule. Ergebnisse aus dem
BLK-Projekt GanzOhrSein 153

Kerstin Mayrberger
Neues Lernen mit neuen Medien im geöffneten Unterricht der
Grundschule – Analyse sozialer Interaktionen von Schülerinnen und
Schülern beim gemeinschaftlichen, computerunterstützten Lernen. 161

Lernbereichsspezifische Perspektive

Ursula Stenger
Dimensionen des Lesens – jenseits von PISA 171

Sandra Langer
Schriftsprachentwicklung von Kindern aus sogenannten schriftfernen
Familien beim Übergang vom Kindergarten in die Grundschule:
Erste Ergebnisse einer qualitativen Längsschnittstudie 177

Eva-Maria Kirschhock
Schriftspracherwerb verändert Sprachbewusstheit 185

Nikolaos Rellos
Leseverständnis griechischer Erstklässler 193

Claudia Schomaker
Individuelles Erkenntnisinteresse und der Anspruch der Standardisierung
im Sachunterricht 201

Eva Gläser
Mit Unterrichtsgesprächen individuelle Lernprozesse im Sachunterricht
fördern – eine Fallstudie 209

Patricia Grygier
Vermittlung von Wissenschaftsverständnis im Sachunterricht der
Grundschule 215

Johannes Jung
Die Heimatkunde in der DDR als der Versuch einer nationalen
Standardisierung 221

**VI Individualisierung und Standardisierung in professionsbezogenen
    Kontexten**

Frank Foerster & Gabriele Faust
Auswahlgespräche zur Vergabe von Studienplätzen im
Grundschullehramtsstudium – Standardsicherung durch Steuerung des
Zugangs? 231

Susanne Pietsch
Perspektivenübernahme und Verstehenlernen – Kompetenzerwerb durch
Fallarbeit in der universitären Lehrer(aus)bildung 237

Andreas Hartinger, Dženana Mörtl-Hafizović & Maria Fölling-Albers
Situiertes Lernen als Chance für die Lehrerbildung 245

Brunhild Landwehr
Selbstorganisationsoffene Lernarrangements als hochschuldidaktisches
Konzept: Chancen und Probleme beim Erwerb von Scientific Literacy 253

Lydia Murmann
Zur Angemessenheit komplexer Inhalte im Studium für die Primarstufe:
Das Seminar „Raum, Zeit, Einstein" 263

Gerd Bruderreck
Lern- und Wissenskonzepte von Sachunterrichtsstudierenden in
selbstorganisationsoffenen Lernarrangements 269

Ilona Esslinger-Hinz
Die Unantastbarkeit des Unterrichts und die Folgen für
Individualisierungsprozesse an Grundschulen 275

Britta Kohler
Zur Rezeption externer Evaluation: Wie gehen Lehrkräfte, Eltern und die
Schulaufsicht mit Ergebnissen leistungsvergleichender Studien um?.............283

Roland Stein
Individualisierung durch Kooperation – Aufgaben von Sonderpädagogen
in der integrierten Förderung..289

Karin Müller
Standardisierung des Curriculums im Kindergarten? – Erwartungen von
Grundschullehrerinnen und -lehrern an den Kindergarten...............................297

Iris Kühnl
Elternberatung zwischen Individualisierung und Standardisierung –
aufgezeigt am Beispiel der Vermittlung von Lernstrategien............................305

Günther Schorch
Brauchen wir eine „systematische Grundschulpädagogik"?
Überlegungen zur Standardisierung der Grundschulpädagogik als
Wissenschaftsdisziplin 311

Einleitung zum Tagungsband: Grundschule zwischen den Ansprüchen der Standardisierung und Individualisierung

Margarete Götz & Karin Müller

Der vorliegenden 9. Band der Reihe der Jahrbücher Grundschulforschung dokumentiert die Mehrzahl der Arbeiten, die auf der 13. Jahrestagung der Kommission „Grundschulforschung und Pädagogik der Primarstufe" der Deutschen Gesellschaft für Erziehungswissenschaft (DGfE) vorgestellt und diskutiert wurden. Die Tagung fand im September 2004 zum Thema „Grundschule zwischen den Ansprüchen der Standardisierung und Individualisierung" an der Universität Würzburg statt.

Das Tagungsthema umspannt eine vielschichtige Problemlage, die im grundschulpädagogischen Binnendiskurs, aber auch darüber hinaus in verschiedenen Spielarten teilweise recht kontrovers diskutiert wird. Im Kontext des Bildungsauftrages der Grundschule betrachtet, manifestiert sich die Gleichzeitigkeit von Individualisierung und Standardisierung in der doppelseitigen Aufgabe, die der Grundschule seit ihrer Gründung zugeschrieben wird. Während der persönlichkeitsbildende Auftrag der Grundschule die Ermöglichung von Bildungsprozessen verlangt, die in ihrem Verlauf wie in ihren Ergebnissen individualisiert sind, bedingt die Sicherung einer grundlegenden Bildung die Orientierung der Grundschularbeit an verbindlichen Vorgaben, die Umfang, Inhalt und Anspruchsniveau des von allen Grundschülern zu absolvierenden Bildungsprogrammes definieren. Mit dem Anspruch nationaler Geltung hat jüngst die Kultusministerkonferenz u.a. für die 4. Jahrgangsstufe der Grundschule solche Vorgaben in Form fachbezogener Bildungsstandards vorgelegt, von deren Umsetzung eine Behebung der Defizite des deutschen Bildungswesens erwartet wird, die im Nachgang zu den internationalen Schulleistungsvergleichsstudien diagnostiziert wurden.

Die bildungspolitische Maßnahme, fügt sich in eine derzeit dominierende Reformstrategie ein, die in auffälliger Weise mit Standards operiert. Deren Notwendigkeit wird mit einer Gemengelage von Argumenten begründet, die ihrer Herkunft nach u.a. der Bildungstheorie, der Schulentwicklungs- und Unterrichtsforschung, internationalen Schulleistungsvergleichsuntersuchungen und Evaluationsstudien zur Lehrerbildung entstammen. Auch wenn der Standardbegriff national wie international uneinheitlich gebraucht wird, so gilt doch in Kreisen der Bildungspolitik und -forschung die Setzung, Einhaltung und

Sicherung von Standards als ein Erfolg versprechender Reformansatz. Von seiner Realisierung – angefangen vom Kindergarten über die Grundschule und die weiterführenden Schulen bis hin zur Lehrerbildung – verspricht man sich eine Optimierung von Bildungsprozessen und -ergebnissen, von Förder- und Ausbildungsprogrammen ebenso wie eine Qualitätssteigerung des Unterrichts.

Die Forderung nach Standards, deren Ausarbeitung und Umsetzung in Deutschland noch in den Anfängen steckt, ist innerhalb wie außerhalb der Erziehungswissenschaft auf teilweise massive Kritik gestoßen. Unter Berufung auf die Idee der Bildung befürchten die Kritiker, dass die Standardisierung die schulische Arbeit in einem Ausmaß normiert und uniformiert, das im Ergebnis zur einer Ignorierung der Bildungsansprüche des Subjekts führt und darin inbegriffen eine Individualisierung von schulischen Lehr- und Lernprozessen, von Leistungsforderungen und -ergebnissen ausschließt. Wenn solche Bedenken auch in den Reihen der Grundschulpädagogik geäußert werden, dann ist das insofern nachvollziehbar, als die Parteinahme für das Kind seit den Zeiten der Reformpädagogik zum Selbstverständnis der Grundschule und ihrer Pädagogik gehören.

Eine solche Parteinahme wandelt sich rasch zu einem programmatischen Bekenntnis, wenn sie darauf verzichtet, die mit den Ansprüchen der Standardisierung und Individualisierung verbundenen strittigen Probleme auf der Basis wissenschaftlicher Erkenntnisse und Forschungsbefunde zu reflektieren und zu klären. Dieses Anliegen dokumentieren die in diesem Tagungsband versammelten Beiträge, die gleichzeitig das breite Spektrum an Forschungsaktivitäten innerhalb der Grundschulpädagogik belegen. Die Studien greifen unter verschiedenen theoretischen und forschungsmethodischen Zugängen das Tagungsthema in seinen vielfältigen grundschulrelevanten Aspekten auf, seien es Fragen nach der Gewichtung beider Ansprüche im Lehr- und Lernprozess der Grundschule, nach den Voraussetzungen ihrer gleichzeitigen Realisierung unter den Bedingungen institutionalisierter Bildung, nach ihren erwünschten und unerwünschten Folgeeffekten für das Handeln der professionellen Akteure oder nach stufendidaktischen Konkretisierungsmodellen, um nur einige Beispiele zu nennen.

Die Beiträge sind im vorliegenden Tagungsband nach sechs thematischen Schwerpunkten gegliedert. Der erste umfasst Abhandlungen, die Bildung in der Grundschule unter den Bedingungen von Individualität und standardisierten Erwartungen reflektieren. Dazu gehört der Eröffnungsvortrag der Tagung von Heinz-Elmar Tenorth, der in seinen Ausführungen die systematischen Schwächen des in der Grundschulpädagogik gepflegten Konzeptes der grundlegenden Bildung identifiziert und in Abhebung davon ein bildungstheoretisch fundiertes Modell der Grundbildung skizziert, das Individualisierung und Standardisierung angemessen zu verbinden versucht. Deren Vereinbarkeit wird in drei weiteren Beiträgen, in einem Fall aus der Sicht der Kulturtheorie, im anderen Fall unter den Prämissen einer reflexiven Erwägungsorientierung und schließlich am Beispiel eines englischen Schulentwicklungsprogramms untersucht.

Unter dem zweiten Themenschwerpunkt sind Beiträge versammelt, die den Blick auf die Grundschulkinder selbst richten, allerdings nicht von der Warte standardisierter schulischer Erwartungen aus, sondern geleitet von einem Forschungsinteresse, das Kinder als Akteure schulischen Lebens und Lernens ernst nimmt. Eingeleitet wird dieser thematische Schwerpunkt mit wissenschaftstheoretischen und -methodischen Überlegungen von Friederike Heinzel zu einer kindzentrierten Grundschulforschung. In den weiteren Einzelbeiträgen werden Arbeiten vorgestellt, die unter Anwendung verschiedener methodischer Instrumentarien und inhaltlich konkretisiert die Perspektive von Grundschulkindern erforschen u. a. zu Hausaufgaben und zu Notenzeugnissen.

Lernprozesse in ihrem individuellen Verlauf wie in ihrer Annäherung an standardisierte Ergebnisse unter den Bedingungen der in der Grundschule anzutreffenden extremen Bandbreite heterogener Lernausgangslagen zu untersuchen, ist unter verschiedenen Fragestellungen das gemeinsame Anliegen der Forschungsprojekte, die den dritten thematischen Schwerpunkt des Tagungsbandes repräsentieren.

Der vierte wird durch Beiträge abgedeckt, die sich mit einer spezialisierten Version der Standardisierung befassen: den Methoden und Instrumentarien zur Erhebung des Lern- und Leistungsstandes der Grundschüler und Grundschülerinnen. In ihren grundsätzlichen Ausführungen dazu verdeutlichen Peter Tymms und Monika Wylde am Beispiel eines in englischen Primarschulen praktizierten Basisprüfverfahrens, welche Chancen aber auch welche Risiken mit einer standardisierten Lernstandserhebung verbunden sind, deren Ergebnisse für die individuelle Förderung des Kindes ebenso genutzt werden können wie für schulpolitische Maßnahmen auf nationaler Ebene. In den weiteren Einzelbeiträgen werden teilweise neu entwickelte Instrumentarien zur Lern- und Leistungsermittlung in der Vor- und Grundschulzeit vorgestellt, die u.a. in ihrer Brauchbarkeit und Ergiebigkeit für diagnostische Zwecke und daran anschließende förderwirksame individuelle Lernangebote im Rahmen wissenschaftlicher Untersuchungen überprüft werden.

Der fünfte Themenschwerpunkt umfasst eine Reihe von Forschungsarbeiten, die in ihrem methodischen Design empirisch-quantitativ wie empirisch-qualitativ angelegt und, vereinzelt auch historisch ausgerichtet sind. Sie greifen pädagogische und didaktische Aspekte sowie methodische Konkretisierungsvarianten von Individualisierungs- und Standardisierungsbemühungen in unterrichtsbezogenen Kontexten auf, sei es unter lernbereichsübergreifenden oder lernbereichsspezifischen Frageinteressen.

Die umstrittene Forderung nach Standards für die Lehrerbildung und für professionelles Lehrerhandeln mag ein aktueller Erklärungsgrund für die beachtliche Anzahl an Beiträgen zum sechsten und letzten thematischen Schwerpunkt sein. Hier sind Forschungsstudien dokumentiert, die das Tagungsthema in professionsbezogenen Kontexten behandeln. Sie befassen sich beispielsweise mit Möglichkeiten eines standardisierten Zugangs zum Studium des Grundschullehramtes, mit dem beruflichen Selbstkonzept integrativ tätiger Lehrkräfte oder stellen erprobte hochschuldidaktische Konzepte zur Steigerung pädagogischer, fachdidaktischer, methodischer und diagnostischer Kompetenzen bei angehenden Grundschullehrern und -lehrerinnen vor.

Auf deren zentrale Berufswissenschaft, auf die Grundschulpädagogik, richtet sich das Interesse von Günther Schorch, der in seinem abschließenden Beitrag angesichts der gegenwärtigen disziplinären Verfassung der Grundschulpädagogik die Notwendigkeit ihrer Standardisierung aufzeigt.

Die Herausgeberinnen danken den Autoren und Autorinnen für die publikationsreife Abfassung ihrer Vorträge und Frau Doris Weth für das hilfreiche Korrekturlesen wie für die kompetente Unterstützung bei der formalen Gestaltung des Bandes. Bedauerlicherweise konnten aus Platzgründen nicht alle bei der Jahrestagung gehaltenen Vorträge in diesem Band aufgenommen werden. Dafür bitten wir um Verständnis.

Würzburg, Juni 2005

I Bildung in der Grundschule unter den Bedingungen von Individualität und standardisierten Erwartungen

Grundbildung – institutionelle Restriktion oder legitimes Programm?[1]

Heinz-Elmar Tenorth

Vorbemerkung

Zu den zentralen Schwachpunkten des deutschen Bildungssystems, so kann man an prominenter Stelle lesen, zähle die ungleiche Finanzierung der Bildungsbereiche: „In der Bundesrepublik wird für die schulische Versorgung der Sechs- bis Zehnjährigen nur ein Drittel der öffentlichen Mittel aufgewandt, die man für 16- bis 18-jährige Schüler aufbringt."[2] „Grundbildung" werde vernachlässigt, notwendig sei aber eine Schulreform, die „von unten" ansetzt und zuerst den Rückstand in den frühen Lernjahren aufholt, der für das deutsche Bildungssystem typisch ist und der zugleich verantwortlich für alle Schwächen ist, die man auf den späteren Schulstufen beobachten kann.

Das ist, anders als man vielleicht vermuten könnte, nicht dem jüngsten OECD-Bericht entnommen, sondern nahezu 35 Jahre alt. Ich habe aus den Unterlagen des heute schon legendären Grundschulkongresses von 1969 zitiert, der damals auch im Herbst, aber erst vom 2. bis 5. Oktober und im reformfreudigen Hessen, nämlich in Frankfurt am Main stattfand; und es war selbstverständlich die Position von Erwin Schwartz selbst, die ich bemüht habe, um einige der Probleme einzuführen, die anscheinend für die Welt der grundlegenden Bildung bis heute charakteristisch sind. Es sind, wie in Deutschland immer, dann Finanzprobleme, mit denen Bildungsdebatten beginnen, und Plädoyers für „Gesamtschulen", wie bei Schwartz und im Arbeitskreis Grundschule 1969 oder in der OECD, in der Sozialdemokratie und bei Frau Bulmahn (Bundesministerin für Bildung und Forschung) aktuell, mit denen sie scheinbar gelöst werden.

Aber nicht nur, weil Frau Bulmahn in bezeichnender Modifikation heute von „Gemeinschaftsschule" statt von „Gesamtschule" spricht, auch nicht allein, weil die finanzielle Relation sich inzwischen anders darstellt, deutlicher günstiger als noch 1969, kann man nicht von einer Kontinuität der Probleme sprechen.

---

[1] Vortrag am 27.9.2004 zur Eröffnung der Jahrestagung der Kommission „Grundschulforschung und Pädagogik der Primarstufe" der Deutschen Gesellschaft für Erziehungswissenschaft in Würzburg, 27. – 29. September 2004.

[2] E. Schwartz: Schulreform von unten. In: ders. (Hrsg.): Inhalte grundlegender Bildung. Frankfurt a. M. 1969, S. 8 (Grundschulkongreß 69, Arbeitskreis Grundschule, Bd. 3).

Das gilt zunächst bildungsökonomisch – denn inzwischen sind es doch nahezu 70 % der Mittel für den Schüler eines Gymnasiums, die für eine Schülerin oder einen Schüler der Grundschule investiert werden, präzise: 3.600 € Ausgabe je Schüler der Grundschule stehen 5.200 € für den Schüler des Gymnasiums gegenüber (und nur nebenbei: 3.200 € erhält die berufsbildende Schule für einen Lernenden, im Durchschnitt also weniger als die Grundschule, 5.400 € werden für einen Gesamtschüler ausgegeben, 5.100 € für einen Hauptschüler, 10.900 € für eine Schülerin der Sonderschule – selbst vom Klassencharakter der Bildungsfinanzierung kann man nicht mehr so einfach reden).[3] Auch im Verständnis der Schulen und im Blick auf die Reformbedürftigkeit haben sich die Verhältnisse gegenüber 1969 radikal verändert; der Titel und das Thema des Kongresses spiegeln die aktuellen Referenzen: „Grundschule zwischen den Ansprüchen der Standardisierung und Individualisierung", das ist heute das Problem – und konstant daran mag nur sein, dass sich die Grundschule erneut in einem spannungsreichen Gefüge wiederfindet, und erneut auch der Frage nach Einheit und Differenzierung nicht ausweichen kann, wie das offenbar immer für sie typisch ist.[4]

Aber für den Wandel spricht auch schon, dass Systemfragen zumindest nicht den Titel Ihres Programms bestimmen, so dass ich den Kontext für die folgenden Überlegungen auch breiter aufnehmen kann, sogar so, dass nicht allein die Grundschule thematisch werden muss, sondern das Bildungswesen insgesamt. Dann ist zwar nicht die Systemfrage als Organisationsproblem auf der Tagesordnung, aber doch in einem konzeptuellen und theoretischen Sinne, also als das systematische Referenzsystem, auf das sich dann auch alle Standardisierung bezieht. Die Klärung dieses Referenzsystems betrifft dann aber, wie ich zu zeigen hoffe, dass Selbstverständnis der Grundschule ganz elementar. Es geht um die Frage, was man in legitimer Weise von einer Schule für alle erwarten darf und dann wird, wie in Deutschland nicht anders zu erwarten, nicht mehr nur über Systemstrukturen gestritten, sondern auch bildungstheoretisch argumentiert.

In diesem Kontext ist aktuell ein systematisches Problem bildungstheoretischer und -politischer Debatten entstanden, das ich zum zentralen Punkt meiner Überlegungen machen will, und das ist die Frage der „Grundbildung" oder der „grundlegenden Bildung". Für dieses Problem, und für die Kontroverse, die sich darum inzwischen entzündet, hat nun tatsächlich die OECD den Anlass geliefert, freilich zusammen mit einigen bundesdeutschen Bildungsforschern und

---

[3]   H. Avenarius u.a.: Bildungsbericht für Deutschland. Erste Befunde. Opladen 2003, S. 46, Abb. A 2/1.

[4]   Günther Schorch: Grundschulpädagogik – eine Einführung. Bad Heilbrunn 1998, S. 176 sieht sogar systematisch die „Grundschule im Spannungsverhältnis extremer Anprüche".

-theoretikern, die sich in der Diskussion schulischer Allgemeinbildung systematisch oder bei der Analyse von Leistungsdaten des deutschen Bildungswesens seit PISA empirisch auf das von der OECD entwickelte und in Ansätzen auch in Deutschland ausgearbeitete Konzept von „literacy" als Grundbildung konzentriert haben.[5] Es beschreibt die Hintergrundtheorie für Messung und Standardisierung.

Kontrovers wird dieses Konzept gegenwärtig vor allem aus der Perspektive der traditionellen Bildungstheorie diskutiert. Sie kann darin nur ein „funktionalistisches Kompetenzmodell" erkennen, das den Namen der grundlegenden „Bildung" nicht verdiene. Es habe jedenfalls, so die jüngste Kritik, „mit dem, was die Tradition ‚Bildung' nannte, wenig oder gar nichts zu tun"[6]; auch an die Stelle der notwendig zu vermittelnden und für Schulen typischen Allgemeinbildung könne es nicht treten. Denn, und jetzt wird es für die Grundschuldebatte interessant: „das, was ausnahmslos jeder zu erlernen hatte", also, wie ich ergänze, das was mit „literacy" bezeichnet wird, das bezeichne allenfalls das „Minimum" allgemeiner Bildung und das werde, so der Kritiker weiter, bereits „heute in der Grundschule vermittelt",[7] erreiche aber nicht die Würde und Weihe der „Allgemeinbildung", jedenfalls dann nicht, wenn man am Zusammenhang von „Allgemeiner Menschenbildung und Allgemeinbildung" festhalte.

Das ist die interessante Konfliktlinie: Grundbildung wird gegen Allgemeinbildung ausgespielt, als legitim gilt allein Allgemeine Bildung, jedenfalls kein pragmatisches Modell von literacy und schon gar nicht die bildungspolitische Orientierung an der Garantie eines Bildungsminimums. Das ist mein Thema. Ich lese dabei diesen Konflikt nicht als bedeutungsloses Nachhutgefecht der alten Bildungstheoretiker, die mit der aktuellen Strategie der Bildungspolitik

---

[5] Einerseits beziehe ich mich, bildungstheoretisch und wie die Kritiker dieses Konzepts von Grundbildung auch, dabei auf meine eigene Studie: Alle alles zu lehren. Darmstadt (1994), andererseits, für die Bildungsforschung, auf die programmatischen Texte der PISA-Autoren, vgl. Baumert, J./ Stanat, P./ Demmrich, A. (2001): PISA 2000: Untersuchungsgegenstand, theoretische Grundlagen und Durchführung der Studie. In: J. Baumert u.a. (Hrsg.): PISA 2000. Basiskompetenzen von Schülerinnen und Schülern im internationalen Vergleich. Opladen, S. 15-68 sowie Baumert, J. (2002): Deutschland im internationalen Bildungsvergleich. In: Killius, N./ Kluge, J./ Reisch, L. (Hrsg.). Die Zukunft der Bildung. Frankfurt a.M., S. 100-150.

[6] Lutz Koch: Allgemeinbildung und Grundbildung, Identität oder Alternative? In: Zeitschrift für Erziehungswissenschaft 7 (2004), S. 183-206. In diesem Heft der ZfE findet sich auch die ausführliche Erläuterung meiner eigenen Position, damit man prüfen kann, ob Koch richtig interpretiert, vgl. Tenorth, H.-E.: Stichwort: „Grundbildung" und „Basiskompetenzen". Herkunft, Bedeutung und Probleme im Kontext allgemeiner Bildung. In: Zeitschrift für Erziehungswissenschaft 7 (2004), S. 169-182 sowie für das Thema auch Tenorth, H.-E.: Bildungsstandards und Kerncurriculum – Systematischer Kontext, bildungstheoretische Probleme. In: Zeitschrift für Pädagogik 50 (2004), S. 650-661.

[7] Vgl. Koch (2004, S. 184).

ihre Probleme haben, sondern systematisch und dann vor allem als *Indiz für ein systematisches Defizit, dass wir nämlich in Deutschland in einem bildungstheoretischen Sinne, also nicht allein institutionell, ein Konzept von „Grundbildung" oder des „Bildungsminimums"* nicht entwickelt haben oder die verfügbaren Modelle nicht anerkennen wollen.

Angesichts des Defizits einer Theorie der Grundbildung ist es meine *zentrale These*, (a) dass der Bezug auf die Grundschule und ihr pädagogisches Selbstverständnis dieses Defizit nicht beseitigt, sondern verschärft. Denn die gegebene institutionelle Struktur der Grundschule in Deutschland verbietet es, sie als Schule des „Minimums" zu interpretieren, wie das leichtfertig unsere Bildungstheoretiker tun. (b) Einlösbar wäre die Gleichsetzung von Institution und Programm allenfalls dann, wenn man „Grundschule" in einem einheitsschulischen Sinne interpretierte, z.B. so, wie die Pflichtschule der DDR bis 1959, auch so, wie die dänische grundskola oder so, wie Einheitsschulsysteme anderer Länder – aber nicht wie die Gesamtschulen, die wir in Deutschland kennen. (c) Grundbildung ist nämlich zuerst ein bildungstheoretisches Problem, dessen Klärung wir uns durch die Fixierung auf Schultypen eher verstellen als aufklären.

Die hier formulierten Thesen versuche ich in den folgenden Überlegungen abzuarbeiten, und zwar in drei Schritten: (1) in der Erinnerung an das Konzept von „grundlegender Bildung", das sich in Deutschland im Kontext der Grundschule entwickelt hat und das alle Belastungen zeigt, die mit einer zu engen Verknüpfung mit der deutschen Struktur der Grundschulen verbunden sind, dann (2) in einem Versuch, „Grundbildung" systematisch zu bestimmen und dabei gleichzeitig die Einwände der bildungstheoretischen Kritiker des literacy-Kozepts auszuräumen, sowie (3) in der Diskussion der Folgen, die diese historische Erinnerung und systematische Besinnung für die institutionelle Form der Grundbildung und für die Aufgabe und Funktion der Grundschule haben, samt der Frage, die schon Erwin Schwartz 1969 aufgeworfen und so beantwortet hat, dass allein eine „Gesamtschule" das legitime Schulmodell sein kann.

1   Die Tradition der „grundlegenden Bildung" – oder das Dilemma von Institution und Programm

Selbstverständlich beginnt das Problem nicht erst 1969 oder gar mit der OECD, wichtiger als Zäsur sind die Jahre der Weimarer Republik und die im Kontext ihrer Bildungspolitik vollzogene Gründung und Einrichtung der Grundschule in Deutschland. Diese Geschichte ist, zumal in diesem Kreis, wohlbekannt, so dass ich nicht die Einzelheiten der Gesetzgebung oder den unübersehbaren Kompromisscharakter[8] der Schulartikel der Verfassung, des Reichsgrundschulgesetzes von 1920 und der folgenden Richtlinien von 1923 im Detail erläutern oder gar kritisieren muss. Mir kommt es darauf an, die Folgen für die Gestalt und die Debatte über grundlegende Bildung und ihr Verständnis in Deutschland zu zeigen.

Mit der Einführung der Schulpflicht und der Einrichtung der vierjährigen obligatorischen Grundschule wird 1920 primär die gesellschaftspolitische und institutionelle Seite der Grundbildung definiert, also die Gleichheit vor dem Schulzwang und die Allgemeinheit des Schulbesuchs für vier Jahre. Nicht vollständig erreicht wird dagegen die ursprüngliche Intention einer gleichen Schule für alle, unabhängig von „Konfession und Klasse", denn die traditionellen Konfessionsgrenzen bleiben folgenreich wirksam und die 1925/26 eingeräumte Option eines nur dreijährigen Kursus der Grundschule für die „besonders leistungsfähigen Schulkinder" zieht erneut Klassengrenzen ein.[9] Man kann in den langen Übergangsfristen für die – prinzipiell aufgehobenen – Vorschulen sogar ein Aufweichen der institutionellen Zäsur erkennen, sie spiegeln m.E. aber vor allem die überhaupt nicht gelungene schulpädagogische Klärung des Konzepts der Grundbildung; denn ein Konzept der für alle obligatorischen Bildung (das im 19. und frühen 20. Jahrhundert noch intensiv diskutiert worden war) fehlt vollständig.

Sichtbar wird das bereits an der Tatsache, dass für die Volksschuloberstufe jede positive Bestimmung in den einschlägigen Gesetzen und Richtlinien nahezu für die ganze Zeit der 1920er Jahre fehlt, ablesbar schon daran, dass das Reichsschulgesetz überhaupt nicht zustandekommt. Insofern bleibt es dabei, dass die Grundschule zwar die Vorschule ersetzt, aber kein umfassendes Konzept obligatorischer Bildung für alle eröffnet. Das Selbstverständnis der Grund-

---

[8]   Der ist schon zeitgenössisch hinreichend kritisiert worden. Peter Petersen: Schulleben und Unterricht einer freien allgemeinen Volksschule nach den Grundsätzen Neuer Erziehung (Jena-Plan). 1.Bd., Weimar 1930, S. 2 sagt, dass sein Konzept „das Reichsgrundschulgesetz als ein noch jämmerlicheres schulpolitisches Kompromiß erwiesen hat" als man schon im allgemeinen sagen müsste.

[9]   Die Dokumente und ihre Erläuterung finden sich schon bei Christoph Führ: Zur Schulpolitik der Weimarer Republik. 2. Aufl. Weinheim 1972, u.a. S. 161 f. das „Gesetz betreffend die Grundschulen und Aufhebung der Vorschulen vom 28. April 1920" sowie das die Praxis der „Springer"-Erlasse ermöglichende „Gesetz, betreffend den Lehrgang der Grundschule vom 18. April 1925"; die hinhaltende Vorschulgesetzgebung, u.a. in dem am 26.2.1927 erlassenen „Gesetz zur Änderung des Reichsgesetzes ... vom 28.April 1920" (S. 164); für die konzeptionell ausschlaggebenden „Richtlinien des Reichsministers des Innern für die Durchführung der Grundschulgesetzes ... vom 25. Februar 1925", mit denen die Dauer auf 4 Jahre begrenzt wird, sowie für die „Richtlinien über Zielbestimmung und innere Gestaltung der Grundschule" vom 18. April 1923, mit denen die Stellung im Bildungssystem fixiert wird, vgl. Führ 1972, S. 280 ff..

schule wird nämlich, als Ergebnis der Kompromisse, so definiert, wie es die Zeitgenossen loben[10] und wie es in der Folgezeit auch bei Pädagogen anerkannt bleibt, nämlich als kindgemäße Schule eigenen Rechts, bis es dann Schwartz als veränderungsbedürftig interpretiert. Er will zwar die historischen Vorzüge nicht leugnen, sagt aber, dass sie zu systematischen Barrieren der Grundschularbeit selbst geworden seien: die Grundschule als eine nur vierjährige allgemeine Schule und die Grundschule als kindgemäße Schule und insofern als Schule eigener Art. Seine positiven Referenzpunkte sind ein anderes Verständnis von Demokratie, das dann längere gemeinsame Schulen zu fordern scheint, und ein anderes Verständnis von Anthropologie, ja einer „anthropologischen Erziehungswissenschaft"[11], die ein anderes Bild der Kindheit und vor allem ein anderes Bild von „Begabung und Lernen im Kindesalter" fordere.

Das, was Schwartz dann 1969 bezogen auf die Demokratie als Form der Nationalerziehung mit der Gesamtschule nachholt, das fehlt in der Weimarer Republik: Weder ist die Grundschule eine „besondere Schulgattung" noch gibt es für Grundbildung eine Bestimmung jenseits der grundschulisch fixierten „kindgemäßen" Bildung. Die Grundschule wird, interessanterweise, nur als „Grundlage für jede weiterführende Bildung" (Ziff. 5. der Richtlinien von 1923) eigenständig fixiert, aber die Schulen, auf die in § 1 des Gesetzes von 1920 dann Bezug genommen wird, sind die mittleren und höheren Schulen – die Volksschuloberstufe bleibt ohne Funktionsbestimmung.

Wir alle wissen, dass das Konzept der „volkstümlichen Bildung" in diese Leerstelle tritt, so dass tatsächlich eine einheitliche „Grundlegende Bildung" für alle konzeptionell auf die Grundschule beschränkt bleibt; aber wir wissen alle auch, dass „volkstümliche Bildung" weder bildungstheoretisch und systematisch noch gesellschaftsgeschichtlich und politisch ihre Legitimation behaupten konnte – so wenig wie das zugrundeliegende Begabungskonzept. Grundbildung für alle wird dann, nach 1965, „wissenschaftsorientiert" neu definiert, dem gymnasialen Lehrgang abgelesen und institutionell der Sekundarstufe zugeordnet, also

---

[10]   Typisch z.B. die Analyse bei Karl Eckhardt: Die Grundschule. In: Die Theorie der Schule und der Schulaufbau. Langensalza 1928, S. 91-104 (H. Nohl/ L. Pallat (Hrsg.): Handbuch der Pädagogik, 4. Band). Eckhardt erläutert den „Sinngehalt" der Grundschule in drei Schritten: Sie sei, schultheoretisch und „pädagogisch" die „gemeinsame Bildungsstätte, die eine dem Kinde gemäße grundlegende Bildung vermittelt", gesellschaftspolitisch bzw. im Kontext der „Nationalerziehung" die „gemeinsame Bildungsstätte aller deutschen Kinder" und habe daher „die Aufgabe, zur Gemeinschaftsgesinnung zu erziehen", und – bezogen auf das Bildungssystem und die Begabungsdimension – sei sie „eine Stätte der Schülerauslese" (S. 93).

[11]   Erwin Schwartz: Für die Grundstufe einer Gesamtschule. In: Begabung und Lernen im Kindes-alter. Frankfurt a.M. 1969 (Grundschulkongreß '69, Bd. 1), S. 7-28, zit. S. 17, für das gesamte Argument S. 13 ff., für die Defizitzuschreibung an die Weimarer Grundschule S. 10.

– wenn man den Zuschreibungen unserer Bildungstheoretiker folgt – vom „Maximum" der Konzepte von Allgemeinbildung aus definiert.

Das kann man machen, muss dann freilich mit den Folgeproblemen leben: Vor dem Anspruch der gymnasialen Tradition können Gesamtschulen in Deutschland keine eigene Identität gewinnen, weil mit dem Bildungskonzept auch die damit verbundene implizite Selektivität den Lehrgang der Sekundarschulen bestimmt und die Effekte nicht egalisierend, sondern ausschließend werden. In der Formulierung von Bildungsstandards kehren die kompromisshaften Besonderheiten der Wertigkeit von Schulen im Sekundarbereich insofern wieder, als der „mittlere Abschluß" offenbar das Maß des Allgemeinen bestimmen muss, ohne dass es aber einen „unteren" Abschluss gibt – es sei denn, der Übergang aus der Grundschule in die „weiterführenden" Schulen würde diesen Status gewinnen. Aber dann wäre Grundbildung auf vier bzw. sechs Jahre reduziert und auf ein Curriculum bezogen, das eine wesentliche Bedingung der modernen Grundbildung, die Fremdsprachenkompetenz, vielleicht vorbereiten, aber nicht sichern kann.

Das Dilemma bleibt deshalb erhalten, da die institutionelle Struktur des deutschen Bildungswesens keinen Indikator für Dauer und Umfang der Grundbildung abgibt und da zugleich kein Konsens über die notwendige Grundbildung im Sinne der für alle unerlässlichen „Basiskompetenzen" existiert, weil sekundarschulbezogene Allgemeinbildung sich von der dominierenden Kraft der gymnasialen Tradition bildungstheoretischen Denkens nicht ablösen kann. In Prozessen der Standardisierung und bei der Formulierung von „Bildungsstandards" zeigt sich die Brisanz dieses Konfliktes darin, dass zwischen Bund und Ländern nicht geklärt ist, ob „Regel"- oder „Mindeststandards" formuliert werden sollen, ob man schulartbezogen oder schulartübergreifend definiert, an welchem Standard man die Arbeit in den Schulen misst und das Erreichen der Grundbildung orientieren will. Das Dilemma der Grundbildung, wie es im Widerspruch von Programm und institutioneller Struktur existiert, lebt deshalb fort.

2   „Grundbildung" und „Basiskompetenzen" – das Programm

Fragt man, ob andere Lösungen denkbar sind und wie denn, um damit zu beginnen, etwa ein Kanon der Grundbildung und ihr Curriculum aussehen könnten, dann wird schnell klar, dass es mit dem Lehrplan der Grundschulen nicht getan ist. Selbst die aktuellen Versuche, länderübergreifend solche neuen Curricula für die Grundschule zu entwickeln[12], zeigen zwar an, dass man das Problem der

---

[12]   Meine Hinweise beziehen sich auf die 2004 vorgestellten „Rahmenlehrpläne Grundschule" für Brandenburg, Bremen, Berlin und Mecklenburg-Vorpommern.

Grundbildung kennt, machen aber zugleich – eher ungewollt – sichtbar, dass die Planungen für die Grundschule dem Problem nicht entsprechen können. Das wird manifest, wenn in diesen Planungen der durchaus im Kontext der Grundbildung notwendigen Erwartung der fremdsprachlichen Kompetenz Raum gegeben wird, sogar mit der starken Formulierung, dass „Kompetenz im Umgang mit fremden Sprachen" am Ende der Grundschulzeit erreicht sein soll. Aber dann lassen die Richtlinien völlig offen, wie diese Grundbildung in der Grundschule erreicht werden soll, sie belegen nur, dass von der Grundstufe der Bildung fälschlich erwartet wird, was nur Inhalt und Ergebnis des gesamten Lehrgangs der Grundbildung sein kann. Aber dieser Focus wird – nach dem zeitlichen Umfang grundlegender Bildung oder in den zugehörigen Kompetenzbestimmungen – in diesen Lehrplänen nicht gewählt.

Auch in den konzeptionellen Versuchen der Grundschulpädagogen, „grundlegende Bildung" zu bestimmen, sieht es nicht besser aus; denn hier lebt die alte Tradition der Grundschule als Institution als limitierende Vorgabe weiter.[13] „Grundlegende Bildung" wird zwar stufenbezogen begründet, aber von den Zeitrahmen der Institution aus entwickelt[14], d.h. zwar als „Pädagogik der Grundstufe" dargestellt, aber als Pädagogik der Grundschule ausgearbeitet. Dann wird sie mit den alten Merkmalen der Kindgemäßheit charakterisiert, schultheoretisch für die Phase der ersten und der (einzig) allgemeinen Schule bestimmt und in ihrer „Basis"-Funktion erläutert, aber doch ohne jeden Blick auf die bildungstheoretische Herausforderung systematischer „Grundbildung" für alle – trotz Comenius und Condorcet, die immer zitiert werden.

Es gibt deshalb, wie man generalisierend und deshalb für den einzelnen Autor sicherlich ungerecht sagen kann, zwar diese schönen und für die Grundschule auch sehr brauchbaren Schematisierungen von „Grundbildung" oder „grundlegender Bildung", aber die selbst gesetzten Grenzen werden dabei nicht einmal thematisiert. Es bleibt bei der Bestimmung von „Grundlegender Bildung in der Grundschule" in ihren seit 1920 bekannten Dimensionen: „Gemeinsame Bildung für alle", „Gemeinsamer Grundstock" oder „Mindestnorm und Mindestqualifikation", die aber schon in der Grundschulzeit leistungsbezogene Ausdifferenzierung kenne, „Beginn der Allgemeinbildung" und erstes Element der

---

[13]   In der Erläuterung der Funktion der „Grundlegung" gilt das selbst für einen so klassischen Text wie Lichtenstein-Rother, I./ Röbe, E.: Grundschule. Der pädagogische Raum für Grundlegung der Bildung. Weinheim/Basel 5. Aufl 1999, bes. S. 78 ff.

[14]   Schorch, G. 1998, S. 14 ff., auch für die folgenden Hinweise. Einen Überblick über die konzeptionellen Möglichkeiten – ohne alternative Programme gegenüber dem hier zitierten mainstream liefern Dieter Haarmann/ Peter E.Kalb (Hrsg.). Grundschule 2000. Weinheim/Basel 1999.

Bildung, nämlich als „Stärkung der Persönlichkeit"[15] – aber dabei wird schon die Implikation nicht systematisch diskutiert, ob denn dieser Grad an „gemeinsamer Bildung für alle" gesellschaftlich und bildungstheoretisch, z.b. angesichts der Lernherausforderungen moderner Gesellschaften, wirklich hinreichend ist, so dass Grundbildung mehr sein muss als „Bildung in der Grundschule" und auch nicht, wie Einheit und Differenz, oder – wie es das Tagungsthema sagt, „Standardisierung und Individualisierung" – vor einem ausgewiesenen Konzept der „Grundbildung" zusammengehen können. Im Ergebnis bekommt man allenfalls eine Propädeutik der Grundbildung, aber keine Theorie der Grundbildung, sondern ein Programm ohne Institution und eine Institution ohne hinreichend eigenständiges Programm. Es liegt in der Konsequenz solcher Absonderung durch Focussierung auf die institutionellen Grenzen, dass im Blick nach vorn dann in der Kategorie der „Anschlussfähigkeit"[16] kompensiert werden muss, was dem eigenen Konzept der grundlegenden Bildung an Systematik fehlt.

Auch in den curriculum- und lehrplantheoretischen Überlegungen im Umkreis der Grundschulpädagogik und -didaktik dominiert trotz gelegentlicher Hinweise auf das „gemeinsame Sockelniveau für alle"[17] die Focussierung durch die Grenzen der Institution, nicht die systematische Frage, was denn Grundbildung bedeuten könnte, schon gar nicht der Versuch, in der systematischen Weise – dann auch stufenbezogen – zu denken, wie das von pragmatischen Konzepten im Kontext der literacy-Debatte aus naheliegen könnte.

Es verwundert deshalb auch nicht, dass z.B. die Frage der Dauer der Grundschulzeit zwar viel diskutiert wird, aber doch im wesentlichen als gesellschaftspolitisches Problem, nicht in den Dimensionen der Lernzeit, die für Grundbildung gegeben sein muss. Dieter Lenzens unkonventioneller Vorschlag[18], die obligatorische Lernzeit mit dem 12. Lebensjahr enden und dann den Übergang in den Beruf beginnen und spätere Optionen für „Fortbildung" folgen zu lassen und abzusichern, wird deshalb auch nur als Kuriosum wahrgenommen, aber weder als Wiederholung eines alten französischen Modells der

---

[15]　Wolfgang Einsiedler: Grundlegende Bildung. In: ders. u.a. (Hrsg.): Handbuch Grundschulpädagogik und Grundschuldidaktik. Bad Heilbrunn 2001, S.184-194, zit. S. 189 ff.

[16]　Einschlägige Überlegungen finden sich angekündigt bei Faust, G./ Götz, M./ Hacker, H./ Rossbach, H.-G. (Hrsg.). Anschlussfähige Bildungsprozesse im Elementar- und Primarbereich. Bad Heilbrunn 2004.

[17]　Wolfgang Einsiedler: Unterricht in der Grundschule. In: Kai Cortina u.a. (Hrsg.). Das Bildungswesen in der Bundesrepublik Deutschland. Reinbek 2003, S. 285-341, zit. , S. 286

[18]　Er findet sich als Teil der bildungstheoretischen Programmüberlegungen, die Lenzen u.a. für den Verband der Bayerischen Wirtschaft moderiert hat.

Pflichtschulzeit identifiziert[19] noch als Indiz für ein reduktionistisches Programm des Bildungsmimums kritisiert.

Man kommt, mit anderen Worten, um eine systematische Diskussion des Kanons der Grundbildung nicht herum. Aus Frankreich gibt es dafür Vorbilder[20], die aber inhaltlich diskussionsbedürftig sind, u.a. im Blick auf die nicht berücksichtigten historisch-sozialen und fremdsprachlichen Kompetenzen, und die wegen der anderen Lernorganisation und Lernzeit vor der Sekundarbildung nicht unmittelbar vergleichbar sind. Für die systematische Diskussion ist deshalb immer noch zuerst aber das literacy-Konzept und die damit verbundene pragmatisch-funktionale Orientierung des bildungstheoretischen Denkens einschlägig, als Einlösung des alten Programmsatzes, dass man „Bildung als Ausstattung zum Verhalten in der Welt" (S. B. Robinsohn) zu klären hat. Kompetenztheoretisch orientiert, werden hier die unentbehrlichen kulturellen Basisfähigkeiten definiert, die als grundlegende Prämissen für die Teilhabe an gesellschaftlicher Kommunikation durch schulische Arbeit universalisiert werden müssen – als historische Gestalt dessen, was heute allgemeine Bildung heißen kann, vor jeder Spezialisierung und auch vor der funktionsspezifischen Erweiterung, wie sie etwa studienbezogene Schulen oder berufsbezogene Bildungsgänge fordern.

Auch über die notwendigen Elemente dieser kulturellen Basiskompetenzen gibt es durchaus konkrete Vorstellungen, für die es – jedenfalls außerhalb des

---

[19]   Vgl. dazu meine Hinweise in: Tenorth, H.-E.: Bildungsminimum und Lehrfunktion. Eine Apologie der Schulpflicht und eine Kritik der „therapie"-orientierten pädagogischen Professionstheorie. In: Gruehn, S./ Kluchert, G./ Koinzer, T. (Hrsg): Was Schule macht. Achim Leschinsky zum 60. Geburtstag. Weinheim/Basel 2004, S. 15-29.

[20]   Elisabeth Flitner hat sie als „fachübergreifende Fähigkeiten" vorgestellt, „die während der gesamten Schulzeit vermittelt werden sollten, ... und als Werkzeuge des Lernens zur Bewältigung des Lebens in allen modernen Gesellschaften unentbehrlich sind", vgl. die Fassung, die in den Bericht der Bildungskommission der Länder Berlin und Brandenburg eingegangen ist: Bildungskommission der Länder Berlin und Brandenburg (Hrsg.): Bildung und Schule in Berlin und Brandenburg. Herausforderungen und gemeinsame Entwicklungsperspektiven. Berlin/Potsdam 2003, bes. S. 104 ff.. Dazu zählen (1) „Lesen-, Schreiben- und Sprechen-Können", (2) „mathematische Fähigkeiten und Fertigkeiten", (3) ein „beginnendes konzeptuelles Verständnis von Phänomen der belebten und unbelebten Natur und ihrer technischen Veränderung sowie ein elementares Verständnis von Raum und Zeit", (4) „die Fähigkeit zur systematischen, fragegeleiteten Beobachtung und die Verfügung über dazugehörige Praktiken sowie elementare Fähigkeiten der experimentellen Manipulation", (5) Erziehung des Körpers, seiner Geschicklichkeit, der Sinne, der Sensibilität und Ausdrucksfähigkeit", (6) „Regeln und Werte des zivilisierten Umgangs miteinander" sowie (7) „Lernmethoden, Arbeitstechniken und Arbeitsorganisation".
Diese Fähigkeiten werden hier dann doch allein für die Grundschule vorgesehen, obwohl sie mit der Lernzeit deutscher Grundschulen – anders als in Frankreich angesichts der obligatorisch vorgeschalteten école maternelle – schon in der notwendigen Dauer der Lernzeit nicht vergleichbar ist.

traditionellen deutschen Bildungsdiskurses – auch einen breiten Konsens gibt, schon darin, dass hier über mehr als die basalen Kulturtechniken geredet wird. Dazu zählen, einerseits und für die Basiskompetenzen:

- Beherrschung der Verkehrssprache,
- mathematische Mitteilungsfähigkeit,
- Selbstregulation des Wissenserwerbs,
- Kompetenz im Umgang mit modernen Informationstechnologien,
- Fremdsprachliche Kompetenz.[21]

Vergleichbar eindeutig kann man über die curriculare Dimension sprechen, in der diese Kompetenzen in schulischer Arbeit angebahnt und das notwendige Orientierungswissen zugleich eröffnet wird. Im Lehrplan der Schulen sind diese Dimensionen als Modi des Weltzugangs repräsentiert, durchaus reinterpretierbar in der bildungstheoretischen Tradition, die seit Wilhelm von Humboldt für die schulischen Kenntnisse bereitsteht, nämlich als „mathematisches", „historisches", „linguistisches", „ästhetisch-expressives" und „philosophisches" Verstehen von und Verhalten zur Welt.[22] In Schulfächern finden diese Dimensionen des Weltzugangs ihre historisch-institutionelle Konkretion und sie zeigen damit, dass Verfachlichung und Verwissenschaftlichung für moderne Grundbildung unentbehrlich sind.

In der Verbindung von kompetenztheoretischer Diskussion und lehrplantheoretischer Explikation lässt sich also ein pragmatisches Konzept der Grundbildung nicht nur darstellen, sondern auch in einer Weise systematisch begründen, dass die Verbindung zur klassischen Bildungstheorie nicht versäumt wird; denn „Initiation" und „Reflexion" bestimmen auch hier die Sequenz des Lernens (ohne dass wir schon hinreichend wissen, wie wir diese Sequenz im Alltag erfolgreich didaktisch einlösen).

Anders als die eingangs zitierten bildungstheoretischen Kritiker ist dieses Konzept der Grundbildung offen für den historisch-sozialen Wandel (so dass der Vorwurf, hier würde ein „invariables Minimum" fixiert[23] wirklich nur Indiz für Leseverweigerung ist), es ist angewiesen auf empirische Bildungsforschung, um bestimmen zu können, wie sich die Kompetenzen domänenspezifisch in schulischen Lehrgängen umsetzen lasen, und es hat, das darf man bei allen De-

---

[21] In Anlehnung an Baumert 2003 in: Bildungskommission der Länder Berlin und Brandenburg (Hrsg.): Bildung und Schule in Berlin und Brandenburg. Herausforderungen und gemeinsame Entwicklungsperspektiven. Berlin/Potsdam 2003, bes. S. 80.

[22] Ebd. S. 78 f., für die theoretische Begründung Tenorth (1994): Alle alles zu lehren. Möglichkeiten und Perspektiven allgemeiner Bildung. Darmstadt, sowie Baumert (2003).

[23] So der Vorwurf bei Koch (2004, S. 187).

batten über Grundbildung nicht ignorieren, neben der personenbezogenen Seite eine institutionendefinierte Referenz. Sie zeigt, dass Bildung nicht nur personenbezogen zuschreibbar ist, sondern auch als gesellschaftliche Tatsache verstanden werden muss.

Als „Mindeststandard" wird dieses Konzept der Grundbildung nämlich zuerst und vor allem den Bildungseinrichtungen selbst vorgegeben, sie haben die Bringschuld in der Einlösung dieses Konzepts. „No child left behind", das ist die US-amerikanische Formel, die inzwischen eine ganze Bildungsbewegung inspiriert, „Mindeststandards" zu sichern das Äquivalent aus der deutschen Debatte über Bildungsstandards. Sie sollen also nicht etwa die Lernanstrengungen der Individuen begrenzen, sondern die Pflichten fixieren, denen sich Schulen der Grundbildung nicht entziehen dürfen – auch nicht durch Ausgrenzung nach unten. Heterogenität der Lerngruppen ist die notwendige Konsequenz, Differenzierung deshalb die unausweichliche Herausforderung an Bildungseinrichtungen und an die professionelle Kompetenz der Lehrenden.

3   Institutionelle Konsequenzen: Bildungsgänge statt Systeme gestalten!

Muß man deshalb auch Gesamtschulen einrichten, wie Erwin Schwartz gefordert hat und wie in Kreisen der Bildungspolitik das jetzt wiederholt wird? Allenfalls dann, so meine ich, wenn gesichert ist, dass diese „Gesamt"- oder „Gemeinschaftsschulen" mit dem Durchschnitt der existenten Gesamtschulen nichts zu tun haben (wie das ja auch für die einheitsschulischen Siegerländer bei PISA gilt). Was man also braucht, das ist ein tragfähiges institutionelles Konzept der Grundbildung, das zur Sicherung von Mindeststandards geeignet ist und weder die Risikogruppen bestätigt noch die Ungleichheit reproduziert – wie das gegebene System (auch der Gesamtschulen). Abstrakt gesprochen, man benötigt ein System, das Einheit und Differenz in individuell legitimer Weise zurechnet, Standardisierung und Individualisierung also angemessen verbindet.

In Deutschland wird man jetzt Bekenntnisse ablegen müssen, ich will lieber die Probleme markieren, die man dafür diskutieren muss:

1.   vom Bildungsminimum und seiner institutionellen Garantie war schon die Rede, das ist das systematische Essential,

2.   zu klären ist weiter, in welchem Maße das Jugendalter einer Schule bedarf, also des Lernens in einem pädagogisch definierten „Schonraum", und wie diese Schule in sich differenziert sein kann – z.B. nach den Lernmöglich-

keiten und -interessen der Lernenden und nach den sich anschließenden Prozessen spezieller Bildung zwischen Beruf und Universität,

3. sagen muss man schließlich, wann und wie, und mit welchem Grad an Reversibilität, pädagogisch erzeugte Ungleichheit hingenommen wird; denn vermeiden, das will ich doch hinzufügen, kann man pädagogisch erzeugte Ungleichheit nicht: Lernen, zumal anspruchsvolles Lernen, erzeugt unausweichlich Differenzen, die man pädagogisch nicht ignorieren darf, zumal dann nicht, wenn man unter dem Anspruch von Individualisierung denkt.

Gibt es für diese Erwartungen eine – vielleicht sogar nur eine einzige – Form von Schule? Ich glaube nicht und es wäre historisch und politisch klug, den Eindruck erst gar nicht zu erwecken. Statt der Orientierung an Schulen und Schularten und -systemen würde ich deshalb konstruktiv wie analytisch empfehlen, von „Bildungsgängen" aus zu denken, also von den Einheiten, die sich biographisch sowieso viel stärker und eindeutiger in ihrer systematischen Bedeutung identifizieren lassen, in aller Umweghaftigkeit, die Bildungskarrieren eigen ist.

Bildungsgänge lassen sich als institutionell eröffnete und individuell gewählte, aber prinzipiell revidierbare Optionen von Lernwegen interpretieren, die sich nach curricularen und zeitlichen Indizes und in ihrer aufeinander verwiesenen Wertigkeit und Anschlussfähigkeit unterscheiden lassen. Schon aktuell spielen solche Bildungsgänge im Bildungswesen eine große, häufig übersehene Rolle[24], auch keineswegs nur in der Weise, dass man primär institutionelles down-grading oder den Alltag von Abstiegsprozessen erleben muss.

Meine Vorliebe für Bildungsgänge als analytische und pragmatische Option ist gleichzeitig historisch bestimmt, aus der Analyse der vermeintlich nur unsozialen Schule des Obrigkeitsstaates. Schaut man nämlich nicht nur auf die Typenstruktur der höheren Schule oder nur auf die Vorschule, wie die Schulreformer von 1920, dann kann man gerade im preußischen höheren Schulwesen ein in sich curricular und organisatorisch sehr ausdifferenziertes, von lokalen Bedürfnissen bestimmtes, also nachfrageorientiertes und in den Wirkungen bezogen auf Klasse und Geschlecht auch erstaunlich egalisierendes Bildungswesen entdecken.[25] Einheitlichkeit, z.B. im sechsjährigen Unterbau der höheren

---

[24] Zur Empirie u.a. Jürgen Baumert/ Cordula Artelt: Bildungsgang und Schulstruktur. Einheitlichkeit und Individualisierung. In: Pädagogische Führung 4 (2003) 4, S. 188-192.

[25] Die Potsdamer Habilitationsschrift von Frank Tosch (2003) hat das z.B. für Provinz Brandenburg für die Zeit bis 1937 (sic!), in Weiterführung der historischen Studien von K.-E. Jeismann, D.K. Müller oder U.G. Herrmann über das Gymnasium als „bürgerliche Einheitsschule" für die Zeit vor 1914, überzeugend gezeigt, vgl. F. Tosch: Gymnasium und Systemdyna-

Schule, und Ausdifferenzierung danach gingen hier klug parallel, die Chancen zur Korrektur in der Wahl von Bildungsgängen blieb relativ lange erhalten – das Publikum der Schule war in seinen Entscheidungen für die Bildungsgänge und -angebote seiner Kinder relativ offen.

Bei dieser Betrachtung der alten Schule wird auch sichtbar, dass die wesentliche förderliche Bedingung für ein besseres Schulwesen und mehr Bildungsgerechtigkeit nur im Zusammenspiel von Schule und Profession, Schulpublikum und Staat gesichert werden kann. Ich halte es deshalb für einen Fortschritt, dass Schulgesetze, z.B. in Berlin, der Einzelschule freistellen, ihr eigenes Programm durch Einrichtung spezifischer Bildungsgänge zu entfalten – zum Nutzen ihrer Schülerinnen und Schüler.

Zur Tradition der Grundschule – wie der Gesamtschule – als Institution wie im Diskurs der Befürworter in Deutschland gehört dagegen ein Etatismus, für den engagierte Eltern und lokale Varianz und Autonomie eher ein Makel als ein Vorzug sind. Standardisierung und Individualisierung haben aber auch eine bildungspolitische Seite, bei der man vom Staat nicht mehr als die Garantie des Bildungsminimums, also die Sicherung der Grundbildung, erwarten darf, ansonsten – und schon für die didaktisch-methodische Arbeit in Schulen – aber die Freiheit von Schule und Schulpublikum, die eigenen Bildungsgänge zu gestalten. Wie man diese Schule dann nennt, das ist im wesentlichen belanglos, zu „Gesamtschule" würde ich aber schon deswegen nicht raten, weil der Begriff durch schlechte Realisierung in Deutschland belastet ist. Warum nicht – im mutigem Blick auf die nordischen Länder – „neue Grundschule" oder „Schule der Grundbildung"?

---

mik. Regionaler Strukturwandel im höheren Knabenschulwesen der preußischen Provinz Brandenburg 1890-1938. Potsdam 2003.

Individualität und Kulturalität – Aspekte grundlegender Bildung aus Sicht der Kulturtheorie

Andreas Nießeler

Trotz aller Verschiedenheit der jeweiligen Lebensbiographien gibt es gemeinsame Orientierungspunkte im menschlichen Gedächtnis, welches also nicht nur individuell bedeutsame, sondern auch kollektiv vorgezeichnete Regionen beinhaltet. Ein Beispiel für solch einen Erinnerungsort wäre das *Wunder von Bern*, das in bestimmten, wohl auch verklärten Kontexten ins Bewusstsein rückt, wenn nur der Name dieses Fußballspieles genannt wird. Allgegenwärtig ist auch jenes schreckliche Ereignis des 11. September 2001 mit seinen medial aufbereiteten Bildern und den anschließenden Reaktionen. Welche Erinnerungen der *lethe* geopfert wurden, ist uns nicht bekannt. Die Präsenz jener „Bilder" und „Geschichten" in unserem Gedächtnis belegt aber das Vorhandensein einer gemeinsamen Sinn- und Bedeutungsschicht, die der französische Soziologe Maurice Halbwachs in seiner Theorie des kollektiven Gedächtnisses herausgestellt hat. Das Denken ist demnach nur „in dem Maße fähig sich zu erinnern, wie es sich innerhalb dieses Bezugsrahmens hält und an diesem Gedächtnis partizipiert" (Halbwachs 1966, 21).

Zwei Bezugspunkte für die Theorie der Grundbildung lassen sich aus dieser kulturwissenschaftlichen Fragestellung ableiten: Zum einen werden Erinnerungsformen thematisiert, welche nicht nur die persönliche Entwicklung, sondern die kulturelle Identität prägen. Damit werden Inhalte dessen thematisiert, was auch jenseits der schulischen Institutionen zum (Bildungs-) Kanon gehört (vgl. Tenorth 2004). Zum anderen werden individuell bedeutsame und identitätsbildende Faktoren genannt, die aus dem kulturellen Feld stammen und daher auf eine andere Weise bildungswirksam werden als kompetenzsteigernde Lernaufgaben. Es werden Themen ausbuchstabiert, die einen gemeinsamen Grundstock an Erinnerungen und Wissen bilden, dennoch aber auch individuelle wie subjektive Vergangenheitsbezüge eröffnen.

Im Folgenden möchte ich auf die Relevanz dieser kulturwissenschaftlich orientierten Theoriegebäude für die grundschulpädagogische Forschung eingehen. Ich beziehe mich dabei auf einen Ansatz, den man als „kulturelles Lernen" (vgl. Tomasello 2002; Dux 2000) bezeichnen kann und in dem sich eine zentrale Perspektive der Bildungswissenschaften kristallisiert, die nicht nur individuelle Entwicklungsverläufe untersuchen, sondern auch auf die Bedeutung der Kulturalität für eigene Weltbildung und Weltaneignung verweisen. Individualität und Kulturalität sind demnach nicht Gegenpole, sondern stellen nur unterschiedliche Sichtweisen des Bildungsproblems dar.

1   Zur Medialität der menschlichen Weltorientierung

Allgemein wird die Diskussion, die sich an der kulturellen Formiertheit der menschlichen Wahrnehmungs- und Denkweisen sowie der Bedingungen und Stile des Zusammenlebens ausrichtet, unter dem Schlagwort der *Medialität der menschlichen Orientierung* gefasst (Orth 2000). Einer der ersten, der sich mit der Struktur und Relevanz dieser medialen Formen der Weltorientierung auseinandergesetzt hat, war der Kulturphilosoph Ernst Cassirer. Dieser hat Anfang des letzten Jahrhunderts eine Philosophie der symbolischen Formen entwickelt, in der Mythos und Religion, Sprache, Kunst, Geschichte und Wissenschaft als symbolische Verdichtungsformen beschrieben werden, mit deren Hilfe die chaotische Mannigfaltigkeit der Sinneseindrücke geordnet und damit verständlich gemacht werden kann. Aufgrund dieser *vorgängigen Ordnung* ist der größte Teil der menschlichen Wahrnehmung durch Kultur mit ihren sprachlichen Interpretationen, mit ihren Bildwelten, mit ihren religiös-mythischen Weltdeutungen, aber auch mit ihren wissenschaftlichen Modellierungen und Begriffen vorgezeichnet und vorgeformt (vgl. Nießeler 2003).

Von einer anderen Warte aus hat sich Pierre Bourdieu dem Phänomen der Kulturalität angenähert, indem er aufzeigt, wie kulturell vorgezeichnete Aneignungsprozesse und Stile die Sichtweisen prägen. Man muss nach Bourdieu auch *Bildung* als Form eines übergeordneten *sozialen Habitus* sehen: Es sei eine Funktion der Schule, das kollektive Erbe und die Tradition in ein sowohl individuelles als auch *kollektives Unbewusstes* zu verwandeln.

> „Zwar mag es überraschen, wenn man Handlungen, Fähigkeiten, Kenntnisse, Themen und Probleme, kurzum das ... erworbene System von Denk- und Wahrnehmungskategorien dem kulturellen Unbewussten zuschreibt: indessen steht der Schaffende zu seiner erworbenen wie zu seiner übernommenen Bildung in einem Verhältnis, das sich als das von „tragen" und „getragen werden" bezeichnen lässt, weil er sich nämlich nicht bewusst ist, dass die Bildung, die er besitzt, ihn besitzt" (Bourdieu 1997, 120).

Schließlich gibt es in den Kultur- und Geschichtswissenschaften eine weite Forschungstradition im Anschluss an Maurice Halbwachs, die etwa mit den Namen Reinhart Koselleck, Jan und Aleida Assmann, Henry Rousso, Paul Ricœur und Pierre Nora in Verbindung gebracht werden kann. Diese beschreiben Formen von kulturellen Identitäten, die abzugrenzen sind von einer nationalen oder gar nationalistischen Identität. Neuerdings haben Etienne François und Hagen Schulze solche Bestandteile einer kulturellen Identität vorgestellt, die für die deutsche Alltagsgeschichte von besonderer Bedeutung sind (vgl. François/ Schulze 2001). Diese Erinnerungsorte gelten im übertragenen Sinne einer *loci memoriae* als Zentren kollektiver Vorstellungen und Sehnsüchte, welche eine gemeinsame Bilder- und Vorstellungswelt generieren.

Moderne Kulturtheorien gehen also davon aus, dass zur gelungenen Ich-Entwicklung die *Teilhabe an den vorhandenen Sinnschichten der Kultur* gehört. Wir stehen, so deren zentrale These, auf den Schultern der vorangegangenen Generationen.

2 Erinnerungs- und Bildungsorte der Grundschule

Aleida Assmann hat bei ihrer Analyse kultureller Bestände folgende Medien herausgestellt, die jeweils auf ihre eigene Weise Zugang zum kollektiven Gedächtnis eröffnen: Sprache und Schrift, Bilder, Körper und Orte (vgl. Assmann 2003). Daran anschließend können mögliche Erinnerungsorte der Grundschule vorgestellt werden: Hinsichtlich der Medien Sprache und Schrift kann demnach thematisiert werden, welche Erinnerungen etwa durch Fibeln generiert werden. Die Fibel wie auch das Lesebuch weisen ja Themen auf, die gewissermaßen Identifikationskerne anbieten, und es ließe sich wohl nachweisen, dass sich Grundschulklassen und Schulen bereits grundlegend in ihrem sprachlichen Stil und im Stil des Wahrnehmens und Nachdenkens voneinander unterscheiden, je nachdem welche Fibel verwendet bzw. ob vielmehr eine Eigenfibel erarbeitet wird. Interessant wäre in diesem Zusammenhang die Frage nach der stil- und verständnisbildenden Wirkung des Mediums der „Schulsprache" (Rumpf 1976). Dieser Ansatz kann übertragen werden auf den gesamten sprachlichen Bereich. Nach der Kulturtheorie werden grundlegende Ordnungen der Wirklichkeit allein durch das „alltägliche Rattern der Konversationsmaschine" (Berger/ Luckmann 1980, 163) vermittelt und im alltäglichen Gespräch institutionalisiert. Hier wäre interessant, welcher gemeinsame Bestand an Themen, Vorstellungen und Imaginationen durch Geschichten, Erzählungen, Märchen und Mythen gebildet wird. Reinhardt Fatke konnte beispielsweise in seinem Forschungsprojekt „Phantasiegeschichten von Kindern" nachweisen, dass Kinder oft vorhandene Kontexte und sprachliche Elemente aus Geschichten übernehmen, um ihre eigenen Gedanken zum Ausdruck zu bringen (vgl. Fatke 1990). Das sich entwickelnde Kind braucht solche Muster und Angebote, um seine eigene Sprache und Schriftlichkeit entfalten zu können, also gewissermaßen *exempla classica*, welche eine Folie für die individuelle Ausgestaltung bilden. Mechthild Dehn hat diesen Zusammenhang von Individualität und Kulturalität mit Bezug auf den Schreibprozess gut nachweisen können (vgl. Dehn 1999; Duncker 1994).

Dass man ohne einen solchen Grundstock an gemeinschaftsstiftenden Erzählungen und Mythen Verständigungsmedien verliert und damit auch gemeinsame Ziele, Vorstellungen und Werte, darauf weisen Pädagogen und zeitkritische Autoren wie Neil Postman (1995) oder Hartmut von Hentig (1996) deutlich hin. Zur Grundbildung gehören demnach auch jedermann sofort verständliche Kontexte, die etwa damit verbunden sind, wenn man von der Sintflut oder dem Turmbau zu Babel spricht. Problematisch ist weniger, dass es keine derartigen Geschichten mehr gibt – die moderne Kultur ist ja reich an neuen Mythen und Helden wie Harry Potter –, beachtenswert ist vielmehr, dass sich kaum noch jemand reflektiert Gedanken darüber macht, welche Erzählungen zum Grundstock der kulturellen Identität gehören könnten und dass es demnach meist den persönlichen Vorlieben und Interessen der jeweiligen Schüler, Lehrkräfte oder Lehrplangestaltern überlassen bleibt, mit welchen Texten und Mythen man sich in der Grundschule beschäftigen sollte.

Ähnliche Überlegungen ließen sich hinsichtlich des Bilderkosmos' der Grundschule anstellen. Walter Müller hat in seinem Forschungsprojekt zur Geschichte der Schulwandbilder eindrucksvoll belegen können, dass Grundschule in der Tradition des Anschauungsunterrichts eine Bilderwelt generiert hat, welche die Vorstellungen etlicher Schülergenerationen geprägt hat (vgl. Müller 1997).[1] Trotz unserer Fernseh- und Bildkultur reduziert sich demgegenüber die Bilderwelt der heutigen Grundschule zumeist mehr auf eine wohl motivationsfördernde Arbeitsblattillustration, wohingegen der so genannte *iconic turn*, wie er in den Bildungswissenschaften zu verzeichnen ist, sich noch nicht ganz etablieren konnte.

Insgesamt rücken jene Bestandteile des kollektiven Gedächtnisses in den Fokus der Aufmerksamkeit, die nicht in Lehr- und Bildungsplänen institutionalisiert sein müssen, sondern gewissermaßen aus dem pädagogischen Alltag mit seinen Gewohnheitsrechten hervorgehen und von daher nur schwer nachweis- und rekonstruierbar sind. Dabei kann auch der Körper zu einem „Erinnerungsraum" werden, insofern er Erinnerungen durch Habitualisierung und Ritualisierung stabilisiert und deren Wirkung durch Affekte verstärkt (vgl. Liebau/Zirfas 2004). Die Forschungsgruppe um Christoph Wulf hat in diesem Zusammenhang Formen des Performativen untersucht, also der körperlichen und leiblichen Inszenierungen, wie sie sich etwa in Ritualen mit ihrer Dramaturgie und Expressivität zeigen. In diesen Gestaltungen wird auf grundlegende Weise Gemein-

---

[1]   Vgl. dazu etwa auch Durand 1969.

schaft institutionalisiert (vgl. Wulf u.a. 2001). Übertragen auf den Grundschulbereich ließe sich die kulturelle Identität einer Klasse oder einer Schule oder einer Pädagogik am Habitus und am ritualisierten Verhalten derjenigen Personen ablesen, die sich dort aufhalten, miteinander leben, lernen und arbeiten.

Zu den raumnehmenden und -gestaltenden Gedächtnismedien gehören schließlich Schauplätze und Orte, die Wissen gleichsam im Raum verdichten und repräsentieren. Schulhausarchitektur und Lernräume wirken also nicht nur atmosphärisch, sondern prägen die jeweilige Erinnerungslandschaft und haben damit gedächtnis- als auch identitätsbildende Relevanz.

Durch die Ausbuchstabierung dieser kulturwissenschaftlichen Perspektive ergibt sich eine Topographie jener Teile der Erinnerungslandschaft, die durch Schule und Bildung generiert werden. Man kann in der Etablierung gemeinsamer Ordnungen und Orientierungen daher eine grundlegende Funktion des von Manfred Fuhrmann so bezeichneten „Prägestocks der Bildung" (Fuhrmann 1999) sehen, dessen formende Wirkung darin besteht, dass er dem Individuum Spuren des kollektiven Gedächtnisses einprägt und damit das Fundament für gemeinsame Verständigung legt. Ernst Cassirer hat diesen Zusammenhang zwischen Kulturalität und Individualität folgendermaßen zum Ausdruck gebracht: In jeder Kulturerscheinung lasse sich ein *völliges In-Einander-Aufgehen*, eine *wahrhafte Konkreszenz* des Individuellen und Universellen finden (vgl. Cassirer 1999, 174).

Darüber hinaus haben Bildung und Grundbildung auch eine soziale Funktion, insofern sie definieren, was im Funktionsgedächtnis einer Kultur bleibt und was aus diesem ausgeschieden, also vergessen wird.[2] Es ließe sich daraus durchaus auch ein gegenkultureller Anspruch von Bildung ableiten. Vieles, was in der modernen Kultur zunehmend in Vergessenheit gerät, hat noch in Schulen an Bedeutung, würde aber wohl schnell vergessen sein, sobald es auch aus dem Bildungskanon ausgeschlossen wird. Angesichts der gegenwärtigen Reformierungsbestrebungen sollte dies zumindest bewusst und der reflektierenden Argumentation gegenwärtig bleiben.

Literatur

Assmann, A. (2003): Erinnerungsräume. Formen und Wandlungen des kulturellen Gedächtnisses. Sonderausgabe. München.

Berger, P. L./ Luckmann, Th. (1980): Die gesellschaftliche Konstruktion der Wirklichkeit. Eine Theorie der Wissenssoziologie. Unveränderter Abdruck der 5. Aufl. Frankfurt a. M..

---

[2]   Siehe dazu allgemein Flaig (1999).

Bourdieu, P. (1997): Zur Soziologie der symbolischen Formen. 6. Aufl. Frankfurt a. M..

Cassirer, E. (1999): Ziele und Wege der Wirklichkeitserkenntnis. In: Nachgelassene Manuskripte und Texte Band 2. Hamburg.

Dehn, M. (1999): Texte und Kontexte. Schreiben als kulturelle Tätigkeit in der Grundschule. Berlin.

Duncker, L. (1994): Lernen als Kulturaneignung. Schultheoretische Grundlagen des Elementarunterrichts. Weinheim/ Basel.

Durand, G. (1969): Les structures anthropologiques de l'imaginaire. Paris.

Dux, G. (2000): Historisch-genetische Theorie der Kultur. Instabile Welten: Zur prozessualen Logik im kulturellen Wandel. Weilerswist.

Fatke, R. (1990): Kinder erfinden Geschichten. Erkundungsfahrten in die Phantasie. In: Duncker, L./ Maurer, F./ Schäfer, G. E. (Hrsg.): Kindliche Phantasie und ästhetische Erfahrung. Wirklichkeiten zwischen Ich und Welt. Langenau/ Ulm, 47-62.

Flaig, E. (1999): Soziale Bedingungen des kulturellen Vergessens. In: Vorträge aus dem Warburg-Haus Band 3. Berlin, 31-100.

François, E./ Schulze, H. (Hrsg.) (2001ff.): Deutsche Erinnerungsorte. 3 Bände. München.

Fuhrmann, M. (1999): Der europäische Bildungskanon des bürgerlichen Zeitalters. Frankfurt a. M./ Leipzig.

Halbwachs, M. (1966): Das Gedächtnis und seine sozialen Bedingungen. Berlin/ Neuwied.

Hentig, H. von (1996): Bildung. Ein Essay. München/ Wien.

Liebau, E./ Zirfas, J.(2004): Kulturpädagogik, pädagogische Ethnographie und kulturelle Stile. In: Pädagogische Rundschau. 58. Jg.: Bildungsforschung zwischen Ethnographie und Kulturtheorie, 579-592.

Müller, W. (1997): Zur medienpädagogischen Bedeutung schulischer Anschauungsbilder im Zeitalter technischer Bilder. In: Liedtke, M. (Hrsg.): Kind und Medien. Zur kulturgeschichtlichen und ontogenetischen Entwicklung einer Beziehung. Bad Heilbrunn/ Obb., 281-310.

Nießeler, A. (2003): Formen symbolischer Weltaneignung. Zur pädagogischen Bedeutung von Ernst Cassirers Kulturphilosophie. Würzburg.

Orth, E. W. (2000): Was ist und was heißt "Kultur"? Dimensionen der Kultur und Medialität der menschlichen Orientierung. Würzburg.

Postman, N. (1995): The End of education. New York 1995.

Rumpf, H. (1976): Schuldeutsch. Über Verfahren und Konsequenzen der Ablösung der Sprache von Erfahrung. In: Messner, R./ Rumpf, H. (Hrsg.): Schuldeutsch. Materialien zur Einführung in die Sprachdidaktik. Wien, 10-25.

Tenorth, H.-E. (2004): Bildungsstandards und Kerncurriculum. Systematischer Kontext, bildungstheoretische Probleme. In: Zeitschrift für Pädagogik. 50 Jg., 650-661.

Tomasello, M. (2002): Die kulturelle Entwicklung des menschlichen Denkens. Zur Evolution der Kognition (Orig.: The Cultural Origins of Human Cognition, 1999). Frankfurt a. M..

Wulf, Chr./ Göhlich, M./ Zirfas, J. (Hrsg.) (2001): Grundlagen des Performativen. Weinheim/ München.

Reflexive Erwägungsorientierung als leitende Idee im Umgang mit Standardisierung und Individualisierung

Bettina Blanck

1 Lernen im Spannungsfeld von Vorgaben und Entscheidungen

Die hier entwickelten Überlegungen erfolgen aus der Perspektive einer Erwägungsorientierung. Erwägen ist ein zentraler Bestandteil von Entscheidungen. Individuelles und gemeinsames Lernen findet im Spannungsfeld von Entscheidungen und Vorgaben statt.

Was immer auch im Einzelnen mit „Standardisierung" und verwandten Termini wie z. B. „Leistungsstandards" oder „Bildungsstandards" gemeint ist, so sind sie, wie weit oder eng, reflexiv oder nicht reflexiv sie gefasst und wie unterschiedlich begründet sie sein mögen, *Vorgaben* für Lern- und Lehrprozesse. Demgegenüber steht der Terminus „Individualisierung" für eine *Entscheidungsoffenheit*, die insbesondere Lernende mitbestimmen lassen und sie auf ihren eigenen Wegen unterstützen und fördern will. Da in den meisten komplexeren Lern- und Lehrzusammenhängen Vorgaben und Entscheidungen eng miteinander verwoben sind,[1] kann es in der Diskussion um Standardisierung und Individualisierung nicht um ein „Entweder-Oder" gehen. Selbst in einer durchstandardisierten zentralistischen Kommando- und Belehrungspädagogik entscheiden die Lernenden (und Lehrenden) z. B. immer noch reflexiv, ob sie die vorgegebenen Konzepte nachvollziehend übernehmen wollen oder sich verweigern. Umgekehrt kann es auch keine durchindividualisierte Subjektivitätspädagogik geben, denn kein Mensch kann alles selbst entscheiden und bleibt immer auch auf Vorgaben, wie z. B. die Sprache, angewiesen.

Welche Möglichkeiten gibt es nun, Standardisierung und Individualisierung in Lern- und Lehrzusammenhängen förderlich zu verbinden? Der Horizont möglicher unterschiedlicher Antworten kann hier nur angerissen werden:

Was genau soll in welchem Umfang standardisiert werden? Ein für alle verbindlicher Kern bzw. Grundbestand an Wissen und Kompetenzen, der von einem jeweiligen „individuell verpflichtende[n] Bildungsprogramme" unterschieden wird, über das die jeweiligen Schulen und/oder Lehrenden und/oder

---

[1] So mag ich reflexiv entscheiden, den Vorgaben Anderer zu folgen, wobei mir dieses Vorgehen auf einer nächsthöheren Reflexionsstufe selbst bewusst oder nicht bewusst sein kann.

Lernenden mehr oder weniger frei z. B. „in Verbindung mit dem Kern unter verantwortlicher Beratung" (Edelstein u. a. 2003, 6) entscheiden können? Sollen in einem Kerncurriculum oder wie auch immer zu bezeichnendem Standardanteil eher Ziele und/oder auch didaktisch-methodische Vorgehensweisen vorgegeben werden?

Während sich die einen fragen, ob man das „WAS des Lernens" vom „WIE des Lernens" trennen könne und die Auffassung vertreten, dass man „sich nicht mit einem Kanon von Wissen begnügen" könne (Haarmann 2002, 137; vgl. Selter 2002, 195 f.), halten es andere für einen Vorteil, wenn Bildungsstandards im Unterschied zu Richtlinien und Lehrplänen nur bezüglich der Zielerreichung, nicht aber methodisch-didaktisch präskriptiv sind (vgl. Böttcher 2002, 111), so dass Lehrerinnen und Lehrer die Vielfalt der Lernwege berücksichtigen können.

Darf man aber die *Nicht-Standardisierung* der Wege, der didaktisch-methodischen Vorgehensweisen, mit einer Ermöglichung von Individualisierung der Lernenden gleichsetzen? Setzt man so nicht die Entscheidungsoffenheit der Lehrenden mit einer Entscheidungsoffenheit der Lernenden gleich? Dabei können die Lehrenden ihre Entscheidungsfreiheiten sowohl dafür nutzen, den Lernenden enge – ggf. auch sehr differenzierte – Vorgaben zu machen und einen mehr oder weniger „belehrungsorientierten" Unterricht führen als aber auch den Lernenden ein individuelles Lernen auf eigenen Wegen ermöglichen. Und das gilt sowohl für einen zu vermittelnden Kern bzw. Grundbestand an Wissen und an Kompetenzen sowie für den mehr oder weniger in Verbindung mit diesem Kern stehenden frei gestaltbaren Anteil an Wissen und Kompetenzen. *„Individualisierung" als Entscheidungsoffenheit für die Lernenden* ist also von einer *„Individualisierung" i. S. einer individualisierten Differenzierung* zu unterscheiden, bei der die Lehrenden sich an den individuellen Lernständen der Lernenden orientieren und ihnen etwa differenziert ausgearbeitete Arbeitsaufträge vorgeben. Wenn Kinder in einer Klasse also verschiedenen Tätigkeiten nachgehen, heißt das nicht automatisch, dass sie selbst entschieden haben, woran und/ oder wie sie arbeiten. Weitere, hier nur skizzierbare Diskussionsstränge gibt es zu folgenden Fragen:

Inwiefern hängt das Ausmaß an methodisch-didaktischer Entscheidungsoffenheit im Umgang mit Zielvorgaben von der genaueren Bestimmung der verbindlichen Inhalte der Standards ab? Schränken Standardvorgaben, die vor allem auf abprüfbares „Abfragewissen" zielen, nicht eher auch die methodisch-didaktischen Freiheitsräume ein, als dies etwa bei Standardvorgaben der Fall wäre, die „Denkwissen" und sogenannte „Schlüsselqualifikationen" und Kompetenzen mitvorgeben?

Welche Rolle spielen unterschiedliche Auffassungen von Lernen und pädagogischen Wirkungsmöglichkeiten bei der Ausgestaltung von Standards und dem Ermöglichen von Individualisierungsprozessen? Wie ist der diskursive Umgang mit Entscheidungen über Standards, ihre Geltung und prinzipielle Korrigierbarkeit zu gestalten, gerade auch angesichts dessen, dass jedes Kerncurriculum in gewisser Weise kontingent ist und Zielvorgaben „systematisch kontrovers diskutiert wurden und werden" (Tenorth 2003, 156; vgl. Heid 2003, 191f.)? Relevant ist dabei auch die Frage der Einbeziehung der Lernenden (vgl. z. B. die Vorschläge von Dumke/Häcker 2003). Wie soll mit kontroversen Auffassungen umgegangen werden? Wie werden jeweilige vorläufig geltende Standardisierungsvorgaben gegenüber alternativen Standardisierungsvorschlägen begründet? Inwiefern sind Bildungs- bzw. Leistungsstandards eine Alternative zu bisherigen Vorgaben in Form von Richtlinien und Lehrplänen? Hält die Unterscheidung zwischen einer vornehmlichen Inputorientierung bei Richtlinien und Lehrplänen und einer stärkeren Outputorientierung bei den Bildungs- bzw. Leistungsstandards (vgl. z. B. Klieme u. a. 2003, 11f., 33; kritisch dazu Herrmann 2004, 33) einer näheren Überprüfung stand? Sind überhaupt „fehlende Standards ‚das Problem', und ist die Bestimmung solcher Standards seine Lösung?" (Heid 2003, 192).

Inwiefern lässt sich die Erreichung von Standards prüfen? Wie kann verhindert werden, dass Inhalte von Standards an Evaluationsmethoden angepasst werden und wie kann gewährleistet werden, dass Prüfungen mehr als Abfragewissen erheben, welches möglicherweise aus einem alleinigen „teaching to the test" resultiert und „nachhaltige Lernergebnisse" nicht erfassen lässt? Und welche Funktion haben Standardüberprüfungen? Dienen sie der Selektion oder als Rückmeldung, um Förderperspektiven sichtbar zu machen?

Die angedeuteten Kontroversen geben einen Eindruck eines noch nicht systematisch entfalteten Erwägungshorizontes, in dem eine jeweilige Lösung zur Frage der Verbindung von Standardisierung und Individualisierung gegenüber alternativen Vorschlägen begründend verortet werden müsste, wenn für sie beansprucht wird, die vorerst „beste" oder „adäquateste" Lösung zu sein.

2 Zum Verhältnis von Vorgaben und Entscheidungen im Leitkonzept für zeitgemäße Grundschularbeit des Grundschulverbandes

Das Leitkonzept von Standards für zeitgemäße Grundschularbeit von Horst Bartnitzky u. a. (2003) lässt sich als ein *lernendenzentriertes* Konzept beschreiben, das in seinen Vorgaben das „Was" des Lernens mit dem „Wie" des Lernens verbindet. Der Aspekt der Individualisierung wird dabei zu einem wesentlichen Bestandteil von Standardisierung. Das Konzept ist so gesehen eine *reflexive Vorgabe* für die Lehrenden, die den Kindern ein möglichst individuelles Lernen auf eigenen Wegen, d. h. ein entscheidungsorientiertes, mitbestimmendes Lernen ermöglichen sollen. Im Bildungsprozess sollen „die Ansprüche der Individuen und die Ansprüche der Gesellschaft ... immer gleichzeitig zum Tragen kommen" (Bartnitzky u. a. 2003, 5).

Das „Wie" des Lernens wird als eine an der Heterogenität und Individualität der Kinder orientierte ermutigende Pädagogik beschrieben, die auch Konsequenzen für das „Was" des Lernens (die tragfähigen Grundlagen) hat, nämlich Ziele als Förderperspektive zu betrachten, wobei Bandbreiten der Entwicklungen zu berücksichtigen sind.

Zum einen wird das „Wie" des Lernens in „neun überfachliche[n] Prinzipien" (als ermutigende Pädagogik) „für die Gestaltung von Unterricht und Schule" formuliert (Bartnitzky u. a. 2003, 3). Das „Wie" des Lernens spielt zum anderen auch bei der Bestimmung der tragfähigen Grundlagen der einzelnen Lernbereiche, also des „Was" des Lernens, eine wichtige Rolle: Die als Kompetenzen formulierten Ziele könnten nur dann von den Kindern erreicht werden, „wenn der Unterricht bestimmte didaktische Bedingungen erfüllt" (ebd.). Die „Ausführungen zur didaktischen Orientierung", legen dar, „welcher didaktische Kontext zeitgemäßer Grundschularbeit nötig ist" (ebd.).

Die als Kompetenzen formulierten Ziele werden im Leitkonzept explizit verstanden als „Förder-Perspektive vom ersten Schuljahr an, sie gelten für die Grundschulzeit und über die Grundschulzeit hinaus" (ebd.). Der Aspekt der Individualisierung ist dabei insofern miteinbezogen, als „Bandbreiten der Entwicklungen" formuliert und berücksichtigt werden sollen (ebd.).

Das Leitkonzept ist ein Beispiel dafür, dass didaktisch-methodische Vorgaben als „prozessbezogene Standards" nicht eine „Gleichmacherei" heraufbeschwören müssen – wie dies etwa Eckhard Klieme u. a. (2003, 49) von solchen Standards im Unterschied zu ihrem Verständnis von Bildungsstandards befürchten –, sondern als *reflexive* Vorgaben die Förderung und Entfaltung aller Kinder auf ihren je eigenen und gemeinsamen Wegen verbindlich fordern können. Diesbezüglich besteht dann allerdings eine reflexive Gleichmacherei, die nämlich allen Lernenden gleiche Ansprüche und Möglichkeiten eigenständigen und mitbestimmenden Lernens zugesteht. Die Frage ist, ob solche reflexiven Vorgaben nicht wesentlich hilfreicher sind als der Verzicht auf diesbezügliche Standardisierung, die – wie dargelegt – offen lässt, inwiefern die Lehrenden ihre Entscheidungsfreiheiten in eine eher vorgabe- oder entscheidungsorientierte Gestaltung von Unterricht einfließen lassen.

3 Möglichkeiten reflexiver Erwägungsorientierung

Reflexive Erwägungsorientierung zielt auf einen spezifischen Umgang mit zu erwägenden Alternativen. Diese werden nicht nur in der *Genese von Lösungen* (im context of discovery), sondern auch als *eine Geltungsbedingung* (im context of justification) als relevant erachtet. Denn die erwogenen Alternativen helfen einzuschätzen, ob eine Lösung als vorerst beste oder adäquate anzusehen ist oder ob es sich um eine dezisionäre Konstellation handelt, bei der man nicht mit hinreichenden Gründen eine Lösungsmöglichkeit einer anderen vorziehen kann. Da man nicht alles zu entscheiden vermag, sondern auf Vorgaben angewiesen ist, um in einigen Bereichen entlastet zu sein, damit man in anderen Bereichen Entscheidungen treffen kann, ist eine *reflexive* Erwägungsorientierung hilfreich, mit der man z. B. auch reflexiv erwägt, was nicht zu erwägen ist.

Was kann nun reflexive Erwägungsorientierung in Bezug auf Individualisierung und Standardisierung leisten? Reflexive Erwägungsorientierung ermöglicht eine Lernendenorientierung, die ausgehend von jeweiligen eigenen bisherigen Konzepten nach Alternativen zu eigenen Positionen, Perspektiven, Vorgehensweisen, Argumenten usw. suchen lässt. Durch diese *Entfaltung von Subjektivität* wirkt eine Erwägungsorientierung nicht nur dem zuweilen befürchtetem Abgleiten in ein Chaos der Beliebigkeiten und einem unverbindlichen Nebeneinander der verschiedenen Lernenden entgegen, sondern Erwägungsorientierung eröffnet geradezu *Wege hin zu Intersubjektivität und vermehrter Objektivität*, die ohne Erwägungsorientierung nicht zu erreichen wären. Erwägungsorientierung unterstützt ein individuelles Lernen, welches wesentlich auch vom gemeinsamen Lernen mit Anderen lebt. Sie fordert von den Einzelnen ein *distanzfähiges Engagement* aufzubauen, was die *verstehen-wollende* Auseinandersetzung mit Alternativen fördert, denn nur so vermag man die eigenen Positionen zu verbessern. So werden wichtige Kompetenzen wie z. B. Teamarbeit, Empathie, Rollendistanz und (Selbst)Kritikbereitschaft gefördert.

Weitere grundlegende Konsequenzen eines erwägungsorientierten Umgangs mit Individualisierung und Standardisierung zeigen sich in der Beachtung eines Wissens um Nicht-Wissen sowie der Grenzen des Wissens, im Umgang mit kontroversen Abstimmungen und gemeinsamen Entscheidungen, in der Einschätzung von „Fehlern" und sich als „unsinnig" oder „falsch" herausstellenden Alternativen, in der erwägungsorientierten Aufbereitung von Konzepten und einem reflexiven Umgang mit Entscheidungen und Vorgaben.[2]

Eine pluralistische demokratische Gesellschaft, die sich als forschungsorientiert versteht und von ihren Mitgliedern zunehmend mehr Entscheidungskom-

---

[2] Ausführlich zu den Möglichkeiten einer Erwägungsdidaktik siehe Blanck (2002, Kap. III).

petenzen und die Bereitschaft und Fähigkeit zu lebenslangem Lernen sowie Lernen des Lernens erwartet – und das alles unter den Bedingungen von Ungewissheit und einem Wissen um Grenzen des Wissens –, muss ihre Bildungsinstitutionen dementsprechend gestalten und öffnen für reflexives Erwägen der Entscheidungen und Vorgaben. Dass Erwägungsorientierung das „Was" und das „Wie" des Lernens in diesem Sinne zu gestalten vermag, zeigen bisherige Erfahrungen mit Erwägungsdidaktik im Grundschulunterricht als auch in der Universitätslehre.

Literatur

Bartnitzky, H. u. a. (2003): Bildungsansprüche von Grundschulkindern – Standards zeitgemäßer Grundschularbeit. In: Grundschulverband aktuell H. 81.

Blanck, B. (2002): Erwägungsorientierung, Entscheidung und Didaktik. Stuttgart.

Böttcher, W. (2002): Standardisierung versus Vielfalt? Hypothesen zum Entwicklungs- und Forschungsprojekt „Kerncurriculum für Grundschulen". In: Heinzel, F./ Prengel, A. (Hrsg.): Heterogenität, Integration und Differenzierung in der Primarstufe. Opladen, 108-114.

Dumke, J./ Häcker, T. (2003): Standards, die Schüler entwickeln? In: Lernende Schule. 6. Jg., H. 24, 48-53.

Edelstein, W./ de Haan, G. u. a. (2003): Von Schlüsselkompetenzen zum Curriculum. Lernkonzepte für eine zukunftsfähige Schule. 5. Empfehlung der Bildungskommission der Heinrich-Böll-Stiftung. Berlin.

Haarmann, D. (2002): Lernfelder, Wissen, Kompetenzen und Werte. In: Böttcher, W./ Kalb, P. E. (Hg.): Kerncurriculum. Weinheim und Basel, 124-151.

Heid, H. (2003): Standardsetzung. In: Füssel, H.-P./ Roeder, P. M. (Hg.): Recht – Erziehung – Staat. In: Zeitschrift für Pädagogik. 49. Jg. Beiheft 47, Weinheim u. a., 176-193.

Herrmann, U. (2004): „Bildungsstandards" – Erwartungen und Bedingungen, Grenzen und Chancen. In: Institut für Schulentwicklung PH Schwäbisch Gmünd (Hrsg.): Standards, Evaluation und neue Methoden. Baltmannsweiler, 25-42.

Klieme, E. u. a. (2003): Zur Entwicklung nationaler Bildungsstandards. Expertise, herausgegeben vom Bundesministerium für Bildung und Forschung (BMBF). Bonn.

Selter, C. (2002): Was heißt eigentlich „rechnen lernen"? – Ein Diskussionsbeitrag zum Thema „Tragfähige Grundlagen Arithmetik". In: Böttcher, W./ Kalb, P. E. (Hg.): Kerncurriculum. Weinheim und Basel, 169-197.

Tenorth, H.-E. (2003): Bildungsziele, Bildungsstandards und Kompetenzmodelle – Kritik und Begründungsversuche. In: Recht der Jugend und des Bildungswesens. 51. Jg. H. 2, 156-164.

Nationale Bildungsstandards und individuelle Förderung – Das englische Schulentwicklungsprogramm „Excellence in Cities"

Anne Unckel

1 Bildungspolitischer Kontext: „Raising standards for all!"

England und Wales haben seit dem von der Regierung Thatcher 1988 durchgesetzten „Education Reform Act" eine Flut von Veränderungen im Bildungssystem erlebt, die Qualitätssteigerung und -sicherung von Bildung und Erziehung bewirken sollen. Alle Reformanstrengungen sind seitdem dem übergeordneten Ziel verpflichtet, das Bildungsniveau aller Engländer und Walisen anzuheben, um im internationalen Vergleich vor allem wirtschaftlich besser abzuschneiden: „raising standards for all" ist der allgegenwärtige Leitspruch.[1]

Diese „Standards-Agenda" führte unter anderem dazu, dass als Motivations- und Managementinstrument nationale Entwicklungsziele eingeführt wurden, die jeweils festlegen, wie viele Schülerinnen und Schüler bis wann welche Standards erreicht haben sollen[2]. Das englische Bildungswesen und die dortigen Schulentwicklungsbestrebungen zeichnen sich durch eine außerordentliche „Output"-Steuerung aus.

Nur wenige, für mein Forschungsvorhaben relevante Reformen seit 1988 seien hier genannt: Das Bildungssystem wurde stark zentralisiert, die Entscheidungsbefugnisse des Bildungsministeriums zu Lasten der lokalen Bildungsbehörden gestärkt. Es wurde ein nationales Curriculum eingeführt, das verbindliche inhaltliche Vorgaben sowie Beschreibungen der in den Lernbereichen und Fächern jeweils zu erreichenden Leistungslevels enthält. Die Schulen entwickeln auf dieser Grundlage jeweils eigene Schulcurricula. Das Beherrschen der im Curriculum festgelegten Bildungsinhalte wird am Ende so genannter „Schlüssel"-Stufen (im Alter von 11/Ende der 6. Klasse und 16 Jahren/Ende der

---

[1] Mit „Standards" sind im englischen Kontext, anders als in der deutschen Debatte, tatsächlich erreichte *Leistungsresultate* gemeint (*standards of attainment*), keine Beschreibung von Bildung*sinhalten* (vgl. Klieme 2003, 31 f.).

[2] Zur Kritik an dieser Art der Schulentwicklung siehe z.B. Gorard, Selwyn & Rees (2002).

10. Klasse) landesweit in einheitlichen Tests überprüft[3]. Die Autonomie der Einzelschule wurde in mehrfacher Hinsicht erhöht: zum einen durch die Übertragung der Verwaltung von Finanzen und Personal an die Schulen selbst und zum anderen durch eine größere Verantwortlichkeit jeder Schule für die erreichten Schülerleistungen in den nationalen Tests. Eine der wesentlichsten Veränderungen war die Einführung der freien Schulwahl, die in Verbindung mit der Veröffentlichung von Inspektionsberichten und den nach Testergebnissen hierarchisierten Ranglisten aller Schulen zu einer Wettbewerbssituation zwischen Schulen geführt hat. Schulen bekommen ihre finanziellen Mittel pro Schüler zugeteilt, sie buhlen also um die Gunst der Eltern indem sie versuchen, besonders gute Testergebnisse zu produzieren, die ihnen einen guten Rangplatz verschaffen[4].

Vor allem diese Vermarktung des Bildungswesens hat zwar, wie gewünscht, an der Mehrzahl der Schulen zu besseren Testergebnissen bzw. Leistungsresultaten geführt, gleichzeitig haben sich aber soziale Ungleichheiten und die Diskriminierung bestimmter gesellschaftlicher Gruppen verschärft. Kinder mit Migrationshintergrund (vor allem Jungen mit afro-karibischem Hintergrund), Kinder mit sonderpädagogischem Förderbedarf und Kinder, die in Einrichtungen der Jugendhilfe leben, profitieren wenig von den Reformen, sondern sind von zunehmend selektiven Tendenzen am stärksten betroffen: sie werden häufiger als andere Kinder nicht in die gewünschte Schule aufgenommen, sie werden häufiger der Schule verwiesen und schneiden in der Regel bei den nationalen Leistungstests schlechter ab (vgl. Gillborn/ Youdell 2000, 33 ff.; Gillborn/ Mirza 2000, 11 ff.; Whitty u.a. 1998; Steiner-Khamsi 2002). Es hat sich eine zunehmend schichtspezifische Segregation zwischen den Schulen entwickelt (vgl. u.a. Vulliamy/ Webb 2000): bedingt durch die freie Schulwahl und die öffentliche Diskussion über „erfolgreiche" und „versagende" Schulen, konzentrieren sich soziale Probleme noch stärker auf bestimmte Wohngegenden und Schulen.

Die Labour-Regierung nahm insbesondere eine steigende Zahl von Schulausschlussverfahren in den 90er Jahren und Forschungsergebnisse über den Zusammenhang zwischen Armut, Schullaufbahn und Kriminalität (vgl. Cullingford 1999; Osler u.a. 2001) zum Anlass, (soziale) Inklusion und Maßnahmen gegen Diskriminierung in allen Gesellschaftsbereichen zu einem der wichtigsten staatlichen Entwicklungsziele zu erklären. Das nationale Curriculum von 2000[5]

---

[3]   Das Prüfungswesen wird zur Zeit reformiert, der Trend geht hin zu *weniger* nationalen Examina.

[4]   Zu aktuellen Entwicklungen im englischen Bildungswesen vgl. Jones (2003); van Ackeren (2003, 38 ff.).

[5]   Siehe http://www.nc.uk.net/nc_resources/html/inclusion.shtml (Stand: 10.11.04).

enthält unter anderem deswegen erstmalig ein umfassendes und verbindliches „Inclusion Statement". Danach sollen Lehrkräfte den Schülerinnen und Schülern individuell zugeschnittene Lernherausforderungen stellen und dabei auf ihre vielfältigen Lernbedürfnisse eingehen und an der Überwindung von Barrieren beim Zugang zu Lernen und Leistung mitwirken.

In diesem Kontext wurden in den 1990er Jahren eine ganze Reihe von Schulentwicklungsprogrammen[6] großflächig eingeführt, die alle auf einem „best-practice"-Ansatz beruhen. Schulen sind, so ein Bericht des „Office for Standards in Education" (Ofsted 2000), auch in sozial benachteiligten Gegenden erfolgreich, wenn sie hohe Erwartungen an die Leistungsfähigkeit jedes einzelnen Schülers stellen, individuell zugeschnittene, an die Bedürfnisse angepasste Bildungsangebote in einer Vielfalt von Bildungseinrichtungen machen, Netzwerke mit anderen Schulen bilden und wenn sie „best practice" untereinander verbreiten.

Diese Annahmen und Erkenntnisse bildeten die Grundlage für Zielsetzung und Einrichtung des Programms „Excellence in Cities".

2 Excellence in Cities

Die englische Regierung führte „Excellence in Cities" (EiC) in drei Phasen von März 1999 bis September 2000 in zunächst etwa 1000 Sekundarschulen in den gemäß Sozialindex am meisten benachteiligten Gegenden Englands ein. In der zweiten Phase im Frühjahr 2000 wurde das Programm um 1000 Grundschulen in diesen Gebieten erweitert.[7] Insgesamt wurden im Schuljahr 2003/2004 für das Programm über 350 Millionen Pfund zur Verfügung gestellt (vgl. Ofsted 2003, 6). Folgende Ziele wurden durch die Bildungsbehörde festgesetzt[8]:

- Leistungen und Bildungsstandards von Schülerinnen und Schüler aller sozialen Schichten und verschiedener Leistungsniveaus sollen durch eine regelmäßigere Teilnahme am Unterricht und die Erhöhung von Selbstwertgefühl und Motivation verbessert werden.
- Schichtspezifische Schranken beim Zugang zu Bildungserfolgen sollen reduziert werden.
- Kontinuierliches Lernen, Fortschritte und Übergänge innerhalb des Schulsystems sollen erleichtert werden.

---

[6] Zum Beispiel „Beacon Schools" (Leuchtturmschulen) und „Education Action Zones".
[7] Inzwischen wurde EiC um weitere Programme ergänzt (z.B. „Excellence Clusters"), die Weiterfinanzierung nach 2005/06 ist allerdings noch offen.
[8] Siehe http://www.standards.dfes.gov.uk/excellence/abouteic (Stand: 12.01.04).

- Die Zusammenarbeit zwischen Grundschulen und weiterführenden Schulen sowie der lokalen Schulverwaltung, der Sozial- und der Gesundheitsbehörde und freiwilligen Organisationen/Bürgerinitiativen soll verbessert werden.

Die Rahmenvorgabe war, zur Zielerreichung notwendige strukturelle und pädagogische Veränderungen in Form von drei „Strängen " (= *strands*) an den Schulen zu implementieren, die alle einen Schwerpunkt auf individuelle Förderung legen, um Leistungen zu verbessern. Diese werden im Folgenden überblicksartig dargestellt.

2.1   *Learning Support Units*

In so genannten *Learning Support Units* („Unterstützungszentren") sollen Kinder maximal für die Länge von zwei Trimestern eine besonders auf ihre individuellen Bedürfnisse zugeschnittene Förderung in kleinen Gruppen erfahren, wenn diese in den Augen der Klassenlehrerin in der eigentlichen Lerngruppe nicht mehr leistbar ist (vgl. Ofsted 2003, 34). Sei es, weil das Kind Disziplinschwierigkeiten hat, Verhaltensauffälligkeiten zeigt oder starken Leistungsabfall, so dass möglicherweise die Standards für die jeweilige Schlüsselstufe nicht erreicht werden können[9]. Die Entscheidung über eine Zuweisung zu dieser gesonderten Fördereinrichtung fällt in der Regel die Klassenlehrerin/der Klassenlehrer. Ziel ist, über den Aufbau von grundlegenden Fähigkeiten und Verhaltensweisen den betroffenen Kindern eine möglichst schnelle Rückkehr in ihre Klassen zu ermöglichen (vgl. ebd.). Die *Learning Support Units* nehmen somit die Funktion einer Institution für frühe Intervention bei Lern- und Verhaltensschwierigkeiten innerhalb einer Schule oder eines Schulverbunds ein.

2.2   *Learning Mentors*

Learning Mentors (Mentorinnen und Mentoren) sind an der jeweiligen Schule beschäftigt und sollen einzelne Schülerinnen und Schüler bzw. Kleingruppen in ihrem Lernen, aber auch bei sozialen und emotionalen Problemen besonders unterstützen, um Lernbarrieren innerhalb und außerhalb der Schule überwinden zu helfen. Sie kommunizieren mit Eltern, außerschulischen Einrichtungen und weiterführenden Schulen und stellen eine Art Schnittstelle zwischen schulischer

---

[9]   Das Wiederholen eines Jahrgangs gibt es im britischen Bildungssystem nicht.

Welt und äußerem Umfeld des Kindes dar. Für viele Eltern erleichtern sie den Zugang zur Schule. Die Schulen entwickelten unterschiedliche Modelle, die hier nicht im Einzelnen dargestellt werden können (vgl. Hobson/ Kington 2002).

2.3 Gifted and Talented Strand

Einige Schulen bekamen im Rahmen ihrer Teilnahme an EiC finanzielle Zuschüsse zur Verbesserung ihres Angebots für Schülerinnen und Schüler mit besonderen Fähigkeiten und Begabungen. Es stellte sich in einer ersten Evaluation heraus, dass die meisten Grundschulen ihr Angebot für *alle* Schülerinnen und Schüler verbesserten, also eine überwiegend integrierte Förderung betrieben, anstatt die betreffenden Kinder auszusortieren, was an den weiterführenden Schulen häufig der Fall war (vgl. Fletcher-Campbell/ Teeman 2004, 3). Nichtsdestotrotz werden auch an Grundschulen zusätzliche Lernmöglichkeiten für die ausgewählten Schülerinnen und Schüler nach den üblichen Schulzeiten oder samstags, häufig unter der Leitung außerschulischer Experten und in Kooperation mit anderen Schulen angeboten.

3 Forschungsinteresse

Der derzeitige Reformkurs im englischen Bildungswesen birgt Ungereimtheiten und Widersprüche, die dazu anregen, Alltag und Realität an Schulen genauer zu untersuchen. Das seit 1988 dominante Prinzip des Bildungsmarktes verträgt sich offensichtlich nicht mit dem bildungspolitischen Ziel, Chancenungleichheit im Bildungswesen zu reduzieren (siehe Kap.1). Für die Verfestigung und Verstärkung von Ungleichheiten und Diskriminierung unterer sozialer Schichten, von Familien mit Migrationshintergrund und von Kindern mit besonderem Förderbedarf sind zum einen die freie Schulwahl, zum anderen aber auch die „Standards-Agenda" und der damit verbundene erhöhte Erfolgsdruck, unter dem Schulen arbeiten, verantwortlich. Man muss davon ausgehen, dass sich an diesen Strukturen und an der „Standards-Agenda" in den nächsten Jahren grundsätzlich wenig ändern wird. Andererseits kann man parallel Tendenzen zur Entwicklung einer Agenda beobachten, die ich als „Inklusions- und Individualisierungs-Agenda" bezeichnen möchte, und welche sich in den bildungspolitischen Dokumenten und in Programmen wie EiC widerspiegelt, allerdings bisher ohne pädagogische und didaktisch-methodische Hinweise zur Umsetzung der integrativen Prinzipien. Lehrkräfte und Schüler werden als Akteure von Schulentwicklung mehrheitlich vernachlässigt.[10] Trotz dieser „top-down"-Lastigkeit der Reformen sehe ich in diesem Spannungsfeld von Standardisierungs- und Individualisierungsansprüchen pädagogischen Gestaltungsfreiraum für die Schulen, die Vorgaben entsprechend ihrer spezifischen Bedingungen in die Praxis umzusetzen.

Wie eine Grundschule diesen vermuteten Gestaltungsfreiraum unter den gegebenen Bedingungen nutzt, um den unterschiedlichen Lernvoraussetzungen und -bedürfnissen ihrer Schülerinnen und Schüler im Sinne einer inklusiven Pädagogik zur Erreichung von Chancengleichheit gerecht zu werden, möchte ich anhand einer Fallstudie an einer Grundschule im Programm EiC untersuchen. Daher lautet meine Hauptforschungsfrage:

Welche Auswirkungen haben die „Standards-Agenda" der britischen Regierung und das Schulentwicklungsprogramm „EiC" auf die Lehr- und Lernprozesse an einer Grundschule in einem sozialen Brennpunkt?

Ich vermute unter anderem folgende Tendenzen:

- Kinder haben wenig Gelegenheit zu selbst bestimmtem Lernen, weil die Lehrkräfte „mit dem Stoff durchkommen" müssen.
- Die Wettbewerbssituation auf dem Bildungsmarkt führt zu Wettbewerbssituationen im Unterricht; Kooperation und soziales Lernen kommen dabei zu kurz.
- Differenzierung findet wegen der Mentoren und *Learning Support Units* überwiegend als äußere Differenzierung statt (Segregation in leistungshomogene Gruppen statt pädagogischer Integration).
- Die „Output"-Orientierung im Zusammenhang mit der „Standards-Agenda" bewirkt eine starke Leistungs*norm*orientierung, die möglicherweise ein Defizit-Denken der Lehrkräfte verstärkt.

Eine inklusive Pädagogik und Didaktik sind meines Erachtens unter den gegebenen Umständen schwer denkbar, womit auch die Ziele „Chancengleichheit" und „soziale Inklusion" letztendlich verfehlt wären. Auch das wohl intendierte Programm EiC wird daran vermutlich wenig ändern, solange Lehrerinnen und Lehrer, Schülerinnen und Schüler nicht aktiver in die Entwicklungsprozesse einbezogen werden.

---

[10] Ansätze zur Veränderung zeigen sich in der kürzlich veröffentlichten „Primary Strategy": http://www.standards.dfes.gov.uk/primary

Literatur

Ackeren, van I. (2003): Nutzung großflächiger Tests für die Schulentwicklung. Erfahrungen aus England, Frankreich und den Niederlanden. (hrsg. vom Bundesministerium für Bildung und Forschung, BMBF) Bonn.

Cullingford, C. (1999): The Causes of Exclusion: Home, School and the Development of Young Criminals. London.

Fletcher-Campbell, F./ Teeman, D. (2004): Evaluation of Excellence in Cities Primary Extension. A Report of the Gifted and Talented Strand Study. Excellence in Cities Evaluation Consortium.

Gillborn, D./ Youdell, D. (2000): Rationing Education. Policy, Practice, Reform and Equity. Buckingham; Philadelphia.

Gillborn, D./ Mirza, H. S. (2000): Educational Inequality. Mapping, Race, Class and Gender. A Synthesis of Research Evidence. London.

Gorard, S./ Selwyn, N./ Rees, G. (2002): 'Privileging the Visible': a critique of the National Learning Targets. In: British Educational Research Journal, Vol. 28, No. 3, 309-325.

Hobson, A./ Kington, A. (2002): Evaluation of Excellence in Cities Primary Extension. A report on the findings of the Learning Mentor Strand Study. Excellence in Cities Evaluation Consortium.

Jones, K. (2003): Education in Britain. 1944 to the Present. Cambridge/ Oxford.

Klieme, E./ Avenarius, H./ Blum, W./ Döbrich, P./ Gruber, H./ Prenzel, M./ Reiss, K./ Riquarts, K./ Rost, J./ Tenort, H.-E./ Vollmer, H.J. (2003): Zur Entwicklung nationaler Bildungsstandards – Eine Expertise (hrsg. vom Bundesministerium für Bildung und Forschung, BMBF). Bonn.

Lohmann, I./ Rilling, R. (Hrsg.) (2002): Die verkaufte Bildung. Kritik und Kontroversen zur Kommerzialisierung von Schule, Weiterbildung, Erziehung und Wissenschaft. Opladen.

Office for Standards in Education (2000): Improving City Schools. London.

Office for Standards in Education (2003): Excellence in Cities and Education Action Zones: management and impact. London.

Osler, A.. u.a. (2001): Reasons for Exclusion from School (= DfEE Research Report No. 244). London.

Steiner-Khamsi, G. (2002): School Choice – Wer profitiert, wer verliert? In: Lohmann, I./ Rilling, R. (Hrsg.) : Die verkaufte Bildung. Kritik und Kontroversen zur Kommerzialisierung von Schule, Weiterbildung, Erziehung und Wissenschaft. Opladen.

Vulliamy, G./ Webb, R. (2000): Stemming the tide of rising school exclusions: problems and possibilities. In: British Journal of Educational Studies, Vol. 48, No. 2, 119-133.

Whitty, G. u.a.. (1998): Devolution and Choice in Education. The school, the State and the Market. Camberwell u.a.

II Die Perspektive des Kindes als Anspruch auf Individualisierung

Subjekt und Methode – Wege einer kindzentrierten Grundschulforschung

Friederike Heinzel

In seinem bedeutenden Werk „didactica magna" (1628-1632) formuliert Comenius als oberstes Erziehungsziel: „Alle Menschen in gleicher Weise alles zu lehren". Neben der zum Ausdruck gebrachten, überaus fortschrittlichen Haltung werden jedoch zugleich Subjekt und Objekt der Pädagogik bezeichnet, und wie es scheint für einige Jahrhunderte festgeschrieben und dies, obwohl seit den Anfängen der neuzeitlichen Pädagogik im 17. Jahrhundert der Begriff *Subjekt* für das selbstbewusste, autonom handelnde und erkennende Ich (Descartes) in Mode kommt. Dieser Subjektbegriff reflektiert vor allem die sich ausweitenden Handlungschancen der sich gegen den Feudalismus allmählich durchsetzenden bürgerlichen Gesellschaft und wird vor allem den Bürgern, erst später auch den Bürgerinnen, vorbehalten. Und für die Pädagogik scheint es – wie für alle Aufklärung der Zeit – vollkommen selbstverständlich, dass erst ein Erwachsener in den Besitz der Bürgerrechte gelangen kann: Subjekt kann nur werden, wer als Objekt der Erziehung zu einem erfolgreichen Bildungsstand gebracht wurde.

Die folgenden Ausführungen sollen einen kleinen Beitrag dazu leisten, die sich gegenwärtig abzeichnende fundamentale Veränderung der Sichtweise auf das Verhältnis von Subjekt und Objekt sowohl im Bereich der Grundschulpädagogik als auch im Bereich der Forschungsmethodologie herauszustellen. Zunächst wird kurz auf die Subjektgebundenheit menschlicher Erkenntnis eingegangen, dann der Individualisierungsanspruch des Kindes den gesellschaftlichen Standardisierungsforderungen gegenübergestellt. Es folgen einige Ausführungen zum forschenden Blick auf das Kind in der Grundschule. Dann werden zwei Beispiele einer kindzentrierten Grundschulforschung vorgestellt. Am Schluss stehen dann einige Bemerkungen über Heterogenität und Standardisierung.

1   Zur Subjektgebundenheit menschlicher Erkenntnis

Dichotomien stellen eine wesentliche Konstruktionslogik abendländischen Denkens dar. Erkenntnistheoretisch von besonderer Bedeutung ist die Gegenüberstellung von Subjekt und Objekt. Im erkenntnistheoretischen Sinn ist das Subjekt das erkennende, denkende und handelnde Individuum im Unterschied zu den Gegenständen oder Objekten, auf welche sich sein Erkennen, Denken oder Handeln richtet. Als erkenntnistheoretisches Grundproblem jeder Sozial- und damit auch Erziehungswissenschaft stellt sich dar, dass die Wissenschaftler und Wissenschaftlerinnen als erkennende Subjekte zugleich selbst Teil der Erkenntnisobjekte, der Gesellschaft und des gesellschaftlichen Erziehungssystems sind.

Doch gilt Objektivität noch immer als ein Gütekriterium wissenschaftlicher Forschung. Objektivität wird in den Sozialwissenschaften durch den Einsatz methodisch kontrollierter Verfahren zu erreichen versucht. Die Qualität empirischer Befunde wird nicht zuletzt daran gemessen, ob der Grundsatz der Objektivität eingehalten wird, auch wenn in den Sozialwissenschaften der Anspruch der Objektivität immer wieder als nicht zu leisten bezeichnet wird.

Dass Objektivität aus der Subjektivität der Interaktionspartner durch die Analyse entstehe, wird in der qualitativen Sozialforschung besonders betont. Als Alternative zum Gütekriterium der Objektivität wird „interindividuelle Zuverlässigkeit" diskutiert (Lamnek 1988, 65). Luckmann betont die gesellschaftliche Herstellung sozialer Daten (vgl. Luckmann 2002, 201ff), weil die „objektiven" Daten der Sozialwissenschaften in subjektiv sinnhaften Handlungen gründen. Diese „Subjektivität" bedeute aber keineswegs, dass sich diese Daten einer systematischen Erforschung entzögen. Da gesellschaftliche Wirklichkeit sozial konstruiert wird, könne sie als Zeichen subjektiver Erfahrung rekonstruiert, gedeutet und erklärt werden (ebd.). Schon Devereux macht in seinem bekannten Buch „Angst und Methode in den Verhaltenswissenschaften" auf die Interaktion zwischen dem Subjekt des Beobachters und dem Objekt der Beobachtung aufmerksam und empfiehlt, diese Schwierigkeit „schöpferisch auszuwerten" (Devereux 1988, 19).

Obwohl sich Wissenschaft um Objektivität bemüht, wird der Einfluss der Wissenschaftlerinnen und Wissenschaftler auf den Forschungsprozess und auf dessen Ergebnisse breit diskutiert. So strukturieren Forschende den Forschungsprozess und schon die Wahl ihrer Forschungsfragen sowie die Entscheidung für bestimmte Forschungsmethoden hängen zusammen mit der Berufsbiographie und Ausbildung der Forschenden, mit disziplinären Präferenzen, kulturellen Zusammenhängen und zeitgeschichtlichen Entwicklungen. Mit der Wahl einer Erhebungsmethode wird auch festgelegt, wie die Interaktion in der Forschungssituation verläuft. Die interaktiv gewonnenen Daten werden schließlich mit von den Forscherinnen und Forschern gewählten Methoden ausgewertet.

„Es ist ein Subjekt, das sich auf spezifische Weise auf dem Weg der Methode zu einem anderen – Subjekt oder Objekt – in Beziehung setzt. Aus der konkreten (methodischen) Gestaltung dieses Inbeziehungsetzens bzw. dieser Interaktion folgt, welche Daten – nach zusätzlicher Transformation (meist Übernahme in ein Computerprogramm in quantitativen und Verschriftlichung von Tonbandaufnahmen in qualitativen Untersuchungen) – den Ausgangspunkt für den dann folgenden Prozess der Auswertung bilden" (Murk/ Breuer 2003, 9) Hirschauer und Amann (1997, 19) nennen dies den „Methodenzwang des Feldes". Sie beschreiben das Untersuchungsfeld als „sich ständig selbst methodisch generierendes und strukturierendes Phänomen" (ebd.).

Obgleich in der erkenntnistheoretischen Diskussion der letzten dreißig Jahre die Subjektgebundenheit menschlichen Denkens und Wissens immer wieder thematisiert und deutlich gemacht wurde, dass es sich bei Erkenntnissen um Konstruktionen handelt, fällt es noch immer schwer „Subjektivität als Erkenntnischarakteristik für wissenschaftliches Wissen und Denken" (Breuer 2003, 1) zu akzeptieren.

Ich möchte grundlegende epistemologische Annahmen zur Subjektgebundenheit (vgl. Breuer 2003) und perspektivischen Struktur (vgl. Prengel 1997) von Erkenntnis in Erinnerung rufen:

- ihre Standortgebundenheit, d.h. Wahrnehmung ist Erkenntnis aus einer bestimmten Position,
- ihre Dynamik oder Kabinenhaftigkeit, d.h. Wahrnehmung und Erkenntnis erfolgen aus einem sich bewegenden oder bewegten System. Hierbei geht es um „die Tatsache, daß wir unsere Perspektiven zeitlich unaufhörlich quasi gleitend verändern" (Prengel 1997, 609),
- ihre Sinnesgebundenheit, d.h. wir sind bei der Erkenntnis auf unsere Sinnesorgane verwiesen und können außerdem nur sehen, wonach wir auch zu suchen in der Lage sind,
- die Interaktivität zwischen Erkenntnissubjekt und Erkenntnisobjekt, d.h. sozialwissenschaftliche Daten werden von Subjekt und Objekt gemeinsam erzeugt.

Sozialwissenschaftliche Erkenntnis ist also durch Eigenschaften des Subjekts und der Subjekt-Objekt-Interaktion geprägt und damit subjektabhängig. Für die Diskussion um Standards bedeutet dies, sehr verkürzt formuliert: Sie können vermutlich wenig dazu beitragen, Kinder zu fördern, zumindest dann nicht, wenn der Standort, aus welchem heraus sie formuliert werden, sich an Leistungsanforderungen einer dem Kind gegenübergestellten Gesellschaft und den Maßstäben von Erwachsenen orientiert. Im Laufe meines Beitrags wird diese These weiter angereichert werden.

2   Individualisierungsanspruch des Kindes versus Standardisierungsforderungen der Gesellschaft

Die wissenschaftliche und öffentliche Diskussion über den Wandel der Kindheit in der Bundesrepublik wird seit den achtziger Jahren vom Individualisierungsaspekt bestimmt. Mit Individualisierung ist gemeint, dass in modernen Gesellschaften das Individuum zur Bezugsgröße von Vergesellschaftungsprozessen wird und es zu einer zunehmenden Ausdifferenzierung und Pluralisierung von Lebensformen, Lebensentwürfen und Kindheitsmustern kommt. In der sozialwissenschaftlichen Kindheitsforschung wurde Individualisierung unter dem Gesichtspunkt der Pluralisierung familialer Lebensformen, der Liberalisierung familiärer Erziehungsnormen, Veränderungen im Sozialleben und Spielverhalten von Kindern sowie der Einflüsse von Markt und Medien diskutiert (vgl. Fölling-Albers 2001).

In der pädagogischen und teilweise auch in der erziehungswissenschaftlichen Diskussion überwog eine kulturkritische und pessimistische Rezeption der Veränderungen von Kindheit. Für Lehrerinnen und Lehrer boten die Erkenntnisse über den modernen Wandel von Kindheit die Möglichkeit, Erklärungen für Unterrichtsstörungen und Belastungen im Lehrerberuf zu finden (vgl. z.B. Dauber/ Vollstädt 2004). Die veränderte Lebenswelt der Kinder bildete zudem seit den 1980er Jahren die Begründungsfolie für Reformen der Grundschule und des Grundschulunterrichts wie z.B. Öffnung des Unterrichts oder Flexibilisierung der Schuleingangsphase, um nur zwei Beispiele zu nennen.

Fölling-Albers leitet aus den Forschungsergebnissen zu Veränderungen im schulischen Verhalten von Kindern einen „Individualisierungsanspruch der Kinder" (1994) ab. Sie interpretiert die vermeintlichen Unterrichtsstörungen gewissermaßen als Widerstandshandlungen heutiger Kinder, die nicht mehr bereit seien, sich auf die traditionelle Schülerrolle reduzieren zu lassen und auf die traditionellen Unterrichtsformen einzustellen. Heutige Kinder klagen demnach eine Orientierung am einzelnen Kind im Rahmen des Unterrichts u.a. durch mangelnde Akzeptanz der Angebote, durch Unmut, Aggressionen und den Ausbau von Hinterbühnen ein.

Aus einer grundschulpädagogischen Perspektive heraus versucht Fölling-Albers (1994) den doppelten Anspruch der Schule, dem Kind und der Gesellschaft verpflichtet zu sein, theoretisch aufzulösen, indem sie eine Veränderung des Konstrukts der „Kindgemäßheit" vorschlägt. Das Konstrukt der „Kindgemäßheit" könne im Schulunterricht heute nicht mehr aus der Perspektive von Erwachsenen gedacht werden, sondern müsse aus der Perspektive des Individualisierungsanspruchs von Kindern entworfen werden (vgl. Fölling-Albers 1994, 125). Um die unterschiedlichen Ansprüche der Grundschule, der Kinder und der Gesellschaft geht es – wie schon angedeutet – auch bei der und der Gesellschaft geht es – wie schon angedeutet – auch bei der Diskussion um Standards. Allerdings werden hier vor allem die gesellschaftlichen Anforderungen betont.

Bildungsstandards sollen allgemeine Bildungsziele aufgreifen und Inhalte und Stufen allgemeiner Bildung konkretisierten. Als Funktionen von Bildungsstandards wird die Orientierung der Schulen auf verbindliche Ziele und ein Bildungsmonitoring erwartet, da auf der Grundlage der Standards Lernergebnisse erfasst und bewertet werden sollen. Standards sind mit der Erwartung verbunden, dass Chancengleichheit in der Bildung sichergestellt werden könne, zugleich fungieren sie als Kontrollinstrumente. Böttcher betont, dass die Formulierung präziser Standards von diffusen gesellschaftlichen Erwartungen wegführe. Sie seien Maßstäbe, die von offiziellen Leistungsinstanzen formuliert würden und an denen sich die Leistungen der Schule messen lassen müssten (vgl. Böttcher 2003, 2). Standards und Kerncurricula tragen nach Böttcher dazu bei, die gesellschaftlichen Ansprüche an Schule zu betonen: „Es geht bei der Institutionalisierung von Schule doch im Kern um die Frage, was die ältere Generation von der jüngeren erwartet. Schule legitimiert sich zentral durch ihren Auftrag, die Reproduktion der Gesellschaft zu sichern. Gerade diese Funktion liefert auch die stärkste Begründung für die Staatlichkeit dieser Institution" (ebd., 10). Als bedrohliche Nebenwirkung von Standards vor dem Hintergrund des Individualisierungsanspruchs von Kindern sehe ich an, dass individuelle Entwicklungsmöglichkeiten zu wenig berücksichtigt, Fach- und Sachkompetenzen weiter ins Zentrum gerückt und soziale Kompetenzen und Aufgaben der Grundschule zurückgedrängt werden.

Es gibt vielfältige Versuche, den problematischen Anspruch der Schule, gleichzeitig dem Kind und der Gesellschaft verpflichtet zu sein, in jeweils eine Richtung aufzulösen, um die Überforderungssituation, in der die Schulpädagogik steht, aufzulösen oder erträglich zu machen. Der aktuelle Versuch heißt „Standardisierung". Doch entsteht ein Gegensatz überhaupt erst dadurch, dass Kinder nicht als gesellschaftlich relevante Gruppe begriffen werden, verbunden mit der Überbewertung der Sozialisationsfunktion der Institution Schule, die das Kind als Akteur zu wenig betont. Würden Kinder aber als gleichgestellte Mitglieder der Gesellschaft angenommen, die sich in Elternhaus, Peergroup-Interaktionen und schulischer Lebenswelt weitgehend selbst zu Mitgliedern der Gesellschaft machen, wären im Rahmen der Grundschule Generationenperspektiven in zwei Richtungen zu vermitteln: in die der Kinder *und* in die der Lehrenden.

Da die Aufgabe der Vermittlung dann nicht mehr unbedingt nur an die ältere Generation gebunden werden kann, wird in pädagogischen Generationenkonzepten heute nicht von einem hierarchischen Verhältnis sondern von einer generativen Differenz ausgegangen, deren reflexive Gestaltung in der Schule erforderlich sei (vgl. Wimmer 1998; Winterhager-Schmid 2000). Es geht darum, Weltwahrnehmungen als generationell bestimmte Sichtweisen aufzuzeigen und im Hinblick auf pädagogische Vermittlungsprozesse zu reflektieren. Die gesellschaftliche Tätigkeit der Erziehung wird demnach von zwei – gesellschaftlich gleichrangigen – Subjekten geleistet, dem Subjekt der Aneignung und dem Subjekt der Vermittlung (vgl. Sünkel 1996). Deren Verständigung und Interaktion kommt beim Lehren und Lernen entscheidende Bedeutung zu. Schule müsste demnach vordringlich als eine Vermittlungsinstitution zwischen Deutungsweisen und Erwartungen von Kindern und Erwachsenen gedacht werden.

Für die Grundschulforschung bedeutet dies, dass es sinnvoll ist, Interaktionen in Klassenzimmern und die Qualität von Lernprozessen zu untersuchen sowie Qualitätskriterien für Evaluationen feldnah und im Prozess zu entwickeln. Bildungsstandards sollten an den individuellen Lernbiografien von Kindern anknüpfen. Feldferne Evaluationsforschung, welche lediglich auf die Lernergebnisse fokussiert und das Einhalten von Leistungsstandards misst, erzeugt negative Effekte für die Schulpraxis, wie Brügelmann u.a. (1999) mit Blick auf die Geschichte solcher Leistungsmessung gezeigt haben.

3   Der forschende Blick auf das Kind in der Grundschule

Im Unterschied zu einer lehrerzentrierten Forschung richtet eine kindzentrierte Forschung den Blick auf das einzelne Kind als Subjekt seines schulischen Handelns und Lernens. Die kindzentrierte Forschung hat in den letzten Jahren im Bereich der Grundschule deutlich an Gewicht gewonnen. Den Hintergrund für diesen Bedeutungsgewinn bildet der gestiegene Einfluss konstruktivistischer und interaktionistischer Theorien, welche die subjektive und interaktive Konstruktion des Erkennens und Handelns im Unterricht betonen. Es wird davon ausgegangen, dass Schülerinnen und Schüler kognitive Strukturen in individuellen und sozialen Konstruktionsprozessen eigenständig und aktiv aufbauen. Konstruktivistisch-interaktionistische Ansätze rücken das einzelne Kind stärker ins Zentrum der Forschung und gehen der Frage nach, wie die Lernwege von Kindern in der Schule aktiv mitgestaltet werden. Allerdings muss auch bei einer schülerzentrierten Forschung bedacht werden, dass Lehrende und Lernende in einer Wechselbeziehung stehen. Schülerzentrierte Forschung sollte zwar auf die Seite der konstruktiven Aktivitäten der Lernenden fokussieren, aber auch die Bedeutung der Lehreraktivitäten berücksichtigen.

Eine Forschung *mit und im Interesse von* Kindern wirft allerdings methodologische und methodische Probleme auf, die in den letzten Jahren auch in der deutschsprachigen quantitativen und qualitativen Forschung zunehmend deutschsprachigen quantitativen und qualitativen Forschung zunehmend systematisch behandelt werden (vgl. Fuchs 2004; Mey 2001; Heinzel 2003a, 2000, 1997; Honig u. a. 1999; Richter 1997; Zinnecker 1996; Petermann/ Windmann 1993). Die Frage, wie das Antwortverhalten von Kindern einzuschätzen ist, wie Kinder in der Erhebungssituation gebührend zu Wort kommen und ob ihre Sichtweisen dann von den erwachsenen ForscherInnen angemessen verstanden werden können, sind zentrale Probleme der methodologischen Diskussion.

In der kindzentrierten Grundschulforschung können quantitative und qualitative Ansätze ausgemacht werden:

- Quantitative Untersuchungen aus dem Bereich der kindzentrierten Grundschulforschung konzentrieren sich auf Interessen, Motivation und Lernstrategien (z.B. Hartinger 1997; 2001), auf Aspekte wie Selbstkonzept, Selbstbestimmungsempfinden oder Lernmotivation (z.B. Hartinger u. a. 2003; Kammermeyer/ Martschinke 2003a) oder auf soziale Erfahrungen von Schülerinnen und Schülern in der Grundschule (z.B. Petillon 1993).
- Qualitative Untersuchungen, die sich der Interpretativen Unterrichtsforschung zurechnen, fokussieren auf die interaktive Gestaltung der Lernbedingungen, das Aushandeln von Bedeutungen, auf Alltagspraktiken oder Tiefenstrukturen des Handelns von Kindern im Grundschulunterricht (z.B. Heinzel 2003b; Huf 2003; Naujok 2000; Osburg 2002, Wiesemann 2000). Ein weiterer Strang richtet sich darauf die schulischen Lernbiografien von Kindern zu dokumentieren und zu analysieren (Brügelmann 2002; Panagiotopoulou/ Rohlfs 2001).

Bei allen diesen Untersuchungen handelt es sich um Forschung *mit* Kindern, denn es ist ein Kennzeichen der kindzentrierten Zugänge, dass hier nicht Erwachsene (in der Schule die Lehrerinnen und Lehrer) über Kinder Auskunft geben, sondern die Kinder selbst befragt oder – unter rekonstruktiver Perspektive ihrer subjektiven Deutungsleistungen – beobachtet bzw. ihre Äußerungen interpretiert werden. Diese Forschung findet im Feld des Schulalltags statt und bemüht sich darum, die subjektive Sicht von Kindern, ihre Wissensbestände und Bewältigungsstrategien zur Sprache zu bringen. In diesem Sinne ist sie auch eine *Forschung im Interesse von* Kindern. Es geht hier nicht um Erziehungs- oder Bildungsziele, deren Relevanz und die Umsetzungsbedingungen, wie in der lehrerzentrierten Forschung, die den Hauptstrang der Schul- und Unterrichtsforschung ausmacht (vgl. Zinnecker 2000) und die derzeit durch die Diskussion um Leistungsstandards und Output-Kontrolle von Unterrichtsqualität wieder neuen Auftrieb erhält.

Da die angewandten Forschungsmethoden durch Forschungsperspektiven
geprägt sind, sind die Zugänge zur kindlichen Perspektive perspektivisch verfasst. Zur Forschung mit Kindern gehört deshalb die Klärung und Reflexion des
eigenen Standpunkts, die Offenheit der Forschenden für die Erzählungen, Handlungen und Haltungen der Kinder, Wissen über Regeln, die für Kommunikati-
onsprozesse zwischen Kindern und Erwachsenen sowie unter Kindern gelten
und nicht zuletzt ist wesentlich, dass die Verstehensvoraussetzungen der Aus-
wertungsmethoden expliziert werden.

Im Folgenden werden zwei Untersuchungen etwas eingehender vorgestellt.
Es wurden qualitative Forschungsansätze ausgewählt, weil dort die Standardisierung der Erhebungs- und Auswertungsmethodik weniger ausgeprägt ist als in
quantitativen Arbeiten. Zudem wird in qualitativen Studien versucht, die Perspektive des Kindes als Modus der Herstellung von Wirklichkeit zu beschreiben, was den skizzierten Anspruch der Vermittlung von Generationenperspektiven besser zu verdeutlichen vermag. In qualitativen Studien kann – meiner Ansicht nach – eine größere Offenheit für die Sinn- und Regelsysteme der Kinder
hergestellt werden und es wird deutlich, wie Wissen von Subjekten konstruiert
wird und die Forschungsmethode die Art des in Beziehung-Setzens des For-
schers oder der Forscherin zu einem Kind oder Kindergruppen beschreibt. Die
Forscherinnen der beiden Untersuchungen, die einem ähnlichen Thema gewidmet sind, wählen einen qualitativen Zugang, benutzen aber unterschiedliche
Methoden.

4   Zwei Beispiele einer kindzentrierten Grundschulforschung

Natascha Naujok (2000) befasst sich mit der Schülerkooperation im Rahmen
von Wochenplanunterricht und analysierte Unterrichtsausschnitte zu Arbeits-
prozessen. Es geht ihr um „die Rekonstruktion der interaktiven Herstellungspro-
zesse von verschiedenen Formen der Schülerkooperation und die Rekonstruktion der Vorstellungen, die die SchülerInnen dabei interaktiv entwickeln" (Naujok 2000, 10). Außerdem will sie den „Zusammenhang von Schülerkooperation
zu dem Konzept des Wochenplans" (ebd.) herstellen. Ihre Arbeit zielt darauf,
die Vorstellung der Beteiligten darüber, wie gelernt wird[1] zu rekonstruieren und
einen Beitrag zu leisten zur sozialen Konstitution schulischen Wissens (Naujok
2000, 30).

In zwei Berliner Lerngruppen, einer ersten Klasse und einer jahrgangsübergreifenden Gruppe, wurden je 14 Tage lang sämtliche Unterrichtsstunden
aufgezeichnet. Ausgewählte Interaktionseinheiten (Szenen) wurden verschrift-

---

[1]   Naujok nennt dies in Anlehnung an Bruner Alltagspädagogiken (vgl. Naujok 2000, 22ff).

licht und mit Hilfe von Interaktionsanalysen und Komparation rekonstruiert. Es wurden sowohl fachlich-orientierte als auch nicht-fachliche Ausschnitte und Metakommentierungen ausgewählt. An zehn Szenen zeigt Naujok in der Veröffentlichung ihrer Untersuchung, *wie* die Schülerinnen und Schüler kooperieren und agieren.

Die Verfasserin kommt zu dem Ergebnis, dass Schülerkooperation aus verschiedenen Aktivitäten besteht und typifiziert schließlich sieben Formen des Kooperationshandelns im Wochenplanunterricht: erklären, vorsagen, abgucken, vergleichen, zur-Verfügung-Stellen von Arbeitsmaterialien, erfragen und metakooperieren. Es zeigt sich, dass sich die Alltagspraktiken der Beteiligten und die Schülerkooperation wechselseitig beeinflussen (vgl. ebd., 183ff). Naujok belegt, dass die Schülerinnen und Schüler in beiden untersuchten Lerngruppen in der Lage sind, ihre Lernbedingungen mitzugestalten und ihre Vorstellungen vom Lernen einzubringen und weiterzuentwickeln. Hierin sieht sie ein Potential des Wochenplans (vgl. ebd., 184). Als Dilemma des Wochenplanunterrichts in den untersuchten Lerngruppen deutet sich an, dass auf das Kooperationsprinzip gesetzt wird, die Kinder aber das gesellschaftliche Leistungs- und Konkurrenzprinzip bereits selbst in die Wochenplanarbeit hineintragen.

Was hier als Dilemma pädagogischen Handelns erscheint, verweist auf die aktive Auseinandersetzung der Kinder mit gesellschaftlichen Erwartungen und auf die Differenz von Bildungs- und Leistungsansprüchen.

Christina Huf (2003) untersucht in einer ethnographischen Feldstudie didaktische Arrangements aus der Perspektive von Schulanfängern und Schulanfängerinnen. Ihr Ziel ist es, Alltagspraktiken, Deutungsmuster und Handlungsperspektiven von Schülerinnen und Schülern der Eingangsstufe der Bielefelder Laborschule herauszuarbeiten. Das Forschungsinteresse von Huf gilt den Sinnwelten und interaktiv erzeugten Handlungorientierungen der beobachteten Kinder.

Sie nahm je ein Schuljahr lang an drei bis vier Vormittagen pro Woche am Schulalltag von zwei Stammgruppen (den „Roten" und den „Blauen") teil und verfasste einhundertundsechzig ethnografische Beobachtungsprotokolle. In einer der Stammgruppen arbeitete die Lehrerin mit einem Wochenplan; in der anderen Gruppe wurden Tagespläne eingesetzt. Die beiden Lehrerinnen räumten den Kindern unterschiedliche Entscheidungs- und Gestaltungsspielräume bei der Arbeit ein[2], mehr Spielräume in der Stammgruppe der Roten und weniger in der Stammgruppe der Blauen. Den didaktischen Arrangements lagen unterschiedliche Vorstellungen über die Förderung des Lernens von Schulanfängerinnen und

---

[2]   In Bezug auf Verpflichtungsgrad auf Materialien, Absolvierung eines Pensums und Nachvollzug von Lernschritten.

Schulanfängern zu Grunde. Die Alltagspraktiken und Handlungsorientierungen in beiden Gruppen wurden dann von Huf verglichen.

Sie beschreibt in ihrer Arbeit, dass die Kinder der Gruppe mit weniger Spielräumen beim Rückblick auf das Geleistete den Wochenplan und die Pflichterfüllung als explizite (äußere) Bezugnorm der Ermittlung des persönlichen Lernerfolgs nennen. In der anderen Gruppe basieren die Könnenserfahrungen auf dem (inneren) Erleben des Wissenszuwachses. Blicken die Kinder auf die noch vor ihnen liegende Arbeit, dann unterscheidet sich die Anstrengungsbereitschaft in beiden Gruppen. In der Gruppe mit größeren Spielräumen erweist sich die Zuversicht größer, die selbstgesteckten Ziele auch zu erreichen. In der Gruppe, die mit dem Wochenplan arbeitet, beobachtet die Forscherin Konkurrenzverhalten und eine gewisse Hetze der Kinder bei der Arbeit. Huf formuliert am Ende ihrer sehr interessanten Studie die Hypothese, dass durch die Vorgabe von Pensen die Leistungsbereitschaft von Schülerinnen und Schülern abnehmen und ihr Lernen fremdbestimmt werden könnte. Es zeigt sich, dass, je stärker die Leistungserfahrungen von der Erfahrung der Zunahme an sachlicher und persönlicher Kompetenz losgelöst waren, desto stärker betonten die Kinder den Unterschied von Spielen und Arbeiten, Unterricht und Pausen, Freiheit und Zwang.

Die differenzierten Beobachtungen weisen darauf hin, dass es notwendig ist, in der Grundschule eine pädagogische Leistungskultur (vgl. Bartnitzky/ Speck-Hamdam 2004) zu entwickeln, welche die individuelle Entfaltung unterstützt. Auch sie geben Anlass zu einer gewissen Vorsicht mit standardisierten Leistungstests oder Vergleichsarbeiten.

Auf den ersten Blick erscheinen *beide Arbeiten* zunächst sehr ähnlich. Es handelt sich in beiden Fällen um interessante Beispiele für eine kindzentrierte Grundschulforschung. In beiden Studien geht es um den Alltag von Schulanfängern und Schulanfängerinnen im Umgang mit dem Wochenplan. Beide Untersuchungen richten sich auf die Interaktionen im Unterricht und auf die Rekonstruktion des Sinns, den die Kinder ihrem Handeln geben.

Die Arbeiten heben sich allerdings in ihrem Fokus voneinander ab.[3] Während Naujok (2000) ihr Forschungsinteresse auf die Kooperation richtet und der Wochenplan den Handlungsrahmen darstellt, interessiert sich Huf (2003) dafür, wie die unterschiedlichen didaktischen Konzepte das Handeln der Kinder beeinflussen. Unterschiede bestehen außerdem in der Wahl der Methoden, denn Huf verfasst ethnografische Beobachtungsprotokolle und Naujok dokumentiert den Unterricht mit der Kamera. Auch die Methoden der Interpretation sind unterschiedlich, denn Naujok verwendet Interaktionsanalysen und Komparation wäh-

---

[3] Huf, welche ihre Arbeit auch mit der von Naujok vergleicht, bezeichnet dies als grundlegenden Unterschied.

rend Huf bei ihrem ethnografischen Vorgehen durch eine "vielschichtige Schreibpraxis"[4] Vermittlungsarbeit leisten möchte.

Wahrscheinlich bedingt durch die Methodenwahl und die jeweiligen Fokussierungen kommt es zu kontroversen Ergebnissen im Hinblick auf die Analysen und Einschätzung der Möglichkeiten der Wochenplanarbeit bezüglich des Lern- und Autonomiezuwachs von Schulanfängerinnen und Schulanfängern. In beiden Forschungsarbeiten wird jedoch sehr deutlich, dass die Unterrichtswirklichkeit jeder Klasse von einem großen Facettenreichtum gekennzeichnet ist und beide Studien geben anschauliche Belege dafür, dass die Sichtweisen der Schülerinnen und Schüler auf die didaktischen Arrangements mit der jeweiligen Lerngruppenkultur verbunden ist und als Ko-Konstruktionen von Lehrpersonen und Kindern zustande kommen, wodurch die Kinder einmal mehr als Subjekte ihrer Bildungsprozesse sichtbar werden.

5 Zum Schluss: Heterogenität und Standardisierung

Im Verlauf des, von vielen sozialwissenschaftlichen Untersuchungen, bis ins Detail beschriebenen durchgreifenden Strukturwandels der modernen Gesellschaft, der mit den Begriffen Pluralisierung und Individualisierung vielleicht etwas plakativ und inflationär bezeichnet wird, verändern sich auch Eigenart und Erscheinungsbild der Sozialisation und Erziehung der Kinder im Grundschulalter. Die sozialen Lebensumstände von Kindern in der Primarstufe weisen heute eine sehr große Bandbreite an Entwicklungsprozessen und Lernständen auf. Kammermeyer und Martschinke untersuchten die Identitäts- und Leistungsentwicklung im Anfangsunterricht in 32 Klassen und auch sie stellen in ihrer Studie fest: „Jedes Kind ist anders. Jede Klasse ist anders." „Normale" Klassen gibt es nicht (vgl. Kammermeyer/ Martschinke 2003b).

Eine aus den unterschiedlichsten Quellen gespeiste omnipräsente Kinder- und Jugendkultur sowie das grundlegend gewandelte Verständnis der heutigen Eltern von ihrer Erziehungsfunktion und -aufgabe verändern das zu berücksichtigende Gewicht der sozialisatorischen Eigenleistung heutiger Kinder im Rahmen ihrer sozialen Aktivität und gruppenspezifischen Interaktion. Sie verlangen als Konsequenz der positiv besetzten Heterogenität nach stärkerer Eigenaktivität und sie könnten stärker als bisher eigene Wege zur Gestaltung ihrer Bildungsprozesse einbringen.

Die zunehmend unüberhörbarer geforderte Standardisierung von Bildungsinhalten, -anforderungen und Bewertungstechniken wirkt an dieser Stelle weitgehend kontraproduktiv, zerstört sie doch die noch kaum begriffenen, un-

---

[4]   Huf bezieht sich hier auf Hirschauer/ Amann 1997, 29.

tersuchten und geförderten Prozesse der konstruktiven und selbstinduzierten (ethnomethodologischen) Lernprozesse innerhalb des interaktiven Geflechts der Schule/ der kinderkulturellen Subwelten.

Die in aller Kürze dargestellten Ergebnisse der beiden oben skizzierten Untersuchungen belegen, dass es ein sehr fruchtbarer Weg sein kann auf die soziale Aktivität der Kinder in Unterrichtssituationen mit einem anderen Blick zu schauen, als ihn die Grundschulpädagogik bisher gewöhnt war und dass es darauf ankommt, diesen Blick durch eine Methodologie (sowohl der Grundschulforschung als auch der Grundschulpädagogik) zu sichern, die die produktive Leistung der betrachteten Subjekte nicht durch das Interesse an zählbaren, berechenbaren und nach von außen auferlegten Standards vergleichbaren Ergebnissen zum Verschwinden bringt.

Literatur

Bartnitzky, H./ Speck-Hamdam, A. (Hrsg.) (2004): Leistungen der Kinder wahrnehmen – würdigen – fördern. Beiträge zur Reform der Grundschule. Band 118. Frankfurt/Main.

Böttcher,W (2003): Bildung, Standards, Kerncurricula. Ein Versuch einige Missverständnisse auszuräumen. In: Die Deutsche Schule (DDS). 95. Jg. H. 2, 152-167.

Breuer, F. (2003): Subjekthaftigkeit der sozial-/wissenschaftlichen Erkenntnistätigkeit und ihre Reflexion: Epistemologische Fenster, methodische Umsetzungen. (44 Absätze) Forum Qualitative Sozialforschung/ Forum: Qualitative Social Research (Online Journal), 4(2). Verfügbar über: http://www.qualitative-research.net/fqs-texte/2-03/2-03intro-3-d.htm (19.09.2004).

Brügelmann, H. (Hrsg): (1999): Was leisten unsere Schulen? Qualität und Evaluation von Unterricht in der Diskussion. Seelze.

Brügelmann, H. (2002): Lernbiografien von 5 bis 15 im sozialen Kontext. In: Petillon, H. (Hrsg.): Individuelles und soziales Lernen in der Grundschule – Kindperspektive und pädagogische Konzepte. Jahrbuch Grundschulforschung 5. Opladen, 161-168.

Dauber, H./Vollstädt, W. (2004): Psychosoziale Belastungen im Lehramt. Empirische Befunde zur Frühpensionierung hessischer Lehrer. In: Die Deutsche Schule (DDS) 96 Jg. H. 3, 359-369.

Devereux, G (1988): Angst und Methode in den Verhaltenswissenschaften. Frankfurt/M (zuerst 1973, frz. Original 1967).

Fölling-Albers, M. (1994): Kindgemäßheit – neue Überlegungen zu einem alten pädagogischen Anspruch. In: Götz, Margarete (Hrsg.): Leitlinien der Grundschularbeit. Langenau-Ulm, 117-132.

Fuchs, M. (2004): Kinder und Jugendliche als Befragte. Feldexperimente zum Antwortverhalten Jugendlicher. In: ZUMA-Nachrichten. 28. Jg. H.1, 60-88.

Hartinger, A. (1997): Interessenförderung. Eine Studie im Sachunterricht. Bad Heilbrunn.

Hartinger, A./ Graumann, O./ Grittner, F. (2003): Beeinflussen unterschiedliche Übertrittsregelungen an weiterführende Schulen die Leistungsängstlichkeit und die Qualität der Lernmotivation von Grundschüler/innen? In: Panagiotopoulou, A./ Brügelmann, H. (Hrsg.): Grundschulpädagogik meets Kindheitsforschung. Zum Wechselverhältnis von schulischem Lernen und außerschulischen Erfahrungen im Grundschulalter. Jahrbuch Grundschulforschung 7. Opladen, 115-119.

Hartinger, A. (2001): Selbstbestimmung im Unterricht – die Sicht der Schüler/innen. In: Roßbach, H.-G./ Nölle, K./ Czerwenka, K. (Hrsg.): Forschungen zu Lehr- und Lernkonzepten für die Grundschule. Jahrbuch Grundschulforschung 4. Opladen, 93-101.

Heinzel, F. (1997): Qualitative Interviews mit Kindern. In: Friebertshäuser, B./ Prengel, A. (Hrsg): Handbuch Qualitative Forschungsmethoden in der Erziehungswissenschaft. Weinheim/ München, 396-413.

Heinzel, F. (Hrsg.) (2000): Methoden der Kindheitsforschung. Ein Überblick über Forschungszugänge zur kindlichen Perspektive. Weinheim/ München.

Heinzel, F. (2003a): Methoden der Kindheitsforschung – Probleme und Lösungsansätze. In: Prengel, A. (Hrsg.): Im Interesse von Kindern? Weinheim und München, 123-135.

Heinzel F. (2003b): Zwischen Kindheit und Schule – Kreisgespräche als Zwischenraum. In: ZBBS, H 1, 105-122.

Heinzel, F./ Geiling, U. (Hrsg.) 2004: Demokratische Perspektiven in der Pädagogik. Wiesbaden.

Hirschauer, S./ Amann, K. (1997): Die Befremdung der eigenen Kultur. Zur ethnographischen Herausforderung soziologischer Empirie. Frankfurt/M..

Honig, M.-S./ Leu, H. R./ Lange, A. (1999): Aus der Perspektive von Kindern? Zur Methodologie der Kindheitsforschung. Weinheim.

Huf, C. (2001): Zum Umgang mit dem Wochenplan: Alltagspraktiken und Deutungsmuster von Schulanfängern. In: Roßbach, H.-G./ Nölle, K./ Czerwenka, K. (Hrsg.): Forschungen zu Lehr- und Lernkonzepten für die Grundschule. Jahrbuch Grundschulforschung 4. Opladen, 70-77.

Huf, C. (2003): Didaktische Arrangements aus der Perspektive von SchulanfängerInnen: Eine ethnographische Feldstudie über Alltagspraktiken, Deutungsmuster und Handlungsperspektiven von SchülerInnen der Eingangsstufe der Bielefelder Laborschule. Dissertation, Universität Bielefeld.(erscheint 2005).

Kammermeyer, G./ Martschinke, S.(2003a): KILIA – Selbstkonzept- und Leistungsentwicklung im Anfangsunterricht. In Faust, G./ Götz, M./ Hacker, H./ Roßbach, H.-G. (Hrsg.): Anschlussfähige Bildungsprozesse im Elementar- und Primarbereich. Bad Heilbrunn.

Kammermeyer, G./ Martschinke, S. (2003b). Jedes Kind ist anders. Jede Klasse ist anders. Ergebnisse aus dem KILIA.-Projekt zur Heterogenität im Anfangsunterricht. Zeitschrift für Erziehungswissenschaft, 257-276.

Kelle, H. (2004): Zur Bedeutung der sozialwissenschaftlichen Kindheitsforschung für die Grundschullehrerbildung. In: Zeitschrift für Erziehungswissenschaft. 38. Jg. H. 1, 85-102.

Lamnek, S. (1988): Qualitative Sozialforschung. Band 1. Methodologie. München.

Luckmann, T. (2002): Wissen und Gesellschaft. Ausgcwählte Aufsätze 1981-2002. Konstanz.

Mey, G. (Hrsg.) (2001): Qualitative Forschung in der Entwicklungspsychologie. Potentiale, Probleme, Perspektiven. Forschungsbericht aus der Abteilung Psychologie im Institut für Sozialwissenschaften der TU Berlin. Nr. 1. Berlin.

Murk, K./ Breuer, F. (2003): Subjektivität und Selbstreflexivität im qualitativen Forschungsprozess – Die FQS-Schwerpunktausgaben (30 Absätze). Forum Qualitative Sozialforschung/ Forum: Qualitative Research (Online Journal), 4(2). Verfügbar über: http;//www.qualitative-research.net/fqst-texte/2-03/2-03intro-1-d.htm (10.09.2004).

Naujok, N. (2000): Schülerkooperation im Rahmen von Wochenplanunterricht. Analyse von Unterrichtsausschnitten aus der Grundschule. Weinheim.

Osburg, C. (2002): Begriffliches Wissen am Schulanfang. Schulalltag konstruktivistisch analysiert. Freiburg i. B..

Panagiotopoulou, A./ Rohlfs, C. (Hrsg.) (2001): Lernbiografien im sozialen Kontext. Siegen.

Petermann, F./ Windmann, S. (1993): Sozialwissenschaftliche Erhebungstechniken bei Kindern. In: Marfeka, M.; Nauck, B. (Hrsg.): Handbuch der Kindheitsforschung. Neuwied, 125-139.

Petillon, H. (1993): Das Sozialleben des Schulanfängers. Die Schule aus der Sicht des Kindes. München.

Prengel, A. (1997): Perspektivität anerkennen – zur Bedeutung von Praxisforschung für Erziehung und Erziehungswissenschaft. In: Friebertshäuser, B./ Prengel, A. (Hrsg.): Handbuch qualitative Forschungsmethoden in der Erziehungswissenschaft. Weinheim/ München, 599-627.

Prengel, A. (2002): "Ohne Angst verschieden sein?" – Mehrperspektivistische Anerkennung von Schulleistungen in einer Pädagogik der Vielfalt. In: Hafeneger, B./ Henkenborg, P./ Scherr, A. (Hrsg.): Pädagogik der Anerkennung – Grundlagen, Konzepte, Praxisfelder. Schwalbach / Ts., 203-221.

Richter, R. (1997): Qualitative Methoden in der Kindheitsforschung. In: Österreichische Zeitschrift für Soziologie. Jg. 22. H. 4, 74-98.

Schaarschmidt, U./ Kieschke, U./ Fischer, A. W. (1999): Beanspruchungsmuster im Lehrerberuf. In: Psychologie in Erziehung und Unterricht, H 4, 244-268.

Sünkel, W. (1996): Der pädagogische Generationenbegriff. Schleiermacher und die Folgen. In: Liebau, E./ Wulf, Ch. (Hrsg.): Generation. Versuche über eine pädagogisch-anthropologische Grundbedingung. Weinheim, 280-285.

Wiesemann, J. (2000): Lernen als Alltagspraxis. Lernformen von Kindern an einer Freien Schule. Bad Heilbrunn.

Wimmer, M. (1998): Fremdheit zwischen den Generationen. In: Ecarius, J. (Hrsg.): Was will die Jüngere mit der älteren Generation? Generationenbeziehungen und Generationenverhältnisse in der Erziehungswissenschaft. Opladen, 81-114.

Winterhager-Schmid, L. (2000): Erfahrungen mit Generationendifferenz. Weinheim.

Zinnecker, J. (1996): Kindersurveys. Ein neues Kapitel Kindheit und Kindheitsforschung. In: Clausen, L. (Hrsg.): Gesellschaften im Umbruch. Verhandlungen des 27. Kongresses der Deutschen Gesellschaft für Soziologie in Halle an der Saale 1995. Frankfurt a. M/ New York, 783-795.

Zinnecker, J. (2000): Soziale Welten von Schülern und Schülerinnen. Über populäre, pädagogische und szientifische Ethnographien. In: Zeitschrift für Pädagogik 46. Jg., H. 5, 667-690.

Kinder sprechen über Schule – Inhalte von Gruppendiskussionen mit Kindern im Grundschulalter

Gudrun Schönknecht & Ruth Michalek

In einem hochschulübergreifenden Forschungsprojekt wurden Gruppendiskussionen mit Kindern der dritten Jahrgangsstufe durchgeführt, videographisch aufgezeichnet und transkribiert. Im Fokus der Auswertungen stand bisher die Erhebungsmethode „Gruppendiskussion". Diese ist zwar mit Jugendlichen und Erwachsenen erprobt, wird in der Forschung mit Kindern hingegen selten verwendet (vgl. Michalek/ Schönknecht 2004). Aktuelle Auswertungsschwerpunkte sind die Diskussionsinhalte. In diesem Beitrag gehen wir – wegen der gebotenen Kürze – auf einige wenige Aspekte des inhaltlichen Bereichs „Schule" ein und diskutieren unsere Ergebnisse.

1 Das Thema „Schule"

Das Thema „Schule" wird in allen Gruppen angesprochen. Teilweise wenden sich die Kinder von sich aus diesem Gesprächsthema zu – teilweise bringt die Gesprächsleitung das Thema ein.

Kommt das Thema „Schule" das erste Mal zur Sprache, so stellen die Kinder ihre Aussagen zunächst in einen *generellen negativen Kontext* – über die Sprache, aber auch eindeutig über Mimik und Gestik. Dies geschieht teilweise eher undifferenziert:

> I: Also jetzt geht's um die Schule.
> Tobias: Uäh
> Paul: Um die Schule uäh
> Lukas: Uäh Schule uuuuh (FR 01, 435-438)

Teilweise geben die Kinder auch gleich Begründungen für diese erste Reaktion auf das Stichwort „Schule" an:

> Faruk: Also ich mag an der Schule nicht, weil die Lehrer immer so streng sind und immer Sonderaufgabe aufgeben. (EI 02, 189)

In den ersten spontanen Reaktionen auf das Thema „Schule" zeigt sich also eine generelle Negativkonnotation. Meist auf Nachfrage der Diskussionsleitung werden allerdings auch positive Aspekte von Schule erwähnt: Hierbei werden v. a. Aktivitäten genannt, die von den Kindern nicht dem Bereich „Unterricht" zugeordnet werden, z.b. Pausen, Videos oder Filme sehen, Sport, Ausflüge.

Zum Thema "Schule" stellt sich eine Perspektive als für die Kinder zentral heraus: Sie sprechen vor allem über *soziale Beziehungen in der Schule*. Die Personen, um die es dabei geht, sind meist die KlassenkameradInnen und andere Kinder in der Schule, auch die LehrerInnen, seltener Eltern.

Der Fokus beim Thema „Schule" sind die KlassenkameradInnen: Erzählungen und Geschichten über Erlebnisse mit Gleichaltrigen bestätigen die große *Bedeutung von peers* im Schulalltag (vgl. Corsaro/ Eder 1990). In vielen Abschnitten der Gruppendiskussionen wird deutlich, dass den Kindern das Zusammensein mit den KlassenkameradInnen in der Schule am wichtigsten ist. Dabei werden sowohl positive (Freunde, gemeinsame Aktivitäten und Spiele) als auch negative Aspekte (Ärger, Streit, Auseinandersetzungen) betont.

Die *Beziehung zwischen Mädchen und Jungen* wird ebenfalls häufig thematisiert. Einerseits wird in den Gruppendiskussionen immer wieder geschildert, wie Mädchen- und Jungengruppen sich gegenseitig necken und ärgern. Andererseits ist aber auch das Verliebt-Sein ein wichtiges Thema, das oft entfaltet wird. Diese beiden Bereiche gehen auch ineinander über.

> Alina: Also, ich hab auch eine Freundin und die, aber die ist ganz klein und geht mir bis ans Kinn
> M: Clara?
> Alina: Ja, und und die hat, und da ist so ein schlimmer Bub, und der, und der, der ist jetzt älter glaub ich, der ist zehn, und die, und der, zu *ihr* ist er immer lieb, macht ihr die Tür auf, gibt ihr, schenkt ihr was und, und zu den andern Kindern tut er hauen, tut er
> Katharina: Dann ist er in der Clara verliebt.
> Alina: Ja.
> Katharina: Sagt man so. (EIM 01, 452-458)

Der „Diskurs der Verliebtheit", wie Breidenstein (1997) ihn nennt, ist einerseits immer geprägt durch einen Prestigegewinn für die Beteiligten, andererseits aber erweckt unterstellte Verliebtheit auch Ärger, Mitschüler und Mitschülerinnen werden so geneckt. Dieser Diskurs hat große Bedeutung in der Kultur der Kinder. An den Beispielen lässt sich auch zeigen, wie Geschlecht als Strukturkategorie aktualisiert wird und Geschlechterverhältnisse im Sinne des doing gender hergestellt werden – ähnlich wie in den Studien von Breidenstein/Kelle (1998) oder Faulstich-Wieland u.a. (2004). Auch welche Konstruktionen von Männlichkeit und Weiblichkeit in den Gesprächen aktualisiert werden lässt sich analysieren – dies ist aber im Rahmen dieses kurzen Beitrages nicht möglich (vgl. dazu Michalek 2004).

Soziale Beziehungen mit peers werden nicht nur als Beschreibungen von MitschülerInnen und als Mädchen-Jungen-Beziehungen thematisiert, immer wieder erzählen die Kinder auch von *Spaß und Freude* in Situationen, von *lustigen Begebenheiten, von Blödsinn-Machen.* Auch Beck/ Scholz (1995) und Oswald/ Krappmann (1988) betonen in ihren Studien die Bedeutung von Spiel, Spaß und Unsinn in den Interaktionen von Grundschulkindern, die auf intensive soziale Beziehungen unter Gleichaltrigen verweisen:

> „Der so oft abgewertete kindliche Unfug verlangt offenkundig, den anderen dafür zu gewinnen, sich die Grenzen des Tolerablen klarzumachen und eine diffuse Handlung gemeinsam unter Kontrolle zu halten (…) Aus dieser Sicht erscheint ‚Kinderquatsch' nicht als eine Randzone des Kinderverhaltens, in der sich ihr mangelndes Erwachsensein peinlich offenbart, sondern als ein verlockendes soziales Objekt, das dann, wenn es lustvoll gelingt, den Kindern anspruchsvolle Interaktionsstrategien abverlangt." (Oswald/Krappmann 1988, 83).

Dem Kinderquatsch, dem Unsinn-Machen, dem Witze-Erzählen, den Streichen und der Ironie kommt eine wichtige Funktion zu. Für dieses „Kinderleben" müssen in der Schule Spiel-Räume zur Verfügung stehen.

> „Sie ermöglichen es, sich als autonom handelndes Subjekt zu erleben, das mit anderen gleichberechtigt umgehen und das eigene Leben aktiv und lustvoll gestalten kann, und zwar in einer Gruppe von Gleichberechtigten" (Beck/ Scholz 1995, 164).

In unseren Gruppendiskussionen wird deutlich, dass dieser Bereich des Kinderlebens manchmal gelingt (Beispiel 1), aber auch manchmal mit den Regeln von Schule in Konflikt kommt (Beispiel 2).

> Samuel: Da haben wir uns immer in Musik totgelacht. (...)
> Klaus/Marcello: @Ja, totgelacht@
> Samuel: Da haben wir so ein Blatt bekommen.
> Samuel: Und dann wenn wir gesungen haben, zum Beispiel: Es war einmal eine Biene oder es war einmal. (EI 03, 269-273)

> I: Wann gibt's denn besonders oft Ärger? Überlegt mal. Erzählt mir mal ein paar Situationen, wo so wirklich der Ärger so ansteht? Magnus?
> Magnus: @Wenn ich und der Pascal zu laut lachen@
> Pascal: Wenn wir zwei zu laut lachen.
> Timo: Wenn die zu laut lachen, dann fängt der Pascal an, dann fängt Clarissa an, dann fängt der Michi an, dann fängt der Frank an. (LB 01, 184-187)

Die Kinder sprechen in den Gruppendiskussionen häufig auch über die Themen *"Regeln" und "Regelüberschreitung"*, sie setzen sich auseinander mit Strafe und Gerechtigkeit. Dabei fällt auf, dass die Sinnhaftigkeit etwa von Strafarbeiten nicht in Frage gestellt wird. Die Kinder weisen allerdings darauf hin, dass Regeln auch für Lehrkräfte gelten müssten und fordern von ihnen Gerechtigkeit und Gleichbehandlung von SchülerInnen bei Regelverstößen.

Auch Hausaufgaben gehören zur Regelhaftigkeit, zu den ungeschriebenen Gesetzen des Schulalltags. In diesem Bereich fordern die Kinder z. T. auch eine Veränderung von Regeln, wie z.b. einen Tag „hausaufgabenfrei". Hausaufgaben werden überwiegend negativ beurteilt.[1]

Häufig ohne besondere Nachfrage, aber auch bei dem Impuls, was Kindern gut an der Schule gefällt, werden *„Lieblingsfächer"* genannt. Es fällt auf, dass die Fächer häufig in zwei Gruppen eingeteilt werden: Sport, Textilarbeit, Englisch, Französisch, Musik im Gegensatz zu „normalem Unterricht", das bedeutet Diktate, Schreiben, Rechnen, Hausaufgaben etc. Erwähnt werden auch die Monotonie von Stundenabläufen („ein Arbeitsblatt nach dem anderen") und zu einfache Aufgabenstellungen, die die Kinder langweilen.

Ein Thema, das vor allem in Zusammenhang mit der Nennung von Lieblingsfächern entfaltet wird, ist die *Leistungsbewertung*. Dies erscheint uns besonders bedeutsam, da von den Diskussionsleitungen nie nach Noten oder Leistungsbewertung gefragt wurde, die Kinder aber in fast allen Gruppendiskussionen von sich aus auf dieses Thema – z. T. sehr ausführlich – zu sprechen kommen.

Bei Gesprächen über Lieblingsfächer werden meist gute Noten quasi „als Beleg" genannt.

> Philipp: Ich liebe sie aber nur ich liebe sie aber unter einer Bedingung. Wenn ich bei ähm eigentlich stimmt ich liebe sie eigentlich schon. Wegen im Diktat hab ich ne 1-2, beim Mathetest hab ich ne 1-2, beim Aufsatz hab ich ne 1-2. (FR 02, 821)

Für die Kinder ist also weniger die eigene Einschätzung von Fähigkeiten üblich, sondern die Bewertung von außen durch die Benotung. Obwohl sie zu Beginn der dritten Jahrgangsstufe die Bewertung durch Noten erst gerade kennen gelernt haben, hat diese schon große Bedeutung bei der Einschätzung der eigenen Fähigkeiten und Entwicklung von Motivation und Interesse für Fächer.

---

[1]   Dies deckt sich mit Ergebnissen anderer Studien: Bei Czerwenka u.a. beispielsweise erwähnen 1/3 der Schulkinder Hausaufgaben – davon 2/3 negativ (Czerwenka u.a. 1990, 102).

2   Diskussion und Interpretation

2.1   Soziale Beziehungen – Peers als zentrale Referenzgruppe in der Schule

Soziale Beziehungen spielen innerhalb der Peergruppe die größte Rolle in den Gruppendiskussionen – Schule ist für die Kinder vor allem ein sozialer Raum. Daher erscheint uns die Erforschung dieser „Kinderwelt" als ein wichtiges Anliegen, das die traditionelle empirische Schul- und Unterrichtsforschung um wichtige Aspekte ergänzt: „Ethnographische Forschung versteht sich zunehmend als Dialogpartner der im untersuchten Alltagsfeld Handelnden, als Übersetzer von deren Lebenswelt-Perspektive und -Sprache für ein weiteres Publikum" (Zinnecker 1996, 61)[2].

2.2   Mitgestaltung und Beteiligung in der Schule

Hinweise auf Mitgestaltungsmöglichkeiten sind in den Gesprächen kaum zu finden – Schule scheint sich für die Kinder zu ereignen. Es fehlt ihnen jedoch nicht an Ideen zur Gestaltung von Schule (z.b. mehr Bewegung, mehr kreative Elemente wie Basteln, Theater, ansprechendere Schulhofgestaltung). In der Schule, wie die Kinder sie darstellen, geben LehrerInnen die Regeln vor, die SchülerInnen halten sich daran oder versuchen sie auch zu umgehen. Einiges davon, was in der Grundschulpädagogik als Konzept einer modernen Grundschule gilt, die sich nicht als reine Unterrichtsschule versteht, fordern auch die Kinder!

2.3   Leistung

Das Thema „Leistung" verdient deshalb eine besondere Stellung in der Diskussion der Ergebnisse, weil es nicht als Impuls in die Gruppen gebracht, von den Kindern aber selbst aufgegriffen und häufig thematisiert wurde.

Als Lieblingsfächer werden von den Kindern vor allem Fächer genannt, in denen sie gute Noten erreichen. Dies legt die Vermutung nahe, dass es schwierig ist, trotz Misserfolgen Motivation und Interesse aufrecht zu erhalten. Ein pädagogischer Leistungsbegriff zeigt sich hier kaum: Die Kinder zeigen keine

---

[2]   Die in jüngerer Zeit zahlreichen ethnographischen Studien zur sozialen Welt von SchülerInnen, in denen häufig soziales Lernen im Mittelpunkt steht, sind von Zinnecker zusammengestellt und systematisiert worden: er unterscheidet dabei drei zentrale Paradigmen: „peer socialization", pädagogisch motivierte Ethnographie und „doing gender" (Zinnecker 2000, 1996).

differenzierte Selbsteinschätzung ihrer Leistung und Leistungsfähigkeit, ihre Selbstbewertung gründet auf Noten. Dies zeigt sich auch bei Faust-Siehl/ Schweitzer (1992):

„Schulerfolg wird auch von Viertklässlern *nicht mit (zeitstabilen) Fähigkeiten* (Hervorh. i. O.) in Verbindung gebracht. Ausschlaggebend sind in ihren Augen vielmehr die Situation der Rückmeldung, in denen Schulerfolg oder -mißerfolg explizit gemacht werden." (a.a.O., 54)[3]

2.4   Konsequenzen: Pädagogische Ethnographie als Teil der Ausbildung von LehrerInnen?

Kinder äußern sich in unseren Gruppendiskussionen über ihre zentralen Themen. Ihre Sicht kann Hinweise geben auf wichtige Aspekte des Lebens und Lernens in der Schule, wir konnten in diesem Beitrag nur einige wenige ausführen.

Studierende und LehrerInnen könnten die „Kinderwelt" in der Schule mit einem ethnographischen Blick betrachten und erforschen. Wir möchten Zinnecker beipflichten, der fordert, „pädagogische Ethnographie als Medium der professionellen Sozialisation zum Lehrberuf zu verankern" (1996, 69). Dies sollte bereits im Studium eine wichtige Rolle spielen, z.B. als forschendes Lernen im Rahmen von Praktika, Examensarbeiten oder innerhalb von Projektseminaren (vgl. Obolenski / Meyer 2003).

Literatur

Beck, G. / Scholz, G. (1995): Soziales Lernen – Kinder in der Grundschule. Reinbek.
Breidenstein, G. (1997): Verliebtheit und Paarbildung unter Schulkindern. In: Hirschauer, S./ Amann, K. (Hrsg.): Die Befremdung der eigenen Kultur. Zur ethnographischen Herausforderung soziologischer Empirie. Frankfurt a.M., 53-83.
Breidenstein, G./ Kelle, H. (1998): Geschlechteralltag in der Schulklasse. Ethnographische Studien zur Gleichaltrigenkultur. Weinheim und München.
Corsaro, W./ Eder, D. (1990): Children's Peer Cultures. In: Annual Review of Sociology 16, 197-220.
Czerwenka, K. u.a. (1990): Schülerurteile über die Schule: Bericht über eine internationale Untersuchung. Empirische Hochschulschriften; Reihe 11, Pädagogik Band 14. Frankfurt a.M.

---

[3]   vgl. auch Kirschner (1992)

Faulstich-Wieland, H./ Weber, M./ Willems, K. (2004): Doing Gender im heutigen Schulalltag : empirische Studien zur sozialen Konstruktion von Geschlecht in schulischen Interaktionen. Weinheim.

Faust-Siehl, G./ Schweitzer, Friedrich (1992): Anstrengung ist alles! – Wie Kinder schulische Leistungen verstehen. In: Bartnitzky, H./ Portmann, R.: Leistung der Schule – Leistung der Kinder. Frankfurt a.M., 50-60.

Kirschner, G. (1992): Kinder wollen Zeugnisse – Wollen Kinder Noten? Meinungsumfrage über Zeugnisnoten. In: Bartnitzky, H./ Portmann, R.: Leistung der Schule – Leistung der Kinder. Frankfurt a.M., 79-83.

Michalek, R./ Schönknecht, G. (2004): Gruppendiskussionen mit Grundschülern – methodische Aspekte. In: Esslinger-Hinz, I./ Hahn, H. (Hg.): Kompetenzen entwickeln – Unterrichtsqualität in der Schule steigern. Entwicklungslinien und Forschungsbefunde. Baltmannsweiler. 198-206.

Michalek, Ruth (2004): Jungen sprechen über Schule. Analyse von Interaktionsstrukturen und doing gender -Prozessen in Gruppendiskussionen mit Grundschülern. In: AK Interpretationswerkstatt der PH Freiburg (Hg.): Studieren und Forschen. Qualitative Methoden in der LehrerInnenbildung. Herbolzheim. 91-119.

Obolenski, A./ Meyer, H. (2003): Forschendes Lernen. Bad Heilbrunn.

Oswald, H./ Krappmann, L. (1988): Soziale Beziehungen und Interaktionen unter Grundschulkindern. Methoden und ausgewählte Ergebnisse eines qualitativen Forschungsprojektes. Berlin.

Zinnecker, J. (1996): Grundschule als Lebenswelt des Kindes. Plädoyer für eine pädagogische Ethnographie. In: Bartmann, Th./ Ulonska, H. (1996): Kinder in der Grundschule. Anthropologische Grundlagenforschung. Bad Heilbrunn, 41-74.

Zinnecker, J. (2000): Soziale Welten von Schülerinnen und Schülern. Über populare, pädagogische und szientifische Ethnographien. In: Z.eitschrift für Pädagogik., 46. Jg., Nr. 5, 667-690.

Hausaufgaben in der Ganztagsgrundschule aus der Perspektive von Kindern im Spannungsfeld zwischen Individualisierung und Standardisierung

Heike Deckert-Peaceman

Der folgende Beitrag bezieht sich auf eine Pilotstudie, durchgeführt an einer Ganztagsgrundschule in Rheinland-Pfalz von Mai 2003 bis Juli 2004. Es handelt sich um eine explorative Studie vor dem Hintergrund kulturtheoretischer Überlegungen. Die Mikroebene der Feldforschung wird mit einem diskursanalytischen Verfahren konfrontiert und diskutiert. Angenommen wird, dass die Untersuchung einer lokalen Alltagspraxis nur im Wechselspiel mit der Analyse des kulturellen Kontexts, das heißt mit den historisch, kulturell und sozial gewachsenen Voraussetzungen für diese Alltagspraxis, angemessen deutbar ist (vgl. Deckert-Peaceman 2002).

Meine Ausführungen konzentrieren sich auf einen Aspekt, der sich im Zuge der Feldforschung an Bedeutung gewann: Hausaufgaben als kulturelle Praxis in der Schule. Es handelt sich hierbei um erste empirische Erkenntnisse, die der Planung weiterführender Untersuchungen dienen und die hier exemplarisch vorgestellt werden.

Zunächst folgt eine Darlegung des Forschungsansatzes. Im Anschluss daran skizziere ich den Hintergrund der Pilotstudie, der den Rahmen für die kulturelle Praxis der Hausaufgaben bildet. Das Thema Hausaufgaben wird aus kulturtheoretischer Perspektive reflektiert und am Beispiel von Feldbeobachtungen diskutiert. Abschließend formuliere ich erste Überlegungen zum schultheoretischen Stellenwert.

1 Ethnographische Schulforschung aus kulturtheoretischer Perspektive

Die Pilotstudie erforscht die lokale Ganztagsschulpraxis am Beispiel einer Grundschule mit ethnographischen Methoden. Dazu gehören die direkte Teilhabe an dieser Praxis in einem längeren Zeitraum sowie die Erhebung schulischer Realverläufe mittels Beobachtung, Interview und Videographie. Angenommen wird, dass die lokale Praxis vor Ort von den Akteuren interaktiv hergestellt wird.

In Anlehnung an Wulf, Göhlich und Zirfas sehe ich lokale Praxis als performativ sowie zugleich als historisch und kulturell gewachsen (vgl. Wulf u. a. 2001, 13). Daraus folgt die Performanz vor dem Hintergrund des kulturellen Scripts zu reflektieren. Kulturelle Scripts bieten nach Hengst den Menschen Zeichensysteme für ihre Weltsicht sowie für die Teilnahme an Kommunikationsprozessen. Sie steuern Erfahrungen und Handlungen und werden gleichzeitig durch diese ausgedrückt, bestätigt und verändert (vgl. Hengst 2001, 856). Die Verknüpfung von Mikro- und Makroperspektive lässt sich auch mit Winter begründen, der davon ausgeht, dass ethnographische Felder keine abgeschlossenen und diskreten Entitäten bilden, sondern vielmehr global mit anderen Ereignissen, Praktiken und Orten in Zusammenhang stehen (vgl. Winter 2001, 55). Diese Verknüpfung reduziert sich nicht auf die gegenwärtige Zeitdimension, sondern von besonderer Bedeutung ist meiner Ansicht nach das kulturelle Gedächtnis (vgl. Assmann 1992), das für das jeweilige Forschungsthema relevant ist, und auf das ich am Beispiel der Hausaufgaben kurz verweise. Doch zunächst zum Hintergrund der Pilotstudie.

2   Ganztagsschule aus der Perspektive von Kindern

Im Zentrum meiner Pilotstudie steht die Perspektive von Kindern bezüglich der aktuellen Schulentwicklung in Richtung eines ganztägigen Aufenthalts in dieser Institution. Paradigmatisch orientiert sich die Erforschung der kindlichen Perspektive an den Prämissen der neuen Kindheitsforschung, auf die ich hier nicht weiter eingehen kann.

Diskursanalytisch kann man zunächst festhalten, dass die familien-, sozial-, bildungs- und wirtschaftspolitischen Diskurse zur Ganztagsschule zwar das Kind im Zentrum verorten, jedoch primär als Objekt ihrer Interessen konstituieren. Das Kind als Subjekt, das, setzt man Schul- mit Arbeitszeit gleich, im Gegensatz zu den Lehrkräften mit einer enormen Steigerung seiner Arbeitszeit konfrontiert ist, hat kaum eine Stimme. Auch in den aktuell laufenden oder geplanten Forschungsvorhaben zur Ganztagsschulentwicklung taucht die Perspektive der Schüler im Vergleich zu anderen Fragestellungen eher nachgeordnet auf.

Die Ganztagsgrundschule wird seit dem Schuljahr 2003/04 additiv, in Form von Unterricht am Vormittag für alle und Nachmittagskonzept mit Mittagessen, Hausaufgaben und Arbeitsgemeinschaften für 40% der Schüler, geführt. Leitmotiv meiner Forschung war die Rekonstruktion des gesamten Tages aus der Perspektive einzelner Schüler bzw. Schülergruppen mit seinen Brüchen und

Übergängen vor dem Hintergrund zweier Schulwirklichkeiten, dem Vor- und dem Nachmittag. Neben den schon erwähnten Methoden der Datenerhebung ist ein von der Forschung inszeniertes Projekt, Kinder als Forscher ihrer eigenen Alltagspraxis einzusetzen[1], besonders hervorzuheben. Ein zentrales Thema der veränderten Schulwirklichkeit ist die Hausaufgabe.

3 Hausaufgaben als kulturelle Praxis

Das Thema Hausaufgaben gewinnt im Rahmen der Ganztagsschulentwicklung erheblich an Bedeutung. Aus der Perspektive der Eltern gilt es, vor allem für die Mütter, als Entlastung. Umfragen in Rheinland-Pfalz sprechen sogar bei der elterlichen Wahrnehmung der Ganztagsschule vom „Herzstück Hausaufgaben" (POLIS 2003; 2004). Der schulische Alltag muss sich durch die Tatsache, dass ein erheblicher Teil der Schüler die Hausaufgaben in der Schule erledigt, neu organisieren. Dies betrifft sowohl die Quantität als auch die Qualität der Hausaufgaben, sowie die Kommunikation zwischen den am Vor- und Nachmittag Beteiligten.

Die Geburtsstunde der Hausaufgaben hängt mit der Einführung der Schule als „öffentlicher Anstalt" (Nilshorn 1999, 3), das heißt mit der Trennung von Leben und Lernen, zusammen. Seitdem sind die Hausaufgaben ein mehr oder minder kontrovers diskutiertes Thema in Schule, Öffentlichkeit und Wissenschaft (vgl. Meumann 1925; Wittmann 1964[2]; Enders-Dragässer 1981; Speichert 1987[2]; Schwemmer 1990; Nilshorn 1995).

Bei dem Versuch, die Hausaufgaben aus der Perspektive von Schülern zu rekonstruieren, stößt man auf eine Reihe von Paradoxien. Schulanfänger sehnen sich in der Regel die Hausaufgaben herbei, lehnen sie aber wenige Wochen nach Schulanfang zumindest verbal ab. Empirische Studien (vgl. z. B. Schwemmer 1980) zeigen hingegen, dass gerade Grundschüler noch vergleichsweise gerne

---

[1]   Hintergrund und Anlass war der Ideenwettbewerb „Zeit für mehr – so stellen wir uns unsere Schule vor!" des Bundesministeriums für Bildung und Forschung, an dem eine Arbeitsgemeinschaft aus dem vierten Schuljahr auf unsere Anregung hin teilnahm, indem sie die Veränderungen an der Schule erforschte und in Form eines Videos „Ein ganzer Tag in der Schule" dokumentierte. Wir unterstützen die Schüler bei diesem Vorhaben und beobachteten sie gleichzeitig, zum Teil mit einer zweiten Kamera. Diese Inszenierung war u.a. notwendig, weil aus den Beobachtungen in den Monaten zuvor deutlich wurde, dass die Schüler zwar in Form von Handlungen auf die Veränderung ihres Alltags reagierten, aber kaum über sie Aussagen treffen konnten. Durch den „sinnvollen Anlass Wettbewerbsteilnahme" wurde nun die Veränderung der Schulwirklichkeit für die Kinder zum Thema. Sie befragten andere Kinder in diesem Zusammenhang und reflektierten ihre eigene Position während des Handelns. Tätigkeiten waren: Drehbuch erstellen, Interviewen, Filmen und Szenen auswählen.

Hausaufgaben anfertigen. Das Urteil der Kinder über die Hausaufgaben und ihr Stellenwert für Grundschüler sind also nicht eindeutig geklärt. Anscheinend gehören die Hausaufgaben untrennbar zur Schule. Das heißt, erst durch Hausaufgaben wird man zum „wirklichen Schulkind".[2]

4 Hausaufgaben als kulturelle Praxis in der Ganztagsschule[3]

An der untersuchten Schule gibt es, wie in vielen anderen rheinland-pfälzischen Ganztagsschulen eine Hausaufgabenzeit von einer Stunde, eingerahmt vom Mittagessen, Spielpausen und Arbeitsgemeinschaften. Die Hausaufgaben werden von jahrgangshomogenen aber klassenheterogenen Gruppen in den Klassenräumen unter Aufsicht von Lehrkräften und anderem Personal angefertigt.

Die Verlagerung der Hausaufgabenpraxis von ca. 40 % der Schüler in die Schule wirkt in verschiedene Richtungen, die ich hier nur kurz andeute.

Am nächsten Morgen mit erledigten Hausaufgaben zu kommen und sich den „Ärger zu ersparen", ist für viele Kinder des Einzugsgebietes zum einen eine Verbesserung zu früher, weil sie die benötigte Hilfe zu Hause nicht erhalten. Zum anderen führt jedoch die Standardisierung, die mit der Hausaufgabenpraxis verbunden ist, zu einer Einschränkung ihrer Individualität. Sie können nun deutlich weniger über Zeit, Ort und Ablauf des Hausaufgabenmachens bestimmen. Hinzu kommt, dass die Lehrkräfte des Vormittags inzwischen die Hausaufgabe so stellen, dass sie weitgehend die Nachmittagsstunde ausfüllt. Die Standardisierung der Hausaufgabenpraxis am Nachmittag führt also umgekehrt auch zu einer vermehrten Standardisierung des Unterrichts am Vormittag. Folglich entsteht ein Spannungsfeld zwischen einem auf vielen Ebenen standardisierten Tagesablauf und den individuellen Bedürfnissen der Kinder. Innerhalb dieses Spannungsfelds konnte ich beobachten, wie die Akteure, Kinder wie Erwachsene, mit den genannten Widersprüchen umgehen. Aus diesem Spektrum möchte ich eine Beobachtung herausgreifen.

---

[2]   Ähnliches gilt für den Hausaufgabendiskurs unter Schülern. Wer würde es wagen, in der Gleich-altrigenkultur zuzugeben, dass Hausaufgaben Spaß machen? Somit gehört auch das Schimpfen über die Hausaufgaben zu den Tätigkeiten, die ein „wirkliches Schulkind" lernen muss.

[3]   Die Beschreibungen basieren auf Feldnotizen und Videoaufnahmen.

5 Paradoxien im Umgang mit Zeit und Raum

Wir konnten über Monate hinweg beobachten, dass eine Reihe von Schülern ihre Spielpause verkürzen und schon etwa 15 Minuten vor Beginn der Hausaufgabenstunde verbotenerweise das Haus betreten. Sie setzen sich an Tische in den Fluren und beginnen, mit erstaunlicher Schnelligkeit und Konzentration, ihre Hausaufgaben anzufertigen. Dabei wird ein relativ großes Pensum an Aufgaben selbstständig, ohne Abschreiben und ohne Hilfsmittel, erledigt. Diese Aktivität in der peer-group vollzieht sich in einer höchst dynamischen Situation, die von Gesprächen untereinander und mit neu hinzukommenden Schülern geprägt ist. Wir haben verschiedene Gruppen unterschiedlicher Jahrgänge entdeckt, die dieses unabhängig voneinander praktizierten. Konzentriert haben wir uns auf eine Gruppe aus dem Jahrgang 3, von der eine Reihe von Kindern schon seit längerem im Focus unseres Interesses waren. Wir haben an dieser heimlichen Praxis teilgenommen und sie mit Einverständnis der Schüler sogar manchmal dabei gefilmt. Voraussetzung war, dass wir diese Regelverletzung tolerierten. Interessanterweise wird die Regelverletzung auch von den aufsichtsführenden Erwachsenen weitgehend „übersehen." Die Gründe hierfür sind vielfältig.

Das Paradoxe an der beobachteten heimlichen Hausaufgabenpraxis ist, dass die Schüler keinen Gewinn haben, weil sie in der anschließenden Hausaufgabenbetreuung, unabhängig vom Arbeitspensum, bleiben müssen. Das heißt, sie erwirtschaften sich durch die heimliche Verkürzung ihrer Spielpause keinen Gewinn an Freizeit. Im Gegenteil, sie provozieren damit eigene Phasen des Leerlaufes und der Langeweile. Diese Handlungen scheinen weitgehend unbewusst zu passieren, denn die Kinder können sie kaum reflektieren.

Die Interpretation dieser und anderer Szenen kann hier nicht ausgeführt werden. Ich möchte aus dem Spektrum erster Deutungen zwei kurz vorstellen.

Die Schüler handeln wohl zum einen nach der Maxime, Zeit sparen, den nicht zu gewinnenden Wettlauf gegen die Zeit gewinnen zu wollen. Damit folgen sie einem typischen Phänomen moderner Gesellschaften, das ebenso das öffentliche Schulwesen prägt. Zum anderen interpretiere ich diese Handlungen als Streben nach Autonomie. Es ist die Suche nach den individuellen und kollektiven Gestaltungsmöglichkeiten in einem hochgradig standardisierten Tagesablauf, häufig in Form von Gegenbewegungen. Es findet seinen Ausdruck in einer spezifischen Aneignung von Zeiten und Räumen.

Die Gegenbewegungen sind keine klassischen Widerstandsrituale. Sie sind eher spielerische Möglichkeiten des Verhaltens und der Aushandlung innerhalb des schulischen Rahmens. Diese Möglichkeiten werden nicht einseitig vom schulischen Rahmen gesetzt. Sie reflektieren und transformieren ihn, auch in einen Bestandteil von Kinderkultur. Dabei ist das Spannungsfeld zwischen Individualisierung und Standardisierung konstitutiv.

6   Schluss

Hausaufgaben scheinen in unser kulturelles Gedächtnis über Schule eingeschrieben zu sein. Meine Beobachtungen zur Hausaufgabenpraxis in einer Ganztagsschule haben in diesem Kontext verschiedene Fragen aufgeworfen. Welches kulturelle Verständnis von Schule wird durch die Hausaufgabenpraxis sichtbar? Welche Bedeutung hat dieser kulturelle Rahmen für schulisches Handeln im Allgemeinen? Ich vermute, dass hierbei in besonders dichter Weise sichtbar wird, welche Funktion und Bedeutung Schule in unserem kulturellen Kontext hat. Die Art und Weise, wie Kinder mit diesem kulturellen Verständnis von Schule umgehen, kann in zweierlei Hinsicht Auskunft geben. Zum einen ist es ein Brennglas der aktuellen, historisch gewachsenen Funktion und Bedeutung von Schule, kann also einen Beitrag zur Theorie der Schule leisten. Zum anderen sind die Spielräume der Kinder, die in meinem Pilotprojekt transparent werden, Hinweise auf mögliche Transformationen unseres kulturellen Verständnisses von Schule in Gegenwart und Zukunft.

Literatur

Assmann, J. (1992): Das kulturelle Gedächtnis. Schrift, Erinnerung und politische Identität in frühen Hochkulturen. München.
Deckert-Peaceman, H. (2002): Holocaust als Thema für Grundschulkinder? Ethnographische Feldforschung zur Holocaust Education am Beispiel einer Fallstudie aus dem amerikanischen Grundschulunterricht und ihre Relevanz für die Grundschulpädagogik in Deutschland. Frankfurt/M. u.a..
Enders-Dragässer, U. (1981): Die Mütterdressur. Eine Untersuchung zur schulischen Sozialisation der Mütter und ihre Folgen am Beispiel der Hausaufgaben. Basel.
Hengst, H. (2001): Kinderkultur und -konsum in biographischer Perspektive. In: Behnken, I./Zinnecker, J. (Hrsg.): Kinder, Kindheit. Lebensgeschichte. Ein Handbuch. Seelze-Velber, 855-869.
Meumann, E. (1925): Haus- und Schularbeit. Experimente an Kindern der Volksschule. 2. Aufl. Leipzig.
Nilshorn, I.(1995): Schule ohne Hausaufgaben? Eine empirische Studie zu den Auswirkungen der Integration von Hausaufgabenfunktionen in den Unterricht einer Ganztagsgrundschule. Münster/New York.

Nilshorn, I. (1999): Hausaufgaben und selbständiges Lernen. In: Deutsches Jugendinstitut,: Projekt Lebenswelten als Lernwelten (Hrsg.): Projektheft 1/ 99. München (www.dji.de).

POLIS, München 16.1.2003 (www.ganztagsschule.rlp.de).

Speichert, H. (1987): Praxis produktiver Hausaufgaben. 2. Aufl. Frankfurt/M..

Schwemmer, H. (1980): Was Hausaufgaben anrichten. Von der Fragwürdigkeit eines durch Jahrhunderte verewigten Tabus in der Hausaufgabenschule unserer Zeit. Paderborn u.a..

Winter, R. (2001): Ethnographie, Interpretation und Kritik. Aspekte der Methodogie der Cultural Studies. In: Göttlich, U./ Mikos, L./ Winter, R. (Hrsg.): Die Werkzeugkiste der Cultural Studies. Perspektiven, Anschlüsse und Interventionen. Bielefeld, 43-62.

Wittmann, B. (1964): Vom Sinn und Unsinn der Hausaufgaben. Empirische Untersuchungen über ihre Durchführung und ihren Nutzen. 2. Aufl. Neuwied/Berlin.

Wulf, Ch./Göhlich, M./Zirfas, J. (Hrsg.) (2001): Grundlagen des Performativen. Eine Einführung in die Zusammenhänge von Sprache, Macht und Handeln. Weinheim/ München.

....

Die ersten Notenzeugnisse und der Übertritt in der Perspektive der Kinder – Ergebnisse aus der KILIA-Studie

Sabine Martschinke, Gisela Kammermeyer & Angela Frank

1 Notenzeugnisse und Übertritt – Kritische Lebensereignisse oder Entwicklungsaufgaben?

Kinder haben während ihrer Grundschulzeit verschiedene Übergänge zu bewältigen. Der Schulanfang ist als normativer Übergang und damit als entscheidende Nahtstelle gut erforscht, der „kleine" Übergang von der zweiten in die dritte Klasse mit der Einführung der Noten sowie der Übertritt in die weiterführende Schule dagegen werden in der Diskussion um Übergänge nicht im gleichen Ausmaß und mit dem gleichen Gewicht diskutiert. Sind all diese Übergänge wirklich als kritische Lebensereignisse einzuschätzen oder eher – positiv gewendet – als Entwicklungsaufgaben?

Filipp (1995) ist der Begriff der kritischen Lebensereignisse zu sehr klinisch und stresstheoretisch besetzt, da hier vorwiegend lebensverändernde Ereignisse (z.b. Scheidung, Tod eines nahen Angehörigen usw.) mit entsprechend dramatischen negativen Folgen (Depression, Krankheit usw.) gemeint sind. Sie zieht deswegen die Entwicklungspsychologie der Lebensspanne heran und sieht Lebensereignisse wie den Schulanfang als „notwendige Voraussetzungen für entwicklungsmäßigen Wandel" (Filipp 1995, 8). Damit ist unter Umständen der Begriff der Entwicklungsaufgabe für die grundschulspezifischen Übergänge geeigneter. Neuere Ansätze, z.b. der ökologische Ansatz oder seine Weiterentwicklung im Transitionsansatz, gehen auch stärker in diese Richtung.

Empirisch bestätigt sich zumindest für den Übertritt, dass er nicht für alle Kinder ein „kritisches Lebensereignis" ist und sich zumindest eine deutlich ambivalente Einstellung nachweisen lässt: Elben, Lohaus, Ball und Klein-Heßling (2003) konnten beispielsweise zeigen, dass eine negative physische und psychische Symptomatik nach dem Schulwechsel wieder abnimmt. Leffelsend und Harazd (2004) machen auf die Abhängigkeit von der zukünftigen Schulart aufmerksam und zeigen, dass Hauptschüler mehr Besorgnis äußern. Büchner und Koch (2001) sowie Sirsch (2000) kommen zu dem Ergebnis, dass die Erwartungen der Grundschüler in Bezug auf den Übertritt nicht nur negativ, sondern auch positiv gerichtet sind. 46 % der Kinder benannten den Übertritt gleichzeitig als Bedrohung und als Herausforderung. Gleiches gilt für die Ent-

wicklung von Emotionen: Man geht davon aus, dass Emotionen einerseits be-
flügeln können beim Lernen, andererseits aber auch lernhemmend wirken können, z.b. durch die Wahl ungünstiger Lernstrategien. Wir gehen davon aus, dass
in Abhängigkeit von der empfundenen Bedrohung bzw. Herausforderung auch
mehr oder weniger positive bzw. negative Emotionen entstehen.

    Eine Erklärung dafür liefert Filipp (1995, 16), die die subjektive Wahr-
nehmung durch den Einzelnen als entscheidende Einflussgröße für die Bewertung einer Übergangssituation herausstellt: „Erst die individuellen Prozesse der
Wahrnehmung und Einschätzung von Lebensereignissen [qualifizieren] diese
Ereignisse als für die Person kritisch, belastend, bedeutend, erfreulich, heraus-
fordernd und vieles mehr". Insofern interessierten wir uns im Rahmen der
KILIA-Studie (vgl. Angaben zur methodischen Anlage Martschinke & Kammermeyer 2003) dafür, wie Kinder das erste Notenzeugnis und den Übertritt
wahrnehmen und welche Emotionen diese Übergänge begleiten.

2   Das erste Notenzeugnis

2.1   *Welche Emotionen begleiten das erste Notenzeugnis?*

Einerseits ist aus pädagogischer Sicht ein Abbau der sozialen Bezugsnorm auf
Klassenebene erwünscht, andererseits verlangen Selektionsentscheidungen, wie
z.b. der Übertritt in unserem Schulsystem, auch standardisierte Formen der
Leistungserhebung und -beurteilung, denen man aber negative emotionale Be-
gleitprozesse zuschreibt. Im Projekt NOVARA (vgl. Rosenfeld & Valtin 1997)
können beim Vergleich von Klassen mit Notenzeugnissen und Klassen mit
Berichtszeugnissen (Verbalbeurteilung) zwar nicht die erwarteten (bzw. keine
deutlichen) Unterschiede im Fähigkeitsselbstkonzept, in Lernfreude und Leistungsangst nachgewiesen werden; aber es zeichnen sich Hinweise ab, dass Kinder mit schlechten Noten stärkere Leistungsangst (besonders Besorgtheit) entwickeln. Sie zeigen beispielweise mehr Angst, nicht versetzt zu werden.

    Der Frage nach den spezifischen Emotionen im Zusammenhang mit Noten
(und was sie beeinflusst) wurde in der KILIA-Studie mit zwei Befragungen
nachgegangen, die zeitlich eng an die Ausgabe der ersten Zeugnisse mit Noten
in der dritten Klasse gekoppelt waren. Die gleiche Erhebung fand ein Jahr später
nach dem Zwischenzeugnis der vierten Klasse statt. Es konnten unter anderem
zwei voneinander unabhängige reliable Gesamtskalen zur Freude am Zeugnis
und zur Angst vor dem Zeugnis gebildet werden.

    Als Trend zeigt sich, dass die positive Einstellung, die zum Zeitpunkt der
dritten Klasse überwiegt, etwas abnimmt, während sich für die negative Einstel-

lung im Durchschnitt eine leichte Zunahme abzeichnet. Durchschnittswerte verstellen allerdings den Blick auf „Sorgenkinder": auf Kinder, für die Noten eine Bedrohung darstellen bzw. die Angst vor dem Zeugnis entwickeln. Deswegen macht die folgende Abbildung auf die Streuung innerhalb der Stichprobe aufmerksam, und besonders auf die Anzahl der Kinder, die schon dem ersten Notenzeugnis mit Angst begegnen (Abb.1).

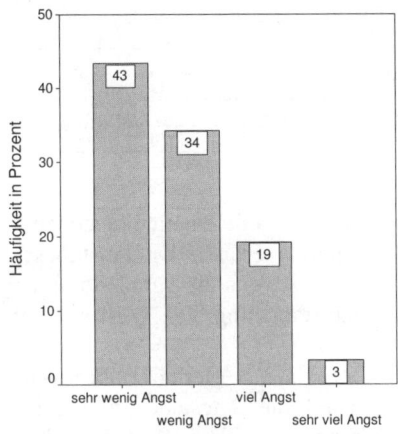

Abb.1: Angst vor dem ersten Notenzeugnis

Fast die Hälfte der Kinder hat sehr wenig Angst, aber über 20 % der Kinder geben an, im Durchschnitt über alle fünf Items, „viel oder sehr viel Angst" zu haben. Das sind immerhin 111 von 496 Kindern. Davon haben 16 Kinder (3 %) sehr viel Angst. Die Freude am Zeugnis in der dritten Klasse ist eindeutiger positiv ausgerichtet. Es gibt nur 6 % der Kinder mit niedrigen Freudewerten, die Kategorie „gar keine Freude" ist nicht besetzt.

2.2   Welche Rolle spielt das Notenklima?

Es gibt empirische Hinweise, dass das Klassenklima zwischen Lehrern und Schülern und zwischen Schülern und Schülern für die emotionale Befindlichkeit von Schülern entscheidend sein könnte, insbesondere für die belastende Emotion Angst bzw. Prüfungsangst (vgl. Pekrun 1998). Nicht die zweimalige Rückmeldung pro Jahr, sondern die vielen tägliche Rückmeldungen sind unter Um-

ständen ausschlaggebend (vgl. Lissmann/ Paetzold 1984) bzw. insgesamt das
Klima, das rund um Noten herrscht.

Im Rahmen von KILIA wurde dieses Notenklima aus Schülerperspektive
erhoben (Tab. 1.) Eine konfirmatorische Faktorenanalyse zeigt, dass das Notenklima einen gemeinsamen Faktor widerspiegelt.

Schüler mit guten Noten haben es bei dem Lehrer besser.	Lehrer-Schüler-Klima
Der Lehrer meint, dass Schüler mit schlechten Noten zu faul sind.	
Der Lehrer lobt hauptsächlich die Schüler mit guten Noten	
Der Lehrer sagt uns immer, wer die besseren Noten hat.	
Schüler mit guten Noten haben es besser bei den Mitschülern.	Schüler-Schüler-Klima
Die anderen Kindern freuen sich mit, wenn ein Kind eine gute Note bekommt.	
Mitschüler sind neidisch, wenn andere Kinder bessere Noten haben.	
Die Schüler der Klassen trösten sich, wenn andere Kinder bessere Noten haben.	

Tab. 1: Items zum Notenklima (Antworten auf einer vierstufigen Ratingskala)

Leistungsangst oder leistungsbezogene Angst wird mit einem Fragebogen als
aufgabenbezogene, prospektive, negative Emotion erfasst. Da Leistungsangst
eine extrem schiefe Verteilung aufweist, wurden jeweils die geraden und unge-
raden Leistungsangstitems zu zwei Aggregaten (Parceling, vgl. West u. a. 1995,
70) zusammengefasst.

Als moderierende Variable werden Noten in das Modell einbezogen, da
theoretisch plausibel Noten einen Einfluss auf die Angstentwicklung haben
könnten. Die empirischen Hinweise sind aber uneinheitlich: Sechstklässler mit
schlechteren Noten zeigten in einer Studie von Jachmann (2003) höhere Schul-
angst. Aber es gibt auch Hinweise, dass Kinder mit guten Noten (in Mathematik) sich mehr Sorgen um zukünftige Noten machen als Kinder mit schlechteren
Noten (Sirsch 2000). Hartinger, Graumann und Grittner (2004) finden ihre
Vermutung bestätigt, dass in Bayern besonders Kinder, deren Übertritt auf das
Gymnasium aufgrund der Notensituation noch unsicher ist, mit höherer Leistungsangst reagieren.

Im Folgenden wird geprüft, ob und wie sich das Notenklima auf Leistungsangst auswirkt und welche Rolle Noten bei der Erklärung von Leistungsangst
spielen. Es wurde bewusst ein sparsames Modell mit wenigen Variablen gewählt. Aufgrund der Empfehlungen von West, Finch und Curran (1995) wurde
als Schätzmethode ML (Maximum Likelihood) gewählt. Diese setzt zwar Nor-
malverteilung voraus, ist aber ausgesprochen robust gegen Verletzungen dieser
Voraussetzung. Sie wird als Standard insbesondere empfohlen bei N > 100 (hier
N = 220) und einer Schiefe > 2 und einem Exzess < 7. Die Voraussetzungsprü-
fungen für die Daten zeigten, dass die von West, Finch und Curran (1995) pos-
tulierten Grenzwerte für Schiefe und Exzess eingehalten oder nur knapp verfehlt
wurden.

Das Strukturgleichungsmodell (vgl. Abb.2) zeigt folgendes Ergebnis: Es gibt keinen direkten Pfad von Noten auf Leistungsangst. Der indirekte Pfad über Notenklima dagegen weist einen negativen Pfadkoeffizient von -.10 von Noten auf Notenklima auf, der nur knapp die Signifikanzgrenze verfehlt und bei einer größeren Stichprobe unter Umständen signifikant werden würde. Ein starker, hochsignifikanter, negativer Pfad führt aber von Notenklima auf Leistungsangst. Das heißt: Je positiver das Notenklima ist, desto geringer sind die Angst(werte).

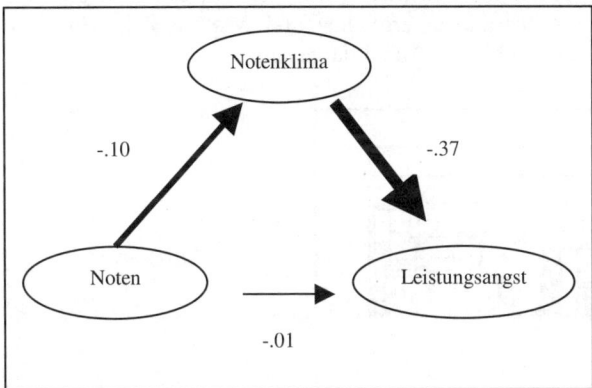

Abb.2: Pfadanalytische Prüfung des Strukturgleichungsmodells

Die Analyse mit AMOS 5.0 (Arbuckle 2003) ergibt ein rekursives Modell mit gleich gerichteten Pfaden ohne korrelierte Fehlervarianzen; Modifikationen waren nicht notwendig. Das Modell kann als gut angepasst bezeichnet werden (Chi-Square = 3,8, nicht signifikant; p =.71). Zur Absicherung des Ergebnisses wurden aufgrund des Vergleiches von Bühner (2003, 205) zusätzlich weitere Fit-Indices (SRMR = .01 und RMSEA = .00, p = .89) herangezogen. Vorsichtshalber wurde auch die Prozedur gerechnet, die für nicht normalverteilte Daten von Byrne (2001, 267) empfohlen wird. Auch der Bollen-Stine-Wert von .79 ist nicht signifikant und spricht für das Modell.

Das Ergebnis überrascht insofern, als es nicht die (guten bzw. schlechten) Noten sind, die für die Entstehung von Leistungsangst entscheidend sind.

Wichtigste pädagogische Erkenntnis ist, dass ein „gutes" Notenklima einen reduzierenden Einfluss auf leistungsbezogene Angst hat und insofern individualisierend – unabhängig von den Noten – stützend für die Persönlichkeit ist und den negativen Auswirkungen einer Standardisierung entgegenwirken kann.

3 Was Kinder sich für den Übertritt wünschen bzw. was Lehrer für eine günstige Bewältigung der Übertrittssituation tun können ...

Das Ergebnis von Sirsch (2000), dass Kinder den Übertritt gleichzeitig als Herausforderung und Bedrohung erleben, konnte durch die KILIA-Daten bestätigt werden. Auffällig ist, dass – ähnlich wie bei der Verteilung der Angstwerte – ca. ein Viertel der Kinder den Übertritt als große Bedrohung erlebt. Deswegen fragten wir die Kinder zusätzlich, was ihre Lehrkräfte tun, um eine günstige Bewältigung der Übertrittssituation zu erreichen und was sie sich wünschen würden. Dieser Ist-Soll-Vergleich ist in Abb.3 dargestellt.

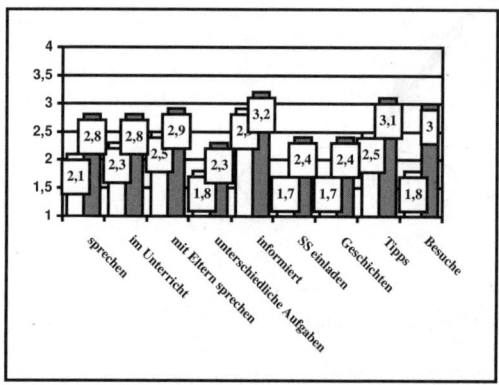

Abb.3: Hilfen zur Bewältigung der Übergangssituation (Ist-Soll-Vergleich)

Der linke Balken repräsentiert immer die Ist-Situation, wie sie die Kinder wahrnehmen, der rechte Balken die gewünschte Unterstützung. Alle vorgegebenen Maßnahmen wurden von den Schülern in höherem Maße gewünscht. Besonders große Unterschiede fallen bei dem Item Besuche in den „neuen" Schulen, Einladungen „erfahrener" Schüler und Vorlesen von Geschichten zum Thema auf.

4 Ausblick

Ob es darum geht, durch ein entsprechendes Notenklima die Angst vor Notenzeugnissen zu verhindern, oder ob es darum geht, durch entsprechende Maßnahmen Hilfen zur Bewältigung des Übertritts zu geben, so geht es doch in beiden Fällen darum, den Problemen, die durch Standardisierungsansprüche der

Schule entstehen, Hilfen für eine starke Persönlichkeitsentwicklung entgegenzusetzen.

Dazu passt auch ein anderes „Bild", das Asendorpf und Van Aken (2004) einführen: Sie sprechen von der Persönlichkeit (und ihrer Entwicklung) als Lawine: Sozial-emotionale Basistendenzen werden ihrer Meinung nach langsam stabil, Transitionsphasen, wie sie die Einführung der Noten und der Übertritt darstellen, lassen die Lawine nochmals stoppen, so dass sich Richtung und Intensität der Persönlichkeit bzw. der Lawine nochmals ändern können.

Auch Lehrer sollten solche Transitionsphasen als Herausforderung sehen und Unterricht und Klassenklima entsprechend gestalten, damit die Lawine, besonders bei ungünstigen kindlichen Entwicklungen, wie Asendorpf und Van Aken (2004, 23) sagen, nicht „auf kürzestem Wege ins Tal stürzt".

Literatur

Arbuckle, J.L. (2003): Amos 5.0 Update to the Amos User's Guide. Chicago.

Asendorpf, J. B./ Van Aken, M. A. G. (2004): Die Persönlichkeit als Lawine: Konsequenzen früher Persönlichkeitsunterschiede auf die weitere Entwicklung. In: Schneider, W. & Knopf, M. (Hrsg.): Entwicklung, Lehren und Lernen. Göttingen, 109-124.

Büchner, P./ Koch, K. (2001): Von der Grundschule in die Sekundarstufe. Band 1: Der Übergang aus Kinder- und Elternsicht. Opladen.

Bühner, M. (2003): Einführung in die Test- und Fragebogenkonstruktion. München.

Byrne, B. M. (2001): Structural equation modeling with AMOS. Basic concepts, applications, and programming. London.

Elben, C. E./ Lohaus, A./ Ball, J./ Klein-Heßling, J. (2003): Der Wechsel von der Grundschule zur weiterführenden Schule: Differentielle Effekte auf die psychische Anpassung. In: Psychologie in Erziehung und Unterricht, 50.Jahrgang, 331-341.

Filipp, S.-H. (1995): Ein allgemeines Modell für die Analyse kritischer Lebensereignisse. In: Filipp, S.-H. (Hrsg.): Kritische Lebensereignisse. München, 3-51.

Hartinger, A./ Graumann, O./ Grittner, F. (2004): „Grundschul-Numerus Clausus" oder Orientierungsstufe? Auswirkungen verschiedener Übertrittsbedingungen auf Motivationsstile und Leistungsängstlichkeit von Grundschulkindern. In: Empirische Pädagogik, 18.Jg., H.2, 173-193.

Jachmann, M. (2003): Noten oder Berichte? Die schulische Beurteilungspraxis aus der Sicht von Schülern, Lehrern und Eltern. Wiesbaden.

Leffelsend, S./ Harazd, B. (2004): Erwartungen an die weiterführende Schule. Empirische Untersuchung zu den Übergangserwartungen von Grundschülern. In: Empirische Pädagogik. 18.Jg., H.2, 252-272.

Lissmann, U./ Paetzold, B. (1984): Zur Effektivität von Schülerselbstkorrektur und häufiger Leistungsrückmeldung – eine empirische Untersuchung. In: Zeitschrift für Pädagogik, 30.Jg., H.6, 817-833.

Martschinke, S./ Kammermeyer, G. (2003): Jedes Kind ist anders. Jede Klasse ist anders. Ergebnisse aus dem KILIA-Projekt zur Heterogenität im Anfangsunterricht. In: Zeitschrift für Erziehungswissenschaft, 35. Jg., 257-276.

Pekrun, R. (1998): Schüleremotionen und ihre Förderung: Ein blinder Fleck in der Unterrichtsforschung. In: Psychologie in Erziehung und Unterricht. 45. Jg., 230-248.

Rosenfeld, H. & Valtin, R. (1997): Zur Entwicklung schulbezogener Persönlichkeitsmerkmale bei Kindern im Grundschulalter. Erste Ergebnisse aus dem Projekt NOVARA. In: Unterrichtswissenschaft, 25.Jg., H.4, 316-330.

Sirsch, U. (2000): Probleme beim Schulwechsel – die subjektive Bedeutung des bevorstehenden Wechsels von der Grundschule in die weiterführende Schule. Münster/ München.

West, S. G./ Finch, J.F./ Curran, P.J. (1995): Structural equation models with nonnormal variables: Problems and remedies. In: Hoyle, R.H. (Hrsg.): Structural equation modeling: Concepts, issues, and applications. Thousand Oaks, CA, 56-75.

III Individualisierung und Standardisierung angesichts heterogener Lernausgangslagen

Interaktionsprozesse in jahrgangsübergreifenden Arbeitsgruppen

Birgit Brandt

Jahrgangsübergreifende Lerngruppen werden als eine Möglichkeit zur Bewältigung der pädagogischen Probleme und Aufgaben der Grundschule gesehen und
z.b. in Berlin zum nächsten Schuljahr gleichzeitig mit der Eingangsstufe für den
Schulanfang flächendeckend eingeführt. Obwohl es inzwischen durchaus eine
Reihe von (Begleit-)Studien zur jahrgangsübergreifenden Unterrichtspraxis gibt
(z.b. Carle/ Berthold 2004, Kucharz/ Wagener 2005), ist der konkrete Unterrichtsalltag bisher nur unzureichend beschrieben. Der vorliegende Beitrag untersucht Interaktionsprozesse in jahrgangsübergreifender Gruppenarbeit, die für
Lernprozesse zentral sind, aber im Unterricht kaum sichtbar werden.

1 Theoretische Einordnung

Die hier vorgestellten Unterrichtsdokumente sind im Rahmen des Forschungsprojekts „Medienrezeption und Narration im Grundschulalter" entstanden.[1] Das
Projekt untersucht disziplinübergreifend (Medienrezeptionsforschung, Sprach-
erwerbsforschung und Sprachdidaktik), welche Erfahrungen Grundschulkinder
im schulischen und familialen Kontext im Umgang mit Buch- und Medienge-
schichten machen. Den an dieser Studie beteiligten Schulklassen und Familien
wurde dafür ein Medienpaket mit Kinder- und Bilderbüchern, CD-ROMs und
Videos zur Verfügung gestellt; der konkrete Umgang mit dieser Auswahl war
den Beteiligten freigestellt.[2] Auf der Basis eines ethnographisch orientierten
Forschungsansatzes und im Sinne einer mehrdimensionalen Triangulation werden im Projekt medienbezogene Gesprächsabläufe in Schule und Familie, Schü-
lertexte und Interviews mit Eltern bzw. Kindern ausgewertet (vgl. Naujok 2004;
Brandt/ Wieler 2004). Im Folgenden werden Schülerinnen-Interaktionen einer
jahrgangsübergreifenden Arbeitsgruppe und ein dabei gemeinsam entworfener
bzw. überarbeiteter Text aus diesem Datenpool untersucht. Dabei werden die

---

[1]   Das Projekt wird von der DFG gefördert und an der Freien Universität Berlin unter der Leitung von Petra Wieler durchgeführt.

[2]   Vgl. zum Einsatz der Medien in den Schulen Naujok 2003.

(kooperativen) Aushandlungsprozesse fokussiert, mit denen die Kinder ihre Arbeits- und Lernkontexte (mit)gestalten (vgl. Naujok 2000; Brandt 2004). Forschungshintergrund ist die interaktionistisch geprägte (Unterrichts)-Forschung in der Tradition von Mehan (1979) (vgl. Naujok/ Brandt u. a. 2004).

2   Analyse der Dokumente

Die Unterrichtsdokumente sind in einer Berliner Grundschule eines sehr heterogenen Einzugsgebietes entstanden. In der beteiligten Lerngruppe werden Kinder aus dem 1.-3. Schuljahr gemeinsam unterrichtet und als ‚Sonnen'-, ‚Mond'- und ‚Sternenkinder' bezeichnet; die Jahrgangszugehörigkeit ist somit im Unterrichtsalltag deutlich gekennzeichnet. Aus dem von uns bereitgestellten Medienpaket hat die Lehrerin für ihre Klasse die von Sven Nordqvist entworfenen Bilderbuchgeschichten „Pettersson und Findus" ausgewählt. In dem projektartig organisierten Unterricht konnten sich die Kinder mit der Bilderbuchreihe und den bis zum Aufnahmezeitpunkt (Februar 2004) erschienenen CD-ROMs beschäftigen; außerdem hat die Lehrerin auf zahlreiche didaktische Anregungen und Angebote zu dieser Bilderbuchreihe zurückgegriffen. Für die SchülerInnen bestand eine zentrale Aufgabe darin, in ‚Patengruppen' zu einem der Bilderbücher eine seitenweise Zusammenfassung zu erstellen, die auch für die ‚Sonnenkinder' lesbar sein sollte. Die Kinder einer ‚Patengruppe', der idealerweise ein Kind aus jedem Jahrgang angehört, finden sich in dieser Lerngruppe selbständig jeweils für ein Schuljahr zusammen. Für die hier näher untersuchte Arbeitsgruppe waren dies: Tamara (1. Jg.), Hannah (2. Jg.) und als Integrationskind mit Lernschwierigkeiten Celina (3. Jg.). Die Arbeitsgruppe hat sich das Buch „Findus und der Hahn im Korb" (Nordqvist 1997) ausgesucht; in dieser Geschichte wird das idyllische Zusammenleben des alten Petterssons mit seinem Kater Findus durch einen Hahn gestört. An kurzen Ausschnitten aus der Gruppenarbeit wird im Folgenden gezeigt, (1.) wie das Aufgabenverständnis die Arbeitsteilung prägt, (2.) wie Hilfe von Außenstehenden in den Gruppenprozess integriert wird und (3.) dass sich der Deutungsprozess (Interaktion) nicht am Arbeitsprodukt (SchülerInnentext) messen lässt.

2.1   Aufgabenverständnis und Arbeitsteilung

Alle schulischen Interaktionsprozesse unterliegen in wechselseitiger Abhängigkeit sowohl inhaltlich-aufgabenbezogenen als auch strukturell-(gesprächs)organisierenden Aspekten, die Erickson (1982, 153) als „Academic Task Structure" und „Social Participation Structure" beschreibt (vgl. Brandt 2004, 20ff). Die oben beschriebene Aufgabe, ein ‚Sonnenbuch'[3] zu erstellen, führte in den meisten Patengruppen zunächst zu einer Arbeitsteilung, die so von der Lehrerin nicht intendiert war:

Celina[4]	[liest aus dem Bilderbuch vor]
Tamara (1. Jg.)	Und ich soll schreiben, oder wie?
Celina (3. Jg.)	Nein. Du sollst nichts machen.
Tamara	Was soll ich machen?
Celina	Nichts!
Tamara	Doch, ich muss doch auch was machen.
Celina	[liest weiter vor]

Transkriptausschnitt 1: „Du sollst nichts machen."

Während sich Tamara ganz offensichtlich produktiv an der Gruppenarbeit beteiligen möchte, besteht Celina darauf, dass Tamara „nichts machen" soll und ignoriert letztendlich das Bestreben ihrer jüngeren Partnerin um eine aktive Mitarbeit, indem sie weiter vorliest. Dieses Beharren auf eine passive Rolle für das ‚Sonnenkind' Tamara konnten wir auch in anderen Arbeitsgruppen entsprechend der Jahrgangszugehörigkeit beobachten und ist vermutlich eng mit dem Aufgabenverständnis verknüpft. So verteidigt Savio (3. Jg.) diese Rollenzuschreibung gegenüber der Lehrerin: „Ja aber, das is doch für ihn." Die ‚Sonnenkinder' werden – unabhängig von ihrer Lesefähigkeit – als Adressaten für die zu schreibenden Texte verstanden und als solche zunächst aus dem aktiven Produktionsprozess ausgeschlossen. Erst eine Intervention der Lehrerin bewirkte neue Arbeitsteilungen, die Tamaras Einschätzung bestätigen, dass bei einer Gruppenarbeit alle „was machen" müssen.

In dieser ersten Arbeitsphase hat die Gruppe schließlich zu einem Bild, auf dem Findus weinend im Schuppen sitzt, „Findus weint." (Handlungsebene) geschrieben, während der dazugehörige Buchtext erzählt, warum Findus traurig ist (Bewusstseinsebene; zur Handlungs- und Bewusstseinsebene vgl. Bruner 1986). Zur Überarbeitung hat die Lehrerin kleine Markierungszettel mit Fragen vorbereitet; zu dieser Seite lautet der Auftrag: „Warum weint Findus?". Alle nachfolgenden Ausschnitte beziehen sich auf diesen Überarbeitungsprozess.

---

[3]   An dieser Bezeichnung für den Arbeitsauftrag wird die konzeptuelle Orientierung der Unterrichtsgestaltung an den Jahrgangsstufen deutlich.

[4]   Die dritte Schülerin der Arbeitsgruppe (Hannah) ist abwesend.

2.2   Integration Außenstehender in den Arbeitsprozess

Schülerinteraktionen lassen sich durch verschiedene (aufgabenbezogene) Kooperationshandlungen kennzeichnen (vgl. Naujok 2000); „Hilfe anbieten" und „Hilfe annehmen" (ebd., 178) können dabei als Handlungsschritte beschrieben werden, die über bestehende Arbeitszusammenhänge (Einzel-, Partner- oder Gruppenarbeit) hinausgehen und somit strukturelle Veränderungen bedingen. In dem vorliegenden Fall wird die fokussierte Arbeitsgruppe vorübergehend erweitert.[5]

Die Gruppe wendet sich mit Tamaras Worten „Wir haben jetzt mit der Geschichte zu tun ‚Warum weint Findus'" der Überarbeitung zu. Bianca (2. Jg.) gesellt sich dazu und zeigt sich an dieser Frage interessiert; Celina und Tamara gehen darauf ein. Schließlich entwickelt sich folgender Wortwechsel:

Bianca (2. Jg.)	Soll ich mit euch helfen? Eigentlich hätte ( ) Hannah.
Celina (3. Jg.)	Okay. Findus weint, weil der Hahn weg soll.
Hannah (2. Jg.)	[zu Bianca] Und du musst das schreiben. Weil du (so) schön schreibst. () Schreib ( )
Celina	[zu Hannah] Nein, halt, sie soll nicht schreiben, sie soll mit überlegen. ( )

Transkriptausschnitt 2: „Soll ich mit euch helfen?"

Bianca bietet der Gruppe ihre Hilfe an und Celina nimmt das Angebot stellvertretend für die Gruppe an. Hannah argumentiert produktorientiert, indem sie Bianca die Rolle als Schreiberin zuordnet. Celina hingegen besteht auf vorhandene Arbeitsstrukturen, denen sich Bianca unterordnen soll. Etwas später übernimmt Bianca schließlich doch die Rolle der Schreiberin und hilft damit genau in dem Aufgabenbereich, in dem die Gruppe (aufgrund Celinas Lernschwierigkeiten) Probleme hat.

2.3   Arbeitsprozess und Arbeitsprodukt

Im Folgenden soll der fertig überarbeitete Text der Gruppe mit dem Textverständnis verglichen werden, das sich in der Interaktion aufzeigt. Auch hier ist wieder eine Außenstehende (Anja, 1. Jg.) ganz wesentlich als Initiatorin einer weiteren Überarbeitung zu sehen.

---

[5]   Insbesondere Tamara legt jedoch weiterhin Wert auf die internen Strukturen der ‚Patengruppe', die sie durch Verteilen von Süßigkeiten ungeachtet der erweiterten Arbeitsgruppe markiert.

Die Gruppe entscheidet sich zunächst für die Textüberarbeitung, „Findus weint, weil der Hahn weg soll". Die Komplexität der literarischen Vorlage im Zusammenspiel zwischen Text und Bild wird in diesem Kindertext stark verkürzt verknüpft und kann nur im (Gesprächs-)Kontext verständlich werden:

Anja (1. Jg.)	Warum ( ) Warum braucht äh warum weint Findus eigentlich?
Celina (3. Jg.)	[nimmt sich das Sonnenbuch] Na, haben wir schon gemacht. Weil der Hahn weg soll! Haben wir hier gemacht
Anja	Weil der was?
Celina	Weil der Hahn weg soll.
Tamara (1. Jg.)	Weil der Hahn weg soll.
Anja	.. Äh, (es is) Möchte er nicht, dass der Hahn weg soll?
Tamara	Ja, er hasst den Hahn.
Celina	Er ist neidisch. Und//
Anja	Findus hasst den Hahn?
Tamara?	Der ist neidisch.
Celina	Ja, und/ Nicht nur neidisch. Der mag ihn nicht, weil er alle
Anja	Ach so, ich dachte, Findus **will nicht**, dass er wegkommt.
Celina	Er **will**, dass er wegkommt. Weil er doch immer kräht und das mag er nicht. Und außerdem spielen die Hühner nicht mehr mit ihm. . .
Anja	Weil die den so/ so toll finden oder was?
Celina	Ja, [lächelt dabei] dis Krähen.

Transkriptausschnitt 3: „Weil der Hahn weg soll!"

Durch Anjas um Verständnis suchende Nachfragen gelingt im Gespräch eine zunehmend differenzierte Deutung der Geschichte. Celina und Tamara gehen dabei sowohl auf die Handlungsebene als auch auf die Bewusstseinsebene ein und überschreiten in deren Verknüpfung das in ihrem Text erkennbare Textverständnis. Celina ergänzt anschließend den Text durch ein Zitat der entsprechenden Buchseite (Nordqvist 1997): „Du hast gesagt, früher war es zu still." Auch mit diesem Zusatz wird in der Zusammenfassung der Schülerinnen keine textimmanente Verstehensbasis aufgebaut (vgl. Weinhold 2000); der Text setzt weiterhin die Kenntnis der Originalgeschichte voraus. Die durchaus differenzierte Wahrnehmung der Geschichte (in der Interaktion) wird so im Arbeitsprodukt nicht erkennbar. Dies ist in zweierlei Hinsicht bedeutend, als wir 1. Arbeitsgruppen beobachten konnten, bei denen sich das Verhältnis von Deutungsprozess und Arbeitsprodukt in Bezug auf Dichte und Aussagekraft gerade umgekehrt gestaltet und 2. die Bewertung der Gruppenarbeit typischerweise über die Produkte erfolgt.

Dieser Beitrag kann (und will) nun nicht alternative Bewertungskriterien für Gruppenarbeit vorschlagen. Vielmehr ging es darum, interaktive Aspekte jahrgangsübergreifender Arbeitsgruppen (Arbeitsteilung, Hilfe von außen, Verhältnis von Deutungsprozess und Arbeitsprodukt) zu beleuchten, die in der Unterrichtspraxis kaum wahrnehmbar sind. Insbesondere die produktiven Momente der flüchtigen Interaktionsprozesse und damit das lernförderliche Potential auch scheinbar ‚unproduktiver' Gruppenarbeit lässt sich erst durch qualitative (Interaktions-)Forschung aufzeigen.

Literatur

Brandt, B. (2004): Kinder als Lernende. Partizipationsspielräume und -profile im Klassenzimmer. Frankfurt/Main u.a..

Brandt, B./ Wieler, P. (2004): Medienrezeption und Narration – Gespräch und Erzählung als Verarbeitung der Medienrezeption im Grundschulalter. Arbeitsbericht. Freie Universität Berlin, Fachbereich Erziehungswissenschaft und Psychologie.

Bruner, J. (1986): Actual Minds, Possible Worlds. Cambridge, Mass., London.

Carle, U./ Berthold, B. (2004): Schuleingangsphase entwickeln – Leistung fördern. Wie 15 staatliche Grundschulen in Thüringen die flexible, jahrgangsgemischte und integrative Schuleingangsphase einrichten. Baltmannsweiler.

Erickson, F. (1982): Classroom Discourse as Improvisation. Relationship between Academics Task Strukture and Social Participation Structure. In: Wilkonson, L. (Hrsg.): Communicating in the Classroom. New York, 153-181.

Kucharz, D./ Wagener, M. (2005): Das Lernverhalten von Schülerinnen und Schülern im jahrgangsgemischten Anfangsunterricht. In: Grundschule. 37. Jg., H. 1, 16-18.

Mehan, H. (1979): Learning Lessons. Cambridge u.a..

Naujok, N. (2000): Schülerkooperation im Rahmen von Wochenplanunterricht. Weinheim.

Naujok, N. (2003): Theorie und Praxis bei der Integration von Computern in den Deutschunterricht. In: Mitteilungen des Deutschen Germanistenverbandes, 50. Jg., 552-569.

Naujok, N. (2004): Methodologische Überlegungen zur Kombination von Interaktions- und Interviewdaten. In: Carle, U./ Unckel, A. (Hrsg.): Entwicklungszeiten. Jahrbuch Grundschulforschung. Wiebaden, 75-80.

Naujok, N./ Brandt, B./ Krummheuer, G. (2004): Interaktion im Unterricht. In: Helsper, W./ Böhme, J. (Hrsg.): Handbuch der Schulforschung. Wiesbaden, 753-776.

Nordqvist, S. (1997). Findus und der Hahn im Korb. Hamburg.

Weinhold, S. (2000): Text als Herausforderung. Zur Textkompetenz am Schulanfang. Freiburg.

Bildungsprozesse von Kindern in jahrgangsübergreifenden und jahrgangsbezogenen Lerngruppen in der Schuleingangsphase

Petra Hanke & Anna Katharina Hein

1 Problemaufriss

Für die Neugestaltung der Schuleingangsphase steht im Bundesland Nordrhein-Westfalen nach dem Schulrechtsänderungsgesetz 2003 die Einführung jahrgangsübergreifender Lerngruppen ab dem Schuljahr 2005/06 zur Disposition. In der Konzeptentwicklung zur flexiblen Schuleingangsphase stützt sich NRW insbesondere auf die Ergebnisse von Schulversuchen in anderen Bundesländern (z.B. Liebers 2001) und auf den landeseigenen Modellversuch „FiLiS" (vgl. MSJK NW 2004). Die normativ-pädagogische Gesamtargumentation für die Einführung jahrgangsübergreifender Lerngruppen erweist sich mit Blick auf den Bildungsauftrag der Grundschule – auch unter Rückgriff auf reformpädagogische Konzepte und Erfahrungen – als plausibel.

In der grundschulpädagogischen Forschung wird im Zusammenhang mit der Neustrukturierung der Schuleingangsphase der Schwerpunkt insbesondere auf Lernvoraussetzungen und Lernprozesse von Kindern und/oder auf Aspekte der Unterrichtsgestaltung in jahrgangsübergreifenden Lerngruppen gelegt (vgl. Roßbach 1999; Faust-Siehl/ Speck-Hamdan 2001; Landesinstitut für Erziehung und Unterricht 2002; Carle/ Berthold 2004; Ramseger u.a. 2004). Die Identifizierung unterstützender Bedingungen für „anschlussfähige" Bildungsprozesse von Kindern in der Übergangsphase von der jahrgangsübergreifenden Kindergartengruppe zur jahrgangsbezogenen bzw. jahrgangsübergreifenden Lerngruppe in der Grundschule unter Berücksichtigung von Bildungsprozessen im Kindergarten und der Qualität vorschulischer Bildungsarbeit blieb bislang weitgehend unberücksichtigt (vgl. auch Faust/ Roßbach 2004).

In diesem Beitrag wird über ein Forschungsprojekt berichtet, in dem es um den Aspekt der Anschlussfähigkeit in den Bildungsprozessen von Kindern im Übergang vom Elementarbereich zum Primarbereich sowie vom Primarbereich in den Sekundarbereich geht.

In einer Pilotstudie zum Projekt wurden Beobachtungen zu Bildungsprozessen von insgesamt 23 Vorschulkindern in drei Kindergärten – insbesondere in den speziell ausgewiesenen Vorschulgruppen – durchgeführt. Um Kontinuität in den Bildungsprozessen dieser Kinder im Übergang in den Primarbereich rekonstruieren zu können, werden sie seit ihrer Einschulung in zwei unterschiedliche Grundschulen – eine Grundschule mit jahrgangsbezogenen und eine Grundschule mit jahrgangsübergreifenden Lerngruppen – im Rahmen von Einzelfallstudien weiter beobachtet. Weitere vier Kinder, die ein Jahr bzw. drei Jahre in der Schuleingangsstufe verweilen, sind als Einzelfallstudien in die Stichprobe integriert.

2   Zielstellung der Studie

Ein übergreifendes Ziel der Gesamtstudie besteht u.a. darin, Bildungsprozesse von Kindern im Kontext vorschulischer und schulischer Bildungsarbeit im Hinblick auf Anschlussfähigkeit zu untersuchen.

Explizit für die hier vorgestellte Teilstudie geht es in der Zielperspektive um die Untersuchung anschlussfähiger bzw. nicht-anschlussfähiger Bedingungen in jahrgangsübergreifenden und jahrgangsbezogenen Lerngruppen für Bildungsprozesse von Kindern in der Schuleingangsphase.

3   Darstellung des Forschungsdesigns

Für die Untersuchung von Bildungsprozessen von Kindern in schulischen und außerschulischen Kontexten unter besonderer Berücksichtigung von Übergangsphasen erweist sich die Anlage der Pilotstudie als *Feld- und Längsschnittstudie* als angemessen (vgl. Flick 2002; Mayring 2002; Flick u. a. 2003). Eine Basis bilden insbesondere *qualitative Fallstudien im Feld* über einen Gesamtzeitraum von sechs Jahren.

Zur Rekonstruktion der Bildungsprozesse der Kinder im schriftsprachlichen, mathematischen, naturwissenschaftlichen, sozialen und sozial-emotionalen Bereich im Kontext vorschulischer, familialer und schulischer Bedingungen unter Berücksichtigung von Besonderheiten der jeweiligen Übergangssituation gelangen die teilnehmende Beobachtung in der Vorschulgruppe des Kindergartens sowie im Unterricht der Grundschule und der jeweiligen weiterführenden Schulform, lernbereichsbezogene Beobachtungsverfahren (z. B. Elemente aus „Rundgang durch Hörhausen" von Martschinke u. a. 2004; „Lese- und Schreibaufgaben für Schulanfänger" von Brinkmann/ Brügelmann 1998) und leitfadengestützte Interviews mit den Kindern sowie Erzieherinnen-, Eltern- und Lehrer/innenfragebögen zum Einsatz. Die in den einzelnen Untersuchungsphasen von geschulten studentischen Versuchsleiterinnen täglich durchgeführten

Unterrichtsbeobachtungen werden über Feldnotizen in Forschungstagebüchern dokumentiert und anschließend in ausführlichen Beobachtungsprotokollen aufbereitet. Nach wöchentlichen Beobachtungen in den Vorschulgruppen während des gesamten letzten Kindergartenjahres finden pro Schuljahr (erstes bis fünftes Schuljahr) jeweils fünf Untersuchungsphasen (zwischen sechs und acht Wochen) statt.

4   Entwurf der Konzeption eines Auswertungsverfahrens

Das entsprechend der eingangs genannten Zielstellung gewählte Auswertungsverfahren lässt sich insgesamt als *qualitative strukturierende Inhaltsanalyse* (Mayring 2002; 2003) charakterisieren, die sich am Paradigma der *interpretativen Unterrichtsforschung* (Krummheuer/ Naujok 1999) orientiert. Das Kriterium der strukturierenden (interpretativen) Inhaltsanalyse liegt korrespondierend zur Zielstellung der Studie in der Leitfrage:

Ist die Situation in der jahrgangsbezogenen bzw. jahrgangsübergreifenden Lerngruppe anschlussfähig für den Bildungsprozess eines Kindes? Das Datenmaterial für die qualitativen Inhaltsanalysen bilden die ausführlichen Unterrichtsprotokolle zu den jeweiligen Einzelfällen.

4.1   Beschreibung des Auswertungsverfahrens

Die Vorgehensweise der Auswertung der Untersuchungsdaten ist in Orientierung an Mayring (2002; 2003) wie folgt zu beschreiben:

In einem ersten selektiven Materialdurchgang geht es zunächst um die Konstruktion von Kategorien in Sinne einer *induktiven Kategorienbildung* und dem Finden von *Ankerbeispielen* vor dem Hintergrund des theoriegeleitet entwickelten Kriteriums, das sich in der o. g. Zielstellung der Pilotstudie widerspiegelt.

Ein weiterer Materialdurchgang wird dann mit der Option von Kategoriendefinitionen, gegebenenfalls Subsumptionen von Kategorien oder neuen Kategorienformulierungen durchgeführt. Danach wird das Material abschließend gesichtet.

Die Zielperspektive der Interpretation und Auswertung liegt in einer typisierenden Konstruktion von Mustern, einem Erkennen von Strukturen im Hinblick auf anschlussfähige bzw. nicht-anschlussfähige Bedingungen in jahrgangsbezogenen bzw. jahrgangsübergreifenden Lerngruppen für die Bildungsprozesse von Kindern.

4.2   Erste Untersuchungsbefunde

Im Rahmen des Auswertungsprozesses der Studie ist derzeit die Phase des oben beschriebenen selektiven Materialdurchgangs erreicht. Im Folgenden werden eine Auswahl von Ankerbeispielen zu anschlussfähigen Bedingungen für Bildungsprozesse eines Kindes sowohl aus einer jahrgangsbezogenen als auch aus einer jahrgangsübergreifenden Lerngruppe vorgestellt sowie dazu vorläufige Kategorien konstruiert.

4.2.1   Ankerbeispiel aus einer jahrgangsbezogenen Lerngruppe für eine anschlussfähige Bedingung zur Kategorie *„anschlussfähige Hilfestellungen (Impulsgaben, Bestätigung) durch ein Kind"*

8.25 Uhr: Die Kinder erhalten grüne Schreibhefte, in denen Frau S. zuvor kleine Zettel mit dem Buchstaben <E> mit einer Ente und einem Esel aufgeklebt hatte. Lehrerin: „Alles, was du kannst, was noch mit <E> anfängt, das malst du dazu und kannst auch die Namen schreiben." Sie zeigt auf die Tafel, an der sie vor Unterrichtsbeginn die Wörter „Ele" und „Lea" aus der Geschichte von Freitag angeschrieben hat.
Linus holt sein Etui aus dem Tornister und nimmt einen Bleistift, dann wendet er sich zu Alexander.
Linus: „Was sollen wir jetzt machen?"Alexander: „Ein <E> malen. Efeu oder so!"
Linus guckt ihn an. Alexander: „Also, jetzt geht's los, ein <E> malen."Alexander wendet sich seinem Blatt zu.
Linus guckt ihn an und sieht, dass er schreibt.Linus (zu sich selbst): „Ein <E> malen! Er kratzt sich mit dem Stift am Kopf.Dann guckt er das Bild (Esel und Ente) unter dem Buchstaben an und schreibt die Buchstaben <E< und<S>.
Linus (zu Alexander): „Kommt jetzt das /L/?"Alexander guckt auf Linus Blatt.Alexander: „Jaha, dann ist es schon fertig!"Er wendet sich wieder ab.Linus schreibt unter das Bild: ESL, rechts daneben zwei <L> und ein <E>.
(Protokollausschnitt: S. Günther vom 13.09.2004)

Deutung des Beispiels:
Nachdem die Aufgabenstellung durch die Lehrerin erteilt worden ist, ist Linus unsicher, was er tun soll. Er wendet sich an Alexander und erfragt, was zu arbeiten ist. Alexander vermittelt ihm über ein Beispiel, dass ein Wort mit <E> geschrieben werden soll. Nachdem Linus weiterhin zögert, fordert Alexander ihn direkt auf, ein <E> zu malen. Linus beginnt mit einer Wortkonstruktion („Esel") und fordert in seinem Schreibprozess eine Bestätigung für einen weiteren Buchstaben (<L>), den er schreiben will. Alexander gibt ihm die Bestätigung, die er braucht, und Linus kann so seine Arbeit selbstständig beenden. Für Linus bedeuten die Impulsgaben und die Bestätigung durch Alexander anschlussfähige

deuten die Impulsgaben und die Bestätigung durch Alexander anschlussfähige Hilfestellungen für seinen Bildungsprozess.

4.2.2.   Ankerbeispiel aus einer jahrgangsübergreifenden Lerngruppe für eine anschlussfähige Bedingung zur Kategorie *„anschlussfähige Hilfestellung (Impulsgabe) durch ein Kind"*

> Lorenz schreibt einzelne Wörter. Er spricht sich nun das Wort „Feige" vor. „/g/, /k/, /p/. Wie geht denn /g/?"
>
> Jens: „Komm, ich zeig dirs. Das ist ein großes <G>" (schreibt es an den Rand von Lorenz' Blatt) „und das ist ein kleines <g>" (schreibt es auch an den Rand). Lorenz schreibt weiter: FAIGE
>
> ...
>
> Lorenz arbeitet weiter, er fragt: „Wie geht'n /g/? Ach ja!" Er schreibt das <G> richtig. Er sagt, dass er Hagebutte schreiben möchte. Dann schreibt er: HAGBOT ...
> (Protokollausschnitt: V. Kämper vom 16.10.2003)

Deutung des Beispiels:
Lorenz befindet sich im Schreibprozess bei der Konstruktion des Wortes „Feige". Als er dem Phonem /g/ ein entsprechendes Graphem zuordnen möchte, braucht er Hilfe. Er wendet sich mit der direkten Frage nach dem Buchstaben (Graphem) an seinen Paten Jens. Jens gibt ihm eine unmittelbare Hilfestellung, indem er Lorenz die zwei graphischen Varianten an den Rand seines Blattes schreibt. Lorenz nutzt diese Impulsgabe und vollendet damit selbstständig den Schreibprozess des Wortes „Feige", das er entsprechend seines individuellen Entwicklungsstandes im schriftsprachlichen Bereich (phonetisch orientiert) aufschreibt. Als er ein weiteres Wort („Hagebutte") konstruieren möchte, erinnert er sich an diese Impulsgabe und kann sie wiederholt – nun in einem neuen Kontext – nutzen. Die Hilfestellung durch Jens erweist sich für Lorenz insofern als anschlussfähig, als dass er damit einen Impuls erhält, den er vor dem Hintergrund seiner erworbenen schriftsprachlichen Fähigkeiten nutzt, indem er ein Wort mit der gegebenen Hilfe eigenständig weiter konstruiert sowie bei der Konstruktion eines weiteren Wortes erneut darauf zurückgreift.

5   Ausblick

Zur Dokumentation des verwendeten Auswertungsverfahrens wurden für diesen Beitrag zwei Ankerbeispiele exemplarisch ausgewählt. Ziel der Auswertung ist es letztlich, sowohl qualitativ als auch quantitativ anschlussfähige und nicht-anschlussfähige Bedingungen für die Bildungsprozesse von Kindern in jahrgangsbezogenen und jahrgangsübergreifenden Lerngruppen zu erfassen.

Literatur

Brinkmann, E./ Brügelmann, H. (1998): Ideen-Kiste 1. Schrift-Sprache. Hamburg.

Carle, U./ Berthold, B. (Hrsg.) (2004): Schuleingangsphase entwickeln – Leistung fördern. Hohengehren.

Faust, G. /Roßbach, G. (2004): Der Übergang vom Kindergarten in die Grundschule. In: Denner, L./Schumacher, E. (Hrsg.): Übergänge im Elementar- und Primarbereich reflektieren und gestalten. Beiträge zu einer grundlegenden Bildung. Bad Heilbrunn/ Obb. S. 91-105.

Faust-Siehl, G./ Speck-Hamdan, A. (Hrsg.) (2001): Schulanfang ohne Umwege. Mehr Flexibilität im Bildungswesen. Frankfurt a. M..

Flick, U. (2002): Qualitative Sozialforschung. Eine Einführung. 6. Aufl. Reinbek b. Hamburg.

Flick, U./ Kardorff, E. v./ Steinke, I. (Hrsg.) (2003): Qualitative Sozialforschung. Ein Handbuch. 2. Aufl. Reinbek b. Hamburg.

Landesinstitut für Erziehung und Unterricht (2002): Schulanfang auf neuen Wegen. Vorläufiger Abschlussbericht zur Eingangsstufe der Grundschule. o. O..

Krummheuer, G./ Naujok, N. (1999): Grundlagen und Beispiele interpretativer Unterrichtsforschung. Opladen.

Liebers, K. (2001) Flexibilisierung der Schuleingangsphase zur Optimierung des Schulanfangs für alle Kinder – Schulversuch FLEX. In: Döbert, E./ Ernst, C. (Hrsg.): Flexibilisierung von Bildungsgängen. Hohengehren, 90-120.

Martschinke, S./ Kirschhock, E.-M./Frank, A. ((2004): Diagnose und Förderung im Schriftspracherwerb. Der Rundgang durch Hörhausen. Erhebungsverfahren zur phonologischen Bewusstheit. 3. Aufl. Donauwörth.

Mayring, Ph. (2002): Einführung in die Qualitative Sozialforschung. Weinheim und Basel. 5. Aufl..

Mayring, Ph. (2003): Qualitative Inhaltsanalyse. 8. Aufl. Weinheim/ Basel.

Ministerium für Schule, Jugend und Kinder des Landes Nordrhein-Westfalen (Hrsg.) (2004): Konzept zur Schuleingangsphase. Düsseldorf.

Ramseger, J./ Dreier, A./ Kucharz, D./ Sörensen, B. (Hrsg.) (2004): Grundschulen entwickeln sich. Ergebnisse des Berliner Schulversuchs Verlässliche Halbtagsgrundschule. Münster.

Roßbach, H.-G. (1999): Empirische Vergleichsuntersuchungen zu den Auswirkungen von jahrgangsheterogenen und jahrgangshomogenen Klassen. In: Laging, R. (Hrsg.) (1999): Altersgemischtes Lernen in der Schule. Hohengehren, 80-91.

Schulerfolg von Zuwandererkindern am Ende der Grundschulzeit in mehrperspektivischer Sicht

Liselotte Denner & Anke Lindmaier

1 Forschungsstand

In Bildungsstatistiken lässt sich ablesen, dass ausländische Kinder gegenüber deutschen Kindern besonders stark von Zurückstellungen vom Schulbesuch, von Klassenwiederholungen in der Grundschule und von Überweisungen in Förder- oder Sonderschulen betroffen sind (vgl. Grund- und Strukturdaten 2001/02; Karakaşoğlu-Aydin 2001; Wörner 2003). An Hauptschulen und bei den Abgängern ohne Schulabschluss sind sie überrepräsentiert. Stark unterrepräsentiert dagegen sind sie an Realschulen und Gymnasien. Bei den Nationalitäten zeigen sich deutliche Unterschiede: Kinder mit englischer, spanischer, griechischer oder polnischer Erstsprache sind weit erfolgreicher als Kinder mit türkischer, italienischer oder russischer Erstsprache (vgl. Helmke/Reich 2001). Kinder mit russischer oder polnischer Erstsprache haben die deutsche Staatsbürgerschaft, wenn sie zur Gruppe der Spätaussiedler gehören. Da sie unter vergleichbaren Bedingungen wie ausländische Kinder aufwachsen, wird in den internationalen Leistungsvergleichsstudien wie PISA (vgl. Baumert u.a. 2001) und IGLU (vgl. Bos u.a. 2003) zwischen Schülerinnen und Schülern mit und ohne Migrationshintergrund unterschieden. Diese Studien bestätigen, dass es unser Bildungssystem vergleichsweise schlecht schafft, dieser Schülerschaft gute schulische Entwicklungsmöglichkeiten zu bieten.

Lange sah man im Kind die Ursache für unzureichenden Schulerfolg, konstruierte das leistungsschwache Migrantenkind (vgl. Kronig 2003). Studien von Gomoll/ Radtke (2002) und Rüesch (1998) zeigen jedoch, dass insbesondere an Übergängen die Mechanismen institutioneller Diskriminierung greifen. Der mangelnde Schulerfolg wird in dieser Perspektive nicht mit Defiziten der betreffenden Kinder, ihrer familiären Umwelt oder Kultur erklärt, sondern zentral mit der Schule in Verbindung gebracht. Darüber hinaus stellt die monolinguale und monokulturelle Verfasstheit der Schule nach Gogolin (1994) ein weiteres Hindernis für mehrsprachig aufwachsende Grundschulkinder dar.

Nicht das Gefährdende ist leitend beim Resilienzkonzept (vgl. Wustmann 2003); das Gelingende und seine Umstände werden fokussiert. Neben den personalen Ressourcen des Kindes werden Schutzfaktoren in Familie, Schule und sozialem Umfeld vermutet, die Risiko mindernd sind und bei ihrem Fehlen das Risiko schulischen Scheiterns erhöhen.

Bei PISA und IGLU wird nicht von einzelnen Bedingungen, sondern von einem komplexen Bedingungsgefüge schulischer Leistung ausgegangen, das die individuelle Sicht mit einer systemischen verbindet. Das theoretische Rahmenmodell der Schulleistungsstudien berücksichtigt folgende Faktoren: den Schüler mit seinen Leistungsergebnissen, soziales und kulturelles Kapital in der Herkunftsfamilie, schulinterne Bedingungen (Lehrer, Klasse, Unterricht), den außerschulischen Kontext, elterliches Erziehungs- und Unterstützungsverhalten, bildungspolitische und äußere schulische Rahmenbedingungen. Schulleistung und Schulerfolg sind relative Größen. Sie sind von allgemeinen, institutionellen und individuellen Setzungen abhängig.

An den Karlsruher Grundschulen liegt der Anteil der Viertklässler mit Migrationshintergrund im Jahre 2002 bei 19,4%. Trotz vergleichbarem Niveau dieser Schülerpopulation in den 5. Klassen aller Karlsruher Schulen beträgt ihr Anteil in den Gymnasien nur 6,6% (vgl. auch Schwippert u.a. 2003). Dieses Missverhältnis gilt es aufzuklären, hinderliche Faktoren für Bildungsteilhabe zu identifizieren und geeignete Fördermaßnahmen zu entwickeln.

2   Projekt „Bildungsteilhabe von Zuwandererkindern" (BiZuKi)

Im Projekt BiZuKi, einem Kooperationsprojekt zwischen der Stadt Karlsruhe und der Pädagogischen Hochschule Karlsruhe, interessieren insbesondere Faktoren, die Bildungserfolg von Kindern mit Migrationshintergrund befördern und behindern. Verbunden ist dieser erkenntnisgenerierende Zugang mit einer Initiative zur Förderung von Kindern an zwei Grundschulen. Studierende wirken bei der Förderung von Schulkindern im Sinne von Hausaufgabenbetreuung und Zweitsprachunterricht mit. Der Kontakt zur Lehrerschaft und zu den Eltern wird durch Projektmitarbeiterinnen intensiviert und ein Elternbildungskonzept erarbeitet.

Für ein noch wenig erforschtes Feld ist es sinnvoll im Rahmen einer *explorativen Studie* mit ersten Suchbewegungen zu beginnen. Mittels leitfadengestützten Interviews werden Schüler und Schülerinnen mit den Erstsprachen Türkisch, Italienisch oder Russisch, sowie ihre Lehrer und Lehrerinnen, Väter und Mütter befragt. Gewählt werden jene Migrationshintergründe, die im Vergleich zu anderen weit weniger erfolgreich im deutschen Schulsystem sind (vgl. Helmke/ Reich 2001; Kornmann 2002). Als leistungsstark werden Viertklässler definiert, die eine Realschul- oder Gymnasialempfehlung erhalten und somit im

Notendurchschnitt von Deutsch und Mathematik 3,0 erreicht haben. Als leistungsschwach gelten Schülerinnen und Schüler mit einer Hauptschulempfehlung und einem Durchschnitt von 3,5 und schlechter.

Bei der *Datenerhebung* im Sommer 2002 wurden Viertklässler sowie jeweils ein Elternteil und die Lehrerin zur jeweiligen Bildungsbiografie interviewt. Der Anteil von Ausländern und Aussiedlern an den vier Grundschulen im sozialen Brennpunkt liegt bei 48%, während er im Durchschnitt aller Karlsruher Grundschulen 19,4% beträgt. In die *Auswertung* gehen neun vollständige Datensätze und drei Datensätze mit Schüler- und Lehrerinterviews ein, denn drei Eltern waren für ein Interview nicht zu gewinnen.

Im Projekt stehen subjektive Theorien (vgl. Groeben u.a. 1988) im Mittelpunkt, wenn gefragt wird, wie Viertklässler, ihre Eltern, Lehrerinnen und Lehrer den hohen oder geringen Schulerfolg erklären und welche Faktoren sie dafür jeweils verantwortlich machen. Ein Augenmerk ist darauf zu richten, dass manche Kinder trotz Migrationshintergrund und Zugehörigkeit zu den unteren Schichten bzw. Klassen schulisch erfolgreich sind. Mit dem Ende der Grundschulzeit wird eine kritische Stelle für gelingende Bildungsbiografien im deutschen Bildungssystem für Mädchen und Jungen mit türkischer, italienischer und russischer Erstsprache gewählt.

Die *Auswertung der transkribierten Leitfadeninterviews* erfolgt mittels *Qualitativer Inhaltsanalyse* nach Mayring (1997). Dabei finden folgende Strategien Verwendung: leitfadenorientierte Entwicklung von Kategorien durch inhaltliche Strukturierung, induktive Entwicklung von Kategorien durch Zusammenfassung, sowie inhaltliche und skalierende Strukturierung.

3   Ergebnisse: Schulerfolg aus Sicht der Viertklässler

Anstrengungsbereitschaft und die individuelle Bedeutung von Noten geben einen Hinweis auf den *Stellenwert der Schule im Leben* der Kinder. Alle Viertklässler betonen sich anzustrengen. Allerdings sind drei Viertel der Befragten mit russischer Erstsprache der Meinung, sie könnten sich mehr anstrengen. Die Noten nehmen bei allen Kindern einen hohen Stellenwert ein.

Die zweite Kategorie befasst sich mit den *Befindlichkeiten des Kindes in der Schule*. Insgesamt überwiegen bei Weitem die positiven Aussagen zur Schule. Leistungsstarke Schülerinnen und Schüler äußern sich dabei positiver als leistungsschwache. Ihren *Lehrerinnen und Lehrern* gegenüber sind die befragten Schülerinnen und Schüler wohl gesonnen. Die Mitschülerinnen und Mitschüler werden etwas weniger positiv beschrieben. Insgesamt ist hier ein deutlicher Unterschied zwischen leistungsstarken und leistungsschwachen Viertklässlern festzustellen. Fast drei Viertel der positiven Äußerungen werden von den leistungsstarken Kindern getroffen. Auf die leistungsschwachen Kinder entfallen dagegen 85% der negativen Äußerungen.

Die Kategorie der *Bewältigung schulischer Aufgaben* bezieht sich auf Hausaufgaben, Klassenarbeiten und das Lernen für die Schule. Alle Schülerinnen und Schüler, die sich zu den Hausaufgaben äußern, vermitteln den Eindruck, diese gut zu bewältigen. Die Hälfte bewertet die Hausaufgaben jedoch als schwierig. Die Befragten kommen nur deshalb mit ihnen zurecht, weil die meisten auf Hilfen bei den Hausaufgaben zurückgreifen können. Alle Schülerinnen und Schüler geben zudem an, dass sie mit Klassenarbeiten gut zurecht kämen oder zumindest, dass diese gut ausfielen.

Die *Unterstützung*, die Viertklässler durch ihre Eltern erfahren, bildet eine weitere Kategorie. Nach Einschätzung der Kinder bekunden ihre Eltern *Interesse an ihrer schulischen Situation*, was durch Gespräche, Lernhilfen und Kontakt zur Lehrerin geschieht. Interessanterweise gehen nach Angaben der Schüler fast drei Viertel der Gespräche von den Eltern aus. Von sich aus bringen nur leistungsstarke Kinder das Gespräch auf das Thema Schule. Die Gespräche drehen sich um Noten, Klassenarbeiten und das Lernen sowie um die Befindlichkeit des Kindes in der Schule. Leistungsmessungen sind nur für Kinder mit russischer Erstsprache ein zentrales Gesprächsthema. Ausnahmslos alle Kinder beschreiben, dass sie von ihren Eltern Lernhilfen bekommen.

Abschließend wird die *Schullaufbahnempfehlung* näher betrachtet, die in Baden-Württemberg für Eltern bindend ist. Die Wunschschule der leistungsschwachen Schülerinnen und Schüler entspricht nur bei einem Mädchen der tatsächlichen Empfehlung. Die Bildungsempfehlung orientiert sich an den Noten; dessen sind sich drei Viertel der Viertklässler bewusst. Jedoch nennt die Hälfte der Kinder die Arbeitshaltung und ein Drittel das Zweitsprachniveau als Kriterium. Obwohl gerade die leistungsschwachen Kinder nach den Sommerferien nicht ihre Wunschschule besuchen werden, geben sie an, dass ihre Empfehlung gerecht ausgefallen sei, da sie ihren Noten entspreche. Die Gedanken, die sich die Befragten zum *Übergang in die Sekundarstufe I* machen, lassen sich als positive Erwartungen, Bedenken und Wünsche beschreiben. Es überwiegen eindeutig die positiven Erwartungen. Dennoch empfindet fast die Hälfte der Kinder den Abschied vom bisherigen Klassenverband als bedauerlich.

4   Ergebnisse: Schulerfolg aus Elternsicht

Die *Eltern sehen ihren Anteil am Schulerfolg* ihrer Kinder sehr deutlich. Er erscheint ihnen bedeutsamer als der Beitrag, den die Kinder selbst, die Schule, die Lehrkräfte oder die Bildungspolitik leisten. Die Eltern nennen Maßnahmen, die sie sich zur Verbesserung der Situation vorstellen können. Auch hier sehen sie sich als Erste in der Pflicht etwas zu tun. Der Bildungspolitik schreiben sie mehr Veränderungspotenzial als den Lehrkräften zu.

Die *Bedingungen für Schulerfolg auf Seiten der Familie* teilen sich auf in Leistungsorientierung der Eltern, in emotionale Unterstützung ihres Kindes, in Zusammenarbeit mit Lehrerinnen und Lehrern, sowie in ihren eigenen Kenntnisstand. Unter diesen letzten Punkt fällt u.a. die Informiertheit über das deutsche Schulsystem. Die *Leistungsorientierung* lässt sich in drei Bereiche untergliedern: in Lernhilfen durch Eltern, in eine leistungsorientierte Grundhaltung und in die Kontrolle schulischer Aufgaben. Am wichtigsten ist den Eltern die Lernhilfe. Große Unterschiede bestehen bei der Verteilung der Aussagen auf die Eltern verschiedener Erstsprachen. Ungefähr ein Viertel der Aussagen stammt von türkischen Eltern, lediglich ein Fünftel von der italienischen Gruppe. Eltern mit russischer Erstsprache dagegen halten die Lernhilfe für sehr wichtig. Das zeigt sich daran, dass mehr als die Hälfte der Nennungen auf sie entfällt. Des Weiteren machen sie auch deutlich mehr Angaben zu einer leistungsorientierten Grundhaltung und zur Kontrolle schulischer Aufgaben. Insgesamt überwiegen Bedingungen, die die Kinder dabei unterstützen sollen, gute Leistungen zu erbringen. Etwas weniger wichtig beurteilen Eltern die emotionale Unterstützung in der Familie.

5 Ergebnisse: Schulerfolg und Schulmisserfolg aus Lehrersicht

Ursachen für Schulerfolg lassen sich in den Lehrerinterviews auf Seiten des Kindes, der Eltern, der Lehrerin und Schule sowie weiterer Aktivitäten und Einrichtungen ausmachen (vgl. Tab. 1). Wenn die Häufigkeit der Nennungen ein Kriterium für Bedeutsamkeit ist, dann spielen insbesondere Persönlichkeitsmerkmale wie Begabung, Leistungsmotivation und Neugierde neben der Arbeitshaltung eine entscheidende Rolle für die Erklärung von Schulerfolg oder -misserfolg *auf Seiten des Kindes*. Gute oder lückenhafte Lernvoraussetzungen bzw. das jeweilige Vorwissen sind nicht im Blick.

Faktoren ...	Schulerfolg	Schulmisserfolg
auf Seiten des Kindes	**56**	**47**
• Persönlichkeitsmerkmale	20	16
• Arbeitshaltung	18	22
• Sprache	12	7
• Freizeitgestaltung	6	1
• Lernvoraussetzungen	0	1

auf Seiten der Eltern	49	50
▪ Bildungsinteresse	22	13
▪ Familiensituation	13	20
▪ Sprache	14	12
▪ Kulturelle Differenzen	0	5
auf Seiten von Lehrer/innen und Schule	**48**	**12**
▪ Durch äußere Differenzierung	15	1
▪ Innere Differenzierung im Regelunterricht	10	3
▪ Erziehung, Unterrichtsstil	10	2
▪ Beziehung	7	4
▪ Kooperation	6	2
auf Seiten weiterer Aktivitäten/Einrichtungen	**16**	**6**
▪ Vorschulische Einrichtungen	6	2
▪ Aktivitäten mit schulischem Bezug	6	2
▪ Aktivitäten in der Freizeit	5	2
Anzahl der Nennungen	**169**	**117**

Tabelle 1: Faktoren von Schulerfolg und Schulmisserfolg aus Lehrersicht

Auf Seiten der Eltern spielen aus Lehrersicht das Bildungsinteresse, die Familiensituation, Gebrauch und Niveau der deutschen Sprache sowohl für Erfolg als auch bei fehlender Ausprägung für Misserfolg eine große Rolle. Kulturelle Differenzen werden bei Schulerfolg nicht identifiziert. Ihr Vorhandensein wirkt sich aus Lehrersicht negativ aus und verhindert Schulerfolg.

Als weiteres wichtiges Ergebnis sind die *Ursachenzuschreibungen gegenüber der eigenen Arbeit und der Funktionsweise der Schule* zu werten. Der Einfluss der Schule wird schwächer als der Einfluss des Kindes oder der Eltern gesehen. Für Schulerfolg fühlen sich die Befragten verantwortlich. Die Ursache für Schulmisserfolg suchen sie nur selten auf ihrer Seite.

Die für Schulerfolg förderliche Bedeutung der Sprachkompetenz von Kindern und Eltern beschränkt sich auf die Zweitsprache Deutsch. Dass eine gut entwickelte Erstsprache den Schulerfolg günstig stimuliert, wird kaum gesehen – der monolinguale Habitus (vgl. Gogolin 1994) ist tief verankert. Die „weiteren Aktivitäten und Einrichtungen" bieten neben der Schule ein wichtiges Feld deutschen Sprachgebrauchs. Sie werden in ihrer Wirkung für den Schulerfolg wahrgenommen, für den Schulmisserfolg jedoch kaum verantwortlich gemacht.

Wie die Ausführungen aus Schüler-, Eltern- und Lehrersicht zeigen, besteht weiterer Forschungs- und Entwicklungsbedarf, damit künftig mehr Zuwandererkinder auch in der Bundesrepublik an Bildung teilhaben können.

Literatur

Baumert, J./ Klieme, E./ Neubrand, M./ Prenzel, M./ Schiefele, U./ Schneider, W./ Stanat, P./ Tillmann, K.-J./ Weiß, M. (Hrsg.) (2001): PISA 2000. Basiskompetenzen von Schülerinnen und Schülern im internationalen Vergleich. Opladen.

Bos, W. u.a. (Hrsg.) (2003): Erste Ergebnisse aus IGLU: Schülerleistungen am Ende der vierten Jahrgangsstufe im internationalen Vergleich. Münster, New York, München, Berlin.

Gogolin, I. (1994): Der monolinguale Habitus der multilingualen Schule. München, New York.

Gomolla, M./ Radtke, F.-O. (2002): Institutionelle Diskriminierung: die Herstellung ethnischer Differenz in der Schule. Opladen.

Groeben, N./ Wahl, D./ Schlee, J./ Scheele, B. (1988): Das Forschungsprogramm Subjektive Theorien: eine Einführung in die Psychologie des reflexiven Subjekts. Tübingen.

Grund- und Strukturdaten 2001/02 (2002), hrsg. vom Bundesministerium für Bildung und Forschung. Bonn.

Helmke, A./ Reich, H.H. (2001): Die Bedeutung der sprachlichen Herkunft für die Schulleistung. In: Empirische Pädagogik. 15. Jg., 567-600.

Karaka o lu-Aydin, Y. (2001): Kinder aus Zuwandererfamilien im Bildungssystem. In: Böttcher, W./ Klemm, K./ Rauschenbach, J. (Hrsg.): Bildung und Soziales in Zahlen: Statistisches Handbuch zu Daten und Trends im Bildungsbereich. Weinheim, München, 273-302.

Kornmann, R., unter Mitarbeit von E. Neuhäusler und K. Hager (2002): Statistische Übersichten zur Bildungsbeteiligung ausländischer Kinder und Jugendlicher in allgemeinbildenden Schulen der Bundesrepublik Deutschland unter besonderer Berücksichtigung der Sonderschulen für Lernbehinderte. Arbeitsbericht für die Max-Traeger-Stiftung. Pädagogische Hochschule Heidelberg.

Kronig, W. (2003): Das Konstrukt des leistungsschwachen Immigrantenkindes. In: Zeitschrift für Erziehungswissenschaft. 6. Jg., 126-141.

Mayring, Ph. (1997): Qualitative Inhaltsanalyse: Grundlagen und Techniken. 6., durchges. Aufl., Weinheim.

Rüesch, P. (1998): Spielt die Schule eine Rolle? Schulische Bedingungen ungleicher Bildungschancen von Immigrantenkindern – eine Mehrebenenanalyse. Bern u.a.

Schwippert, K./ Bos, W./ Lankes, E.-M. (2003): Heterogenität und Chancengleichheit am Ende der vierten Jahrgangsstufe im internationalen Vergleich. In: Bos, W. u.a. (Hrsg.): Erste Ergebnisse aus IGLU: Schülerleistungen am Ende der vierten Jahrgangsstufe im internationalen Vergleich. Münster, New York, München, Berlin, 265-302.

Wörner, M. (2003): Migration und Schulerfolg. Ausländer- und Aussiedlerkinder im allgemein bildenden Schulwesen. In: Baden-Württemberg in Wort und Zahl. 51. Jg., H. 1, 36-42.

Wustmann, C. (2003): Was Kinder stärkt. Ergebnisse der Resilienzforschung und ihre Bedeutung für die pädagogische Praxis. In: Fthenakis, W.E. (Hrsg.): Elementarpädagogik nach PISA: wie aus Kindertagesstätten Bildungseinrichtungen werden können. Freiburg im Breisgau, 106-135.

IV Standardisierte Lernstandsdiagnose und individuelle Förderung

Basisprüfverfahren: Zum Schaden oder zum Nutzen?

Peter Tymms & Monika Wylde

1 Einleitung

Die flächendeckende und landesweite Einführung eines Basisprüfverfahrens von offizieller Stelle ist eine bedeutende politische Initiative. Mit derartigen Initiativen sind potentiell negative und positive Konsequenzen verbunden. Diese Abhandlung befasst sich mit diesen Fragen und greift, wenn möglich, auf vorherige Untersuchungen zurück, in denen die Auswirkungen auf verschiedene Weise erforscht wurden.

Beim Betrachten eines Basisprüfverfahrens ist es wichtig, Klarheit darüber zu besitzen, um welche Inhalte es geht. Die folgenden Ausführungen beziehen sich auf Prüfverfahren zum Schulanfang wie sie u.a. in Großbritannien zur Anwendung kommen. Diese Verfahren werden in der Regel bei Kindern während der ersten Wochen ihres Schulbesuchs angewendet. Sie können vielfältige Formen annehmen, die im Allgemeinen entlang eines Kontinuums zwischen zwei entgegengesetzten Endpunkten angesiedelt sind. An dem einen Endpunkt steht eine Prüfung, die sich objektiver Fragen oder Aufgaben mit klaren Ja/Nein Antworten bedient. An seinem anderen Ende steht ein Prüfverfahren, das gänzlich auf einer Beobachtung des Kindes ohne jegliche Aufgaben- oder Fragestellungen beruht. Der Charakter des Prüfverfahrens hat entscheidende Auswirkungen auf die Art und Weise wie das Basisprüfsystem durchgeführt wird, wie es wahrgenommen wird und welche Auswirkungen es möglicherweise zur Folge hat oder auch nicht.

Ebenso wichtig ist es, über die Qualität der Untersuchung in Bezug auf seine Zuverlässigkeit und Gültigkeit nachzudenken. Ist ein Prüfverfahren zuverlässig, dann erzielen zwei verschiedene Testleiter die gleichen oder nahezu gleichen Ergebnisse. Eine Zuverlässigkeitsgröße bis zu 0.95 ist für die Überprüfung im kognitiven Bereich durchaus möglich, bei eher niedrigeren Werten im Bereich Verhalten. Viele gebräuchliche Basisprüfverfahren haben ihre Zuverlässigkeit nicht nachgewiesen. Aber wenn ein Instrument mit einem hohen Zuverlässigkeitsgrad nicht zur Verfügung steht, ist auch eine Untersuchung wenig sinnvoll. Auf die komplexen Fragen, die sich ergeben, wenn Messinstrumentarien nicht von hoher Qualität sind, wird an anderer Stelle eingegangen. Es reicht zunächst der Hinweis, dass man mit der Einführung eines Prüfverfahrens, dessen Ergebnisse mit der Person des Testleiters variieren, große Risiken eingeht. Ein derartiges Verfahren im großen Rahmen vorzuschreiben, wäre eine Vergeudung von Zeit, Mühe und Geld. Mehr noch – es könnte sogar nachhaltige Schäden für ein Kind zur Folge haben, wenn die Ergebnisse der Untersuchung zur Identifikation von Kindern mit besonderem Förderbedarf herangezogen werden oder wenn davon die Allokation von Hilfsmitteln und Geldern abhängig ist.[1] Ein Qualitätskriterium ist in diesem Zusammenhang die Gültigkeit des Prüfverfahrens in Bezug auf die spätere Entwicklung der Fertigkeiten des Kindes. Ein Messinstrumentarium ist wertlos, wenn es für Lehrer und andere keine Aussagen über die Zukunft macht. Anders ausgedrückt: Ein Überprüfungssystem muss Vorhersagegültigkeit besitzen. Lässt man Kinder drei Jahre später einen Lese- oder Mathematiktest bearbeiten, so liegt bei einem guten Basisprüfverfahren die Validität für eine Prognose bei 0.6 oder höher.

2   Ziele des Basisprüfverfahrens

Basisprüfverfahren werden in der ganzen Welt durchgeführt, formell und informell, und alle haben viele Ziele. Mehrere englische Autoren haben den potentiellen Nutzen von Basisprüfverfahren zum Schulanfang erkannt (vgl. Blatchford/ Cline 1992, 247-269; Lindsay/ Lewis 1999; Tymms 1999; Wolfendale 1993). Der Nutzwert kann in folgenden Punkten zusammengefasst werden, bzw. erstreckt sich auf folgende Bereiche:

▪ Das Kind kennenzulernen.
▪ Den Unterricht für die Klasse oder einzelne Kinder zu planen.
▪ Besonderen Förderbedarf zu ermitteln.
▪ Eine Ausgangsbasis zur Messung des Lernzuwachses zu erhalten.
▪ Den Beginn eines Prozesses der Schaffung wertsteigernder Maßnahmen einzuleiten und diese an einer gesamten Schule oder innerhalb größerer Gruppen zu beobachten.
▪ Die Sammlung von Informationen auf nationaler oder Länder-Ebene als Grundlage für politische Entscheidungen.
▪ Für internationale Vergleiche.

---

[1]   Zur Diskussion der Zuverlässigkeitsfrage anlässlich der Einführung der Basisprüfverfahren in England siehe Lindsay/ Lewis 2000 und 2003, 29(2), 149 – 169.

Für jeden einzelnen der oben genannten Punkte gibt es positive und negative Aspekte:

2.1   Das Kind kennenlernen

Wenn eine Lehrkraft sich 15 bis 20 Minuten Zeit nimmt, um mit einem einzelnen Kind an einer an klaren Aufgaben ausgerichteten Überprüfung zu arbeiten, dann wird sie sich ohne geringen Zweifel von diesem Kind ein umfassendes Bild verschaffen können, zumal wenn unterscheidende Aufgaben oder Fragen gestellt werden. Dies kann eine sehr sinnvoll genutzte Zeit sein, da die Lehrperson das Kind dabei gut kennenlernt. Andererseits muss man aber auch einräumen, dass diese Zeit einem einzelnen Kind allein gewidmet wird, wobei die Lehrkraft der Gesamtheit der Klasse entzogen wird. Es müssen Fragen über Kosten und Nutzen eines solchen Zeitaufwands für individuelle Zuwendung gestellt werden. Möglicherweise muss die Schule eine zusätzliche Hilfskraft während der Zeit der Überprüfung einstellen oder es mag sein, dass diese Hilfskraft die Kinder überprüft. In beiden Fällen müssen Entscheidungen gefällt werden bezüglich der benötigten Zeit und des finanziellen Aufwands.

Fällt andererseits die Wahl auf ein rein beobachtendes Prüfverfahren, um unter Ausschaltung von Frage- und Aufgabenstellungen zu gleichartigen Informationen zu gelangen, so muss gleichwohl der Beobachtung eine erhebliche Sorgfalt gewidmet werden. Einige solcher Programme beanspruchen mehrere Tage zur Datenerhebung!

2.2   Den Unterricht für die Klasse oder einzelne Kinder planen

Ein leistungsfähiges Basisprüfverfahren vermittelt der Lehrperson Einblicke in die kognitive Entwicklung des Kindes und seine persönlichen Bedürfnisse. Es kann der Lehrkraft helfen, entsprechende Unterrichtsinhalte für den Anfangsunterricht im ersten Schuljahr zu planen. In ähnlicher Weise erhält die Lehrkraft ein Bild der gesamten Klasse, womit sie auf einer holistischen Basis planen kann.

Schwierig wird es, wenn die Lehrkraft, die über die Daten der einzelnen Kinder verfügt, das Prüfverfahren als starres Rezept für die nächsten Unterrichtsschritte ansieht. Messfehler kommen bei Prüfverfahren immer vor. Selbst Basisprüfverfahren mit der bestmöglichen Voraussagegültigkeit scheitern daran, einige Kinder zu erkennen, die plötzliche Leistungssprünge machen oder stagnieren. Bei der Unterrichtsplanung für einzelne Kinder werden die Daten aus der Untersuchung für die tägliche Arbeit in der Klasse etwa nach Ablauf eines halben Schuljahres an Bedeutung verlieren.

Die Überinterpretation von Einzelaspekten der Überprüfung stellt ebenfalls ein Problem dar. Erhebungspunkte aus einem Testverfahren sollten als Teile eines sehr weiten Gebiets betrachtet werden. Bestimmte Punkte sind für psychometrische Erhebungen unwichtig. Und doch geraten die Lehrkräfte in die Versuchung, spezifische Inhalte heranzuziehen, um daran zu arbeiten. Für die Lehrplangestaltung sollten die Erhebungspunkte als repräsentativ für den Entwicklungsstand des Kindes auf einem bestimmten Gebiet angesehen werden. Es könnte geschehen, dass kleinsten Details mehr Aufmerksamkeit geschenkt wird als dem Gesamtbild.

Die Daten des PIPS (Performance Indicators in Primary Schools) Basisprüfverfahren zum Schulanfang (vgl. Tymms 1999, 17) erweisen sich im Re-Testverfahren mit einem Zeitabstand von einem Monat als sehr beständig (Korrelation=0.98) aber nach einem Jahr fällt dieser Wert abrupt, da die Korrelationen sich inhaltlich von der Zuverlässigkeit der Messungen hin zur Vorhersagevalidität verschieben (Korrelation = 0.72).

2.3   Besonderen Förderbedarf ermitteln

Manchmal ergibt sich ein besonderer Förderbedarf aus biologischen Gründen, wie zum Beispiel bei Taubheit. Handelt es sich aber um Entwicklungsfragen im kognitiven Bereich, müssen wir uns darüber im Klaren sein, dass kein Basisprüfverfahren den besonderen Förderbedarf eines Kindes auf Dauer festlegen kann. Ein besonderer Förderbedarf entsteht und vergeht, obwohl er in manchen Fällen recht anhaltend sein kann. Jede Feststellung birgt einen Unsicherheitsfaktor. Ein Basisprüfverfahren sollte den Lehrer auf ein Problem oder Probleme aufmerksam machen, die dann in weiteren Untersuchungen geklärt werden können. In einigen Fällen lassen sie klar die Bereiche erkennen, in denen Fördermaßnahmen zum Erfolg führen mögen. Abbildung 1 setzt die Werte aus dem Basisprüfverfahren von mehreren tausend Kindern mit ihren Ergebnissen in Beziehung, die drei Jahre später im kognitiven Bereich erhoben wurden, nachdem sie im Lesen, in Mathematik, im Wortschatz und ihren nicht verbalen Fähigkeiten getestet worden waren. Die Korrelation, die in dem Streudiagramm dargestellt wird, beträgt 0.7. Würde man einen beliebigen Interventionspunkt im Basisprüfverfahren zur Identifizierung eines besonderen Förderbedarfs wählen, so würde zweifellos eine große Zahl von Kindern dieser Kategorie zugeordnet werden, die dann drei Jahre später reklassifiziert werden müsste. Der Anteil kann leicht quantitativ bestimmt werden. Bei den Pädagogen besteht kein Zweifel über die sich daraus ergebenden Sachfragen.

Basisprüfverfahren zum Schulanfang

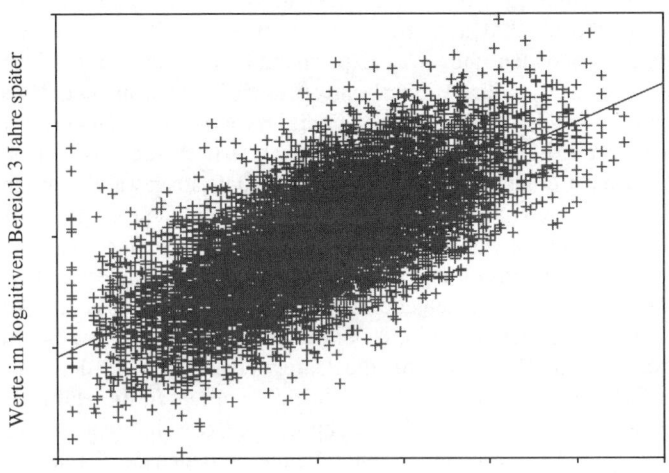

Abb. 1: Streudiagramm für 10588 Kinder

An einem Beispiel sähe das wie folgt aus. Angenommen, es wird ein Interventionspunkt gewählt, der zwei Standardabweichungen unter dem Durchschnittswert liegt. Dadurch würden 2,1% der Kinder (223) in dem Schaubild als besonders förderungsbedürftig identifiziert. Drei Jahre später würde eine sehr ähnliche Gruppe ausgewählt (2,3%) und eine fast gleich große Anzahl von Schülern (247). Wie dem auch sei, und darum geht es, nur 60 Schüler würden in beiden Fällen betroffen sein. Das heißt, auf weniger als die Hälfte der Schüler, die beim ersten Mal in Betracht kamen, würden drei Jahre später die gleichen Kriterien zutreffen.

Für beides, eine hohe Begabung (gleichzusetzen mit einer frühzeitig bzw. frühreif entwickelten Leistungsfähigkeit im kognitiven Bereich in Bezug auf eine Basislinie) und eine schwache Begabung (oft nicht zu unterscheiden von einer Entwicklungsverzögerung) lassen sich versuchsweise durch das Basisprüfverfahren Hinweise erkennen, und es mag sein, dass eine hohe Begabung zuverlässiger herausgefunden wird als eine schwache Begabung – positive Antworten lassen sich nicht leugnen aber für negative oder fehlende Antworten mag es einige Deutungsmöglichkeiten geben. Daten von hoher Aussagekraft, die zum größeren Verstehen des Kindes beitragen, müssen zweifellos zu einer besseren Beschulung des Kindes führen. Immerhin muss man sich bewusst bleiben, dass, keine förderlichen Wirkungen zu erwarten sind, wenn die erhobenen Daten wie ein Regelwerk genutzt werden und die Lehrkraft dem Kind einen Stempel aufdrückt.

In einer unlängst abgeschlossenen dreijährigen Untersuchung gingen Tymms und Merrell (2004a) gezielt der Hypothese nach, dass das Etikettieren von Kindern zu Schäden führt. Das Experiment betraf Kinder mit hohen Werten auf der Messskala für das Aufmerksamkeitsdefizit-Syndrom und Hyperkinetische-Syndrom (ADHS) (Attention Deficit Hyperactivity Disorder (ADHD) scale) nach den Kriterien der 'American Psychiatric Association' (1994). 1020 Schulen, die nach einer Zufallsstichprobe aus 2040 ausgewählt wurden, erhielten die Namen von Kindern mit hohen Werten und den damit verbundenen Verhaltensstörungen. Zwei Jahre später wurden alle Kinder wieder auf ihren Leistungsstand, ihre Einstellungen und ihr Verhalten hin untersucht. Zum Teil ergaben sich keinerlei Unterschiede, was darauf hindeutet, dass ein Etikettieren keine Folgen hat. Gleichlaufend mit dem Experiment wurde eine Schrift an die Schulen verteilt mit Hinweisen für die Unterweisung von Kindern, die ADHS ähnliche Charakteristika zeigten. Die Schriften wurden an die Hälfte der Schulen geschickt, die nach der Zufallsstichprobe ausgewählt worden waren. Sie zeitigten positive Auswirkungen in jenen Fällen, in denen die Namen der Schüler nicht bekannt waren. Bei denjenigen Schulen aber, welche die Schrift erhielten, deren Schüler mit ADHS namentlich bekannt gegeben worden waren, zeigten sich negative Auswirkungen. Mit anderen Worten, es bestand ein Interaktionseffekt, der negative Folgen für einige Schüler hatte, was darauf hinweist, dass Etikettieren von Schülern zu Schäden führen kann.

2.4   Eine Ausgangsbasis zur Messung des Lernzuwachses einzelner Kinder

Wir haben erkannt, dass ein einmalig durchgeführtes Basisprüfverfahren nicht dazu verwendet werden kann, den besonderen Förderbedarf für Kinder festzulegen. Werden geringe Punktwerte erzielt, mag es viele Ursachen dafür geben. Es könnte sein, dass ein Kind sich langsam entwickelt und plötzlich einen Entwicklungsschub macht. Es könnte aber auch sein, dass es sich entscheidet, während der Überprüfung eine Frage nicht zu beantworten. Vielleicht war das Kind aber auch nicht in der Lage, die ihm fremde Sprache der Schule zu verstehen, oder es unterlief gerade bei diesem Kind ein großer Messfehler. Schließlich mag es sein, dass bei einem Kind ein nachhaltiger ernster Förderbedarf vorliegt, dem durch sonderpädagogische Maßnahmen entsprochen werden muss. Aus welchem

Grund auch immer, so ist bisher festgestellt worden, sollte die Basiserhebung nur der Beginn einer professionellen Dauerbeobachtung sein. Spätere Überprüfungen werden als Hilfe dienen, das Bild zu ergänzen. Messfehler werden durch weitere Überprüfungen allmählich überwunden, und der Anteil falsch aufgezeichneter positiver als auch negativer Antworten reduziert sich. Entwicklungsprofile zeichnen sich klarer ab, und bessere unterrichtliche Maßnahmen für das Kind werden möglich.

Im PIPS Projekt werden die Kinder jeweils bei Schuleintritt und darauf am Ende des Schuljahres überprüft. So wird nicht nur ein Überblick über die Fortschritte während des Jahres ermittelt, sondern es gibt auch eine zweite Bestandsaufnahme, die dazu beitragen kann, den Rahmen des möglichen besonderen Förderbedarfs abzugrenzen.

2.5 Der Beginn eines Prozesses der Schaffung wertsteigernder Maßnahmen und ihre Dauerbeobachtung an einer gesamten Schule oder in größeren Institutionen

Inzwischen liegen reichlich Belege über die Unterschiedlichkeit der Einflüsse von Schulen auf den Erfolg ihrer Schüler vor (vgl. z.B. Teddlie/ Reynolds 2000) wie auch im steigenden Maße Belege über die Schlüsselrolle, die die Lehrpersonen im Schulsystem einnehmen (vgl. z.B. Nye u.a. 2004). In den meisten Fällen stammen diese Annahmen aus Vor- und Nachüberprüfungen, in denen Regressionstechniken angewandt wurden. Auf diese Weise wurden sowohl die Prüfungsergebnisse der Schule als auch der Lehrkraft analysiert.

Solch eine Vorgehensweise wird gewöhnlich als Wertschöpfungsanalyse (value added analysis) bezeichnet, bei der der relative Erfolgszuwachs von Schule und/oder Lehrkräften bewertet wird. Bei dieser Technik können Daten des Basisprüfverfahrens als Vormessung und später als Kontrollvariable in der Regressionsgleichung eingesetzt werden.

Sobald die Daten der Endüberprüfung zum Schluss des Eingangsschuljahres vorliegen, kann die Beobachtung der Lernfortschritte (value added) der gesamten Klasse folgen. Für den Prozess gibt es zwei durchaus unterschiedliche Betrachtungsweisen. Vom professionellen Standpunkt her gesehen kann dieser Vorgang als Rückkopplung für die Lehrkraft verstanden werden. Sie erfährt, wie erfolgreich die Arbeit mit der eigenen Klasse im Vergleich zu anderen Klassen war. Dies kann zu Verbesserungen führen, wenn die Lehrkraft aus der Rückkoppelung die richtigen Schlüsse für ihre Arbeit zieht. Der Gebrauch von hochwertigen Daten durch die Lehrkraft kann auf diese Weise die Professionalität steigern. Andererseits könnte dies als ein rechenschaftsorientiertes System

aufgefasst werden. Liegen bei einer Schule oder einer Lehrkraft die Lernfortschritte der Schüler unter dem Durchschnitt, so könnte diese Tatsache die Aufmerksamkeit der Schulaufsicht erregen. Sanktionen könnten die Folge sein, und
wenn nicht aufgepasst wird, führen sie möglicherweise zu einem langsam
schwindenden Selbstwertgefühl der Lehrkraft. Dies wiederum mag die Art und
Weise, wie die Daten während des Basisprüfverfahrens erhoben werden, negativ
beeinflussen. Es könnte gar zu mangelnder Professionalität führen; niedrige
Ergebnisse bei der Lernausgangslageerfassung resultieren in erhöhten Ergebnissen bei der Lernzuwachsüberprüfung! Dauerbeobachtungen und ihre Aufzeichnungen haben ihre Grenzen. Sie bedürfen eines sorgfältigen Umgangs.

Für positive Wirkungen einer Leistungsrückkopplung zu argumentieren,
wäre an dieser Stelle angebracht. Dennoch besteht ein Mangel an Belegen,
wenngleich die Autoren einer neueren Veröffentlichung (Visscher/ Coe 2002)
durchaus im Stande waren, vorhandenes Material sorgfältig zu prüfen und positive Forschungsergebnisse vorzulegen. Eine Schlüsseluntersuchung legt Cohen
(1980, 321 ff.) vor, in der er belegt, dass Rückmeldungen an Universitätsdozen-
ten in sich selbst eine positive Sache sind, dass aber der Effekt sich verstärkt,
wenn die Rückkopplung mit Fachleuten besprochen wird. Zudem ergaben sich
in einer unlängst abgeschlossenen, begrenzten neuen Untersuchung aus den Niederlanden (Hoeven-van Doornum 2002) Anzeichen dafür, dass das Testverfahren positive Auswirkungen auf die Ausbildung von Kindern sowohl aus sozio-
ökonomisch schwachen Gruppen als auch aus Minderheiten zeigte. Andererseits
liegen klare Beweise von negativen Auswirkungen eines plumpen und strengen
Vorgehens seitens der Schulaufsicht vor (vgl. Shaw u.a. 2003; Mintrop 2003, 63
ff.).

2.6   Die Sammlung von Informationen auf nationaler oder Länder-Ebene
        als Grundlage schulpolitischer Entscheidungen

Für die Bildungspolitik auf nationaler oder Länder-Ebene sind Daten über die
Lernausgangssituation von Kindern von grundsätzlicher Notwendigkeit. Was
wissen sie und was können sie bereits am Schulanfang? Die Erhebungen lassen
sich bei bildungspolitischen Vorhaben im vorschulischen Bereich heranziehen
sowie langfristig bei der Auswertung und Bewertung nachfolgender Veränderungen. Die Daten ermöglichen weiterhin die Betrachtung eines Profils auf
nationaler Ebene, das die Fortschritte im gesamten Schulsystem darstellt. Aus
informatorischer Sicht ist es nicht unbedingt erforderlich, alle Kinder zu überprüfen. Stichprobenverfahren sind durchaus angemessen. Eine umfassende Ü-

berprüfung zum Schulanfang würde nur Sinn haben, wenn man sie für die Schulen und Kinder allgemein als wertvoll betrachtet.

Die Pflichteinführung eines Basisprüfverfahrens, wie in England geschehen, ist insofern attraktiv, weil man sich immer leichter damit tut, alle zu verpflichten, wenn man sich einmal vom Wert einer Sache hat überzeugen lassen. Aber Zwangsverpflichtete sind nie mit Freiwilligen gleichzusetzen. Die gesetzliche Verpflichtung, ein Basisprüfverfahren durchführen zu müssen, mag bei manchen Lehrern negative Reaktionen hervorrufen. Tatsächlich war zum Zeitpunkt der gesetzlichen Einführung eines Basisprüfverfahrens in England im Schnitt eine sehr positive Haltung bei den Lehrkräften in den Eingangsklassen festzustellen, die aber in den drei Folgejahren ständig abnahm (vgl. Stout u.a. 2000, 73 ff.).

2.7   Für internationale Vergleiche

Internationale Studien wie TIMSS, PIRLS und PISA gewinnen an Boden und an Einfluss. Dennoch, bei jeder Studie beziehen sich die erhobenen Daten lediglich auf einen spezifischen Zeitpunkt. Solche Daten können nur von begrenztem Nutzen sein, da ohne gewisse Annahmen über die nicht erfasste Ausgangslage auch keine Entwicklungsfortschritte messbar sind. Die Studien werden oft herangezogen, um Aussagen über Schulsysteme zu machen, sind aber im Wesentlichen ohne weitere Informationen nicht interpretierbar. Vierzig Jahre lang haben wir für Schulen Daten über den Lernzuwachs untersucht und alle Erhebungen stets zurückgewiesen, die sich lediglich auf einen spezifischen Zeitpunkt beziehen. Im Vergleich dazu liegen für Staaten keine Daten über Lernfortschritte vor, weil aus keiner internationalen Studie Daten für eine Kohorte über mehr als einen Untersuchungszeitpunkt verfügbar sind.

Geringe Wertpunkte von 16-jährigen bei Überprüfungen im Schriftsprachbereich ließen sich mit einer schwachen Lernausgangslage bei Schuleintritt erklären oder mit einem schlecht aufgebauten Lehrplan im Sekundarbereich oder auch mit schlechter Unterweisung im Leselernprozess in der Grundschule. Die Ursachen kennen wir nicht, wir können sie lediglich vermuten. Internationale Testdaten sollten so angelegt sein, dass Erziehungswissenschaftler die Lernfortschritte verfolgen können. Daten für die Kinder bei Schuleintritt zu erheben, wäre ein erster Schritt in diese Richtung.

Das PIPS Basisprüfverfahren zum Schulanfang wird in vielen verschiedenen Situationen eingesetzt. Daraus hat sich die Möglichkeit ergeben, die Chance einer internationalen Studie über die kognitive Entwicklung der Kinder bei Schuleintritt zu sondieren. Tymms, Merrell und Jones (2004, 673 ff.) berichten über die Arbeit. Darin wird der Entwicklungslevel mit dem Schulanfangsalter in Beziehung gebracht bei einer Gliederung der Erhebungsdaten in Aussagen über Wortschatz, Mathematik und frühes Lesen. Es werden überzeugende Argumente für ein viel breiter angelegtes internationales Forschungsprojekt geliefert.

3   Andere Fragestellungen

Die bisherige Erörterung hat wenig zwischen den verschiedenen Formen von Prüfverfahren unterschieden, wie sie in der Einleitung erwähnt wurden. In der Praxis sollte sich die Wahl bezüglich der Form des Testverfahrens nach der anstehenden Aufgabe richten. Will ein Prüfer das Verhalten bewerten, so muss er Verhaltensstudien machen. Dazu werden ein Beobachtungsprotokoll oder ein Bewertungsverfahren in irgendeiner Form erforderlich sein. In ähnlicher Weise sollte verfahren werden, wenn sich der Bedarf einer Prüfung der Persönlichkeitsentwicklung und der Entwicklung sozialer Kompetenz ergibt. Auch in diesem Fall muss der Prüfer das Kind über einen längeren Zeitraum hinweg erlebt und beobachtet haben. Andererseits sind kurze objektive Überprüfungen eher für Messungen im kognitiven Bereich geeignet.

Die Notwendigkeit unterschiedlicher Vorgehensweisen bei der Überprüfung verschiedener Untersuchungsgegenstände ist einer der Gründe, warum sich die psychometrischen Anteile der Daten von Prüfverfahren zu Prüfverfahren verändern. Verständlich, dass bei der Verwendung von persönlichen Einschätzungen und Beobachtungen die Gefahr besteht, dass die Überprüfung stark von der Person beeinflusst wird, die die Untersuchung durchführt. Wenn Prüfer ferner versuchen, Kinder auf unterschiedliche Faktoren hin zu bewerten, dann neigen sie dazu, einigen Kindern hohe und anderen niedrige Punktwerte zu geben. Mit anderen Worten, es besteht ein gewisser Mangel an Urteilsfähigkeit, der bisweilen als "Halo-Effekt" bezeichnet wird. Aus diesen Gründen sollte man die subjektive Natur eines Prüfverfahrens vermindern wo immer möglich. In diesem Zusammenhang ist die anzutreffende Überzeugung erwähnenswert, dass die Überprüfung kleiner Kinder stets auf Beobachtungen basieren solle. Das hat bedauerliche Folgen.

Lehrkräfte besitzen zwangsläufig begrenzte Erfahrungen mit Kindern weshalb ihre Bewertungen, die sich aus reinen Beobachtungen ergeben, voreingenommen sind. Sie tendieren dazu, die Kinder vor dem eigenen Erfahrungshintergrund zu beurteilen.

Das führt bei Kindern mit durchschnittlichen Fähigkeiten in unterprivilegierten Schulen zu einer Höhereinstufung im kognitiven Bereich und bei Kindern in wohlstandsgeprägten Schulen zu einer geringeren Einstufung. Vorausgesetzt der Grad der Befangenheit ist ziemlich gering und die Ergebnisse werden nur vor Ort gemeldet, dann könnte man dieser Frage nur geringe Bedeutung beimessen. Werden diese Erhebungen aber als Basis für Vergleiche ganzer Schulen herangezogen, vergrößert sich diese Voreingenommenheit wie unter einer Lupe. Die Schulen in einem unterprivilegierten Einzugsbereich dürften zudem häufiger einen geringen Lernzuwachs verzeichnen, weil die Ausgangsbasis zu hoch war. Und das Gegenteil wird der Fall sein bei Schulen in bevorzugten Einzugsbereichen. Belege hierfür finden sich in einer Analyse von Lernzuwachsdaten, für die die Ausgangsbasis das Urteil der Lehrkraft war, das sich auf eine reine Beobachtung der Schüler gründete. Normalerweise ist die Varianz der Punktwerte einzelner Schulen viel geringer, wenn Rohwerte in Lernzuwachspunktwerte konvertiert werden, weil Varianzen begründet werden. Aber hier wird die Abweichung größer – und zwar in dem Maße, wie sie sich aus der Befangenheit von Urteilen vorhersagen ließ.

4   Schlussfolgerung

Im Basisprüfverfahren liegt ein enormes Potential, die schulische Bildung der Kinder zu verbessern. Dennoch ist seine Einführung nicht ohne potentielle Probleme. Dieser Beitrag ist auf einige davon im Detail eingegangen, indem aufgezeigt wurde, welche bedauerlichen Auswirkungen ungeeignete Basisprüfverfahren haben können. Eine weitere Gefahr stellt die Verwendung unpassender Prüfverfahren ohne ausreichendem Nachweis ihrer Zuverlässigkeit und Gültigkeit dar, vielleicht sogar bei Anwendung einer ungeeigneten Methodik.

Aber dies sind alles Schwierigkeiten, mit denen ein professionelles Schulsystem in der Lage sein sollte, fertig zu werden. Schafft es dies, dann kann es die potentiellen Vorteile mit der Hand ergreifen. Hochwertige Informationen für die mit den Kindern arbeitenden Lehrkräfte, die Leistungsbeobachtung der Kinder über einen Zeitraum hinweg, die Überwachung von Lernfortschritten der Kinder und die Unterrichtung der Bildungspolitik sind sicher von Gewicht. Aber trotz dieser Argumente und der Erfahrungen anderer werden viele schulische Entscheidungen emotional gefällt und nicht mit dem Verstand. Auch wenn manche es nicht gerne hören werden: Es ist durchaus probat, kleine Kinder bei Schuleintritt mit quantitativen Methoden zu überprüfen. Einige vermuten oder behaupten, dass die reine Beobachtung angebrachter sei. Damit jedoch sind Voreingenommenheit und mangelnder Zuverlässigkeit Tür und Tor geöffnet, was zu ernsten Fehlbeurteilungen führen kann. Es ist an der Zeit, die Dinge über professionellere Systeme voranzutreiben und die Fortschritte der Kinder zu überwachen, zu ihrem individuellen Nutzen und dem Nutzen des gesamten Systems.

Postskriptum

In diesem Beitrag wurde einige Male auf das PIPS Basisprüfverfahren zum Schulanfang verwiesen. Auch wenn man uns als Autoren unterstellen mag, wir hätten ein persönliches Interesse an der Sache, so dürften einige Charakteristika des Prüfverfahrens trotzdem beachtenswert sein. Es wurde über viele Jahre hin entwickelt und in verschiedene Sprachen übersetzt. Dazu gehört auch eine deutsche Version unter dem Titel FIPS (Frühindikatoren zur Leistungsfähigkeit in der Primarstufe). Das Verfahren befasst sich sowohl mit der Entwicklung im kognitiven Bereich, der Persönlichkeitsentwicklung und der Entwicklung der sozialen Kompetenz als auch mit Verhaltensaspekten des kleinen Kindes. Es besitzt für die einzelnen Teilbereiche eine gute und etablierte Zuverlässigkeit. Sie wurde bei der Arbeit in dieser Altersgruppe für die kognitive Entwicklung noch nicht übertroffen. Weiterhin besitzt das PIPS Programm eine gute, zweifelsfreie Voraussagegültigkeit. Mit seiner Anwendung können den Lehrkräften, der Schule sowie dem Staat grundsätzliche Informationen zur Verfügung gestellt werden, mit deren Hilfe der Prozess einer Dauerbeobachtung in Gang gesetzt werden kann. Einige Literaturnachweise zu Veröffentlichungen über PIPS wurden bereits erwähnt. Wenn Sie mehr über das Projekt wissen möchten, erfahren Sie dies unter www.cem.dur.ac.uk .

Literatur

American Psychiatric Association (1994): Diagnostic and Statistical Manual of Mental Disorders. Washington D.C.

Blatchford, P./ Cline, T. (1992): Baseline assessment for school entrants. In: Research Papers in Education 7, 247-269.

Cohen, P.A. (1980): Effectiveness Of Student-Rating Feedback For Improving College Instruction: A Meta-Analysis Of Findings. In: Research in Higher Education, 13, 321-341.

Hoeven-van Doornum, A. A. van der (2002): What Baseline Assessment is Doing For Children's Progress and Teachers' Professionalism. Paper presented at the Symposium: One AssessmentMany Cultures: the issues confronted in assessing children starting school in different countries. European Conference on Educational Research (ECER), Lisbon, September 2002.

Lindsay, G./ Lewis, A. (2003): An Evaluation of the Use of Accredited Baseline Assessment Schemes in England. In: British Educational Research Journal 29(2), 149-167.

Lindsay, G./ Lewis, A., et al. (2000): Evaluation of Accredited Baseline Assessment Schemes 1999/2000.: Final Report. Coventry, CEDAR, University of Warwick.

Mintrop, H. (2003): The Limits of Sanctions in Low-Performing Schools: A Study of Maryland and Kentucky Schools on Probation Education Policy Analysis Archives 11, 3 January.

Nye, B./ Konstantopoulos, S./ Hedges, L.V. (2004): How Large Are Teacher Effects? AERA Annual Meeting 2004, San Diego, California.

Shaw, I./ Newton, P./ Aitkin, M./ Darnell, R. (2003): Do OFSTED Inspections of Secondary Schools Make a Difference to GCSE Results? In: British Educational Research Journal 29(1), 63-75.

Stout, J./ Tymms, P./ Thompson, L. (2000): Change for the Better? The Impact of Baseline Assessment on Reception Class Teaching. In: Educational Research in Europe Yearbook 2000. C. W. Day and D. van Veen. Leuven – Apeldoorn, Garant.

Tymms, P. (1999): Baseline Assessment and Monitoring in Primary Schools: Achievements, Attitudes and Value-added Indicators. London.

Teddlie, C./ Reynolds, D., Eds. (2000): The International Handbook of School Effectiveness Research. London.

Tymms, P. B. (1999): Baseline assessment, value-added and the prediction of reading. In: Journal of Research in Reading 22(1), 27-36.

Tymms, P. B./ Merrell, C. (1999): Assessment and Deaf Children: A Report on the Results from the PIPS Baseline Assessment. Durham, CEM Centre.

Tymms, P./ Merrell, C. (2004a): Screening and Classroom Interventions For Inattentive, Hyperactive and Impulsive Young Children - A Longitudinal Study. AERA Annual Meeting 2004, San Diego, California.

Tymms, P./ Merrell, C. (2004b): On-entry baseline assessment across cultures. Early Childhood Education, Society and Culture. A. Anning, J. Cullen and M. Fleer. London, 107-118.

Tymms, P./ Wylde, M. (2003): Basisprüfverfahren und Dauerbeobachtung in der Grundschule (Baseline assessment and monitoring in primary schools). In: Faust, G./ Götz, M./ Hacker, H./ Roßbach, H-G. (Hrsg.): Anschlussfähige Bildungsprozesse im Elementar- und Primarbereich (Connectable Processes in Elementary and Primary Section). Bad Heilbrunn/Obb., 190-203.

Tymms, P./ Merrell, C./ Jones, P. (2004): Using baseline assessment data to make international comparisons. In: British Educational Research Journal 30(5), 673-689.

Visscher, A. J./ Coe, R., Eds. (2002): School Improvement Through Performance Feedback. Contexts of Learning: Classrooms, Schools and Society. Lisse/Abingdon/Exton PA/Tokyo.

Wilkinson, E. J./ Johnson, S. et al. (2001): Baseline Assessment in Scotland: an analysis of pilot data. Assessment in Education 8(2), 171-192.

Wolfendale, S. (1993): Baseline Assessment: A Review of current practice, issues and strategies for effective implementation. OMEP.

Standardisierte Messung und individuelle Förderung – Zwei sich widersprechende Prinzipien in der (vor)-schulischen Sprachförderung?

Katja Koch

1 Zur Aktualität der Begriffe „Messen" und „Fördern"

Der Titel dieses Beitrages greift mit „Messen" und „Fördern" zwei Begriffe auf, die in der aktuellen Bildungsdebatte wieder verstärkt diskutiert werden. Zum einen finden wir derzeit Bestrebungen, die Leistungen der Schüler, aber auch die Leistungen des Systems Schule oder gar die Leistungen der Lehrer zu „messen", um sie auf nationaler und internationaler Ebene miteinander vergleichen zu können. Zumeist kommen die deutschen Schüler, Lehrer und das gesamte deutsche Bildungswesen dabei eher schlecht weg. Zum anderen fällt im Kontext der Frage, wie sich die schlechten Leistungen verbessern lassen, der Begriff des Förderns, zumeist in der Bedeutung einer individuellen Förderung von einzelnen Schülern. Oftmals wird dabei der Eindruck erweckt, als sei das „Messen" die Grundlage für eine spätere Förderung und nüchtern betrachtet scheint dies auch durchaus zutreffend. Man muss erst einmal wissen, welche Kompetenzen vorhanden sind, um hierauf aufbauend oder davon ableitend eine sinnvolle Förderung vornehmen zu können. In der Realität ist es aber leider nicht immer so, dass sich aus Messergebnissen auch Förderziele ableiten ließen.

Betrachtet man hier z. B. auf der Ebene des Bildungssystems die großen internationalen Leistungsstudien, wie z.B. PISA, IGLU, DESI etc., dann lässt sich ein Zusammenhang zwischen „Messen" und „Fördern" allenfalls indirekt erkennen. Die Teilnahme an internationalen Vergleichsstudien dient vor allem der Qualitätssicherung des deutschen Bildungswesens (vgl. Dt. PISA-Konsortium 2001, 15). Zum einen werden Daten erhoben, die einen Vergleich der getesteten Kompetenzen im internationalen Kontext erlauben, zum anderen liefern die Studien – sofern sie regelmäßig durchgeführt werden – einen Beitrag zur systematischen Beobachtung von Bildungsergebnissen innerhalb des deutschen Schulsystems (vgl. Bos u.a. 2003, 1). Hinweise zur konkreten Förderung enthalten sie nicht.

Gemessen werden derzeit aber auch Leistungen auf der Ebene der einzelnen Bundesländer. Hier lassen sich alle Anstrengungen anführen, die darauf zielen, aus der Aggregation von Daten einzelner Klassen und Jahrgangsstufen Informationen über spezifische Kompetenzen der Schüler innerhalb eines Bundeslandes zu erheben. Als Beispiele seien hier die LAU-Studie in Hamburg oder die MARKUS-Studie in Rheinland-Pfalz genannt (Lehmann u. a. 1997, 1999; Helmke/ Jäger 2002).

Die derzeit in vielen Kultusministerien vorbereiteten Vergleichsarbeiten für einzelne Jahrgangsstufen heben sich von den eben genannten wissenschaftlichen Untersuchungen dadurch ab, dass hier explizit eine Verbindung von „Messen" und „Fördern" geschaffen wird. In Niedersachsen z. B. werden in der Grundschule seit 2003 die Leistungen der Drittklässler in Mathematik und 2004 auch in Deutsch durch Vergleichsarbeiten gemessen und mit Förderempfehlungen verbunden. Die Lehrkräfte der Grundschulen sollen Erkenntnisse über die Lernentwicklung und den Leistungsstand in einer Klasse gewinnen, die sie für ihre weitere Arbeit nutzen können. Für jeden einzelnen Schüler kann so festgestellt werden, ob die Lernziele der dritten Klasse erreicht wurden und wo gegebenenfalls Förderbedarf besteht. Da die Arbeiten sechs Wochen vor Ende des dritten Schuljahres geschrieben werden, ist die Frage berechtigt, ob eine individuelle Förderung bis zum Ende der dritten Klasse noch möglich ist. Hier wäre es sinnvoller, die Messungen zu einem Zeitpunkt vorzunehmen, an dem die Diagnose potenzieller Schwierigkeiten im Anfangsstadium möglich ist, damit eine individuelle Förderung auf der Ebene des einzelnen Kindes rechtzeitig ansetzen kann.

Ein Beispiel für eine solche frühe „Kompetenzmessung" sind die in den meisten Bundesländern seit kurzem installierten Maßnahmen zur vorschulischen Sprachförderung. Diese sollen insbesondere die sprachlichen Kompetenzen von Migrantenkindern festhalten und dann durch gezielte Förderung verbessern. Wenn man sich nun vorstellt, wie idealerweise an diesem Punkt der kindlichen Bildungskarriere „Messen" und „Fördern" miteinander verknüpft werden könnten, dann ergibt sich folgendes Modell:

Die Messung des Sprachstandes erfolgt durch ein Basisprüfverfahren, das relevante Bereiche der Sprachentwicklung erhebt. Hieraus lassen sich erste Fördermaßnahmen ableiten. Anschließend erfolgt eine zielgerichtete Förderung. Die Beurteilung der sprachlichen Kompetenz der Kinder erfolgt aufgrund einer systematischen Dokumentation. Dies wird in individuellen Förderplänen festgehalten, und aus diesen ergeben sich dann wiederum Förderhinweise für die nächste Zeit. Soweit das Ideal, die Wirklichkeit sieht dabei ein bisschen komplizierter aus.

2 Messen: Verfahren zur Feststellung des Sprachstandes

Zunächst kann festgestellt werden, dass in den Bundesländern zur Feststellung des Sprachstandes keine erprobten Tests zur Anwendung kommen, sondern mehr oder weniger valide Screening-Verfahren. Die Prüfung bestimmter Kompetenzen beruht weitgehend auf „Plausibilitätserwägungen" (Fried 2004, 38), die sich an der Annahme orientieren, dass Kinder nur dann erfolgreich in der Schule teilnehmen können, wenn sie die Sprache der Schule verstehen. Diese Annahme hat aus Sicht der Unterrichtspraxis ihre Berechtigung, wird jedoch in den Verfahren nicht sprachtheoretisch fundiert. Bereiche, die für die Teilnahme am Unterricht als wichtig erachtet werden, sind in der Regel: der passive Wortschatz, das Verständnis von Handlungsanweisungen sowie die aktive Sprechfähigkeit. Gelegentlich wird die phonologische Bewusstheit oder das Hörverständnis erfragt. In den einzelnen Bundesländern kommen folgende „Messverfahren" zum Einsatz[1]:

- Bärenstark: Berliner Sprachstandserhebung und Material zur Sprachförderung für Kinder in der Schuleingangsphase[2];
- Sprachstandsüberprüfung und Förderdiagnostik für Kinder mit Migrationshintergrund SFD (Hobusch u. a. 2002) (Bremen);
- Primo-Test zur Feststellung von Sprachkenntnissen bei Migrantenkindern[3] (Nordrhein-Westfalen);
- Kenntnisse in Deutsch als Zweitsprache erfassen – Screeningmodell für Schulanfänger (Staatsinstitut für Bildungsforschung 2002) (Bayern);
- Niedersächsische Verfahren zur Feststellung des Sprachstandes „Fit in Deutsch"[4];
- Hamburger Verfahren zur Sprachstandserhebung – HAVAS[5].

Die meisten Verfahren geben keine konkreten Hinweise, welche sprachlichen Bereiche bei den Kinder zu fördern sind. Die Aufgabe, den Förderbereich festzulegen und dann danach zu fördern, liegt bei den entsprechenden Lehrerinnen. Wie schwierig dies oftmals ist, soll nun anhand eines Fallbeispiels aus dem aus

---

[1] Eine ausführliche Beschreibung der einzelnen Verfahren findet sich bei Fried (2004).
[2] „Bärenstark" wird derzeit in Anlehnung an das Niedersächsische Verfahren „Fit in Deutsch" überarbeitet. Die alte Version ist abrufbar unter: http://www.senbjs.berlin.de/schule/ informtionen_fuer_lehrer/baerenstark/baerenstark_web.pdf
[3] Der CITO Test ist nicht öffentlich zugänglich. Nähere Information unter: http://www.learnline.nrw.de/angebote/primo/primouebersicht.html
[4] Das Verfahren ist abrufbar unter: http://nibis.ni.schule.de/nibis.phtml?menid=1125
[5] Das Verfahren ist noch nicht veröffentlicht.

dem Projekt „Effekte vorschulischer Sprachförderung vor dem Hintergrund institutioneller Unterstützungsleistungen" (EvoS) verdeutlicht werden.

3   Fördern: Vorschulische Sprachförderung in Niedersachsen

In Niedersachsen beginnt die vorschulische Sprachförderung am 01. Februar und wird bis zu den Sommerferien regelmäßig in kleinen Gruppen durchgeführt. Die Lehrerinnen sollen zu Beginn die sprachlichen Kompetenzen der Kinder in einem individuellen Förderplan festhalten und Förderziele für jedes Kind benennen. Wie sie dies tun, ist ihnen weitgehend selbst überlassen, es gibt jedoch Vorlagen mit einigen Angaben[6]. Eine weitere „Messung" der Sprachkompetenz im engeren Sinne findet nicht statt.

Im Rahmen des Projektes „EvoS" wurden neun Sprachfördergruppen intensiv beobachtet. Ziel dieses Projektes ist es, die Sprachentwicklung der Sprachförderkinder von der vorschulischen Sprachförderung bis in die zweite Klasse hinein zu dokumentieren. Im Halbjahr der vorschulischen Sprachförderung sollten folgende Fragen geklärt werden: Wie dokumentieren die Lehrerinnen die Fortschritte der Kinder? Zu welchen Leistungseinschätzungen kommen sie, und inwieweit weichen diese von den innerhalb des Projektkontextes verwendeten Instrumenten ab? Konkret zielte die Fragestellung darauf, ob die im Projektkontext verwendeten standardisierten Messverfahren zu anderen Ergebnissen kommen als die von den Lehrerinnen verwendeten Beobachtungsverfahren.

Zur Einschätzung der Sprachkompetenz der Kinder zu Beginn der Sprachförderung wurde das Instrument SISMIK eingesetzt (Ulich/ Mayr 2003). SISMIK wird derzeit verstärkt im Bereich der Kindertagesstätten zur Beobachtung des Sprachverhaltens und des Interesses an Sprache bei Migrantenkindern verwendet und setzt auf indirekt erfassende Beobachtungs- und Einschätzskalen. Am Ende des Halbjahres wurde der erreichte Sprachstand der Kinder von uns gemessen. Hierzu haben wir aus dem Instrument SFD (Hobusch u. a. 2002) die Teile ausgewählt (Plural-Singular-Bildung, Hörverständnis, Präpositionen), denen von Fried eine gewisse Objektivität und Reliabilität bescheinigt wurde (Fried 2004, 35). Die aktive sprachliche Kompetenz der Kinder wurde anhand der Bildergeschichte aus dem niedersächsischen Verfahren erhoben, wobei die Äußerungen der Kinder aufgezeichnet wurden. Anhand der durch den Test ermittelten Ergebnisse sollte eine „Rangreihe" der Kinder geordnet nach ihren Leistungen erstellt werden. Diese Rangreihe sollte dann mit der Einschätzung der Beobachterinnen, die sich auf ihre SISMIK-Daten beziehen konnten und der

---

[6]   Die Vorlagen hierzu können unter http://nibis.ni.schule.de/nibis.phtml?menid=1125 abgerufen werden. Stichwort: Pädagogische Beobachtung und Individuelle Förderplanung.

Beurteilung der Lehrerinnen verglichen werden. Dies sollte die Frage klären, ob unterschiedliche Verfahren zu ähnlichen Ergebnissen kommen. Bei der Auswertung der einzelnen Rangreihen zeigte sich Folgendes :

1. Es gibt eine relativ große Übereinstimmung zwischen der durch den Test ermittelten Rangreihe und den Einschätzungen der Beobachterinnen, die die SISMIK-Einschätzskala verwendet haben.
2. Es fällt weiterhin auf, dass es sowohl den Beobachterinnen als auch den Lehrerinnen gelingt, die sehr guten Kinder richtig einzuschätzen.
3. Überraschend für uns war, dass zwei der drei Lehrerinnen mit ihren Einschätzungen sehr stark vom Test und von der Rangreihe der Beobachterinnen abwichen.

Im Interview stellte sich heraus, dass eine der interviewten Lehrerinnen (Frau A) über die gesamte Förderzeit hinweg keine Aufzeichnungen über den Lernfortschritt der Kinder gemacht hatte. Dass sie einen individuellen Förderplan führen sollte, fiel ihr erst kurz vor dem Ende der Sprachförderung auf. Frau B wiederum hatte sich „ab und zu" Aufzeichnungen gemacht. Diese waren eher unsystematisch und bezogen sich kaum auf den sprachlichen Fortschritt der Kinder. Frau C konnte auf kontinuierliche sprachbezogene Aufzeichnungen zurückgreifen, die sich am individuellen Förderplan orientierten. Ihre Einschätzung stimmte nahezu bei allen Kindern mit den Einschätzungen der Beobachterinnen und den Ergebnissen des Tests überein.

Fragt man nun danach, anhand welcher Kriterien, Frau A und B ihre Rangreihen erstellten, dann zeigt sich, dass diese sich – im Gegensatz zu Frau C – nicht an sprachlichen Kompetenzen orientierten sondern am sozialen Verhalten der Kinder. Die Frage, in welchen Bereichen die Kinder in Zukunft gezielt gefördert werden sollten, konnte nur Frau C beantworten. Sie nannte bei jedem Kind individuelle Förderziele für die erste Klasse. Frau A und Frau B gaben hingegen Empfehlungen, die sehr allgemein waren und sich auf alle Kinder gleichermaßen beziehen konnten.

4   Messen – Beobachten – Fördern

Was lässt sich nun hieraus bezüglich des Verhältnisses von Messen und Fördern ableiten? Sicher ist es so, dass ohne eine wie auch immer geartete Feststellung der Kompetenzen eines Kindes keine individuelle Förderung möglich ist. Standardisierte Messverfahren können dabei eine gute Orientierungsmarke sein. Erste Ergebnisse aus dem Projekt „EvoS" zeigen, dass sie halbstandardisierten

Beobachtungsverfahren, wie z.B. SISMIK nicht unbedingt überlegen sind. Letztere haben jedoch bezogen auf die Praxis der vorschulischen Sprachförderung den konkreten Vorteil, dass sich durch ihre Anlage Förderziele ableiten lassen. Diese lassen sich jedoch nur formulieren, wenn eine kontinuierliche und systematische Dokumentation der Lernfortschritte durch die Lehrerinnen erfolgt. Der Vergleich dreier Lehrerinnen zeigt hier, dass eine entsprechende Beobachtungskompetenz noch nicht bei allen in der Sprachförderung eingesetzten Lehrerinnen vorhanden ist. In Zukunft scheint es dringend nötig, verstärkt in diesem Bereich zu investieren und durch entsprechende Fortbildungsmaßnahmen die Beobachtungskompetenz der Lehrerinnen zu verbessern.

Literatur

Bos, W./ Lankes, E.-M./ Prenzel, M./ Schwippert, K./ Walther, G./ Valtin, R. (Hrsg.) (2003): Erste Ergebnisse aus IGLU. Münster/ New York/ München/ Berlin.

Deutsches Pisa-Konsortium (Hrsg.) (2001): PISA 2000 – Basiskompetenzen von Schülerinnen und Schülern im internationalen Vergleich. Opladen.

Fried. L. (2004): Expertise zu Sprachstandserhebungen für Kindergartenkinder und Schulanfänger. München.

Helmke, A./ Jäger, R.S. (Hrsg.) (2002):. Das Projekt MARKUS. Mathematik-Gesamterhebung Rheinland-Pfalz: Kompetenzen, Unterrichtsmerkmale, Schulkontext. Landau.

Hobusch, A./ Lutz, N. / Wiest, U.:(2002): Sprachstandsüberprüfung und Förderdiagnostik für Ausländer und Aussiedlerkinder (SFD): Horneburg.

Lehmann, R.H./ Peek, R./ Gänsfuß, R.:(1997): Aspekte der Lernausgangslage von Schülerinnen und Schülern der fünften Klassen an Hamburger Schulen. Hamburg.

Lehmann, R.H./ Peek, R./ Gänsfuß, R. (1999): Aspekte der Lernausgangslage und der Lernentwicklung – Klassenstufe 7. Hamburg.

Staatsinstitut für Schulpädagogik und Bildungsforschung (Hrsg.) (2002): Kenntnisse in Deutsch als Zweitsprache erfassen. Screening-Modell für Schulanfänger. München.

Ulich, M./ Mayr, T. (2003): SISMIK. Sprachverhalten und Interesse an Sprache bei Migrantenkindern und Tageseinrichtungen. Freiburg.

Der Stolperwörter-Lesetest und der Siegener Lesetest

Axel Backhaus

LehrerInnen stehen zwischen dem Anspruch auf das einzelne Kind als Individuum zu reagieren und den Unterricht entsprechend zu individualisieren und den oftmals als Druck wahrgenommen Anforderungen der Standardisierung über Bildungsstandards, Kerncurricula u.ä.. Standardisierte Verfahren zur Messung des individuellen Leselernstandes können dazu beitragen, dass die LehrerInnen ein Außenkriterium als Ergänzung zur eigenen Beobachtung erhalten. Dieser Beitrag soll die Entwicklung eines solchen Verfahrens für die LehrerInnenhand vorstellen.

Eine individuelle Förderung scheitert im Unterrichtsalltag immer wieder daran, dass LehrerInnen Instrumente fehlen, die einerseits aussagekräftig, andererseits einfach einzusetzen und ökonomisch auszuwerten sind und die im besten Falle durch einen begleitenden wiederholten Einsatz das Nachzeichnen von Entwicklungsverläufen erlauben. Für das (Recht-)Schreiben liegen Verfahren wie das 9-Wörter-Diktat (Brügelmann/ Brinkmann 1998; vgl. auch Backhaus 2004) oder die Hamburger Schreibprobe (May 2002) vor. In Mathematik ermöglichen die Entwicklungen der unterschiedlichen Jahrgangsausgaben des DEMAT (Schneider/ Krajewski u.a. 2002) über die Jahrgänge 1-6 künftig eine bessere Beschreibung. Im Lesen stellt sich folgendes Problem: Es gibt zum einen Verfahren, die sich nur für eine kleine Jahrgangsspanne eignen (z.b. IGLU Lesetest für Klasse 4 (Bos/ Lankes u.a., 2003)); gleichzeitig stellt sich häufig das Problem, dass diese Verfahren zeitaufwändig und z.t. lediglich im Einzeltest einzusetzen sind (z.B. HAMLET 3/4, Lehmann u.a. 1997). Andere Verfahren wie die WLLP (Küspert/ Schneider 1998) geben wichtige Informationen, erfassen aber mit der Lesefertigkeit im Wortlesen einen zu schmalen Ausschnitt.

Der von Wilfried Metze (2002) konzipierte Stolperwörtertest und dessen in seiner Konzeption analog gestaltete Nachfolger, der von Backhaus und Brügelmann (2003) entwickelte Siegener Lesetest, wurden dagegen als Verfahren eingeführt, welche

- zeitökonomisch in Durchführung und Auswertung sind,
- sinnvolle Aussagen über Lesefertigkeit wie Lesefähigkeit treffen und

- welche über die gesamte Grundschulzeit und darüber hinaus einsetzbar sind und damit die individuelle Leseentwicklung erfassen können.

1 Das Verfahren

Der Stolperwörtertest sowie sein Nachfolger, der Siegener Lesetest, sind Gruppenlesetests für Kinder ab dem ersten Schuljahr bei dem die Kinder unter Zeitdruck Aufgaben im Leiselesen auf Satzebene zu bearbeiten haben. Die Kinder müssen in den jeweiligen Sätzen das Wort („Störer") auffinden und streichen, welches den Satz in seinem syntaktischen Aufbau stört.

Beispielsatz: Du hast eine schön Tasche

Die Besonderheit des Siegener Lesetests gegenüber seinem Vorgänger, bei dem den Kindern 45 bzw. 60 *gleichartige* Items zur Bearbeitung vorgegeben wurden, liegt in der Konstruktion unterschiedlicher Aufgabenformate mit ansteigender Schwierigkeit. Es wurden dafür kontrastive Aufgaben formuliert, bei denen unterschiedliche Teilschwierigkeiten (Größe der Schrift, Länge der Wörter, Häufigkeit der Wörter u.a.) systematisch miteinander kombiniert werden. Diese Veränderung ermöglicht eine differenzierte Auswertung nach diesen Schwierigkeiten, d.h. in der Abhängigkeit davon, wie sehr das einzelne Kind von der jeweiligen Schwierigkeit (noch) am erfolgreichen und schnellen Bearbeiten der Sätze gehindert wird[1].

Aufgrund der ungewöhnlichen Gestaltung der im Test zu bearbeitenden Aufgabe wurde die Aussagefähigkeit – über die Lesefertigkeit hinaus – gesicherte Aussagen zur Lesefähigkeit zu treffen in Frage gestellt, sodass eine empirische Überprüfung der Gütekriterien Aufschluss zu dieser Frage erbringen musste. Diese Überprüfung war im Rahmen der Studie LUST-2 sowie einigen weiteren Nebenstudien möglich.

Exkurs: Zu den LUST Studien[2]

Die LUST[3]-Studien untersuchen und beschreiben die Leseentwicklung im Grundschulalter. Zentrales Instrument dabei sind der Stolperwörter-Lesetest bzw. der Siegener Lesetest.

---

[1]   Zur weiteren Vorstellung der Verfahrens bzw. der Entwicklung des Siegener Lesetests als Nachfolgeverfahren zum Stolperwörtertest siehe Backhaus 2004.

[2]   vgl. dazu auch Backhaus 2004 sowie die Internet-Seite des Projekts LUST [u.a. DFG Antrag zum Projekt LUST-3, Brügelmann/ Backhaus 2004]).

War LUST-1 (Brügelmann 2003) eine große Querschnittsuntersuchung der Jahrgänge 2-4 (N>25.000) in drei Bezirken NRWs, die wegen der großen Ausschöpfungsquote längsschnittlich interpretiert, und – aufgrund der erzielten Ergebnisse – zur Grundlage für die Folgestudien wurde, dient der Halbjahreslängsschnitt LUST-2 (Brügelmann u.a. 2003) der Entwicklung und Erprobung des Siegener Lesetests sowie seiner Validierung. LUST-3 soll – ausgearbeitet zu einem DFG-Antrag – eine detaillierte Deskription der individuellen Leseentwicklung im echten 2-Jahres-Längsschnitt ermöglichen.

2 Ein abgesichertes Verfahren?

Unmittelbar einsichtig ist, dass mit den Verfahren die Lesegenauigkeit und aufgrund der Speedbedingung auch die Lesegeschwindigkeit erfasst wird. Es geht bei dem Verfahren um mehr als nur um rasches Worterkennen und um weniger als das Verständnis von Textzusammenhängen. Andererseits fordert der Test mehr als die reine Leseleistung: Das *inhaltliche* Satzverständnis muss in eine bewusste *sprachform*bezogene Entscheidung übersetzt werden.

Die Antwort auf die Frage, ob der Test dennoch zur Erfassung der Lesefähigkeit geeignet ist und zumindest als „Warnlampe" fungieren kann, d.h. als Instrument, welches unaufwändig Informationen erbringt, die dann mit weiteren Maßnahmen überprüft werden können, musste deshalb die Erprobung erbringen.

Zur Beurteilung der Testqualität werden in der Regel drei Maße herangezogen. Neben der – durch das standardisierte Format für Durchführung und Auswertung gegebenen – Objektivität sind dies die Reliabilität und die Validität. Diese wurden für den Stolperwörtertest überprüft. Der Schwerpunkt dieses Beitrags soll dabei bei den Validierungsstudien liegen.

2.1 Reliabilität: Die Frage der Verlässlichkeit

Die Stabilität der Testwerte wird durch die gute Vorhersage der Rangfolge in der Leseleistung eine Woche und ein halbes Jahr später bestätigt; hierfür finden sich Werte von .90 bzw. .81.

Als Maß für die interne Konsistenz des Tests haben wir zusätzlich Cronbachs Alpha berechnet. Die Werte liegen für zweite und vierte Klassen – gesondert betrachtet für die beiden Teilformen A und B – durchgängig über .88**.

---

[3] Lese-Untersuchung mit dem Stolperwörtertest bzw. Längsschnittuntersuchung im Satzlesen und Textverstehen.

Dies sind hinreichend zufriedenstellende Werte für die Verlässlichkeit des Tests.

2.2   Validität: Misst der Test das, was er vorgibt zu messen?

Wir haben die Aussagekraft des Tests über mehrere Wege überprüft, die ich im Folgenden vorstellen möchte:

Inhaltliche Validität
▪ Äußere Validität: Vergleich zu Außenkriterien
▪ Prognostische Validität
▪ Vergleich zu anderen (Lese-)Tests
▪ Alltagsökologische Validität

Die inhaltliche Validität wurde aufgrund der Konzeption des Tests begründet, allerdings war diese, wie bereits ausgeführt, aufgrund der ungewöhnlichen Aufgabenstellung umstritten. Schließlich sind etablierte Verfahren wie der Hamburger Lesetest, aber auch die Verfahren, die bei IGLU und PISA Einsatz finden, deutlich unterschiedlich konzipiert und ungleich umfangreicher.

Ein zweiter Schritt brachte uns dazu, das Verfahren in die äußere Prüfung zu geben: Wie schätzen informierte Personen – in unserem Fall die LehrerInnen – die Lesefähigkeit der Kinder aufgrund ihrer Beobachtungen im Unterricht ein und stimmt dies mit der Testleistung derselben Kinder überein? In der LUST-1-Studie wurde deshalb ein Teil der LehrerInnen gebeten, uns die Noten der Kinder im Lesen bzw. im Fach Sprache mitzuteilen bzw. deren Leistung im Lesen nach vorgegebenen Kriterien einzuschätzen. Bei Korrelation der Testergebnisse mit den Lesenoten, die die LehrerInnen vergaben, fanden sich Werte der externen Validität zwischen .55** bis .64** sowie mit ihren Urteilen über einzelne Aspekte der Leseleistung ihrer SchülerInnen Korrelationen um 56** bis .74**. Bezüglich dieser Frage ergaben sich also zufriedenstellende Ergebnisse.

Die Durchführung des Halbjahreslängsschnitts in LUST-2 ermöglichte es, Aussagen zur prognostischen Validität zu treffen: Inwiefern sagt die Leistung im Lesetest zu Zeitpunkt 1 (Schulhalbjahr) die Leistung zu Zeitpunkt 2 (Schuljahresende) voraus? Wir haben in dieser Studie den Siegener Lesetest und damit auch den Stolperwörter-Lesetest (als Basisaufgabe des Verfahrens) zusammen mit der WLLP (s.o.) sowie einen Textverständnistest aus der LOGIK-Studie zur

Schuljahresmitte und zum Schuljahresende eingesetzt[4]. Der erzielte Wert von .69 für den Stolperwörtertest ist zufriedenstellend, da auch die beiden etablierten Verfahren ähnlich abschnitten (die WLLP erreichte höhere Werte, der Textverständnis-Test dagegen niedrigere Werte; abhängig vom Jahrgang variierte dieses Bild jedoch). Für den Siegener Lesetest findet sich mit .87 ein sogar enorm hoher prognostischer Wert.

Deswegen gingen wir in einem weiteren Schritt dazu über, den Stolperwörtertest parallel zu anderen (Lese-)Tests einzusetzen und so im Vergleich zum Abschneiden der Kinder in den parallel verwendeten Verfahren Aussagen zur Validität zu erzielen.

Die Tabelle gibt Aufschluss über die Stichproben sowie die erzielten Ergebnisse:

Testverfahren		N	Korrelation
Stolperwörtertest-1			
...HAMLET O40	Dekodierung	43/23/101	.41**/.76**/.59**
...HAMLET 3/4 Text	Textverständnis	44/23/101	.61**/.86**/.49**
...LOGIK Texte	Textverständnis	97	.71**
...WLLP	Dekodierung	271/269	.72**/.59**
...ELEMENT LV Test	Textverständnis	107	.52**
...Siegener Lesetest	Diff. Satzlesetest	535/530	.71**/.54**

Zusammenfassend kann festgestellt werden, dass die Ergebnisse sowohl in unterschiedlichen Stichproben zu einem Verfahren (vgl. die Ergebnisse zum HAMLET), als auch über die unterschiedlichen Verfahren gleicher Testformen (Leseverständnistest, Verfahren des schnellen Worterkennens usw.) zwar streuen, aber durchweg zumindest mittlere Werte ergeben. Interessant war deshalb der Vergleich zum neu entwickelten ELFE Lesetest (Lenhard/Schneider 2004), da dieser aus drei Testteilen besteht (Worterkennen, Leseverständnis auf Satzebene und auf Textebene), die jeweils – wie beim Stolperwörtertest – unter Zeitdruck bearbeitet werden müssen. Hier fanden sich durchweg hohe Korrelationen (Worttest .78, Satztest .84 und Textverstehen .80), die sich auch bezogen auf die jeweiligen Jahrgänge bestätigen.

---

[4] Während bei der WLLP zu einem Wort vier Bilder angeboten werden und das passende Bild aufgefunden und gestrichen werden muss, werden den Kindern im LOGIK-Verfahren kleine Geschichten präsentiert, zu denen dann verschiedene Fragen mit vorgegeben Antwortmöglichkeiten (multiple choice Verfahren) gestellt werden.

Abschließend wurden im Rahmen der Validierungsstudien Bemühungen zur alltagsökologischen Validität[5] angestrengt. In verschiedenen Studien (so auch IGLU und PISA) werden unterschiedliche Anteile von Risikopersonen ausgewiesen. Dies deshalb, weil über ein sonst oftmals zur Verwendung kommendes statistisches Kriterium (beispielsweise die unteren 15%) hinaus Kriterien aufgestellt werden, die unterschiedliche Risikoprognosen erbringen, z.b. je nachdem wie hart die Kriterien angelegt werden (vgl. dazu Brügelmann 2003). Die Frage stellt sich also, welche Leistungen, Kompetenzen oder Punkt-Werte erreicht werden müssen, die (abgesichert) vermuten lassen, dass ein Kind erfolgreich die zukünftige Schulzeit oder Berufskarriere bewältigen kann. Unseres Erachtens fehlen zu dieser Frage empirisch belegte Schwellenwerte oder Beschreibungen von Basiskompetenzen, die für die erfolgreiche Bewältigung von Ansprüchen und Herausforderungen in unterschiedlichen Anspruchs- und Berufsfeldern bzw. als Zwischenschritte für den folgenden Schriftspracherwerb nötig sind.

In mehreren Teilstudien haben wir den Stolperwörtertest durch BerufsschülerInnen, MeisterschülerInnen, LehrerInnen, HochschullehrerInnen und ähnliche Gruppen bearbeiten lassen und so Daten zur Lesefähigkeit in verschiedenen Feldern zusammenstellen können.

Gruppe	Mittelwert (Richtige Sätze/ Minute)	Spannweite (Ausgewählte Ergebnisse)
2. Klasse (LUST-1)	4.1	
3. Klasse (LUST-1)	6.1	0,0-12,0
4. Klasse (LUST-1)	8.1	0,25-15,5
IHK Auszubildende	11.1	
Berufsschule	14.8	5,5-24,5
Lehramtstudierende	17.5	
LehrerInnen	19	
HochschullehrerInnen	21.5	12,0-36,0

Die Übersicht zeigt zweierlei: Zum einen sind die Ergebnisse bezogen auf den Mittelwert erwartungsgemäß angeordnet; zum anderen finden sich aber in den Bandbreiten zwischen Gruppen Überschneidungen, die nicht unwesentlich sind. Das heißt also, dass bereits ein nicht unbedeutender Anteil der Kinder Leistungen erbringt, die von deutlich fortgeschritteneren LeserInnen und auch in ihren Gruppen erfolgreichen (AkademikerInnen, MeisterschülerInnen) Personen er-

---

[5]   Die Ergebnisse hierzu können hier nur angerissen werden; vgl. dazu Brügelmann (2004) sowie zur Notwendigkeit von Beschreibungen von Schwellenwerten Brügelmann i.V.

bracht werden. Wir erhalten auf diesem Weg erste Hinweise für akzeptable Untergrenzen einer notwendigen Lesefähigkeit.

Abschließend kann somit festgestellt werden, dass sich das Verfahren in den zahlreichen unterschiedlichen Überprüfungsschritten als solide erwiesen hat und damit dem angekündigten Anspruch gerecht wird.

Literatur

Backhaus, A. (2004): Die Leseentwicklung von Grundschulkindern im qualitativen wie quantitativen Längsschnitt Eine Kurzvorstellung der LUST-Lesestudien. In: Carle, U./ Panagiotopoulou, A. (Hrsg.): Sprachentwicklung und Schriftspracherwerb: Diagnose- und Fördermöglichkeiten in Familie, Kindergarten und Grundschule. Baltmannsweiler, 168-177.

Backhaus, A. (i.V.): „Den Lernstand im Schriftspracherwerb ermitteln…" Wie Stolperwörtertest und Neun-Wörter-Diktat helfen können die Fähigkeiten der Kinder einzuschätzen. In: Friedrich Jahresheft.

Backhaus, A./ Brügelmann. H. (2003): Stolperwörter-Lesetest-2. Testverfahren zur Messung der Lesefähigkeit. Unveröffentlichtes Manuskript. Siegen.

Baumert, J./ Klieme, E./ Neubrand, M./ Prenzel, M./ Schiefele, U./ Schneider, W./ Stanat, P./ Tillmann, J./ Weiß, M. (2001): PISA 2000. Basiskompetenzen von Schülerinnen und Schülern im internationalen Vergleich. Opladen.

Bos, W./ Lankes, E.-M./ Prenzel, M./ Schwippert, K./ Valtin, R./ Walther, G. (Hrsg.) (2003): Erste Ergebnisse aus IGLU. Schülerleistungen am Ende der vierten Jahrgangsstufe im internationalen Vergleich. Münster u. a.

Brügelmann, H. (2003): Leseuntersuchung mit dem Stolperwörtertest. Abschlussbericht des Projektes LUST-1. Vervielfältigtes Manuskript. Fachbereich 02 der Universität: Siegen.

Brügelmann, H. (2004):Leseleistungen von HandwerkerInnen im Stolperwörter-Lesetest. Erste Befunde und ihre Deutung.

Brügelmann (i.V.): Das Risiko von Risikoprognosen. Manuskript zur DGLS Tagung: Erste Erfahrungen mit Schrift – Konzepte für Vorschule und Schuleingangsphase. November 2004.

Brügelmann, H./ Backhaus A. (2004): Leseentwicklung von Grundschulkindern in verschiedenen Leistungsgruppen. Längsschnitt im Worterkennen, Satzlesen und Textverstehen. Antrag an die Deutsche Forschungsgemeinschaft. FB 2 der Universität: Siegen.

Brügelmann, H./Brinkmann, E.: (1998): Die Schrift erfinden. Lengwil am Bodensee.

Brügelmann, H. /Brinkmann, E. /Backhaus, A. /Steck, A. (2003): LUST-2: Fragestellungen und Design. Projektantrag des Projekts LUST-2. http://www.uni-siegen.de/ ~agprim/lust/lust2.pdf vom 04.11.2004.

Küspert, P./ Schneider, W. (1998): Würzburger Leise Leseprobe (WLLP): Ein Gruppenlesetest für die Grundschule. Göttingen.

Lehmann, R.H./ Peek, R/ Poerschke, J. (1997): Hamburger Lesetest für 3. und 4. Klassen (HAMLET 3-4). Weinheim.

Lenhard, W./ Schneider, W. (2004): ELFE – ein Leseverständnistest für Elementarschüler. Unter Mitarbeit von Alexandra Lenhard und Julia Lipphardt. In: http://www.elfe-lesetest.de/ (04.10.2004)

May, P. (2002[6]): HSP 1-9. Diagnose orthographischer Kompetenz. Zur Erfassung der grundlegenden Rechtschreibstrategien mit der Hamburger Schreibprobe. Hamburg.

Metze, W. (2002): STOLPERWÖRTER-LESETEST. Ergebnisse der Stichprobenerhebung. http://www.wilfriedmetze.de/Lesetest/Stolle.pdf vom 25.10.2003.

Schneider, W. /Krajewski, K. / Küspert, P. / Liehm, S. (2002f.): Deutscher Mathematiktest für erste / zweite Klassen. In: http://www.psychologie.uni-wuerzburg.de/i4pages/html/demat.html (04.11.2004)

Informationen zum Projekt: http://www.uni-siegen.de/~agprim/lust

Leistungsbewertung mit Portfolio – ein Schulversuch an einer Berliner Grundschule

Frauke Grittner

1 Leistungsbewertung zwischen den Ansprüchen von Standardisierung und Individualisierung

Der folgende Beitrag stellt einen Schulversuch zur differenzierten Leistungsbewertung an einer Berliner Grundschule und dessen wissenschaftliche Begleitung vor. Der Leistungsbewertung kommt in der Diskussion um Standardisierung und Individualisierung in der Grundschule ein besonderer Stellenwert zu. Wenn die Erwartungen an die Leistung von Grundschulkindern sich an allgemeingültigen Standards orientieren und ebenso die Bedeutung von individuellen Lernprozessen und -produkten in den Vordergrund gestellt wird, muss das bei der Feststellung und der Bewertung der Leistungen berücksichtigt werden.

Mit Pensenbüchern und Portfolios liegen zwei Instrumente zur Leistungsbewertung vor, die ihrer Idee nach diesem Anspruch gerecht werden können. Während sich die Arbeit mit dem Pensenbuch eher an vorgegebenen Lernzielen orientiert, wird bei der Portfolioarbeit mehr die individuelle Leistungsfeststellung und -bewertung betont. Beide Instrumente werden in dem hier vorgestellten Schulversuch erprobt. Die Arbeit mit dem Portfolio steht dabei im Blickpunkt der wissenschaftlichen Begleitung.

2 Der Schulversuch zur differenzierten Leistungsbewertung

Die begleitete Grundschule ist eine, wie in Berlin üblich, sechsjährige Grundschule. Sie ist vor allem durch folgende Merkmale gekennzeichnet:

- Montessori-Profil, d.h. alle Lehrkräfte sind Montessorilehrerinnen, es gibt täglich Freiarbeitsphasen und der handelnde Umgang mit dem Montessorimaterial strukturiert weite Teile des Unterrichts.
- Jahrgangsübergreifendes Lernen der Schulbesuchsjahre 1,2,3 und 4,5,6. Es sind jeweils acht Kinder eines Schuljahrganges in einer Lerngruppe.

- Differenzierte Leistungsbewertung bis Klasse 4 mit Hilfe von Elterngesprächen zum Schulhalbjahr und schriftlichen Lernentwicklungsberichten zum Schuljahresende.

Um eine differenzierte Leistungsbewertung bis zum 6. Schulbesuchsjahr zu gewährleisten und diese auch in der Zeugnisform auszudrücken, beantragte die Schule einen zweiten Schulversuch für die Lerngruppen des 4., 5. und 6. Schulbesuchsjahres, der 2003 genehmigt wurde. Er umfasst folgende Elemente:

- Elterngespräche, die zum Schulhalbjahr stattfinden und an denen auch die Kinder teilnehmen.
- Pensenbücher, d. h. die Kinder erhalten zu Beginn des Schuljahres eine Auflistung der Lernziele gemäß des Berliner Rahmenplans für alle drei Schuljahre und notieren im Laufe des Schuljahres in Absprache mit den Lehrkräften, ob sie zu diesen gearbeitet haben. Eine komprimierte Fassung dieser Pensenbücher erhalten die Eltern am Schuljahresende.
- Arbeit mit Portfolios und deren Präsentation am Schuljahresende.

An dieser Schule gibt es folglich keine Ziffernnoten und ab dem 4. Schulbesuchsjahr keine schriftlichen Lernentwicklungsberichte mehr. Während es in Berlin zahlreiche Grundschulen mit Jahrgangsmischung bzw. verbalen Beurteilungen gibt und auch einige mit Montessori-Profil, ist diese Grundschule bis jetzt die einzige mit einem derartigen Schulversuch zur Leistungsbewertung.

3   Portfolio als Instrument zur Leistungsbewertung

3.1   Theoretische Grundlagen

Ein Portfolio ist eine zielgerichtete Sammlung von Schülerarbeiten, mit der Schülerinnen und Schüler Leistungen präsentieren möchten, die sie im Laufe einer bestimmten Zeit in bestimmten Bereichen erbracht haben, d.h. sie sind an der Auswahl der Inhalte und der Aufstellung der Bewertungskriterien beteiligt. Dazu gehört ebenfalls eine Reflexion der Schülerinnen und Schüler über ihre Arbeiten, ihr Zustandekommen, Gelungenes oder weniger Gelungenes (vgl. Lissmann 2001, 487). Das Portfolio wird vor Lehrkräften, Eltern und ggf. weiteren Interessenten von den einzelnen Kindern präsentiert und kommentiert. Die Lehrkraft nimmt ebenfalls Stellung dazu (vgl. Winter 2004). Im Vordergrund können sowohl Lernprozesse als auch Lernprodukte stehen und die Schülerarbeiten können sehr unterschiedlicher Gestalt sein, z. B. Schriftstücke, aber auch audiovisuelle Medien oder handwerklich-künstlerische Produkte (vgl. Brunner 2002).

In der Literatur findet man verschiedene Vorteile, die man sich von der Arbeit mit dem Portfolio verspricht, von denen im Folgenden eine Auswahl vorgestellt wird. Da die Leistung unmittelbar und nicht durch Text oder Ziffern verschlüsselt zur Bewertung vorliegt, wird ein hoher Informationswert über die Leistung erwartet (vgl. Vierlinger 1999; 2002). Ebenso wird eine Förderung des selbstverantwortlichen, selbstgesteuerten Lernens und der Selbstreflexion der Lernenden hinsichtlich ihrer Leistung und ihrer Lernprozesse durch die Portfolioarbeit angenommen (vgl. Lissmann 2001; Winter 2004). Da die Lerninhalte beim Portfolio-Einsatz in den Vordergrund rücken sollen, wird eine Förderung der intrinsischen Motivation erwartet. Dies soll zusätzlich durch die Betonung der Individualnorm gegenüber der Sozialnorm unterstützt werden (vgl. Vierlinger 1999; 2002).

3.2 Stand der Forschung

Empirische Untersuchungen zur Portfolio-Arbeit liegen im deutschsprachigen Raum bislang nur vereinzelt vor. Drei Erhebungen in Österreich im Rahmen von Portfolio-Schulversuchen in Grundschulen zeigten, dass die befragten Lehrkräfte und Eltern die theoretischen Annahmen zu den Wirkungen der Portfolio-Arbeit in ihren Einschätzungen teilten (vgl. Fürlinger 1997; Andexer u. a. 2001; Kahlhammer 1996).

In Deutschland liegen für die Grundschule bislang nur Untersuchungen zum „Europäischen Portfolio für Sprachen" vor, das vom Europarat initiiert wurde (Legutke 2001; 2002). Sie umfassten bisher konzeptionelle Überlegungen und Befragungen der Lehrkräfte. Die Ergebnisse der Voruntersuchungen lassen auf eine gute Reflexionsfähigkeit der Schülerinnen und Schüler über ihr Sprachenlernen schließen, sofern dies angeleitet wird. Ebenso weisen sie auf eine hohe Motivation durch die Möglichkeit der Selbsteinschätzung hin.

4 Konzeption der wissenschaftlichen Begleitung

4.1 Theoretische Einbettung und Fragestellung

Empirische Arbeiten zur Leistungsbewertung mit Hilfe von Portfolios in der Grundschule liegen bislang nicht vor. Hier besteht noch ein erhebliches Forschungsdesiderat. Daher widmet sich die wissenschaftliche Begleitung des

Schulversuches schwerpunktmäßig dem Portfolio. Ziel ist es, empirisch gesicherte Erkenntnisse über Leistungsbewertung mit Portfolio zu gewinnen und einen Beitrag zur Erweiterung des Erkenntnisstandes zu leisten. Strukturierungsgrundlage für die Untersuchung sind die Funktionen der Leistungsbewertung. Im Hinblick auf die pädagogische Funktion dient Leistungsbewertung der Optimierung schulischer Lernprozesse. Damit dies gelingen kann, benötigen die Schülerinnen und Schüler einerseits Rückmeldungen zu ihren Leistungen und andererseits Orientierungshilfen, was sie tun müssen, um diese ggf. zu verbessern. Das heißt, anhand der Leistungsbewertung sollen sowohl Schülerinnen und Schüler selbst als auch Eltern und Lehrkräfte Informationen über Stärken und Schwächen der Lernenden erhalten. Ebenso dient sie der Lernberatung (vgl. Jachmann 2003; Jürgens/ Sacher 2000; Tillmann/ Vollstädt 2000).

Wie oben dargestellt, werden von der Arbeit mit Portfolio hinsichtlich dieser Rückmelde- und Orientierungsfunktion besondere Stärken erwartet. Um das zu überprüfen, stellen sich folgende Fragen: Welchen Informationsgehalt bietet die Arbeit mit dem Portfolio bzw. seine Präsentation für die Adressatengruppen Schülerinnen und Schüler, Lehrkräfte und Eltern hinsichtlich der Leistungsstärken und -schwächen sowie der Lernprozesse der Schülerinnen und Schüler und inwieweit wird es für die Lernberatung genutzt?

4.2   Methodisches Vorgehen

Die Untersuchung der Fragestellung ist wie folgt angelegt: Im Blickpunkt stehen 6 Jungen und 6 Mädchen mit unterschiedlichen Leistungsniveaus aus drei Lerngruppen, deren Klassenleiterinnen und ihre Eltern.

Im Laufe des Schuljahres werden diese 12 Kinder in ihrer Portfolio-Arbeit begleitet, d.h. durch teilnehmende Beobachtung im Unterricht werden Beratungssituationen zwischen der Lehrkraft und den Kinder bzw. von Kindern untereinander erfasst. Die Interaktionen werden schriftlich protokolliert, möglichst aber mit Tonband-Protokoll aufgezeichnet und inhaltsanalytisch danach ausgewertet, inwieweit Leistungsbewertung in diesen Situationen stattfindet, d. h. inwieweit in diesen Situationen Aussagen der Beteiligten gemacht werden zu Leistungsstärken und -schwächen, Lernprozessen und Entwicklungen der Schülerin/ des Schülers, zur Lernberatung bzw. weiteren Lernschritten. Ebenso werden die Portfolio-Präsentationen dieser 12 Kinder beobachtet und nach den gleichen Kriterien analysiert. Des Weiteren ist eine Inhaltsanalyse der Portfolios geplant. Hierbei stehen die von den Schülerinnen und Schülern berücksichtigten Lernbereiche und die Arten der Arbeiten (z.B. Medienwahl) im Blickpunkt.

Nach den Präsentationen werden mit den Kindern, Lehrkräften und Eltern leitfadengestützte Interviews durchgeführt. Ziel ist es, Informationen über die Einstellungen der Adressatengruppen zur Leistungsbewertung allgemein und zur Arbeit mit Portfolios im Besonderen zu gewinnen.

Literatur

Andexer, H./ Paschon, A./ Thonhauser, J. (2001): Erfahrungen mit dem Portfolio in Österreich. URL: http://www.sbg.ac.at/erz/salzburger_beiträge/herbst2001/ha_jt_2001_2.pdf(2003-08.06).

Brunner, I. (2002): Zielorientiertes Lernen und persönliche Bestleistung. Portfolios als Hilfe zum selbstgesteuerten Lernen in der Grundstufe. In: Informationen zur Deutschdidaktik. 26. Jg. H.1, 56-64.

Fürlinger, M. (1997): Die Kommentierte Direkte Leistungsvorlage – Ein Schulversuch an Wiener Grundschulen. Unveröffentlichte Magisterarbeit. Passau.

Jachmann, M. (2003): Noten oder Berichte? Die schulische Beurteilungspraxis aus der Sicht von Schülern, Lehrern und Eltern. Opladen.

Jürgens, E./ Sacher, W. (2000): Leistungserziehung und Leistungsbeurteilung. Neuwied.

Kahlhammer, J. (1996): Schulversuch „Direkte Leistungsvorlage". Interner Bericht, Salzburg, Landesschulrat-Eigendruck.

Legutke, M. (2001): Portfolio für Sprachen – in der Grundschule? In: Grundschulunterricht – Sonderheft Sprachen. 48.Jg. H. 4, 20-23, 65.

Legutke, M. (2002): Sprachenportfolio für Grundschulen. Ergebnisse eines hessischen Pilotprojekts. In: SchulVerwaltung. Ausgabe Brandenburg, Mecklenburg-Vorpommern, Sachsen, Sachsen-Anhalt, Thüringen und Berlin. 12. Jg. H. 10, 329-331.

Lissmann, U. (2001): Die Schule braucht eine neue pädagogische Diagnostik. Formen, Bedingungen und Möglichkeiten der Portfolio-Beurteilung. In: Die deutsche Schule. 93. Jg. H. 4, 486-497.

Tillmann, K.-J. / Vollstädt, W. (2000): Funktionen der Leistungsbewertung. Eine Bestandsaufnahme. In: Beutel, S. / Vollstädt, W.: Leistung ermitteln und bewerten. Hamburg, 27-37.

Vierlinger, R. (1999): Leistung spricht für sich selbst. „Direkte Leistungsvorlage" (Portfolios) statt Ziffernzensuren und Notenfetischismus. Heinsberg.

Vierlinger, R. (2002): Die kopernikanische Wende in der schulischen Leistungsbeurteilung. In: Grundschule. 34. Jg. H. 6, 22-24.

Winter, F. (2004): Leistungsbewertung. Eine neue Lernkultur braucht einen anderen Umgang mit den Schülerleistungen. Baltmannsweiler.

V Individualisierung und Standardisierung in unterrichtsbezogenen Kontexten

Lernbereichsübergreifende Perspektive

Hör- und Zuhörförderung in der Grundschule. Ergebnisse aus dem BLK-Projekt GanzOhrSein

Joachim Kahlert, Mechthild Hagen, Christiane Hemmer-Schanze & Ludowika Huber

1 Gut hören – eine individuelle Lernvoraussetzung im sozialen Raum Schule

Sprachliche Förderung gilt als eine herausragende Aufgabe aller Schularten, vor allem jedoch der Grundschule. Bisher zu wenig beachtet wird, dass eine unzureichende Höratmosphäre zu Informationsverlusten führt, die den Spracherwerb individuell unterschiedlich beinträchtigen können. Wie die Lärmwirkungsforschung belegt, belasten akustische Störungen die Lern- und Leistungsfähigkeit auf vielfache Weise (vgl. Imhof 2003; Schick u.a. 2003). Dabei beginnen die Qualitätsrestriktionen für Sprachverständlichkeit und Beeinträchtigungen des Lernens weit unterhalb der Lärmschwelle. Sie hängen für die einzelnen Schülerinnen und Schüler sowohl von dem jeweiligen Ort im Raum ab, an dem sie sich aufhalten (vgl. MacKenzie/ Airey 1999; Vorländer 2002), als auch von dem subjektiv unterschiedlichen Hörvermögen (vgl. Bormann u.a. 2003, 151; Klatte u. a. 2002, 24). Schon geringe Beeinträchtigungen des Hörvermögens, die den Betroffenen nicht einmal bewusst sind, können Lernen erschweren (vgl. Bormann u.a. 2003, 153). International schwanken die Schätzungen des Anteils von Schülern mit Beeinträchtigungen des Hörvermögens in den Schulklassen zwischen 3 und 11,3 Prozent (vgl. ebd., 151).

Zwar ist das menschliche Gehirn in der Lage, die durch Störgeräusche oder undeutliche Sprechweise verursachten Unvollständigkeiten in auditiven Mustern teilweise zu kompensieren. Aber gerade jüngeren Kindern sowie Schülern, die nicht in ihrer Muttersprache unterrichtet werden, und Schülern mit Sprachdefiziten fällt es schwerer, die nicht angekommenen Lautinformationen zu überbrücken (vgl. ebd., 164). So nimmt eine sich selbst reproduzierende Störspirale für die Sprachentwicklung ihren Lauf. Schülerinnen und Schüler, die sprachlich besonders gefördert werden müssten, leiden mehr als andere an der unzureichenden Hörqualität in der Klasse und werden deshalb in ihrer sprachlichen Fähigkeit weniger angeregt.

Weil Unruhe und Lärm viele Ursachen haben können und weil die individuellen Reaktionen auf potenziell störende Geräusche so unterschiedlich sind wie die Personen, die in Schule und Unterricht zusammen lernen und arbeiten, reichen standardisierte Anforderungen an die Raumumgebung zum einen und an die Verhaltensweisen im sozialen Raum Schule nicht aus. Eine gute Höratmosphäre, die möglichst wenig Störereignisse für die sprachliche Kommunikation bietet, stellt sich nicht als Ergebnis normativer Vorgaben und Erwartungen ein, sondern erfordert von allen Beteiligten ein situationsgerechtes Arrangement. Dafür, so die Ausgangsüberlegung des Projektes GanzOhrSein[1], kann es nützlich sein, das Hören und Zuhören in Schule und Unterricht zum Thema zu machen und gezielt zu fördern.

2   Kurzbeschreibung des Projektes GanzOhrSein

Im Projekt „GanzOhrSein" wurden an 9 Projektklassen und 13 Hörclub-Gruppen an Grundschulen, 2 Projektklassen an Hauptschulen und 2 Projektklassen an Gymnasien praxisorientierte Bausteine für die Hör- und Zuhörförderung entwickelt, erprobt und evaluiert (vgl.: www.ganzohrsein.de). Ziel der wissenschaftlichen Begleitung war es, zu prüfen, ob sich durch die pädagogischen Maßnahmen Hörgewohnheiten der einzelnen Schüler und Lehrer ändern und ob sich Auswirkungen auf die Hör- und Zuhörbedingungen im Unterricht feststellen lassen. Für die Datenerhebung wurde ein Mehrmethodenansatz gewählt, bei dem verschiedene quantitative und qualitative Instrumente zum Einsatz kamen, wie Schüler- und Lehrerfragebögen, Interviewleitfaden für Einzel- und Gruppengespräche, Lehrertagebuch und informelle teilnehmende Beobachtung.

Um Wirkungen auf die pädagogischen Maßnahmen zurückführen zu können, wurden fünf Kontrollklassen an den Erhebungen beteiligt. Wegen Lehrerwechsels und Klassenauflösungen reduzierte sich deren Zahl im Laufe des Projekts auf drei. Die 48 Schüler dieser drei Klassen bildeten die Teilstichprobe „Kontrollgruppe". Es handelte sich um eine 1./2., eine 3./4. und eine 5./6. Klasse. Entsprechend wurde die Teilstichprobe „Projektgruppe" gebildet. Sie schließt 56 Kinder aus den drei „Projektklassen" ein, die ebenfalls an allen drei Erhebungen teilgenommen hatten. Kontrollgruppe und Projektgruppe weisen im Hinblick auf Geschlechterverteilung, Altersverteilung und Ausländeranteil keine signifikanten Unterschiede auf.

---

[1]   Das Projekt GanzOhrSein wurde gefördert von der Bund-Länder-Kommission für Bildungsplanung und Forschungförderung sowie vom Freistaat Bayern.

3 Ausgewählte Ergebnisse

Aus Platzgründen*wird hier nur über einige ausgewählte Auswirkungen auf die Hör- und Zuhörbedingungen im Unterricht berichtet. Zu weiteren Ergebnissen siehe www.ganzohrsein.de sowie Kahlert u.a. (2004, 125ff.).

Die Wahrnehmung von hör- und zuhörerschwerenden Unterrichtssituationen macht sich an vielfältigen Merkmalen fest, die von den Schülerinnen und Schülern individuell bewertet werden. Wir haben daher im Fragebogen unter anderem gefragt:

> „Deine Lehrerin erzählt im Unterricht etwas und du willst aufpassen. Was stört dich beim aufmerksamen Zuhören?"

Von den vorgegebenen 7 Antwortkategorien und den Nennungen unter „sonstiges, und zwar..." wurde „Die anderen Kinder sind oft nicht still" in der Eingangserhebung am häufigsten, nämlich von 78,6 Prozent aller Kinder, angekreuzt. Dabei zeigten sich zwischen Projektgruppe (PG) und Kontrollgruppe (KG) in dieser ersten Erhebung keine Unterschiede bezüglich der wahrgenommenen Störungen. In der Abschlusserhebung ergab sich ein Unterschied in der Kategorie „Die anderen Kinder sind oft nicht still" (PG: 60,7 Prozent; KG: 87,5 Prozent), der besonders in der 2. sowie in 6. Klassenstufe ausgeprägt war, in der 4. Klassenstufe geringer ausfiel. In dieser Altersgruppe ist der Unterschied zwischen Projekt- und Kontrollgruppe, im Gegensatz zu den Klassenstufen 1./2. und 5./6., nicht signifikant. Dass in den Projektklassen gerade in den Jahren, in denen die Klassen neu zusammengesetzt worden sind, die Störungen durch andere Kinder eine geringere Rolle spielen, spricht für die Wirksamkeit der Bemühungen, eine Atmosphäre guten Hörens herzustellen.

Eine genauere Analyse der Daten zeigte, dass jüngere Kinder sowie Kinder mit nichtdeutscher Erstsprache sich von der Unruhe durch andere Kinder besonders gestört fühlen (vgl. Tabelle 1 und 2).

Unterstrichen wird diese höhere Sensibilität für Störungen auch durch die Ergebnisse der Frage nach Störungen bei Hausaufgaben in der Eingangsuntersuchung. Jüngere Kinder fühlen sich öfter durch „Straßenlärm" und „Lärm vom Hof" beim Hausaufgabenmachen gestört als ältere Kinder. So stört z.B. 25,3 Prozent der Kinder im Alter von 6 bis 9 Jahren Straßenlärm „häufig" beim Hausaufgabenmachen und 40,5 Prozent „nie", während sich lediglich 4,3 Prozent der Kinder ab 13 Jahren „häufig" durch Straßenlärm gestört fühlen und 70,2 Prozent „nie". „Lärm vom Hof" geben nur 8,3% der Kinder ab 13 Jahren als häufige Störquelle an (80,6 Prozent: „nie"), bei Kindern im Alter von 6 bis 9 Jahren stört Lärm vom Hof bei 18,4 Prozent der Befragten „häufig" (50,0 Prozent „nie"). Da nicht davon auszugehen ist, dass sich die Wohnbedingungen von Familien mit jüngeren Kindern grundsätzlich von denen von Familien mit älteren Kindern unterscheiden, ist anzunehmen, dass jüngere Kinder gegenüber diesen Lärmquellen in ihrer Umgebung empfindlicher sind als ältere Kinder.

Tabelle 1
Vergleich zweier ausgewählter Antwortkategorien auf die Frage „Macht es dir etwas aus, wenn die Kinder während des Unterrichts sehr laut sind?" – nach Alter (Eingangserhebung, n= 220)

Alter[2]	„es stört mich immer"	„es macht mir nichts aus"
6-9 Jahre	27,0 %	7,9 %
10-12 Jahre	23,1 %	10,3 %
13 Jahre und älter	9,8 %	37,3 %
Gesamt (alle n)	21,4 %	15,5 %

Angegeben ist der prozentuale Anteil der Schüler aus der jeweiligen Altersgruppe. Als Antwortvorgaben waren 5 Ausprägungen vorgegeben, die von "es macht mir nichts aus" bis "es stört mich immer" reichten.
Beispiel: 27,0 % der 6- bis 9jährigen antworteten „es stört mich immer".

Tabelle 2
Vergleich zweier ausgewählter Antwortkategorien auf die Frage „Macht es dir etwas aus, wenn die Kinder während des Unterrichts sehr laut sind?" – nach Erstsprache der Schüler (Eingangserhebung, n= 220)

Erstsprache[3]	„es stört mich immer"	„es macht mir nichts aus"
Schüler mit Deutsch als Erstsprache	17,6 %	20,1 %
Schüler mit nichtdeutscher Erstsprache	32,2 %	3,4 %
Gesamt (alle n)	21,4 %	15,5 %

Angegeben ist der prozentuale Anteil der Schüler nach Muttersprache. Als Antwortvorgaben waren 5 Ausprägungen vorgegeben, die von "es macht mir nichts aus" bis "es stört mich immer" reichten.

---

[2]   Die Unterschiede zwischen den Altersgruppen sind im Chi-Quadrat-Test signifikant (^{2} = 44,0; df = 8; p<.001).

[3]   Die Unterschiede zwischen den Gruppen deutsch/nichtdeutsch als Erstsprache sind im Chi-Quadrat-Test signifikant (^{2} = 18,0; df = 4; p<.01).

Die Projekt- und Kontrollgruppen sind zu klein, um auch hier Differenzierungen nach Nationalität auf Signifikanz zu testen. Dennoch lässt sich als Tendenz festhalten, dass sich die ausländischen Kinder in den Projektklassen nach Abschluss des Projekts weniger durch andere Kinder gestört fühlten als zu Beginn des Projekts. In der ersten Erhebung gab es in der Projektgruppe zwischen deutschen Kindern (dK) und Kindern, die Deutsch nicht als Muttersprache hatten (aK), kaum einen Unterschied in der Häufigkeit, mit der als störend angegeben wurde, die anderen Kinder seien oft nicht still (dK: 91,2 %; aK 90,9%). In der Kontrollgruppe zeigte sich ein kleiner Unterschied (dK 85,2%; aK 90,0%). Dagegen geben in der Abschlusserhebung ausländische Kinder der Projektgruppe im Vergleich zu den deutsche Kindern nun sogar seltener „Kinder nicht still" als Störquelle an (dK: 67,6 %; aK: 50,0%). In der Kontrollklasse bleibt dagegen der Anteil der ausländischen Kinder höher (dK: 81,5%; aK 95,2%).

Da der Lehrerinnen-Fragebogen analoge Fragen zur Einschätzung der Störquellen für das aufmerksame Zuhören im Unterricht enthält, ergibt sich die Möglichkeit, die Schüler- und Lehrerinnensicht zu vergleichen. Während zum Zeitpunkt der ersten Befragung die Schülerinnen und Schüler sich in erster Linie durch den Lärm der anderen Kinder gestört fühlen, hat für die Lehrerinnen die fehlende Aufmerksamkeit und Konzentrationsfähigkeit der Kinder die größte Bedeutung. Der Aussage „Die Kinder sind oft mit den Gedanken woanders und dann nicht so aufmerksam" stimmten 8 der 9 Lehrerinnen zu. Auch die Ablenkung durch den Banknachbarn wird von den Lehrerinnen als gravierender eingeschätzt als von den Kindern (Zustimmung bei 6 der 9 Lehrerinnen gegenüber 42,3% der Schüler). Die Schülerinnen und Schüler wiederum messen der Sprachverständlichkeit der Lehrerin eine deutlich höhere Bedeutung als Aufmerksamkeitshindernis zu. So lag zum Beispiel bei den Aussagen „Die Lehrerin spricht manchmal zu leise" und „Die Stimme der Lehrerin ist manchmal etwas undeutlich" der Anteil der Kinder, die dies als störend für die Aufmerksamkeit bezeichneten, bei jeweils 23,2%, während die Lehrerinnen selbst diese Bedingungen („Ich spreche vielleicht manchmal zu leise" beziehungsweise „Meine Stimme ist vielleicht manchmal etwas undeutlich") seltener als störend bewerteten (nur eine Lehrerin kreuzte dies an).

4 Diskussion

Man könnte die wahrgenommene Verbesserung der Höratmosphäre auf einen Hawthorne-Effekt zurückführen. Wenn im Rahmen von Aktivitäten für das Hören und Zuhören nach Indikatoren für Veränderungen gefragt wird, dann werden diese auch genannt, ohne dass sich diese wirklich eingestellt haben müssen.

Allerdings werden die mittels Fragebögen gewonnenen Ergebnisse durch die Aussagen der Schüler und Lehrer in den Leitfadeninterviews gestützt. So berichten die Lehrerinnen durchgängig von einer Verbesserung des Zuhörklimas, aber auch davon, sich nun ihrerseits mehr um ein zuhörförderliches Klima zu bemühen. Die Schüler und Schülerinnen heben hervor, nun mehr über das Zuhören zu wissen, Interesse am Hören gefunden zu haben und darauf zu achten, dass man sich gegenseitig weniger stört. Außerdem betonen sie, dass die Lehrerstimme besser verständlich sei, die Lehrerin ihnen besser zuhöre und weniger oft schreien würde.

Bedarf und Bereitschaft, sich mit dem Hören zu beschäftigen, sind bei Schülern und Lehrer jedenfalls groß. Dies belegt unter anderem die Ausbreitung der Hörclubidee. Im Hörclub einer Schule kommen die Kinder nach Schulschluss zusammen, um sich gemeinsam mit dem Hören und Zuhören zu beschäftigen, sei es mit „Hör-Übungen", mit Spielen zum Hören und mit Hörspielen. Nach ursprünglich 14 Hörclubs, die in Bayern im Rahmen des BLK-Projekts eingerichtet worden sind, haben mittlerweile 50 weitere Grundschulen, u. a. unterstützt von der Stiftung Zuhören, Hörclubs eingerichtet. Die Ausweitung um noch einmal 50 Grundschulen ist geplant. Hinzu kommen etwa 15 Hörclubs an Realschulen. Ein entsprechendes Angebot für Gymnasien und für Kindergärten wird vorbereitet (vgl.: www.stiftung-zuhoeren.de).

Entscheidend dürfte sein, dass mit der Thematisierung des Hörens und Zuhörens die unterschiedlichen individuellen Bedingungen guten Hörens nicht einfach nur hingenommen, sondern zum Ausgangspunkt eines sozialen Verständigungsprozesses gemacht werden.

Literatur

Bormann, V./ Fuder, G./ Heinecke-Schmitt, R. (2003): Hörminderung und Sprachverständlichkeit bei Schülern in unterrichtstypischen Situationen. In: Schick, A./ Klatte, M./ Meis, M./ Nocke, Ch. (Hrsg.): Hören in Schulen. Beiträge zur psychologischen Akustik. Oldenburg, 149-190.

Huber, L./ Kahlert, J./ Klatte, M. (Hrsg.) (2002): Die akustisch gestaltete Schule. Auf der Suche nach dem guten Ton. Göttingen.

Imhof, M. (2003): Zuhören. Psychologische Aspekte auditiver Informationsverarbeitung. Göttingen.

Kahlert, J./ Meis, M. (2004): Klassenraumakustik und Lernatmosphäre. Eine Pilotstudie über den pädagogischen Nutzen raumakustischer Maßnahmen in Grundschulen. In: Carle, U./ Unckel, A. (Hrsg.): Entwicklungszeiten. Forschungsperspektiven für die Grundschule. Wiesbaden, 220-226.

Kahlert, J./ Hagen, M./ Hemmer-Schanze, Ch./ Huber, L. (2004): GanzOhrSein – mit Klangästhetik Schule machen. In: Ermert, K./ Brinkmann, A./ Lieber, G. (Hrsg.): Ästhetische Erziehung und neue Medien. Wolfenbüttel, 114-139.

Klatte, M./ Mais, M./ Schick, S. (2002): Lärm in Schulen. Auswirkungen auf kognitive Leistungen von Kindern. In: Huber, L./ Kahlert, J./ Klatte, M. (Hrsg.): Die akustisch gestaltete Schule. Auf der Suche nach dem guten Ton. Göttingen, 19-43.

MacKenzie, D./ Airey, S. (1999): Classroom Acoustics. A Research Project. Summary Report. Heriot-Watt University Edinburgh.

Schick, A./ Klatte, M./ Meis, M./ Nocke, Ch. (2003): Hören in Schulen. Beiträge zur psychologischen Akustik. Oldenburg.

Vorländer, Michael (2002): Raumakustik und Sprechverstehen. In: Huber, L./ Kahlert, J./ Klatte, M. (Hrsg.): Die akustisch gestaltete Schule. Auf der Suche nach dem guten Ton. Göttingen, 117-128.

Neues Lernen mit neuen Medien im geöffneten Unterricht der Grundschule – Analyse sozialer Interaktionen von Schülerinnen und Schülern beim gemeinschaftlichen, computerunterstützten Lernen.

Kerstin Mayrberger

1 Computer in der Grundschule – zwischen Standardisierung und Individualisierung

Computer haben inzwischen ihren Platz im alltäglichen Unterricht der Grundschule. Als unumstritten gilt in der heutigen (medien-) pädagogischen Diskussion, dass es, bis auf wenige Ausnahmen, schon lange nicht mehr um ein „Ob", sondern nach wie vor um das konkrete „Wie" einer sinnvollen Integration des Computers in den alltäglichen Unterricht der Grundschule geht bzw. gehen muss – einer Auffassung, der sich auch dieser Beitrag anschließt und zu der die hier vorgestellte empirische Untersuchung einen konstruktiven Beitrag leisten soll.

Heute lässt sich ein breites Spektrum an Einsatzformen des Computers in der aktuellen Lehrpraxis der Grundschulen ausmachen (vgl. u. a. Mitzlaff 1997; Mitzlaff/ Speck-Hamdan 1998; Reiter u. a. 2000; Mohr 2003). Dieses stellt einen Rahmen dar, der sowohl eine Methodik unterstützt, die einerseits Standardisierung von Lehr-Lernsituationen als Anliegen verfolgt, hier verstanden als Vermittlung von allgemeinen trainier- und abprüfbaren Fähigkeiten und Fertigkeiten, als auch andererseits einen Raum für Individualisierungsprozesse bietet, hier verstanden als Möglichkeiten zur Entwicklung und Ausformung von Kompetenzen im Sinne allgemeiner Bildungsprozesse.

Im Rahmen dieses Beitrags wird eine am qualitativen Forschungsparadigma orientierte Untersuchung vorgestellt, die gemeinschaftliche computerunterstützte Lernprozesse im geöffneten Unterricht der Grundschule fokussiert. Inwieweit in dieser, grundsätzlich auf die Förderung subjektiver Lernprozesse ausgerichteten, Lernumgebung Lernhandlungen im Sinne eines „neuen Lernens" stattfinden (können), ist Gegenstand der in diesem Beitrag vorzustellenden Arbeit. So werden im Folgenden das Forschungsvorhaben mit seinem Erkenntnisinteresse, den theoretischen Anknüpfungspunkten und das methodische

Vorgehen dargestellt. Abschließend werden erste Auswertungstendenzen vorgestellt und ein Ausblick gegeben.

2   Neues Lernen mit neuen Medien in der Grundschule – Motivation und Erkenntnisinteresse

Mit der Integration des Computers in die alltägliche Lehre ist in der Regel die Hoffnung auf eine Verbesserung, zumindest aber auf eine Veränderung des Unterrichts und damit der Lehr-Lernprozesse verbunden – ein Zustand, der sich in der häufig verwandten Kurzformel „Neues Lernen mit neuen Medien" ausdrückt. Doch was ist mit einem sinnvollen mediendidaktischen Einsatz in der Grundschule gemeint? Ein Blick in aktuelle Fachpublikationen bzw. -zeitschriften oder auf die Bildungsserver der Länder gibt dazu einen informativen Überblick (vgl. u.a. Mitzlaff/ Speck-Hamdan 1998; Reiter u.a. 2000; Schorer/ Speck-Hamdan 2002). Allerdings wird hier in erster Linie die Integration des Computers in den Grundschulunterricht aus einer praxisorientierten Perspektive beschrieben, was sich überwiegend in Dokumentationen und Reflexionen von Unterrichtserfahrungen oder didaktischer Beispiele äußert oder sich in konzeptionellen Stellungnahmen darstellt. Neben diesen Publikationen zum praktischen Umgang und dem spezifischen (medien-)pädagogischen Hintergrund besteht allerdings bis jetzt ein Defizit dahingehend, dass es – bis auf wenige Ausnahmen (vgl. u. a. Naujok 2002; Mohr 2003; Jansen-Schulz/ Kastel 2004) – kaum empirische Untersuchungen bzw. Vorhaben im Kontext „Neue Medien und Grundschule" gibt, die primär eine mediendidaktische Perspektive einnehmen. Einen Beitrag zur Minderung dieses Defizits zu leisten, stellt eine Herausforderung und Motivation des vorliegenden Forschungsvorhabens dar.

Ausgangslage ist hierbei die eher allgemeine Annahme, wonach die alleinige Integration des Computers in die Lernumgebung noch keinen „besseren" Unterricht mit sich bringt. So stellt sich die Frage danach, inwiefern sich die theoretische Idee, dass „neue Medien" ein „neues Lernen" ermöglichten, erfüllt. Dieser relativ allgemeinen Frage wird konkret auf der Ebene der sozialen Interaktionen während des Lernprozesses, denen eine zentrale Rolle in einem modernen Grundschulunterricht zukommt, nachgegangen. Im Rahmen einer empirischen Arbeit wird nach der Konstitution gemeinschaftlicher Lernprozesse im Rahmen einer an konstruktivistischen Merkmalen orientierten, computerunterstützten Lernumgebung gefragt. Es wird untersucht, welche Strukturen diesen kommunikativen Interaktionsprozessen, die potenziell gemeinschaftliche Lernprozesse ermöglichen, zu Grunde liegen. Ziel ist es, den Begriff vom Lernen als sozialen Prozess aus einer strukturalen Perspektive zu spezifizieren. Den didaktischen Rahmen bildet eine für diesen Kontext idealtypische Unterrichtspraxis, ein Unterricht, der sich an den Konzepten und Ideen des „Offenen Unterrichts", in diesem Fall der „Freiarbeit", orientiert und den Computer im Rahmen von „Medienecken" in die alltägliche Lehre integriert.

3   Theoretischer Bezugsrahmen

Das Forschungsvorhaben lässt sich auf Grund des formulierten Erkenntnisinteresses im Wesentlichen vier zentralen Bereichen zuordnen, mit denen je spezifische Orientierungen an theoretischen Ansätzen bzw. Konzepten einhergehen:

- Lernen als beobachtbarer sozialer Prozess (Bezug: Kooperatives/ Kollaboratives Lernen)
- Lernen mit neuen Medien aus konstruktivistischer Perspektive (Bezug: Medienpädagogik/ -didaktik)
- Medienecken im Offenen Unterricht der Grundschule (Bezug: Grundschulpädagogik/ -didaktik)
- Rekonstruktion objektiver Bedeutungsstrukturen in der sozialen Interaktion (Bezug: Qualitative Schulforschung)

Entsprechend steht hinter dieser Arbeit zum einen der Anspruch, einen fachwissenschaftlichen Beitrag auf Basis einer qualitativen empirischen Untersuchung zum Themenfeld „Neue Medien und Grundschule" zu leisten. Zum anderen wird das genannte Themenfeld aus einer mediendidaktischen Perspektive betrachtet und damit das „Wie" der Integration in einer an konstruktivistischen Ansätzen orientierten Lernumgebung explizit in den Blick genommen. Damit findet hier im weitesten Sinne eine Verzahnung von Grundschul- mit Medienpädagogik statt.

„Neues Lernen" wird im Rahmen des Forschungsvorhabens aus einer Perspektive betrachtet, die sich in erster Linie am pragmatisch konstruktivistischen Ansatz der Münchener Arbeitsgruppen um Heinz Mandl orientiert. Besonders im Zuge der Diskussion um die Implementierung der neuen Medien in die (Grund-)Schule hat dieser sich als theoretische und konzeptionelle Basis durchgesetzt (vgl. Mandl u. a. 1998) und die Annahme gestützt, dass „neues Lernen" und „neue Medien" in einem förderlichen, interdependenten Verhältnis zueinander stehen. Aus der Perspektive grundschuldidaktischer Überlegungen wird diese Argumentation durch das Konzept der Freiarbeit mit seinen Chancen und Potenzialen erweitert. So kommen Drews/ Wallrabenstein (2002, 21) zu dem Schluss, dass Leistung und Chance des Bildungssystems Grundschule darin liegt, mit Hilfe des Konzepts der Freiarbeit „konstruktive Lernkompetenzen" aufzubauen.

Im Sinne einer solchen gemäßigt konstruktivistisch orientierten Auffassung von der Gestaltung einer Lernumgebung, die neuen bzw. veränderten Lernwegen und -prozessen Raum gibt, stellt die soziale Interaktion einen zentralen Aspekt neben anderen dar. So bezeichnen Reinmann-Rothmeier/ Mandl (vgl. 2001, 626) ein Prozessmerkmal vom Lehren und Lernen als „sozialen Prozess", wonach Lernen von sozialen Komponenten unterschiedlichster Ebenen beeinflusst wird. Anknüpfend an diesen Ansatz wird unter „neuem Lernen" im Folgenden ein Lernprozess verstanden, der einem Konzept von Ko-Konstruktion entspricht, wonach innerhalb eines gemeinsamen Lernprozesses die beteiligten Personen zusammen zu einem „höheren" Wissensniveau gelangen als jeweils allein (vgl. Reusser 2001). Entsprechend wird der Lernprozess hier aus einer mikrosoziologischen Perspektive betrachtet.

4   Methodisches Vorgehen

Es wurden Grundschülerinnen und -schüler in ihrem Unterrichtsalltag beim gemeinschaftlichen Arbeiten am Computer während der Freiarbeit beobachtet. Die Dokumentation der Lernhandlungen wurde bei insgesamt zwei Schulklassen, je einer dritten und einer vierten Jahrgangsstufe für jeweils eine Woche, vorgenommen. Die Beobachtungsdaten wurden sowohl durch Aufzeichnung der sozialen Interaktion mit einer Digitalvideokamera gewonnen, als auch durch die parallele Aufzeichnung des Monitorgeschehens mit einem Videorekorder (Screenrecording-Verfahren). Im Anschluss wurde das Material zusammengeschnitten und von den beobachteten Gesprächen der Schülerinnen und Schüler, die je einen Fall darstellen, Transkripte angefertigt.

Den methodischen Hintergrund bildet die „Objektive oder Strukturale Hermeneutik" (vgl. Oevermann u. a. 1979; Aufenanger/ Lenssen 1986; Oevermann 2002; Reichertz 2002). Die vorliegende Arbeit orientiert sich sowohl aus methodologischer Sicht als auch beim forschungspraktischen Vorgehen der Auswertung der Transkripte an diesem Ansatz. Es handelt sich hierbei im Wesentlichen um eine Methode der sequentiellen Textinterpretation. Ziel der Fallanalysen ist es, die objektiven Bedeutungsstrukturen, die den sozialen Interaktionen der Subjekte zu Grunde liegen, zu rekonstruieren und daran anknüpfend die latenten Sinnstrukturen eines Falls zu erschließen. Mit Hilfe dieser Methode besteht die Möglichkeit, die objektiv geltenden Sinnstrukturen für den computerunterstützten gemeinschaftlichen Lernprozess, unabhängig vom Nachvollzug der subjektiven Intentionen der Akteure und unabhängig von eigenen subjektiven Interpretationen, zu rekonstruieren. Hierbei handelt es sich um eine methodische Herangehensweise, die in dieser Form auf den gewählten Objektbereich bisher noch nicht angewandt wurde.

5   Interpretationstendenzen und Ausblick

Im Rahmen einer ersten Fallanalyse konnten Strukturmerkmale der Interaktion herausgearbeitet werden, die als Orientierungsrahmen für weitere Fallanalysen gelten. Im Folgenden werden diese knapp umrissen:

- Im Prinzip symmetrische Interaktionsstrukturen zeichnen sich durch Leit- und Co-Handelnde aus, wobei sich dieses Verhältnis im Interaktionsprozess verschieben kann, da es u. a. von je gegenseitiger, temporärer Akzeptanz und jeweiligen Kompetenzen sowie der Persönlichkeit der beteiligten Personen abhängt.
- Die Lernumgebung im weitesten Sinne ist geprägt durch ein externes (didaktischer und methodischer Rahmen; Lehrperson) und ein internes Regelsystem (Wettbewerb; Schülerinnen und Schüler)
- Gemeinschaftliches Arbeiten bedeutet nicht gleich Lernen im Sinne von Kooperation bzw. Kollaboration. Es zeichnet sich u. a. durch die Dichotomien „Solidargemeinschaft vs. Arbeitsgemeinschaft", „Interesse an ‚echter' Zusammenarbeit vs. Interesse an Stärkung der eigenen Person" und „Ziel Wissenszuwachs vs. Ziel Aufgabenfertigstellung" aus.
- Der Computer dient bei Bedarf dazu, Auseinandersetzungen und Diskussionen im Team zu unterbinden, indem die Person, die das Gerät bedient ohne Rücksprache handelt bzw. handeln kann.
- Computerbedingte Wartezeiten eröffnen einen potentiellen Raum für einen Austausch über die aktuelle Lernsituation bzw. den -gegenstand – werden aber kaum in diesem Sinne genutzt.
- Der Umgang mit den erlangten Ergebnissen bei einer gemeinschaftlichen Aufgabenbearbeitung hängt von der jeweiligen Auffassung der Beteiligten vom „Lernen" und dem damit verbundenen Wert des Wissenszuwachses ab, d.h. ob und inwiefern ein Ergebnis bzw. ein Lerngegenstand diskutiert, nur zur Kenntnis genommen oder sogar im Dialog reflektiert wird, hängt davon ab, welche Auffassung vom Lernen die Beteiligten verinnerlicht haben.

Die aufgezeigten Aspekte vermitteln einen ersten Eindruck über Tendenzen der Interpretationsergebnisse hinsichtlich der strukturalen Konstitution computerunterstützter Lernprozesse. Eine sich daran anschließende Auswertung weiteren Materials lässt eine Differenzierung und Ergänzung dieser Strukturmerkmale erwarten, die die Basis für die Formulierung von Fallstrukturhypothesen und später einer Fallstrukturgeneralisierung darstellen. Besonders im Hinblick auf den Aspekt der prinzipiell am Subjekt orientierten Lernumgebung werden auch dahingehend Aussagen gemacht werden können, inwiefern die Schülerinnen und Schüler deren Chancen und Potentiale (aus-) nutzen – ein Untersuchungsgegenstand, zu dem bisher in dieser Form kaum empirische Erkenntnisse vorliegen.

Literatur

Aufenanger, S./ Lenssen, M. (Hrsg.) (1986): Handlung und Sinnstruktur. Bedeutung und Anwendung der objektiven Hermeneutik. München.

Drews, U./ Wallrabenstein, W. (Hrsg.) (2002): Freiarbeit in der Grundschule. Offener Unterricht in Theorie, Forschung und Praxis. Frankfurt a. M..

Jansen-Schulz, B./ Kastel, C (2004): „Jungen arbeiten am Computer, Mädchen können Seil springen..." Computerkompetenzen von Mädchen und Jungen. Forschung, Praxis und Perspektiven für die Grundschule. München.

Mandl, H./ Reinmann-Rothmeier, G./ Gräsel, C. (1998): Gutachten zur Vorbereitung des Programms „Systematische Einbeziehung von Medien, Informations- und Kommunikationstechnologien in Lehr-Lernprozesse". Bonn.

Mitzlaff, H. (1997): Lernen mit Mausklick. Computer in der Grundschule. Frankfurt a. M..

Mitzlaff, H./ Speck-Hamdan, A. (Hrsg.) (1998): Grundschule und neue Medien. Frankfurt a. M..

Mohr, P. Th. (2003): Computerunterstützter Unterricht in der Grundschule. Hohengehren.

Naujok, N. (2003): Interaktive Edutainment-Rezeption durch Grundschulkinder. In: Panagiotopoulou, A./ Brügelmann, H. (Hrsg.): Grundschulpädagogik meets Kindheitsforschung. Zum Wechselverhältnis von schulischem Lernen und außerschulischen Erfahrungen im Grundschulalter. Opladen, 187-190.

Oevermann, U. (2002): Klinische Soziologie auf der Basis der Methodologie der objektiven Hermeneutik – Manifest der objektiv hermeneutischen Sozialforschung. In: http://www.ihsk.de (8.11.2004).

Oevermann, U./ Konau, E./ Krambeck, J. (1979): Die Methodologie einer "objektiven Hermeneutik" und ihre allgemeine forschungslogische Bedeutung in den Sozialwissenschaften. In: Soeffner, H.-G. (Hrsg): Interpretative Verfahren in den Sozial- und Textwissenschaften. Stuttgart, 352-434.

Reichertz, J. (2002): Die objektive Hermeneutik – Darstellung und Kritik. In: König, E./ Zedler, P. (Hrsg.): Qualitative Forschung. Grundlagen und Methoden. Weinheim, 123-156.

Reinmann-Rothmeier, G./ Mandl, H. (2001): Unterrichten und Lernumgebungen gestalten. In: Krapp, A./ Weidenmann, B. (Hrsg.): Pädagogische Psychologie. Weinheim, 601-646.

Reiter, A./ Grimus, M./ Scheidl, G. (Hrsg.) (2000): Neue Medien in der Grundschule. Unterrichtserfahrungen und didaktische Beispiele. Wien.

Reusser, K. (2001): Co-constructivism in educational theory and practice. In: Smelser, N.J./ Baltes, P./ Weinert F.E. (Ed.): International Encyclopedia of the Social and Behavioral Sciences. Oxford, 2058-2062.

Schorer, A/ Speck-Hamdan, A. (2002): Lernen mit neuen Medien in offenen Lernumgebungen. In: Drews, U./ Wallrabenstein, W. (Hrsg.): Freiarbeit in der Grundschule. Offener Unterricht in Theorie, Forschung und Praxis. Frankfurt a. M., 52-66.

Lernbereichsspezifische Perspektive

Dimensionen des Lesens – jenseits von PISA

Ursula Stenger

In der PISA bzw. in der IGLU-Studie für den Grundschulbereich ging es darum, u. a. die Leseleistungen der Schüler zu ermitteln. Dass diese in verschiedenem Maße verbesserungsbedürftig sind, ist unstrittig. In der seither entbrannten Diskussion, besteht jedoch eine Tendenz, die Bemühungen einseitig auf Ziele zu fokussieren, die durch das Anforderungsprofil der PISA-Studien vorgegeben scheinen. Eine Konzentration auf messbare Lehr-Lernresultate vernachlässigt laut Benner didaktische, bildungstheoretische und schultheoretische Fragestellungen (vgl. Benner 2002, 72), bzw. unterschätzt nach Hurrelmann die motivationale, emotionale und interaktive Dimension des Lesens (vgl. Hurrelmann 2002, 10).

Deshalb ist es unabdingbar, sich mit den anthropologischen Voraussetzungen zu beschäftigen, die dem Konzept des reading literacy innewohnen, welches den Studien zugrundeliegt. Welche Dimensionen des Lesens werden auf diese Weise möglicherweise übergangen? Was geschieht eigentlich, wenn wir lesen? Diese Fragen werde ich, im Rückgriff auf geisteswissenschaftliche Erkenntnisse, die in dem Konzept der beiden Studien ausgeblendet und unberücksichtigt bleiben, auf drei mir wichtig erscheinende Punkte fokussieren: Lesen als Arbeiten mit und Eröffnen von Horizonten; Lesen und Kreativität; Lesen als Bildung.

1   Reading Literacy: Lesen als anwendungsbezogene Konstruktion

Lesekompetenz besteht in dieser Sichtweise im Ermitteln von textinternen Informationen, ihrer Interpretation und Reflexion. Der Begriff des Wissens ist Zentralbegriff dieses Konzepts des Lesens und Lernens. Es geht um die Erweiterung bestehender Wissensstrukturen, um den Aufbau von Wissensnetzen, um die mentale Repräsentation der Texte in Aussage und Struktur. Welt ist uns zugänglich in den Vorstellungen, die wir uns über sie bilden. Der Prozess des Textverstehens ist keine passive Aufnahme von Sinn, sondern die aktive Konstruktion, die sich auf der Grundlage des zuvor erworbenen Vor-, Sprach- und Weltwissens vollzieht. Bedeutung wird jeweils aktiv in Auseinandersetzung mit dem Text selbst erzeugt. Der Konstruktivismus bildet das Grundkonzept des

Lernens, Förderung der Lesekompetenz vollzieht sich über Kenntnis und bewusste Anwendung von Lernstrategien. Der Verstehensprozess soll so geplant, überwacht und kontrolliert werden (vgl. Deutsches PISA-Konsortium 2001, 133).

Zentrales Ziel des in der PISA-Studie vertretenen Leseverständnisses ist die Anwendungsbezogenheit. Lesen ist notwendig, um einen Fahrplan, eine Quittung oder Aufbauanleitung eines Möbelstückes zu verstehen. Die Themen bezogen sich etwa auf Wirtschaft, Politik, Gesundheit, auch auf Literatur.

2   Lesen als Arbeiten mit und Eröffnen von Horizonten

Dass die oben ausgeführte Form des Textverstehens im Alltag beherrscht werden sollte, ist hier nicht Gegenstand des Zweifels. Wohl aber die weithin sichtbare Tendenz, das kognitionspsychologische Lesemodell als Standard für Lesen überhaupt zu definieren und als Zielvorgabe ausgeben zu wollen. Die kognitive Erfassung bzw. Konstruktion des Gedruckten als ausreichend anzusehen, wird gerade wenn man auf Anwendungsorientierung geht, schnell fragwürdig. Der Raucher, der den Warnhinweis liest, gibt in aller Regel nicht das Rauchen auf. Kognitive Informationserfassung ist Teil eines weitaus komplexeren Geschehens, auf das sich das Lesen permanent bezieht. Der Jugendliche, der sich von seinen gesundheitsbewussten Eltern abgrenzen, in einer Gruppe von rauchenden peers anerkannt sein will und sich mit den Freiheit und Abenteuer symbolisieren den Helden der Werbung identifiziert, nimmt den Warnhinweis anders auf als eine 50-jährige auf Wellnesstrip. Was wir lesen, beziehen wir auf Empfindungen, Erfahrungen, Gefühlswelten, die durch jeweilige Horizonte als Weisen der Weltwahrnehmung und Welteröffnung strukturiert sind. Lesen ist Interpretieren von und Arbeiten mit Horizonten, Lesen kann neue Horizonte eröffnen, was etwas grundsätzlich anderes ist, als es nur auf Vor- und Welt*wissen* zu beziehen. Gesundheit als Wert zu sehen, bedeutet nicht nur ein neues Wissen zu konstruieren, eine Vorstellung auszubilden, sondern eine Lebensqualität zu empfinden, die sich auch im Spüren von körperlichem Wohlbefinden erweist.

Hermeneutik und Phänomenologie haben in der geisteswissenschaftlichen Tradition versucht, die sehr unterschiedlichen kulturell-historischen, wie lebensgeschichtlich bedeutsamen Sinnzusammenhänge als Horizonte zu beschreiben, die erst eröffnet sein müssen, will man einen einzelnen Sachverhalt überhaupt in seinem Zusammenhang und seiner Konsequenz erfassen. Bezüge zu Dilthey, Gadamer, Husserl, Heidegger, Merleau-Ponty, Meyer-Drawe u.a. können hier aus Platzgründen leider nicht ausgeführt werden.

3 Lesen und Kreativität

Nun sollen mögliche Folgen einer einseitigen Ausrichtung von Unterricht auf Lernprozesse in den Blick genommen werden, welche das Ziel anstreben, ihre Schüler vor allem auf zukünftige Aufgabenstellungen, wie die der PISA- und IGLU-Studie, vorzubereiten. Die Definitionshoheit über das, was innerhalb der Testaufgaben jeweils als richtig und falsch zu bewerten ist, muss wegen der Vergleichbarkeit der Testergebnisse streng gewahrt und eng begrenzt werden. Das erscheint jedoch selbst aus konstruktivistischer Sicht äußerst fragwürdig. So führt das geübte Ausfüllen derartiger Fragebögen unter der Hand zu einem allmählichen Einstellen auf die Erwartungen dessen, der fragt, und in der weiteren Konsequenz zu einem reibungslosen Funktionieren des Menschen in technologisch ausgerichteten Systemen. Denn erlaubt und „richtig" ist jeweils nur eine Beantwortung der Fragen im engen Kontext, eine eigene Bewertung ist schon das Äußerste, nicht aber ein Infragestellen der Fragestellung selbst oder ein Finden neuer Kriterien. Was aber kann Ergebnis von Lern- und Leseprozessen sein, die bewusst geplant, überwacht und kontrolliert werden?

Zu dieser Frage kann man den Physiker Gerd Binnig (1989) zu Rate ziehen. Dieser beschreibt Arbeitsweisen, durch welche ihm und seinem Team die mit dem Nobelpreis ausgezeichnete Entwicklung des Rastertunnelmikroskops gelang. Das Zulassen intuitiver Gedanken, das spielerische, unbeschwerte Drauflosdenken wird herausgestellt. Kreativität, die schließlich zu einer Entdeckung oder Erfindung führt, braucht Zeit, braucht zugleich aber auch Unverfrorenheit und Kühnheit, um bisherige Denkstrukturen zu sprengen und gänzlich Neues zulassen zu können (vgl. Binnig 1989, 66 ff., 134 ff.). Ich habe mich seinerzeit in meiner Dissertation mit der Frage beschäftigt, wie eigentlich etwas Neues entstehen kann und wie schöpferische Prozesse beschrieben und durch Pädagogen unterstützt werden können (vgl. Stenger 2002). Obwohl unsere Gesellschaft die Bedeutung der Kreativität erkannt hat, scheint sie heute eher auf Lernkonzepte zu setzen, die ein fleißiges Reproduzieren, bestenfalls ein eigenes Beurteilen des bisherig Bekannten zum Ziel haben, nicht aber das Experimentieren mit einem Thema, welches auch Fehler und Irrwege zulässt, Zeiten der Ungewissheit aushalten kann, um zum Durchbruch zu kommen. Über bewusste Kontrolle und Planung allein gelingen – ein kurzer Blick in die Wissenschaftsgeschichte genügt hier – nur wenig bahnbrechende Erfindungen.

4   Lesen als Bildung

Nun aber möchte ich den Prozess des Lesens selbst näher in Augenschein nehmen. Was geschieht eigentlich, wenn wir lesen? Dieser Frage wende ich mich
im Hinblick auf das Lesen von literarischen Texten zu, denn das sind immer
noch diejenigen, die Kinder mit Leidenschaft und in größerer Menge lesen,
wenn sie freiwillig lesen. Wie können wir diese Art des durch die Lektüre Ge-
fesseltseins verstehen, wenn Kinder blind mit dem Fuß vorantastend mit dem
Buch vor der Nase beim Essen erscheinen, oder gar die Schulpause für die Lektüre ihres so jäh unterbrochenen Genusses nutzen?

Merleau-Ponty hat diese Form des Lesens genauer beschrieben. Voraussetzung ist zunächst die „gesprochene Sprache", das Wissen um erworbene und
verfügbare Bedeutungen, Syntax, etc. (Merleau-Ponty 1984, 34). Interessant
wird es jedoch dann, wenn das Verhältnis sich umkehrt, das Buch den Leser
ergreift und auf geradezu unmerkliche Weise die Worte ihre immer schon ge-
wusste Bedeutung verlieren und sich umformen zu etwas Neuem. Die konstitu-
ierende, „sprechende Sprache" ist eine Aufforderung an den Leser, „sich selbst
durch das Buch umformen und mit neuen Organen ausstatten zu lassen" (ebd.,
37). Der Leser vermag sich selbst zu überschreiten, wenn er nicht nur im Sinne
des bisher Bekannten interpretiert, er gelangt dazu, eine neue Perspektive einzu-
nehmen (vgl. ebd., 37).

„Harry Potter" etwa, der bereits von Grundschulkindern verschlungen wird,
taucht als Gestaltengeber und Vorlage für Spielmöglichkeiten auf. Die Lektüre
ist nicht getrennt vom eigenen Leben, sie eröffnet Erfahrungsmöglichkeiten,
etwa sich selbst als mächtig zu erleben. Gespräche wechseln dabei ständig zwischen sog. realer und fiktiver Ebene. Das Erzählen eigener Erlebnisse, das Planen gemeinsamer Handlungen ist immer wieder durchsetzt, kommentiert und
interpretiert von Episoden und Charakteren, die Kinder aus den Büchern kennen
und in ihre Gespräche einbringen. Die literarischen Erzählungen haben eine
lebenserhellende, deutende und auch wirklichkeitsgenerierende Kraft.

Über Geschichten werden zudem wesentliche Zusammenhänge, Hand-
lungsmöglichkeiten, Erwartungen, Werte und Sichtweisen einer Kultur, einer
Gesellschaft, einer Zeit an Kinder weitergegeben. Sie vermögen eine Vielfalt
möglicher Perspektiven des Handelns und Denkens aufzuzeigen, wenn es gelingt, von ihnen „Gebrauch zu machen". Wie aber kann eine solche Lektüre
angeregt werden, die das Gelesene zur umfassenden Wahrnehmung und Emp-
findung bringt und zudem auf das eigene Leben bezieht?

In der Folge der Diskussion nach PISA hat sich die Auffassung entwickelt,
man müsse möglichst schnell lesen können, die Lesefitness trainieren, dann
bliebe hinterher mehr Zeit übrig, über das Gelesene auch nachzudenken. Doch

was geschieht eigentlich, wenn wir lesen? Einen Text lesend erstellen wir in gewisser Form eine zweite Ebene der Wirklichkeitserfahrung. Wir sitzen nicht mehr nur im Klassenzimmer, sondern erstellen einen eigenen Raum, den die Geschichte eröffnet. In diesem bewegen wir uns mit den Figuren. Also etwa: Ein Entenküken läuft weg, ist allein, verlassen und wird schließlich von einem kleinen Hund gerettet und zu seiner Mutter zurückgebracht. Als Elena (6 J.) diese Geschichte vorliest, habe ich beobachtet, dass sie beim Vorlesen immer wieder für wenige Sekunden innehält, um das Gelesene auf sich wirken zu lassen. Das sprachliche Zeichen, das Wort: „ganz allein, verlassen" wird zu einem Eindruck, der leibhaftig erzeugt wird. Es ist nicht nur ein zu erfassendes Wort, sondern ruft eine Erfahrung wach. Diese Augenblicke halte ich für elementar für den Prozess des Lesens selbst. Nur so können die Dimensionen des Erlebens wie auch die Dramaturgien der Geschichten in ihrer ästhetischen Wirkung als Weisen der Selbst- und Welterfahrung wahrgenommen werden, die es dem Kind ermöglichen (beim Schreiben eines Aufsatzes, Briefes, Tagebucheintrags) auch feine Nuancen seines Anliegens formulieren zu können. Ausdruck führt zu Eindruck und der wieder zum Ausdruck. „Allein sein" kann Trotz und Stärke, oder Ausgegrenztheit und Trostlosigkeit bedeuten.

Der Kern dieses Verständnisses des Lesens besteht darin, dass nicht nur ich mit Hilfe meiner Kognition das Buch erfasse, konstruiere und reflektiere, sondern dass auch ich selbst von dem erfasst, gebildet werde, was mir beim Lesen entgegenkommt, widerfährt. In diesem Sinne ließen sich vielfältige Querverbindungen zu Forschungen ziehen, die sich mit der Entwicklung literarischen Verstehens in Bezug auf die Kinder- und Jugendliteratur befasst haben, etwa zu Hurrelmann, Haas, Rosebrock, Spinner u.a.. Die Lust am Lesen entsteht durch die eigentümliche Bewegung, die beim Lesen selbst in Gang kommt, das Eintreten in neue Welten, das es uns ermöglicht uns selbst mit thematisiert zu finden, in dem, was wir sind und sein wollen und wie wir uns selbst und die Welt sehen und verstehen. Diese Dimension des Lesens als Bildungsprozess macht das eigentliche Abenteuer des Lesens aus, als Eröffnung neuer Daseins- und Wahrnehmungsmöglichkeiten.

Literatur

Barsch, A. u.a.(Hrsg.) (2003): Lesen+Schreiben. Seelze.
Benner, D. (2002): Die Struktur der Allgemeinbildung im Kerncurriculum moderner Bildungssysteme.. In: Zeitschrift für Pädagogik. 48 Jg., 68-90.
Binnig, G.(1989): Aus dem *Nichts*. München/Zürich.
Bos, W. u.a. (Hrsg.) (2003): Erste Ergebnisse aus IGLU. Münster.
Deutsches PISA-Konsortium (Hrsg.) (2001): PISA 2000. Opladen.

Gadamer, H.-G. (1986): Wahrheit und Methode. Grundzüge einer philosophischen Hermeneutik. Tübingen.

Haas, G. (1997): Produktive Imagination als Form der Textbegegnung und Textaneignung im Bereich der Kinder- und Jugendliteratur. In: Schulz, G. (Hrsg.) 1997: Lernen als genussvolles Aneignen der Künste. Hohengehren, 36-45.

Hurrelmann, B. (2003): Lesen. In: Barsch, A. u.a. (Hrsg.): Lesen + Schreiben. Seelze, 4-11.

Mattenklott, G. (2001): Zuhause in der phantastischen Fremde. In: PÄD-Forum unterrichten und erziehen. Jg. 29 (2001) H. 1, 28-34.

Merleau-Ponty, M.(1993): Die Prosa der Welt. München.

Rosebrock, C. (Hrsg.) (1995): Lesen im Medienzeitalter. Weinheim.

Schulz, G u.a. (Hrsg.) (1997): Lernen als genussvolles Aneignen der Künste. Hohengehren.

Spinner K. H. (1997): Kein „schneller Einkauf von Kenntnissen". Produktionsorientierter Umgang mit Kinder- und Jugendliteratur, In: Schulz, G. u.a. (Hrsg.): Lernen als genussvolles Aneignen der Künste. Hohengehren, 20-35.

Stenger, U. (2002): Schöpferische Prozesse. Weinheim/München.

Schriftsprachentwicklung von Kindern aus sogenannten schriftfernen Familien beim Übergang vom Kindergarten in die Grundschule: Erste Ergebnisse einer qualitativen Längsschnittstudie

Sandra Langer

1   Einleitung

In diesem Beitrag stelle ich den gegenwärtigen Stand meines Dissertationsvorhabens vor. Ziel dieses Vorhabens ist es, die in der einschlägigen Literatur der letzten Jahre vermuteten und in standardisierten Leistungsstudien dokumentierten Einflüsse familiärer Sozialisationsbedingungen auf die Entwicklung von Schriftsprachkompetenz von Kindern zu untersuchen und durch die Erfassung der individuellen Entwicklungsverläufe dreier Kinder detaillierter zu betrachten.

2   Zur Problemstellung der Studie[1]

In den großen Vergleichsstudien PISA und IGLU wurde gezeigt, dass in Deutschland die Kompetenz- und Leistungsentwicklung im Schriftsprachbereich stark von der familiären Herkunft der Schüler und Schülerinnen abhängig ist. Laut DIPF (Avenarius u.a. 2003, 9) fallen dabei „vor allem gravierende Unterschiede des Kompetenzerwerbs in Abhängigkeit von der sozialen Herkunft und dem Migrationsstatus" ins Auge. Zur Erklärung dieser Zusammenhänge wird u.a. nach Knörzer/ Grass (1994), Dehn (1996) und Bergk (2002), vor allem der Erfahrungshintergrund des familiären Milieus herangezogen, d. h. die mangelnde Anregung in sozial benachteiligten Familien. Zu deren Kennzeichen gehört laut Legasthenie-Erlass Hamburg 2003 häufig eine „Schriftferne", die es den Kindern schwer mache, den Zugang zur Bedeutung von Lesen und Schreiben zu finden.

---

[1]   Zur einer ausführlicheren Darstellung der Abschnitte „Zur Problemstellung der Studie" und „Design der Studie" verweise ich auf einen Artikel in Panagiotopoulou, A./ Carle, U. (2004).

Besonders Kindern aus anregungsarmen Familien fällt dabei laut Kretschmann und Rose (2002) die Bewältigung des Übergangs in die Grundschule
schwer.

Die Entstehung des beschriebenen Einflusses der sozialen Herkunft auf die
Kompetenz- und Leistungsentwicklung von Schülerinnen und Schülern, ist laut
Brügelmann und Heymann (2002) wie auch Büchner (2003) noch nicht klar und
müsse in der Forschung differenzierter als bisher untersucht werden. Auch Rauschenbach u.a. (2004, 315) erläutern, dass es in Deutschland an Längsschnittun-
tersuchungen fehle, „in denen die Wirkungen familiärer Kontexte auf Kompetenzerwerb, Kompetenzentwicklung und Bildungsprozesse analysiert werden."

3   Design der Studie: grundlegende inhaltliche Aspekte und
        methodische Leitlinien

Um den genannten Zielsetzungen nachzugehen, werden in der hier vorgestellten
Studie die folgenden inhaltlichen Aspekte und methodischen Leitlinien berücksichtigt.

Nutzung von detaillierten Fallstudien: Es wurden drei Kinder und deren
Familien regelmäßig (1-2 mal die Woche) über mehrere Stunden hinweg beglei-
tet. Durch diese Regelmäßigkeit und Langfristigkeit der Besuche konnte die
Komplexität von Situationen und Entwicklungen detailliert erfasst werden.[2]

Das Kind als Ko-Konstrukteur der familiären Alltagspraxis: Neben der
Erwachsenen- ist auch die Kinderperspektive[3] von hoher Bedeutung. Von Interesse sind dabei besonders die Handlungsstrategien und -muster der Kinder in
ihrer Interaktion mit weiteren Familienmitgliedern.

Erfassung der familiären Alltagspraxis im Prozess: Die Familien wurden
über einen Zeitraum von rund 16 Monaten[4] besucht. Der Zugang zur familiären
Alltagspraxis erfolgt über die Interpretation von Interaktionen zwischen den
Familienmitgliedern und deren Aussagen über die familiäre Praxis mittels der
dokumentarischen Methode[5]. Mit dieser soll das unbewusste Wissen der Famili-
enmitglieder erfasst werden, das handlungsleitend für ihren Alltag ist.

---

[2]   Rekonstruiert werden drei „Risikofälle", d.h. von Kindern aus drei sozio-ökonomisch benach-
       teiligten Familien, eine davon mit Migrationshintergrund.
[3]   In Ahnlehnung an die neue Kindheitsforschung, vgl. u.a. Honig/ Leu/ Lange (1999), werden
       Kinder als Ko-Konstrukteure ihrer Umwelt verstanden.
[4]   Die Erhebungen wurden von April 2001 bis Juli 2002 durchgeführt, von 4 Monaten vor
       Schulbeginn bis nach Vollendung des 1. Schuljahres.
[5]   vgl. Bohnsack (2003)

Der Übergang in die Schule als „krisenhafter Prozess ": Erfasst wurde der Einfluss des Übergangs in die Schule auf die Konstruktion der familiären Alltagspraxis und der daraus hervorgehende Einfluss auf die Konstruktionen und somit auf die Schriftsprachentwicklung des Kindes.

Triangulation von Feldern und Methoden: Die Kinder wurden hauptsächlich innerhalb der Familie begleitet, im geringeren zeitlichen Umfang auch im Kindergarten und der Schule[6]. In den Erhebungen wurden mit Befragungen, Beobachtungen und des Einsatzes von informellen Tests[7] ganz bewusst unterschiedliche Zugänge gewählt.

4   Vorgehen in der Auswertung der Daten - ein Fallbeispiel

Als Einblick in erste Auswertungsschritte wird im Folgenden zunächst die beispielhafte Interpretation von Rohdaten anhand eines Transkriptausschnitts mittels der dokumentarischen Methode präsentiert. Daran anschließend wird eine exemplarische Darstellung inhaltlich besonders markanter Interpretationen in ihrer zeitlichen Abfolge dargestellt.

Interpretation mittels der dokumentarischen Methode:
Die Analyse der ausgewählten Textstelle (siehe Tabelle) bezieht sich auf die beiden Schritte der sogenannten formulierenden und reflektierenden Interpretation.

1. Schritt, formulierende Interpretation: Das, was von den Akteuren begrifflich ausgedrückt wurde, wird noch einmal zusammenfassend „formuliert" um eine Übersicht über das Material zu gewinnen und herauszuarbeiten, welche Themen und Unterthemen angesprochen werden. Anschließend wird die Passage detailliert thematisch gegliedert und mit möglichst kurzen Oberbegriffen versehen.

2. Schritt, reflektierende Interpretation: Hier wird untersucht, *wie* ein Thema behandelt wird, welche Bezüge zu weiteren Themen die agierenden Personen herstellen. Dazu gehört auch die Rekonstruktion der Gesprächsorganisation, also die Art und Weise, wie und ob überhaupt die Sprecher aufeinander Bezug nehmen etc.

---

[6]   In den Erhebungen im Kindergarten und der Schule wurde die Fremdsicht von Experten auf die Schriftsprachentwicklung der Kinder erfasst.

[7]   Informelle Tests dienten der Erhebung der schriftsprachlichen Leistungsentwicklung der Kinder.

Transkriptausschnitt	1. Schritt	2. Schritt
1 [...] 2 M: So wat heißt das jetzt? 3 Das weiß ich immer noch 4 nicht! Mama kann nicht 5 lesen! Les mal vor Katja! 6 K: Na klar kannst du lesen! 7 M: Nee, kann ich net, dat 8 kann ich net lesen! Wat ist 9 das denn? Wat sind dat denn 10 jetzt für Buchstaben, wat 11 heißt dat denn jetzt? Hä? [K. 12 schreibt weiter die Wörter 13 ins Heft]... Sag mir mal die 14 Buchstaben...hä?	1-25 Lesen der Hausaufgaben- Wörter: 1-14 Die Mutter fordert das Vor- lesen der Wörter, reduziert die For- derungen /Katja schweigt auf die- se Forderungen, erklärt, sie könne diesen nicht Folge leisten.	1-14: Die Mutter initiiert eine Prüfungs- situation, mit über die konkreten Haus- aufgaben (Abschreiben von Wörtern) hinausgehenden und „verkleideten" (Z. 4-5) Forderungen. Katja „enttarnt" diese und zögert damit die geforderte Antwort hinaus. Die Mutter reduziert ihre Anfor- derungen, drängt dabei zu einer Antwort. Katja verzögert diese erneut, durch Ignorieren der Forderungen und Hin- wendung zur eigentlichen und zu bewäl- tigenden Aufgabe. Durch Beharren der Mutter legt Katja schließlich ihr Nicht- können offen.
15 K: Ich kann das nicht!... 16 M: [lauter:] Ja dann musst 17 du dich bemühen!... 18 K: [weinerlich] Oh mann ich 19 brauch ne Brille!... 20 M: Du brauchst keine 21 Brille!... [steht auf und geht 22 aus dem Raum.] 23 K: [zu sich selbst] Ich kann 24 net das lesen, so alleine!..... 25 Ich kann das nicht! 26 [...]	16-25 Die Mutter fordert sich zu bemühen./ Katja erklärt sie brau- che „ne Brille", könne das nicht „so alleine!"	16-25: Die Mutter unterstellt Katja ein Nicht(genug)-Bemühen, Leistungen die sie zeigen können müsste, nicht zu zeigen. Katja übernimmt diese Perspek- tive und bringt ihre emotionale Belas- tung zum Ausdruck. Sie sucht nach einer möglichen, außerhalb ihrer Person liegenden, Begründung für ihr Nicht- Können, die jedoch von der Mutter nicht akzeptiert und als Ausrede erklärt wird. Die Mutter verlässt die gemeinsame Situation. Katja drückt erneut ihre Belastung aus und äußert ihre Abhän- gigkeit von Hilfsmitteln oder personeller Hilfe.

(Analyse einer ausgewählten Textstelle mittels der dokumentarischen Methode)

Ausschnitt von interpretierten Daten in ihrer zeitlichen Abfolge:
Im Folgenden wird eine Auswahl von Daten über Katja und ihre Familie vorgestellt um zwei wesentliche Aspekte zu verdeutlichen. Zum einen wird gezeigt,
wie unterschiedlich die Schriftsprachkompetenz und das schriftbezogene Interesse eines Kindes aus einer sogenannten schriftfernen Familie von verschiedenen Bezugspersonen eingeschätzt wird. Zum anderen wird der Prozess von der
vom Kind frei gewählten Beschäftigung mit Schrift bis hin zur Vermeidung des
Umgangs mit Schrift dargestellt.[8]

April: Katja kann ihren Namen schreiben, was ihr nach Aussage der Mutter
ihr Vater beigebracht habe. Die Erzieherinnen des Kindergartens schätzen Katjas Kompetenzen anders ein: Katja kenne keine Buchstaben, „sie kann auch
nicht ihren Namen schreiben."

---

[8] Diese Daten beziehen sich auf den Zeitraum der Einschulung, von April bis November 2001.

Mai: Auch die Mutter äußert, Katja habe „mit Schrift noch nix am Hut", sie wolle ihr zudem vor der Schule nichts zeigen. Die Erzieherinnen empfehlen der Mutter eine Überprüfung Katjas als Integrationskind, was diese ablehnt. Katja schreibt derzeit 18 verschiedene Buchstaben und besitzt damit eine überdurchschnittliche Buchstabenkenntnis.[9] Die Beschäftigung mit Schrift ist für Katja sehr bedeutsam, sie nutzt hierzu u.a. Werbepost. Ab Mitte Mai initiiert die Mutter Katja größtenteils überfordernde Übungssituationen und wirft dieser ihr Nicht-Können als ein Nicht-Bemühen vor. Katja reagiert mit Ignorieren der Mutter, die wiederholt Ängste bzgl. Katjas schulischen Werdegangs und dessen Folgen für den familiären Alltag äußert.

Juni: Katja schreibt nunmehr 20 verschiedene Buchstaben, beschäftigt sich nach wie vor viel mit Schrift und findet dabei u.a. über die Nutzung des Fernsehers als Vorlage zum Abschreiben von Buchstaben recht ungewöhnliche Zugänge. Die Mutter beginnt die Schule zur Verhaltensdisziplinierung Katjas heranzuziehen, die darauf mit Weigerungen reagiert.

Juli: Katja schreibt 22 Buchstaben. Sie verdeutlicht ihr Bedauern bzgl. ihres nur eingeschränkten Zugangs zu Büchern über die Interpretation der Bilder und das „Nachlesen" der Geschichten, von denen sie auch ein Video besitzt. Die Erzieherinnen beurteilen Katjas Potential für die Schule als gering, bemerken jedoch auch: „Katja liebt Bücher über alles, die setzt sich auch hin und guckt sich Bücher an, die keine Bilder haben."

August: Die Schulleiterin erläutert, Katja „wird es wahrscheinlich nicht schaffen", schult sie Mitte August jedoch regulär ein. Noch vor Schulbeginn äußert Katja bzgl. der vermehrt stattfindenden häuslichen Übungssituationen, dass sie nicht mehr schreiben wolle, auch eigeninitiierte Schriftaktivitäten lassen nach. Die Hausaufgaben müssen sich in den Familienalltag einpassen und sind von Beginn an emotional belastet: Katja sucht die lustbetonte Beschäftigung mit den Aufgaben, die Mutter fordert deren gradlinige Bearbeitung und diszipliniert dabei stark. Katja reagiert mit Weigerungen und Ignorieren der Mutter. Ende August schreibt sie nur noch 6 verschiedene Buchstaben.

September: Hausaufgaben wie auch Übungssituationen führt Katja nun alleine durch, da die Mutter diese als „ein Drama" erlebt. Katja experimentiert wieder – nicht nur während der Hausaufgaben – mit Zeichen und Buchstaben.

Oktober: Die Mutter übt wieder mit Katja, um zu vermeiden, dass sie nach

---

[9]   Die Vergleichsstichprobe von Richter 1992 wurde dabei erst Ende September erhoben. Die Aufgabe „Schreibe alle Buchstaben" der Lese- und Schreibaufgaben von Brügelmann (1989), wurde nur als ein informeller Test neben weiteren genutzt. Für die Präsentation wird allein auf diese Aufgabe zurückgegriffen, um die Entwicklung im Vergleich übersichtlicher darzustellen.

den Ferien keine Buchstaben mehr weiß. Auch „freie" Aktivitäten mit Schrift werden durch die Mutter in „Übungssituationen" umgewandelt, die jedoch nach kurzem wieder eingestellt werden, da Katja, nach Aussage ihrer Mutter, „auf stur" schalte. Ab Mitte Oktober experimentiert Katja wieder mit Schrift und unterscheidet dabei eigeninitiierte Schriftaktivitäten und Situationen, in denen sie sich mit schulischem Schreiben auseinandersetzt. Letztere beurteilt sie als „langweilig".

November: Katja spielt während der Hausaufgaben das Lesen und Schreiben, erklärt aber, ihr gefalle „keine Schule" mehr. Die Mutter initiiert erneut Übungssituationen, da sie auf Kompetenzfortschritte im Lesenlernen wartet. Die zuvor leicht entspannte Hausaufgaben-Situation, wird wieder schwieriger. Katja übernimmt die Ansicht der Mutter bzgl. ihrer unzureichenden Kompetenz.

Der weitere Schritt besteht nun im Identifizieren von wiederkehrenden Mustern. Ein bisher ausgemachtes Muster, das sich auch in der vorgestellten beispielhaften Interpretation des Transkriptausschnitts und ebenso in der hier vorgestellten Übersicht von interpretierten Daten zeigt, ist z.b. die Initiierung von Prüfungssituationen durch die Mutter und Katjas Strategie des Verzögerns des Eingehens auf die Forderungen der Mutter, indem sie diese ignoriert.

Anhand dieser Interpretationen soll ein das Material verdichtender und beschreibender Quellentext (Friebertshäuser 2001) konstruiert werden, der – gemeinsam mit den Quellentexten der zwei weiteren Fälle – als Materialbasis zur Bildung von Hypothesen und als Grundlage zur weiteren Auseinandersetzung mit dem Theorie- und Forschungskontext dient.

Literatur

Bergk, M. (2002): Mehr Startchancen für „schriftfern" aufgewachsene Kinder. In: Grundschulunterricht, H. 5, 4-6.

Bohnsack, R. (2003): Rekonstruktive Sozialforschung. Einführung in qualitative Methoden. 5. Aufl. Opladen, 135.

Brügelmann, H. (1989): Lese-und Schreibaufgaben für Schulanfänger. Beobachtungs- und Denkhilfen zur Denkentwicklung beim Schriftspracherwerb. Regenbogen-Lesekiste, Bericht No. 33f., Hamburg.

Brügelmann, H./ Heymann, H. W. (2002): Pisa 2000: Befunde, Deutungen, Folgerungen. In: Pädagogik, H. 3, 40-43.

Büchner, P. (2003): Stichwort: Bildung und soziale Ungleichheit. In: ZfE, H. 1, 5-24.

Dehn, M. (1996): Einleitung: Elementare Schriftkultur. In: Dehn, M./ Hüttis-Graff, P./ Kruse, N. (Hrsg.): Elementare Schriftkultur. Weinheim und Basel, 10-14.

DIPF: Avenarius, H./ Ditton, H./ Döbert, H./ Klemm, K./ Klieme, E./ Rürup, M./ Tenorth, H.-E./ Weishaupt, H./ Weiß, M. (2003): Bildungsbericht für Deutschland 2003, ´Erste Befunde`. DIPF Frankfurt am Main/ Berlin, 9.

Friebertshäuser, B. (2001): Wege zur Ethnographie. In: Panagiotopoulou, A./ Rohlfs, C. (Hrsg.) Lernbiografien im sozialen Kontext. Auswertungsstrategien für Feldforschungsdaten. Universität Siegen, 117-134.

Honig, M.-S./ Lange, A./ Leu, H.R. (1999): Eigenart und Fremdheit. In: Honig, M.-S./ Lange, A./ Leu, H.R. (Hrsg.): Aus der Perspektive von Kindern? Zur Methodologie der Kindheitsforschung. Weinheim und München. Weinheim und München, 9-32.

Knörzer, W./ Grass, K. (1994): Den Anfang der Schulzeit pädagogisch gestalten. 3. Aufl. Weinheim und Basel, 44.

Kretschmann, R./ Rose, M. (2002): Starthilfen zum Schulanfang. Internetquelle: http://www.kretschmannonline.de/Aufsaetze/ Kigasu/STARTHBE.html, 26.03.04.

Langer, S. (2004): Schriftsprachentwicklung von Kindern aus sozial benachteiligten Familien in der Zeit des Übergangs vom Kindergarten in die Grundschule- eine qualitative Längsschnittstudie und ihre ersten Ergebnisse. In: Panagiotopoulou, A/ Carle, U. (Hrsg.): Sprachentwicklung und Schriftspracherwerb. Beobachtungs- und Fördermöglichkeiten in Familie, Kindergarten und Grundschule. Hohengehren, 95-103.

Legasthenie-Erlass Hamburg (2003), Internetquelle:http://www.iflw.de/service/legasthenieerlass_ hamburg.htm, 5.02.04, 2.

Panagiotopoulou, A/ Carle, U. (2004) (Hrsg.): Sprachentwicklung und Schriftspracherwerb. Beobachtungs- und Fördermöglichkeiten in Familie, Kindergarten und Grundschule. Hohengehren.

Rauschenbach, T./ Mack, W./ Leu, H.R./ Lingenauber, S./ Schilling, M./ Schneider, K./ Züchner, I. 2004): Konzeptionelle Grundlagen für einen Nationalen Bildungsbericht - Non-formale und informelle Bildung im Kindes- und Jugendalter. Bundesministerium für Bildung und Forschung (Hrsg.). Berlin, 315.

Richter, S. (1992): Die Rechtschreibentwicklung im Anfangsunterricht und Möglichkeiten der Vorhersage ihrer Störungen. Hamburg.

Schriftspracherwerb verändert Sprachbewusstheit

Eva-Maria Kirschhock

Im Folgenden wird der Frage nachgegangen, wie Schulanfänger allmählich eine *bewusste* Einsicht in die Funktion und Merkmale der Schriftsprache entwickeln. Spannend dabei ist, ob verschiedene Unterrichtskonzeptionen auf die Ausbildung der kindlichen Schriftsprach-Konzepte und Vorstellungen Einfluss haben. Kognitive Klarheit über die zu bewältigende Aufgabe, hier der produktive und rezeptive Umgang mit Schriftsprache, ist nachweislich eine wichtige Voraussetzung für einen gelingenden Schriftspracherwerb (vgl. Downing/ Valtin 1984).

1 Untersuchungskontext „standardisierte" versus „individualisierende" Unterrichtskonzeptionen

Untersucht wurden drei verschiedene schriftsprachliche Anfangskonzeptionen in ihrem Einfluss auf die Entwicklung der Sprachbewusstheit: Zwei Gruppen erhielten einen lehrgangsorientierten, eher *„standardisierten"* Unterricht und begannen mit dem Lesen; ergänzend zu dem Angebot des verwendeten Fibellehrgangs wurde in einer Gruppe mit einem Training zur phonologischen Bewusstheit gearbeitet, die als sehr bedeutsame Vorläuferfähigkeit für einen erfolgreichen Schriftspracherwerb gilt („Fibelklassen" und „Trainingsklassen"). Die dritte Gruppe arbeitete eher *„individualisierend"* im Schriftspracherwerb und begann mit dem freien Schreiben („entwicklungsorientiert arbeitende Klassen"). In den drei Gruppen wurden aus je 5 Klassen jeweils 45 Kinder zu ihren schriftsprachlichen Konzepten befragt. Die 135 Einzelinterviews wurden drei Mal im Jahr durchgeführt, nämlich am Anfang (Oktober), in der Mitte (März) und am Ende des ersten Schuljahres (Juli).

2 Theoretische Bezüge

Den theoretischen Rahmen bilden zum einen die *psycholinguistisch* orientierten Arbeiten von Andresen (1985). Sie hat sich in ihrer Analyse um grundlegende begriffliche und konzeptionelle Abklärung bei der Bewusstwerdung von Sprache, insbesondere im Zusammenhang mit dem Schriftspracherwerb bemüht. Zum anderen wird der *entwicklungspsychologisch* beeinflusste Theorieansatz von Downing und Valtin (1984) dargestellt, der das wachsende Verständnis von Funktion und Struktur der Schriftsprache modelliert. Mit der *Taxonomie* von Tunmer, Pratt und Herriman (1984) sowie Tunmer und Hoover (1992) werden unterschiedliche Sprachebenen aufgezeigt, in denen sich metalinguistische Fähigkeiten beobachten lassen, nämlich die phonologische Ebene, die Wortebene, die syntaktische und die pragmatische Ebene.

3   Begriffsklärung

Die Kategorie der *Bewusstheit* oder der *Bewusstwerdung* legt die Annahme nahe, dass Einsichten in Strukturen von Sprache gewonnen werden, über die das Kind vorher *unbewusst* verfügte (vgl. Wygotski 1993, 230 ff.).

Damit zusammenhängend ist die Einordnung *meta*sprachlicher Äußerungen von Kindern vor allem im Vorschulalter schwierig, weil das „Kriterium der Explizitheit metasprachlicher Phänomene ... häufig mit der Bewusstheit konfundiert ist (Schmid-Barkow 1999, 81). Bewusstheit schließt also für viele Forscher das Vermögen mit ein, Erkenntnisse *formulieren* zu können. Kritisch setzt sich damit beispielsweise Waller (1988) auseinander. Auch neuere Erkenntnisse über implizite Lernprozesse, die den Schriftspracherwerb betreffen, widersprechen einer Auffassung von Bewusstheit, die (ausschließlich) mit Verbalisierbarkeit einhergeht (vgl. z. B. Neuweg 2000; Oerter 2000). Im Anschluss an die Metakognitionsforschung kann eine Sichtweise vertreten werden, die implizites Sprachbewusst*sein* und explizit verbalisierbare Sprachbewusst*heit* als zwei sich ergänzende Kompetenzen betrachtet (vgl. Brown 1984; Flavell 1983; Fischer / Mandl 1983).

Die im Folgenden ausgeführten exemplarischen Ergebnisse beziehen sich meist auf die explizite Seite der Sprachbewusstheit, obwohl in der Untersuchung darauf geachtet wurde, dass alle Konzepte auch anwendungsbezogen und damit implizit geprüft wurden (ausführlich dazu Kirschhock 2004).

An den Antworten der Schulanfänger wird sehr oft deutlich, mit welchem Vor-Verständnis die Kinder an den *formalen Aspekt* von Schriftsprache herangehen, der erst in der Schule eine so große Bedeutung erhält.

4 Buchstaben- und Lautkonzept

Auf die Frage, *was ein Buchstabe sei*, antworteten nach vier Schulwochen im Interview 1 viele Kinder, unabhängig davon, welcher unterrichtsmethodischen Gruppe sie angehörten, mit der Nennung eines *konkreten Beispiel* für einen Buchstaben („'A' ist ein Buchstabe"). Dies entspricht einem eher impliziten, anwendungsbezogenen Verständnis. Eine wesentlich größere Aufgabenklarheit im Sinne Downings (1984, 36) spiegelt sich in Antworten, die auf die *Funktion* von Buchstaben abzielen („Buchstaben braucht man, um Wörter zu bauen: M-U-T braucht man für Mut."). Solche Erklärungen, die in Interview 1 von deutlich mehr Kindern aus den entwicklungsorientierten Klassen gegeben wurden, zeigen, dass die Kinder über die Funktion von Buchstaben nachgedacht haben. Vermutlich entwickelte sich diese ausgeprägte Sprachbewusstheit durch den selbstständigen Umgang mit Graphemen beim freien Schreiben. Bei Interview 2 (Schuljahresmitte) zogen die Trainingsklassen im Niveau nach und erst am Jahresende bei Interview 3 gaben auch in den Fibelklassen etwa 40% der Kinder eine entsprechende Antwort, die sich mit der Funktion der Buchstaben befasste.

Eine andere Frage zielte auf den *Unterschied zwischen Wort und Buchstabe*. Kognitive Klarheit darüber ist in vielen Unterrichtssituationen von praktischer Relevanz, da oft von den Lehrenden vorausgesetzt wird, dass Kinder genau dies wüssten („Schreibe ein Wort mit dem Endbuchstaben ‚n' auf...").

Während die Kinder in den entwicklungsorientierten Klassen, besonders aber in den Fibelklassen bei Interview 1 noch keine klare Vorstellung hatten, kam den Kindern der *Trainingsklassen* der in diesem Zeitraum geübte „Wortlängenvergleich" auf Grund der Silbengliederung entgegen. Das damit eingeführte Kriterium „Länge/Kürze" (visuell oder akustisch) ist für die Unterscheidung von Buchstabe und Wort eine brauchbare Hilfestellung und wurde auch bei anderen Fragen gerne hinzugezogen. Bei Interview 2 nahmen auch Kinder aus den beiden anderen unterrichtsmethodischen Gruppen diesen formalen Vergleichsmaßstab „Länge/Kürze" zu Hilfe. Die Sicherheit der Argumentation bei den Kindern der Trainingsklassen blieb jedoch auffällig. Angemerkt sei noch, dass auf die Semantik als Unterscheidungskriterium äußerst selten Bezug genommen wurde.

5 Wortkonzept

Wörter sind die Grundeinheiten sprachlicher Mitteilung. Während sie jedoch im Vorschulalter beinahe immer inhaltsgebunden verwendet werden (vgl. Januschek/ Rohde, 1979), besitzen sie in der Schriftsprache auch als formale Einheiten, getrennt durch Lücken im Schriftbild, eine Bedeutung.

Auf die Frage, *was denn ein Wort sei*, reagierte im ersten Interview etwa ein Drittel aller Kinder mit ratlosem Schweigen oder falschen Antworten (zu den beiden späteren Zeitpunkten waren es zunehmend weniger Kinder). Dies kann als deutlicher Hinweise gewertet werden, dass sich das Bewusstsein des *formalen Aspektes* der Sprache erst *mit* dem Schriftspracherwerb in größerem Umfang aufbaut. Auffällig war allerdings, dass in allen drei Interviews jeweils in den Fibelklassen weit mehr Kinder als in den beiden anderen unterrichtmethodischen Gruppen falsche Antworten gaben, die oft auf Verwechslungen linguistischer Einheiten und somit auf eine unklare Konzeptualisierung hinwiesen. Beispiele dafür sind: „Ein Wort ist ein einzelner Buchstabe" oder „...ein Wort ist zusammengesetzte Wörter".

Umgekehrt zeigen die Positiv-Antworten der Kinder, welches Konzept sie sich von der Einheit Wort erarbeitet haben. Im Folgenden werden drei häufig besetzte Kategorien beschrieben, die eine allgemeine Entwicklung weg vom inhaltsbezogen-konkreten Wortbegriff, der vorbewusst verwendet wurde, hin zu einem formal linguistischen Wortbegriff dokumentieren. Letztgenannter basiert auf einem bewussteren Umgang mit dieser linguistischen Einheit und hat für die Bewältigung der schulischen Aufgaben z.B. praktische Relevanz, wenn es etwa um das Anweisungsverständnis geht („Unterstreiche das Wort...").

Eine Möglichkeit, an den in der Vorschulzeit gewonnenen *inhaltsbezogenen, impliziten Wortbegriff* anzuknüpfen, war auch hier – wie bei der Definition des Buchstabens – die Nennung eines konkreten Wortes, z. B. „Topf". Einen reflektierteren Zugang zu der Einheit „Wort", der an die neuen Schulerfahrungen und die Begegnung mit der Schriftsprache anknüpft, spiegelt sich in Aussagen über den Tätigkeitsbereich, in dem Wörter gebraucht werden („Wörter kann man reden oder lesen"; „Bei einem Wort musst du Buchstaben kennen"). In Antworten dieser Kategorie zeigt sich eine zwar noch *diffuse, aber bereits richtige Vorstellung* über die Funktion der Wörter.

Eine weitere Annäherung an den linguistischen Wortbegriff ist festzustellen, wenn Kinder eine *klare funktionale Wortvorstellung* verbalisieren können. Meist verdeutlicht ein zusätzliches Beispielwort den notwendigen semantischen Bezug. In den Antworten der Kinder äußert sich das z. B. folgendermaßen: „Ein Wort ist, wenn ich sage: JA. Das ist schon ein Wort. Das wird aus Buchstaben gemacht." „Wenn du so schreibst, wie z. B. ‚Pumuckl', dann ist das ein Wort."

Beim Vergleich der unterrichtsmethodischen Gruppen ist auffällig, dass besonders viele Kinder in den entwicklungsorientiert arbeitenden Klassen in Interview 1 und 2 bereits einen diffus-funktionalen Wortbegriff ausgebildet haben. Mit einiger Verzögerung zeigt sich in den Fibelklassen dann in Interview 3 eine Häufung dieser Antworten. Bis zum Schuljahresende entwickelte sich bei relativ vielen Kindern vor allem aus den *entwicklungsorientiert arbeitenden Klassen*, aber auch in den *Trainingsklassen* ein *kognitiv geklärtes Wortkonzept*, das es erlaubte, sowohl die Funktion als auch intuitiv die Semantik zu umschreiben. Im Gegensatz dazu fanden sich nach einem Jahr Unterricht nur vier Kinder aus den *Fibelklassen*, die entsprechende Aussagen verbalisierten, die auf ein funktionales Wortkonzept schließen ließen. Relativ viele Kinder aus den Fibelklassen erwiderten nichts oder nicht Zutreffendes auf die Bitte nach einer „Definition". Sowohl direktes Training als auch die eigenaktive Auseinandersetzung mit der Schriftsprache in den entwicklungsorientiert arbeitenden Klassen scheinen den Kindern bei der Klärung des linguistischen Wortbegriffes förderlich zu sein.

Wählt man ein allen Kindern inhaltlich bekanntes Wort wie „Hund" und stellt dann die Frage, *ob dies ein Wort sei*, so können bereits im ersten Interview 95% aller Kinder dies intuitiv bejahen.

Interessant ist die gleiche Frage bei einem nicht geläufigen Ausdruck wie es die Silbe „la" darstellt. Während in allen 3 Interviews bei den lehrgangsorientierten Klassen (Trainingsklassen und Fibelklassen) etwa 40% der Kinder gleichbleibend der Meinung waren, „la" sei ein Wort und 60% glaubten, es sei kein Wort, wurden die Kinder aus den entwicklungsorientiert arbeitenden Klassen im Lauf des Schuljahres immer sicherer, dass „la" nicht in ihr Wortkonzept passte.

Anschließend wurden *Begründungen, warum „la" (k)ein Wort sei*, eingefordert. Betrachtet man dabei die Entwicklung von Interview 1 bis Interview 3, so fällt als erstes die hohe Zahl der Kinder auf, die – vor allem am Schulanfang – keine Begründung geben konnten. Intuitiv gehört der semantische Aspekt zum impliziten Konzept von Wort, das die Kinder in der Vorschulzeit aufgebaut haben. Die sinnleere Silbe „la" widerspricht dieser Vorstellung und führt deshalb vor allem am Schulanfang zur Irritation.

Auffällig an den Daten am Schuljahresende (Interview 3) ist, dass 42% der Kinder aus den entwicklungsorientiert arbeitenden Klassen die Frage korrekt begründeten gegenüber nur 20% in den Trainings- und Fibelklassen. In diesen beiden unterrichtsmethodischen Gruppen versuchten zudem relativ viele Kinder eine Antwort auf der formalen Ebene (Länge/Kürze) zu finden, was in diesem Fall nicht zielführend war. Da die Problemstellung stark auf den semantischen Aspekt abhob, hatten die Kinder in den entwicklungsorientiert arbeitenden Klassen Vorteile aus der Art des Unterrichtes, der die Aufmerksamkeit wesentlich stärker auf die *Funktion* und den *Inhalt* der Sprache lenkte als die beiden anderen unterrichtsmethodischen Gruppen. Diese Annahme wird auch durch

Untersuchungen von Dahl und Freppon (1995) sowie Clark (1989 in Adams 1990) gestützt.

6 Satzkonzept

Während eine Veränderung des Wortkonzepts der Kinder beinahe zwangsläufig durch die Begegnung mit der Schriftsprache angestoßen wird, weil alle Kinder entweder auf Wortebene lesen oder schreiben, ist das Wissen über die grammatikalische Einheit „Satz" zunächst nicht im gleichen Umfang für Erstklässler wichtig. Dessen ungeachtet ist die Entwicklung einer syntaktischen Bewusstheit ebenfalls grundsätzlich für den Schriftspracherwerb von Bedeutung, wie Tunmer (1989) zeigen konnte. Er fand einen signifikanten Einfluss der syntaktischen Bewusstheit auf das phonologische Rekodieren und auf das Leseverständnis, der sich auch in einer Pfadanalyse von Tunmer & Hoover (1992, 202) nachweisen ließ.

Zu Schulbeginn sind die Kinder jedoch zunächst mit der konkreteren Einheit „Wort" beschäftigt. Entsprechend konnten im ersten Interview 88% der Kinder in allen Treatments die explizite Frage „Was ist ein Satz?" nicht beantworten. Im Verlauf des Schuljahres waren dann immer mehr Kinder aus den *Trainingsklassen und den entwicklungsorientierten Klassen* fähig, etwas Zutreffendes zur Definition von „Satz" beizutragen. Bei den *Fibelklassen* hingegen blieb die Gruppe der Kinder, die kein Konzept von Satz entwickelt hatten, bis zum Schuljahresende vergleichsweise groß (42%).

7 Lehrgang oder Lernweg als Erfolgsrezept?

Bereits aus der Auswahl von Fragen und Begründungen, die hier dargestellt wurden, geht hervor, was sich auch bei der Entwicklung des – hier nicht dargestellten – Lese- und Schreibkonzeptes sowie des Problemlösekonzeptes fortsetzt (vgl. Kirschhock 2004): Sehr oft hatten die Kinder der *Trainingsklassen* und die der *entwicklungsorientiert arbeitenden Klassen* eine *größere kognitive Klarheit* über schriftsprachliche Merkmale und Funktionen als die Kinder aus den *Fibelklassen*. Dieses geringere Maß an Sprachbewusheit äußerte sich bei den letztgenannten in einem passiveren Antwortverhalten, häufiger „Sprachlosigkeit", in weniger differenzierten und weniger abstrahierten Antworten sowie in eher alltagssprachlichen Begründungskontexten. In den Trainingsklassen wurde die Sprachbewusstheit durch die gezielte Aufmerksamkeit auf den formalen Aspekt der Sprache gefördert. Dagegen lässt sich die erstaunlich gut ausgebildete

Sprachbewusstheit für Einheiten und Funktionen der Schriftsprache in den entwicklungsorientiert arbeitenden Klassen vor allem auf die intensive selbstständige Auseinandersetzung beim freien Schreiben und Lesen zurückführen. Der eigene Lernweg ist also in diesem Falle genauso erfolgreich gewesen wie ein speziell auf die Förderung der phonologischen Bewusstheit ausgerichtetes Training. Wichtig scheint in beiden Fällen vor allem die Förderung einer aktiven Lernhaltung zu sein.

Literatur

Adams, M. J. (1990): Beginning to read: Thinking and learning about print. Cambridge.

Andresen, H. (1985): Schriftspracherwerb und die Entstehung von Sprachbewusstheit. Opladen.

Brown, A. (1984). Metakognition, Handlungskontrolle, Selbststeuerung und andere, noch geheimnisvollere Mechanismen. In: Weinert, F. E./ Kluwe, R. (Hrsg.): Metakognition, Motivation und Lernen. Stuttgart, 61-109.

Dahl, K. L. & Freppon, P. A. (1995): A comparison of innercity children's interpretation of reading and writing instruction in the early grades in skills-based and whole language classrooms. In: Reading Research Quarterly, 30, 50-74.

Downing, J. & Valtin, R. (1984). (Eds.): Language awareness and learning to read. New York: Springer.

Flavell, J. H. (1983): Annahmen zum Begriff Metakognition sowie Entwicklung von Metakognition. In: Weinert, F. E./ Kluwe, R. (Hrsg.), Metakognition, Motivation und Lernen. Stuttgart, 23-31.

Fischer, P. M./ Mandl, H. (1983): Ansätze und Maßnahmen zur Förderung der Lernregulation und der Lernkompetenz (Forschungsbericht 20). Tübingen: Deutsches Institut für Fernstudien an der Universität Tübingen.

Januschek, F./ Rohde, W. (1979): Probleme der Erforschung metasprachlicher Begrifflichkeit bei Erstklässlern. In: Osnabrücker Beiträge zur Sprachtheorie, 13, 79-97.

Kirschhock, E.-M. (2004): Entwicklung schriftsprachlicher Kompetenzen im Anfangsunterricht. Bad Heilbrunn.

Neuweg, G. H. (2000): Mehr lernen als man sagen kann: Konzepte und didaktische Perspektiven impliziten Lernens. In: Unterrichtswissenschaft, 28, 197-217.

Oerter, R. (2000): Implizites Lernen beim Sprechen, Lesen und Schreiben. In: Unterrichtswissenschaft, 28 Jg., 239-257.

Schmid-Barkow, I. (1999): Kinder lernen Sprache sprechen, schreiben, denken. Beobachtungen zur Schrifterfahrung und Sprachbewusstheit bei Schulanfängern mit Sprachentwicklungsstörungen. Frankfurt.

Tunmer, W. E. (1989): The role of language-related factors in reading disability. In: Shankweiler, D./ Liberman. I. Y. (Eds.): Phonology and reading disability: Solving reading puzzle. Ann Arbor: University of Michigan Press, 91-131.

Tunmer, W. E./ Hoover, W. A. (1992): Cognitive and linguistic factors in learning to read. In Gough, P. B./ Ehri, L. C./ Treiman, R. (Eds.): Reading acquisition. Hillsdale, N.Y.:,175-214.

Tunmer, W. E./ Pratt, C./ Herriman, M. L. (1984): Metalinguistic awareness in children: Theory, research, and application. Berlin.

Waller, M. (1988): Komponenten der metasprachlichen Entwicklung und Bedingungen ihres ontogenetischen Aufbaus. In: Zeitschrift für Entwicklungspsychologie und Pädagogische Psychologie. 20. Jg., H. 10, 297-321.

Wygotski, L. S. (1993): Denken und Sprechen. [Reprint der 5. korrigierten Auflage von 1974]. Frankfurt a. M..

Leseverständnis griechischer Erstklässler

Nikolaos Rellos

1 Theoretischer Hintergrund

1.1 Einführung

Nach der PISA-Erhebung wird „die Lesekompetenz als fächerübergreifende Schlüsselqualifikation betrachtet" (Rebel 2003; Baumert u.a. 2001). Ein bezeichnendes Merkmal der griechischen Schule ist die Stoffüberfülle durch die Erhebung des Unterrichtsstoffes zum Selbstzweck (Rellos 2000, 44 f.). Traditionsgemäß wird den Erstklässlern in der griechischen Schule jeden Tag ein neuer Buchstabe bzw. neuer Lernstoff dargeboten. D.h., ein Kind wird jeden Tag im Erstlese- und Erstschreibunterricht mit einem neuen Lerngegenstand konfrontiert. Die Stoffbewältigung als leitendes Unterrichtsprinzip geht meines Erachtens auf Kosten des Leseverständnisses der Erstklässler bzw. der Vermittlung grundlegender Fähigkeiten beim Kind, ganz abgesehen davon, dass die Qualität des gesamten Unterrichts darunter leidet. Aus dieser skeptischen Stellungnahme meinerseits gegenüber dem obigen Unterrichtsprinzip bzw. der „Stoffhetzerei" der Kinder durch die Lehrkraft ging meine Haupthypothese hervor, die die Ausgangsbasis des Forschungsprojektes bildete.

Nach dieser Hypothese ist das Hauptanliegen der Untersuchung die Feststellung der Lesekompetenz bzw. des Leseverständnisses der griechischen Erstklässler. Damit werden letztendlich auch die Lernvoraussetzungen der Kinder festgestellt bzw. diagnostiziert, mit denen sie sich in die 2. Klasse begeben, die allerdings keine pädagogische Einheit mit der 1. Klasse in der griechischen Schule bildet.

Die Untersuchung wurde an acht Schulen der Stadt Rhodos durchgeführt, die repräsentativ für die soziale Herkunft der Schüler sind. An diesen Schulen wurden im letzten Drittel des Monats Mai 2004[1] insgesamt 216 Schüler[2] der 1.

---

[1] Die Auswahl des Durchführungszeitpunktes der Erhebung war bewusst und absichtlich, denn die griechische Schule stand nach dem gesetzlich vorgesehenen neunmonatigen Betrieb kurz vor Abschluss ihrer Arbeiten bzw. vor Beendigung des Schuljahres.

[2] Der Begriff Schüler ist nicht nur als Bezeichnung der Jungen gedacht.(Es waren 50,2% Jungen und 49,8% Mädchen).

Klasse befragt. Sie erhielten einen Text[3] mit inhaltsbezogenen Fragen, den sie innerhalb einer Stunde bearbeiten sollten.

1.2   Der Erstlese- und Erstschreibunterricht in der griechischen Schule

Der Erstlese- und Erstschreibunterricht in der griechischen Schule findet im Klassenverband im Rahmen eines Lehrplans statt, der eine strenge Trennung der verschiedenen Lernbereiche in separate   Lehrfächer bzw. Unterrichtsfächer vorsieht. Jedem separaten, in der Tat isolierten Fach werden bestimmte Unterrichtsstunden wöchentlich vorgeschrieben. Der Unterricht der 1. Klasse umfasst folgende Fächer mit den entsprechenden Wochenstunden: Sprache: 9[4], Mathematik: 4, Sachunterricht: 5, Ästhetische Erziehung: 4, Leibeserziehung: 2 und Schulleben:1, insgesamt 25 Wochenstunden.

Aus den obigen Angaben ergibt sich, dass der wöchentliche Unterrichtsstunden-„Löwenanteil" dem Fach „Sprache" zukommt[5]. In der 1. Klasse werden die vorgeschriebenen neun Unterrichtstunden an vier Tagen jeweils im Zweistundenblock erteilt. Die übrige Stunde wird   am fünften Tag erteilt und sie dient der Wiederholung.

Die griechische Sprache enthält 24 Buchstaben, die sich in ihrer Form von den lateinischen Zeichen unterscheiden. Die Kenntnis dieser Buchstaben und der dazugehörigen Buchstabenverbindungen bzw. -kombinationen in der Form

---

[3]   Damit die Schüler nicht irritiert wurden, war die Schriftart des Textes der Schrift der Fibel ähnlich. D.h., dass die Textbuchstaben in Form und Größe den Fibelbuchstaben ähnlich waren. Dem ist hinzuzufügen, dass der Text aus verständlichen Gründen mit entsprechenden Bildern versehen war. Das Kind war also mit einer Situation konfrontiert, die der schon vertrauten Fibelrealität nicht fern war. Der Text war folgender: Ein Unfall auf dem Schulhof [Überschrift]Ein Schüler namens Georg ist während der Pause auf einen Baum geklettert, ohne von den Aufsichtslehrern gesehen zu werden. Allerdings durfte er es nicht tun, es war nämlich verboten. Bei seinem Versuch noch höher zu klettern, rutschte er ab und fiel herunter. Als er auf dem Boden lag, begann er zu schreien. Sein Geschrei lenkte die Aufmerksamkeit der anderen Schüler und der Lehrer auf sich. Alle eilten zu ihm herbei und sahen ihn auf dem Boden liegen und sein Bein halten. Die Lehrer riefen sofort den Krankenwagen herbei, damit er ins Krankenhaus eingeliefert würde, während der Schulleiter seine Eltern anrief.

[4]   Die jeweilige Zahl bezieht sich auf Wochenstunden.

[5]   Die tradierte Vorstellung, dass man an der Sprache des Kindes seinen schulischen Erfolg und überhaupt die Schulleistung absehen zu können (vgl. Kamke 1981, 13), durchzieht die ganze griechische Gesellschaft. Der Wille bzw. die Absicht der griechischen Schule, dieser Vorstellung gerecht zu werden, kommt in der Anzahl   wöchentlicher Unterrichtsstunden zum Ausdruck, die für das Fach Sprache vorgeschrieben sind. Die griechische Schule wird also hier von einem quantitativen Denken geleitet. Ein reicher Wortschatz und sprachliche Gewandtheit galten in Griechenland - und gelten immer noch, wenn auch etwas eingeschränkt - als verabsolutierte (bzw. als sichere) Kriterien dafür, dass jemand als Literat angesehen und als gebildet eingeschätzt werden kann oder wird.

VV^6 und KK oder KKK^7 schafft die Grundlage für das Lesen- und Schreiben-können. Lesen- und Schreibenkönnen wird den Kindern anhand einer einheitlich geltenden Fibel beigebracht. Sie wird vom Staat verfasst, genehmigt und herausgegeben.

Die angewandte Lehrmethode im griechischen Erstlese- und Erstschreibunterricht ist die analytisch-synthetische Verfahrensweise. Sie ist die meist bzw. bis zur Verallgemeinerung angewandte Lehrmethode im Sprachunterricht der 1. Klasse in Griechenland.

Die Schrift, die im Erstschreibunterricht eingeübt wird, ist die Druckschrift. Eine zusätzliche Angabe ist hier vonnöten und aufschlussreich: Die Erstklässler schreiben bzw. üben die Druckbuchstaben und ihre Verbindungen auf Papier, das als Schreibmittel von den Schülern und Studenten des ganzen Schul- und Bildungswesens benutzt wird. M. a. W.: Laut amtlichen Richtlinien benutzen die Erstklässler keine Hefte mit besonderen Lineaturen, die ihnen das Formen der Buchstaben bzgl. ihrer Größe erleichtern würden. Es scheint, dass der ästhetischen Seite der Schrift bzw. der Handschrift keine große Bedeutung beigemessen wird.

Nach dem amtlichen Lehrplan soll das Kind am Ende des 1. Schuljahres in der Lage sein, Buchstaben bzw. Laute zu unterscheiden, Wörter zu analysieren, zusammenzusetzen, zu reproduzieren und schließlich den Sinn aus Sätzen bzw. aus kleinen Texten zu entnehmen. Es muss geläufig lesen und möglichst ohne Fehler schreiben. Im letzten Trimester macht das Kind die allmähliche Erfahrung des Aufsatzschreibens, d.h., dass es mit dem Aufsatzschreiben konfrontiert wird.

Auch wenn das Kind die amtlich gesetzten Ziele der 1. Klasse nicht erreicht hat, begibt es sich ohne weiteres in die nächste Klasse bzw. es wird in die 2. Klasse „geschickt". Dort wird es als „fähiger" Schüler für weiterführendes Lesen aufgenommen, abgesehen davon, dass die dafür erforderlichen Lernvoraussetzungen bei ihm fehlen. Unter solchen Bedingungen sind die Misserfolgserlebnisse unausweichlich. Sie sind in der Tat seitens der Schule – die letztendlich ihr Tun nach den aus der Bildungspolitik deduzierten amtlichen Richtlinien richtet – schon vorprogrammiert, und das Kind wird unausweichlich ein potenzieller bzw. ein funktionaler Analphabet^8 vor allem dadurch, dass das gleiche Versetzungsverfahren die ganze griechische Volksschule durchzieht^9.

---

6   VV=Vokal Vokal
7   KK=Konsonant Konsonant, KKK=Konsonant Konsonant Konsonant
8   Über Analphabetismus siehe u.a. die Dissertation von Panagiotopoulou (2001).
9   Das Sitzenbleiben bzw. die Klassenwiederholung seitens des Kindes ist in der griechischen Volksschule gesetzlich verboten.

2   Empirischer Teil

Frage[10]	Antworten		Geschlecht	
			Junge	Mädchen
1. Wie heißt der Schüler, der einen Unfall erlitt?	richtig	Count	88	88
		Table %	43,3%	43,3%
	falsch	Count	14	13
		Table %	6,9%	6,4%
2. Wo geschah der Unfall?	richtig	Count	45	40
		Table %	22,2%	19,7%
	falsch	Count	57	61
		Table %	28,1%	30%
3. Wann geschah der Unfall?	richtig	Count	38	42
		Table %	18,7%	20,7%
	falsch	Count	64	59
		Table %	31,5%	29,1%
4. Wie geschah der Unfall?	richtig	Count	52	62
		Table %	25,6%	30,5%
	falsch	Count	50	39
		Table %	24,6%	19,2%
5. Wer hat den Kranken-wagen herbeigerufen?	richtig	Count	53	58
		Table%	26,1%	28,6%
	falsch	Count	49	43
		Table %	24,1%	21,2%

---

[10]   Siehe hierzu: Akademie Berichte 115, 1987, 121

6. Was kann der Schüler erlitten haben?	richtig	Count	37	38
		Table%	18,2%	18,7%
	falsch	Count	65	63
		Table %	32%	31%
7. Art und Weise der Schülerantworten[11]	Mit einem Wort	Count	65	50
		Table %	32%	24,6%
	Mit mehreren Worten	Count	37	51
		Table %	18,2%	25,1%
8. Das Kind schreibt orthographisch – unorthographisch[12]	Orthographisch	Count	24	30
		Table %	11,8%	14,8%
	unorthographisch	Count	78	71
		Table %	38,4%	35%

Tabelle 1: Allgemeine Antwortenübersicht nach Schülergeschlecht

3   Schlusswort

Die dargestellten Ergebnisse bestätigen die aufgestellte Haupthypothese dramatisch. Die Analyse der festgestellten Lerndefizite weist darauf hin, dass die Kinder überfordert sind und zu früh unter Leistungsdruck stehen. Das didaktische Prinzip „Lernen braucht Zeit" wird dabei nicht beachtet und „der Lehrstoff erhebt sich in der griechischen Schule zum Selbstzweck"(Rellos 2000, 44 f.). Die festgestellten Lernmängel sind also schulisch bedingt bzw. erzeugt, wofür die Schuld nicht auf den Lehrer[13] zu wälzen ist.

Es wurde schon an vorigen Stellen dieser Arbeit angedeutet, dass der griechische Lehrer im Rahmen der vorgegebenen Richtlinien und Strukturen handelt, deren Wandlung hinsichtlich der heutigen Anforderungen an die Schule aber ausgeblieben ist (vgl. Rellos 2005).

---

[11]   Die jeweils richtige Beantwortung verlangte mehrere Wörter, allerdings nicht im Sinne einer Aneinanderreihung, sondern im richtigen Aufbau bzw. in einem sinnenthaltenden Satz (entsprechend der dazu vorgegebenen amtlichen Richtlinien).

[12]   Die Prüfung des Rechtschreibens entsprach der Forderung des Lehrplans.

[13]   Der Begriff Lehrer ist nicht als Kennzeichnung nur der männlichen Berufsträger gedacht.

Die Lockerung (eher) erstarrter Schulstrukturen würde zu einer Variierung und Flexibilisierung der Lehrpläne, Lehrgegenstände, Lehr- und Lernverfahren und damit zu freiem bzw. zu freierem Spielraum des Lehrers führen (allerdings im Rahmen der Zielsetzungen des Schulwesens). M. a. W. Es müssen strukturelle und inhaltliche Maßnahmen im Bereich des griechischen Schulwesens getroffen werden. Als vordringliche Maßnahme erscheint mir die Veränderung des praktizierten Einschulungsverfahrens, das meines Erachtens die Entstehung und das „Gedeihen" allen Übels in den Lernprozessen des griechischen Unterrichts anbahnt. Bei ihm nimmt meiner Ansicht nach das schulische Lernübel seinen Anfang.

Eine ergänzende Maßnahme dazu wäre vielleicht die Abschaffung des Jahrgangsklassensystems und seine Ersetzung durch einen Zweijahresverband (vgl. Hacker 2001, 400). Damit wären für den Anfangsunterricht bzw. Erstlese- und -schreibunterricht bessere Bedingungen geschaffen. Der Zweijahresverband ermöglicht(e) eine Streckung des mündlichen Unterrichts und damit eine verzögerte Einführung in die Lehrgänge des Erstlesens und -schreibens bzw. eine verzögerte Auseinandersetzung des Kindes mit Lernanforderungen, die es unter einen einseitigen und verfrühten Leistungsdruck stellen.

So vollzieht sich „der Übergang vom Spielen zum verbindlichen Lernen und zur Leistungsanforderung behutsam"(Akademie Berichte 1981, 53).

Aus meiner Arbeit leiten sich Berichte ab, die den beteiligten Lehrerinnen, den Schulleitern und dem Pädagogischen Institut vorgelegt werden. Letzteres ist zuständig für curriculare und inhaltliche Bestimmungen für das griechische Schulwesen.

Literatur

Akademie Berichte (1981): Der neue Lehrplan der Grundschule, Schwerpunkt:1/2 Jahrgangsstufe, Bericht 48, Dillingen.

Akademie Berichte (1987): Pädagogische Assistenz, Unterrichtshilfen, Bericht 115, Dillingen.

Baumert, J./ Klieme, E./ Neubrand, M./ Prenzel,, M./ Schiefele, U./ Schneider, W./ Stanat , P. / Tillmann, K. J./ Weiss, M. (Hrsg.) (2001):Pisa 2000. Basiskompetenzen von Schülerinnen und Schülern im internationalen Vergleich. Opladen.

Hacker, H. (2001): Anfangsunterricht. In: Einsiedler, W./ Götz, M./ Hacker, H./ Kahlert, J./ Keck, R. W../ Sandfuchs, U. (Hrsg.): Handbuch Grundschulpädagogik und Grundschuldidaktik. Bad Heilbrunn/Obb, 396 – 401.

Kamke, S. (1981): Der Deutschunterricht in der 1. und 2. Jahrgangsstufe, 2. Aufl. Donauwörth.

Panagiotopoulou, A. (2001): Analphabetismus in literalen Gesellschaften am Beispiel Deutschlands und Griechenlands, Frankfurt a.M..

Rebel, K. (2003): Neue Trends und Wege in der Didaktik – Warum sich Fachdidaktiker und Allgemeindidaktiker verständigen müssen. In: Forum, Lehrerfortbildung, H. 37.

Rellos, N. (2000):Vom Unterricht, Athen (griechisch).

Rellos, N. (2005): " Globalisierte Welt und Schule", (im Druck). In: Zeitschrift „Wissenschaft der Erziehung" (griechisch).

Individuelles Erkenntnisinteresse und der Anspruch der Standardisierung im Sachunterricht

Claudia Schomaker

Die Diskussion um die Ergebnisse der PISA- und, bezogen auf den Sachunterricht, der IGLU-E-Studie zeigen, dass sich Sachunterrichtslehrkräfte sowie die Vertreterinnen und Vertreter der Fachdidaktik Sachunterricht zunehmend mit dem Bildungswert des Sachunterrichts auseinander zu setzen haben. Hierbei rückt insbesondere die naturwissenschaftliche Bildung im Sachunterricht in den Mittelpunkt, um neue Wege des Lehrens und Lernens zu beschreiben.[1]

In diesem Zusammenhang stellt sich die Frage, inwiefern mit Hilfe von Konzepten wie dem literacy-Ansatz, welcher „naturwissenschaftliche Kenntnisse und Kompetenzen ... in den Rang einer Kulturtechnik" hebt, „eine erfolgreiche Teilhabe am Leben in einer Wissensgesellschaft" (Marquardt-Mau 2004, 67) gewährleistet werden kann. Oder verbirgt sich hinter einem solchen Konzept der Anspruch, einen Kanon an verbindlichen Mindestanforderungen zu formulieren, der den Anschluss an die weiterführenden Fächer in der Sekundarstufe I garantieren soll? Brunhilde Marquardt-Mau zeigt auf, welche fruchtbaren Impulse die Rahmenkonzeption *scientific literacy* für Sachunterricht haben kann und gibt gleichzeitig in Anlehnung an den Bildungsbegriff bei Hentig zu bedenken, dass damit allein der Bildungsanspruch des Sachunterrichts nicht eingelöst werden kann: „In den Ausführungen zur Wissensgesellschaft und zur scientific literacy wird zudem ‚Wissen' vielfach mit ‚Bildung' gleichgesetzt oder es findet ein unreflektierter Sprachgebrauch des Bildungsbegriffs statt" (Marquardt-Mau 2004, 82). Die für den Sachunterricht herausgestellten positiven Impulse gilt es um den Anspruch zu erweitern, erworbene naturwissenschaftliche Kenntnisse und Kompetenzen im Hinblick auf die damit verbundenen gesellschaftlichen und sozialen Fragen kritisch zu reflektieren. Denn „ohne Reflexion der dazugehörigen theoretischen Grundannahmen birgt [scientific literacy] die Gefahr in sich, zur bloßen Akzeptanz vorgegebener und vorgefundener gesellschaftlicher Prozesse zu führen" (Marquardt-Mau 2004, 82). Dennoch ermöglicht dieses Verständnis von naturwissenschaftlicher Bildung im Sachunterricht, verschiedene Zugangsweisen zu einem Lerngegenstand aufzugreifen. Da das Kind mit

---

[1] vgl. hierzu Marquardt-Mau (2004).

seinen individuellen Vorerfahrungen und seiner je eigenen Motivation als Ausgangspunkt von Unterricht gesehen wird, rücken Verstehenswege in den Blick
des naturwissenschaftlichen Sachunterrichts, die auch die affektiven und emotionalen Seiten eines Unterrichtsgegenstandes berücksichtigen. Luc Ciompi belegt eindrucksvoll die grundsätzliche Einheit von Denken und Fühlen, die enge
Verbindung zwischen kognitiven und affektiven Schemata: „Affektive und
kognitive Komponenten – oder Fühlen und Denken – [wirken] in sämtlichen
psychischen Leistungen obligat zusammen" (Ciompi 1997, 13). Diese Erkenntnis weitet er in späteren Schriften auch auf den Körper aus: „Affekte finden
mindestens so sehr im Körper wie im Hirn oder Geist statt" (Ciompi 2001, 81).
Für menschliche und hier besonders für schulische Lernprozesse ist es somit
wichtig von der Grundannahme auszugehen, dass Körper, Psyche und Geist
ineinander verschränkt wirken. Um dieser Bedingung menschlichen Lernens im
Sachunterricht gerecht zu werden, zeige ich im Folgenden auf, inwiefern insbesondere ästhetische Zugangsweisen einerseits dem individuellen Erkenntnisinteresse von Schülerinnen und Schülern und andererseits dem Bildungswert des
Sachunterrichts gerecht werden.

1   ‚Ästhetik' - Diskussionen im pädagogischen Kontext

Das mehrdeutige und schwer fassbare Wesen der Ästhetik spiegelt sich in den
unterschiedlichen Diskussionen wieder, welche ausgehend von dem jeweiligen
philosophischen, psychologischen oder pädagogischen Hintergrund ein Spannungsfeld von Bestimmungsversuchen aufzeigen. Ästhetik umfasst in einem
weiten Sinn die Erziehung zur Wahrnehmungsfähigkeit und in einem engeren
Sinn, alles Wahrnehmbare zu genießen und mit ‚interesselosem Wohlgefallen'
zu verbinden. Alexander Gottlieb Baumgarten begründete die Ästhetik als Wissenschaft der sinnlichen Erkenntnis und stellte sie als weiteres Erkenntnisver-
mögen gleichberechtigt neben die Logik. Sowohl Immanuel Kant als auch
Friedrich Schiller griffen ebenfalls diesen Gedanken auf und beschrieben das
Ästhetische als ursprünglichen, identitätsstiftenden Grundbezug zur Wirklichkeit. Ein ästhetischer Zugang beinhalte somit den Appell an die Sinne als auch
den Verweis auf die konkrete Welt mit ihren Spannungen, den Menschen im
Sinne der Vernunft aufzuklären. Ausgehend von diesem Grundgedanken setzt
sich die Pädagogik bis heute auf vielfältige Weise mit dem Ästhetik-Begriff
auseinander. Gunter Otto bezeichnet das Ästhetische in diesem Zusammenhang
als Sonderfall des Lernens, welches integrativer Moment aller Lernprozesse sei,
die sich vom „Pauken" unterscheiden. Wolfgang Schulz erweitert dieses integrative Bildungsprinzip um einen emanzipatorischen und letztlich politischen

Anspruch. Zum einen werde dem Individuum über die Partizipation eine Stärkung der eigenen Identität ermöglicht und zum anderen die Entwicklung „einer kritischen Distanz gegenüber den gesellschaftlich vorgegebenen Standards" (Engel 2004, 64). Hier soll für den Sachunterricht ein Ästhetik-Begriff generiert werden, der den Begriff der „ästhetischen Erfahrung" aufgreift. Im pädagogischen Kontext wird ästhetische Erfahrung als „Zusammenwirken von sinnlicher Wahrnehmung, Gefühl und Reflexion verstanden, die im Vergleich zu anderen Erfahrungen lustbetont und zweckfrei, also nicht auf das unmittelbar Lebenspraktische bezogen ist" (Billmann-Mahecha/ Gebhard 2004, 53). In diesem Sinne werden sinnliche Wahrnehmungen zu ästhetischen Perzeptionen, wenn sie mit affektiven Eindrücken einhergehen, die „ihrerseits von kognitiven Bewertungsprozessen ausgelöst oder begleitet werden" (ebd., 53): Ästhetische Wahrnehmungen gehen also „über die Sinne hinaus" (vgl. Schomaker 2000).

2 Ästhetische Dimensionen kindlichen Denkens

Ästhetische Erfahrungen von Kindern sind, im Gegensatz zu der *ästhetischen Produktion* von Kindern, bislang wenig untersucht worden. In der Regel beziehen sich Untersuchungen dieser Art auf ästhetische Erfahrungen, die Kinder im künstlerisch-literarischen Bereich machen (vgl. Aissen-Crewett 1997, Mollenhauer 1996, Neuß 1999).[2] Allen Forschungsarbeiten gemein ist der Ansatz, ausgehend von den verbalen Äußerungen der Kinder auf deren ästhetische Erfahrungen zu schließen. Gerade im Hinblick auf ästhetische Erfahrungen ist diese Herangehensweise nicht unproblematisch. Vor dem Hintergrund, dass ästhetische Beziehungen zu den Gegenständen „kaum kommunikationsfähig" (Hard 2003, 387) und dennoch vorhanden sind, gilt es, nach weiteren Wegen zu suchen, den ästhetischen Dimensionen kindlichen Denkens nachzuspüren. Birgit Engel erschließt für das hier aufgezeigte Problem, angelehnt an Schulz, den Begriff der *Mimesis*:

„Wenn wir mimetisch denken und wirken, also ästhetisch handeln, verarbeiten wir wie bei jedem Denken und Handeln sinnliche Eindrücke, aber es widerstrebt uns [...] sie auf den Begriff zu bringen. [...]. Wir loten das, was es bedeuten könnte, in bildhafter Reflexion aus und führen es schließlich zu einer Gesamtsicht zusammen" (Schulz 1997, 139).

---

[2]   Einige wenige Untersuchungen gehen der Frage nach, welche ästhetischen Erfahrungen Kinder im Umgang mit der unbelebten Natur (vgl. Lück 1999) bzw. der belebten Natur (vgl. Freeß 2002, Billmann-Mahecha/Gebhard 2004) machen.

Diese Erfahrung wird Miterlebenden unterstellt und somit bedeutsam für die
Verständigung mit anderen. Diese Funktion wird in ästhetischen Erfahrungspro-
zessen auch der Bildung von Symbolen zugesprochen. Auch wenn das ästhetische Symbol „nie die volle Bedeutung und Leistung des Symbolisierten übernehmen" (Hard 2003, 395) kann, ist dessen Bedeutung nicht von der Hand zu
weisen. Die Gegenstände dieser symbolischen Erkenntnis sind konkrete Dinge,
die sinnlich wahrnehmbar sind und keine allgemeinen, abstrakten Begriffe. Die
Funktion des Symbols besteht in der konkreten sinnhaften Erschließung und
Vergegenwärtigung der Um- und Mitwelt, mittels derer sich der Mensch seiner
Umwelt anpasst und gleichzeitig eine neue Dimension der Wirklichkeit entwer-
fen kann. Mit der Bildung von Symbolen bringt ein Kind die Wirklichkeit in
seinem Sinne neu hervor und bildet sein Bewusstsein. Ein solch produktiver
Verstehensprozess von Symbolen sowie mimetischem Denken und Handeln
kann Wege aufzeigen, über sprachliche Äußerungen hinaus, die ästhetischen
Rezeptionen von Kindern erfahrbar zu machen. Auf die Bedeutung der sinnlichen Wahrnehmung als Herangehensweise an Naturphänomene hat insbesondere Gisela Lück (1999) hingewiesen, da gerade die sprachliche Entwicklung bei
Kindern im Grundschulalter noch nicht abgeschlossen sei. Die sprachlichen
Äußerungen von Kindern, mit denen sie Naturphänomene zu erfassen versuchen, seien in Anlehnung an Wagenschein „lebendig, animistisch und gerade
darum die Sprache des Verstehens" (Landwehr 2004, 47). Darüber hinaus ermöglichen sie Einblicke in die ästhetischen Dimensionen kindlichen Denkens,
da sie beispielsweise durch Analogien das Schöne und den lebensbereichernden
Umgang mit Natur betonen.[3]

In einer Studie zu den Lernvoraussetzungen von Kindern zum Lerngegenstand „Schnecke" habe ich über ästhetische Impulse die Vorstellungen von
Kindern zur Lebensweise von Schnecken erhoben. Die folgenden Ausschnitte
stammen aus einem an die Methode der Gruppendiskussion angelehnten Gespräch mit Kindern einer dritten Grundschulklasse.

Die Schülerinnen und Schüler überprüfen, ob eine Schnecke riechen kann.
Mit verschiedenen Flüssigkeiten ziehen sie Geruchsbahnen um die Schnecke:

> Daniela: Oh cool. Sie macht den [Fuß] voll hoch, ey. Wie 'nen Katzenbuckel.
> *krümmt ihren eigenen Oberkörper nach vorn, zieht die Schultern hoch*
> [...]
> Daniela: Also, bei dem zweiten, bei dem dritten und bei dem vierten [Geruch] hat
> sie sich immer reingezogen und Blasen gemacht und 'nen Buckel gemacht.

---

[3]   vgl. hierzu die Untersuchungen zu den ästhetischen Dimensionen kindlichen Naturverständ-
nisses bei Billmann-Mahecha und Gebhard (2004).

Interviewerin: 'nen Buckel gemacht? Genau. (.) Warum macht sie wohl so einen Buckel, wenn sie darüber geht?

Daniela: Vielleicht mag sie das nicht ganz so doll. Wie die Katzen, wenn die vor den Hunden Angst haben, dann machen sie auch erst 'nen Buckel und dann rennen sie weg.

Interviewerin: Mmh.

Daniela: Dann hat sie davor Angst.

In diesem Gespräch wird deutlich, dass Kinder sich Naturphänomenen über animistisches und anthropomorphes Reden annähern, um diese zu verstehen. Um das Verhalten der Schnecke zu erklären, ziehen die Kinder Vergleiche zu Tieren aus ihrer unmittelbaren Lebenswelt, deren Sprache und Verhalten ihnen vertraut und bekannt ist. Damit dieses Verständnis für das Mädchen begreifbar wird, geht es noch einen Schritt weiter: Es ahmt mit seinem eigenen Körper die Bewegung der Schnecke nach. Auf diese Weise versucht es sowohl sprachlich als auch körperlich seine Erkenntnisse auszudrücken, sein Denken und Handeln hat mimetischen Charakter. Das Beispiel legt die Hypothese nahe, dass Kinder die ästhetischen Dimensionen ihres Denkens sowohl sprachlich als auch non-verbal zum Ausdruck bringen und sie dazu befähigen, differenzierte Vorstellungen über einen Unterrichtsgegenstand zu entwickeln.[4]

Ästhetische Zugangsweisen im Sachunterricht fördern eine spezifische Aufmerksamkeitshaltung gegenüber den Gegenständen, die es den Schülerinnen und Schülern ermöglicht, an diesem Lerngegenstand etwas zu erfahren, was ihnen bislang so noch nicht widerfahren ist. Das implizit Ästhetische eines Gegenstandes wird selbst im Unterricht thematisiert und beschreibt einen Weg, neben den kognitiven auch die emotional besetzten Vorstellungen von Kindern in bezug auf das Phänomen einzubeziehen. Anhand der Untersuchungen von Ulrich Gebhard (1992) und Gerhard Hard (2003) kann aufgezeigt werden, dass besonders Naturphänomene von „Träumereien" (vgl. Gebhard 1992) und Phantasien begleitet werden, die, auch wenn sie nicht explizit im Unterricht zur Sprache kommen, den Lernprozess beeinflussen. „Da ist etwas Außenweltliches der Innenwelt kongruent" (Hard 2003, 396) und motiviert die Schülerinnen und Schüler im besonderen, sich mit dem Lerngegenstand auseinander zu setzen. Wenn rationale und ästhetische Erfahrungsweisen in ein fruchtbares Verhältnis gesetzt werden würden, könne „ein verantwortlicher Umgang mit der Natur" (Gebhard 1992, 44) angebahnt werden.

Ästhetische Zugangsweisen im Sachunterricht sind somit bildungswirksam, da sie nicht nur eine sinnliche Wahrnehmung von Phänomenen ermöglichen, sondern darüber hinaus emotionale Befindlichkeiten und kognitive Bewertungen

---

[4]   vgl. hierzu auch Freeß (2002)

miteinander verschränken. Ziel ist es, einen verantwortlichen Umgang mit der Natur und den Mitmenschen anzubahnen, eigenes Handeln zu reflektieren und im Hinblick auf eine mündige Teilhabe an der Gesellschaft, Autonomie und Selbstbestimmung auszubilden. Damit zukünftiger Sachunterricht Kinder dazu befähigt, sich in der Welt zu orientieren, sollten die hier skizzierten Anforderungen an schulische Bildungsprozesse Standard sein.

Literatur

Aissen-Crewett, M. (1997): Kunst-Rezeption bei Kindern. Zur pädagogisch- psychologischen Grundlegung. Potsdam.

Baumgarten, A. G. (1750/1988): Theoretische Ästhetik. Die grundlegenden Abschnitte aus der ‚Aesthetica' (1750/1758). Hamburg.

Billmann-Mahecha, E./Gebhard, U. (2004): Wenn wir keine Blumen hätten. Empirische Vignetten zum ästhetischen Verhältnis von Kindern zur Natur. In: Journal für Psychologie, 12. Jg. , 50-76.

Ciompi, L. (1997): Die emotionalen Grundlagen des Denkens. Entwurf einer fraktalen Affektlogik. Göttingen.

Ciompi, L. (2001): Affektlogik, affektive Kommunikation und Pädagogik. Eine Wissenschaftliche Neuorientierung. In: System Schule. 5. Jg., 79-88.

Engel, B. (2004): Spürbare Bildung. Über den Sinn des Ästhetischen im Unterricht. Münster.

Freeß, D. (2002): Ästhetisches Lernen im fächerübergreifenden Sachunterricht. Naturphänomene wahrnehmen und deuten. Baltmannsweiler.

Gebhard, U. (1992): Träumen im Biologieunterricht? In: Unterricht Biologie. 16. Jg. H. 172, 44-46.

Hard, G. (2003): Szientifische und ästhetische Erfahrung in der Geographie. Die verborgene Ästhetik einer Wissenschaft. In: Hard, G. (Hrsg.): Dimensionen geographischen Denkens. Aufsätze zur Theorie der Geographie. Band 2, Göttingen, 387-403.

Landwehr, B. (2004): Lernvoraussetzungen für das Verstehen von naturwissenschaftlichem Sachunterricht. In: Kaiser, A./Pech, D. (Hrsg.): Basiswissen Sachunterricht. Band 4: Lernvoraussetzungen und Lernen im Sachunterricht. Baltmannsweiler, 45-53.

Lück, G. (1999): Vom Sinn der Sinne und der Bedeutung der Sprache im Ver-Mittlungs- und Lernprozess. In: Gesellschaft für Didaktik der Chemie und Physik: Zur Didaktik der Physik und Chemie. Probleme und Perspektiven. 19. Jg. H. 19, 112-114.

Marquardt-Mau, B. (2004) : Ansätze zur Scientific Literacy – Neue Wege für den Sachunterricht. In: Kaiser, A./Pech, D. (Hrsg.): Basiswissen Sachunterricht. Band 2: Neuere Konzeptionen und Zielsetzungen im Sachunterricht. Baltmannsweiler, 67-83.

Mollenhauer, K. (1996): Grundfragen ästhetischer Bildung. Theoretische und empirische Befunde zur ästhetischen Erfahrung von Kindern. Weinheim/München.

Neuß, N. (1999) (Hrsg.): Ästhetik der Kinder. Interdisziplinäre Beiträge zur ästhetischen Erfahrung von Kindern. Frankfurt/M..

Otto, G. (1998): Lernen und Lehren zwischen Didaktik und Ästhetik. Band 1-3. Seelze-Velber.

Schomaker, C. (2000): Über die Sinne hinaus. Ästhetische Zugangsweisen im Sachunterricht bei Schülerinnen und Schülern mit Beeinträchtigungen des schulischen Lernens. Göttingen.

Schomaker, C. (2004): Mit allen Sinnen...oder? Über die Relevanz ästhetischer Zugangsweisen im Sachunterricht. In: Kaiser, A./Pech, D. (Hrsg.): Basiswissen Sachunterricht. Band 3: Integrative Dimensionen für den Sachunterricht. Baltmannsweiler, 49-58.

Schulz, W. (1997): Ästhetische Bildung. Beschreibung einer Aufgabe. Weinheim/Basel.

Mit Unterrichtsgesprächen individuelle Lernprozesse im Sachunterricht fördern – eine Fallstudie

Eva Gläser

1 Unterrichtsgespräche im Kontext von Individualisierung und Standardisierung

Dem kritisierten Frontalunterricht, insbesondere der Dominanz des fragend-entwickelnden Prinzips, wird häufig eine „Neue Lernkultur" gegenübergestellt. Individuelle Lernwege sollen ermöglicht werden, eine Abkehr vom Lernen im Gleichschritt wird propagiert. Den allzu einmütigen Rufen hält Helmke die „Gefährdungen und Schieflagen der Neuen Lernkultur" entgegen. Er erkennt eine „Dogmatisierung progressiver Unterrichtsmethoden", obwohl Untersuchungen belegen, dass Lehrverfahren und Lernstrategien in ihrer Qualität für Lernprozesse nicht unterschieden werden können (Helmke 2003, S. 67). Grundsätzlich gelte es stattdessen, die Bedeutung von Lernarrangements statt von Lehrmethoden zu erkennen, die auf kognitiven Lerntheorien basierend situiertes Lernen ermöglichen; Phasen des individuellen als auch des kollektiven Lernens in den Unterricht einzuplanen und zudem Phasen der Instruktion und der Exploration in ihrer wechselseitigen Bedeutung zu erfassen. Im Unterricht sollte ebenso gemeinsam über Lehren bzw. Lernen im Gespräch reflektiert werden (vgl. ebd.).

Gudjons (2003) betont daher, dass der Frontalunterricht in offene Unterrichtsformen integriert werden sollte. Bestandteile seines integrierten Konzeptes des Frontalunterrichts sind informativ-strukturierende Phasen, in denen beispielsweise die erarbeiteten Ergebnisse einer Experimentierphase für alle gemeinsam mittels eines Unterrichtsgespräches festgehalten werden. Auch Kiper und Mischke (2004) unterstreichen die Bedeutung von Unterrichtsgesprächen aus didaktischer Sicht. Insbesondere für den Sachunterricht hob Ritz-Fröhlich bereits vor mehr als zwanzig Jahren hervor, dass „die Beziehung zwischen Sache und Sprache gerade hier von grundlegender Bedeutung ist, da sich die Erkenntnis von Sachzusammenhängen stets in sprachlich vermittelten Kategorien vollzieht" (Ritz-Fröhlich 1982,123). Auch Einsiedler (1994) wies auf die Bedeutung von Gesprächen für Lehr- und Lernprozesse im Sachunterricht hin.

2 Unterrichtsgespräche im Kontext von empirischer Unterrichtsforschung

Über die Verteilung von Unterrichtsformen bzw. Gesprächsformen im Lernbereich Sachunterricht liegen keine Untersuchungen vor. Belegt ist lediglich, dass Kreisgespräche zu etwa 90 Prozent von Grundschullehrenden verwendet werden (vgl. Heinzel 2003). Allerdings sollte hierbei bedacht werden, dass unter dem Begriff unterschiedliche Gesprächsformen und -inhalte verstanden werden können, da lediglich die äußere Form identisch sein muss. Schließlich kann ein Kreisgespräch auch ein fragend-entwickelndes Unterrichtsgespräch sein.

Unterrichtsgespräche sind im Kontext von zwei Forschungsrichtungen zu sehen: Zum einen innerhalb der Forschung zur Unterrichtssprache (Lüders 2003; Lüders/ Rauin 2004) und zum anderen innerhalb der Studien zu Interaktionsprozessen im Unterricht (vgl. Naujok/ Brandt u. a. 2004). So liegen beispielsweise Untersuchungen zur Lehrersprechzeit ebenso vor wie über das Reaktionsverhalten bzw. über das Aufforderungs- oder Frageverhalten von Lehrenden (Gage/ Berliner 1996, 545ff.). Lehrende haben demnach einen hohen Sprechanteil im Unterricht: Rund 70 Prozent beträgt er laut der TIMSS-Studie von 1997 im fragend-entwickelnden Unterricht (Baumert/ Lehmann 1997, 231). Zudem wurde festgestellt, dass „der Lehrer die Diskussion um so mehr dominiert, je weniger er über das Thema Bescheid weiß" (Gage/ Berliner 1996, 535). Und die Wartezeit zwischen einer Lehrerfrage und einer Schülerantwort liege im Durchschnitt nur bei etwa einer Sekunde (ebd., 554).

Sinclair und Coulthard (1977) erkannten in den drei Unterrichtsphasen Eröffnung, Instruktion und Abschluss jeweils eine unterschiedliche Verwendung von Sprechhandlungen bzw. Äußerungsfolgen. So kommt es beispielsweise in der Instruktionsphase häufig zu so genannten einfachen Frage-Antwort-Rückmeldungs-Mustern, d.h. zu einer engen Hinführung zu den Antworten. Auch Ehlich und Rehbein (1986) rekonstruierten sprachliche Handlungsmuster für das lehrergelenkte Unterrichtsgespräch. Kritisch merkt Lüders (2003) zu diesen Untersuchungen an, dass aus der Perspektive der Unterrichtsforschung die Nachteile „in der vollständigen Abstraktion von pädagogisch-didaktischen Aspekten der Unterrichtsinteraktion und in der Vernachlässigung von Unterrichtsinhalten" liegen (vgl. Lüders 2004, 202).

3 Fachdidaktische Untersuchungen zu Unterrichtsgesprächen

Während in der Mathematikdidaktik seit den späten 1970er Jahren Kommunikationsmuster unter fachdidaktischer Fragestellung untersucht werden (vgl. Naujok/ Brandt/ Krummheuer 2004), kann für den Sachunterricht eine solche Forschungstradition nicht belegt werden. Es gibt nur wenige Untersuchungen über die Qualität von Unterrichtsgesprächen im Sachunterricht (vgl. Gläser 2004). Forytta und Linke (1981) analysierten in ihrer Untersuchung zum sprachlichen Handeln im Unterricht der Primarstufe u.a. auch Sachunterrichtsstunden. Sie erkannten in den Unterrichtsgesprächen: Abwehr von Schülerwissen, inhaltlichen Leerlauf, vergleichsweise selten treten Diskurseröffnungen auf, Kommunikation findet mit wenigen Schülern statt, Inhalts- und Beziehungsaspekt fallen auseinander, der Ablauf ist methodisch und nicht inhaltlich strukturiert, der Unterrichtsgegenstand ist beim Lehrer nicht genügend geklärt, die Motivierung ist „wichtiger" als das Lernen und die Vermittlung des „Grundwissens" baut nicht auf „Erfahrungswissen" auf. Sie kommen aufgrund dieser Ergebnisse zu dem Fazit: Unterricht ist „gestörte" Kommunikation. Die einzig neuere Untersuchung liegt im Bereich der politischen Bildung. Der Vergleich unterschiedlicher Interpretationen einer Sachunterrichtsstunde steht hierbei im Vordergrund (vgl. Richter 2000).

4   Fallstudie zu Unterrichtsgesprächen im Sachunterricht

Die hier dargestellte Untersuchung basiert auf verschiedenen Erhebungen. Im Rahmen eines Seminars hospitierten Studierende in einer Grundschule, in der alle Lerngruppen altersgemischt unterrichtet werden. Die Studierenden erfassten mit Hilfe von teilnehmender Beobachtung, in welchen Situationen Unterrichtsgespräche in den verschiedenen Lerngruppen von den Lehrenden geleitet wurden. Für den Grundschulbereich sind diese Fragen zur Unterrichtsqualität von großer Relevanz, insbesondere da in vielen Bundesländern zurzeit die flexible, jahrgangsgemischte und integrative Schuleingangsphase eingerichtet wird. Wie diese Entwicklungen konkret verlaufen, untersuchten Carle und Berthold (2004) an insgesamt 15 staatlichen Grundschulen in Thüringen. Sie stellten u.a. fest, dass der Blick auf individualisierte Lernwege auch dazu führte, dass „gemeinsame Lernprozesse durch Auseinandersetzung über einen Lerngegenstand" in den Schulen noch nicht sehr oft vorkamen (Carle/ Berthold 2004, 50). Analog zu den Ergebnissen von Carle und Berthold zeigte sich, dass auch in allen Lerngruppen, in denen die teilnehmende Beobachtung durchgeführt wurde, eine hohe Individualisierung des Lernens stattfand. Jedes Kind arbeitete mit seinen eigenen Arbeitsplänen und die Lehrenden agierten als Mentoren. Fast alle Lerngruppen hatten zudem ein Helfersystem installiert. Bei den Klassengesprächen dominierte methodisch, analog zu den Ergebnissen von Heinzel (2003), das Kreisgespräch.

Auffällig war, dass die Unterrichtsgespräche in bestimmter Funktion durchgeführt wurden: Anlässe waren Geburtstagsfeste, Klassenratssitzungen, die Besprechung des Vormittages vor der individuellen Arbeit, der Morgenkreis bzw. Wochenabschlusskreis. Zielsetzung war der Aufbau einer demokratischen Gesprächskultur und darin eingebettet das Erlernen von Gesprächskompetenz (Gesprächsregeln, Ausdrucksvermögen, Dialogfähigkeit, Aushandeln von differenten Interessen und Meinungen, bewusstes Zuhören). Der Sachunterricht wurde fast ausschließlich in Phasen des individuellen Arbeitens unterrichtet, zumeist an Stationen, in denen Arbeitsblätter eingesetzt wurden. Die Themen waren stark vorstrukturiert, es fand keine Metaebene des Gespräches statt und Lernprozesse wurden nicht mit Gesprächen befördert. Das bewusste Fördern von mehrperspektivischen Sichtweisen bzw. gemeinsamer Begriffsbildung konnte nicht beobachtet werden.

Eine weitere Datenerhebung wurde in einer 4. Klasse durchgeführt, in der im Rahmen des Sachunterrichts eine Unterrichtseinheit zum Thema „Kinderrechte" unterrichtet wurde. Insgesamt wurden fünf Doppelstunden mit Videobzw. Audioaufnahmen erhoben. Somit konnten alle Gespräche der einzelnen Arbeitsgruppen und alle Klassengespräche aufgezeichnet werden. Die Unterrichtseinheit entsprach, wenn der Einbezug verschiedener Sozialformen und Medien (Texte, Film, Spiel) zugrunde gelegt wird, „modernem" Grundschulunterricht. Ein Aspekt, der in der Unterrichtseinheit u.a. verfolgt wurde, war, dass die Schülerinnen und Schüler sich über das Leben eines Straßenkindes in Peru, vermittelt durch einen Text, informieren und dieses Kinderleben mit ihrem eigenen vergleichen sollten. Gemäß den Bildungsstandards für Politische Bildung kann diese Zielsetzung dem Kompetenzbereich Politische Handlungsfähigkeit zugeordnet werden, zu dem auch die Fähigkeit gezählt wird, „sich im Sinne von Perspektivenwechseln in die Situation, Interessen und Denkweisen anderer Menschen" zu versetzen (Gesellschaft für Politikdidaktik und politische Jugend- und Erwachsenenbildung/ GPJE 2004, 17).

Lehrerin: Also ihr habt euch ja diesen Text durchgelesen (-) und habt (-) äh (-) euch Gedanken darüber gemacht, ob ihr euch vorstellen könnt, auch so zu leben wie Pancho. (- -)
Lehrerin: Wer von euch könnte sich das vorstellen? (*Larissa* meldet sich zögerlich)
Lehrerin: Mach mal richtig. Begründe mal. (--) Warum?
Larissa: Ja, (-), weiß auch nicht so, aber ich könnt mir das schon irgendwie vorstellen.
Lehrerin: Mmm. (-). Wenn du dir vorstellst, du würdest so leben wie Pancho, hättest du dann ein (-) angenehmes Leben oder würdest du denken
Larissa: Ne, nich so.

Lehrerin: Aber du könntest dir vorstellen, dass du das schaffst; dass du das meisterst
Larissa: (nickt) Joa
Lehrerin: Mmm. Ist jemand von euch der sagt: „Ist doch Klasse, muss man nicht zur Schule gehen"
Eileen: Ha, ha, die wollen gern zur Schule gehen.
Lehrerin: Also (-) gibt es niemanden der sagt: „Also, das könnt ich mir für mich vorstellen. Fänd ich vielleicht sogar ganz interessant." Oder doch? Gut. (--) Dann geh ich davon aus, dass ihr alle sagt, dass können wir uns nicht vorstellen.
Einige SchülerInnen: (zustimmendes Gemurmel)

Diese kurze Sequenz zeigt deutlich, dass die Intention, die mit dem Unterrichtsgespräch verfolgt wurde, nicht erreicht worden ist. Ein Perspektivenwechsel wurde nicht ermöglicht. In sehr kurzer Zeit verengte die Lehrerin die sprachliche Auseinandersetzung und vollzog zudem für alle im Raum die abschießende Sicht auf den Unterrichtsgegenstand.

5 Standards für Lehrende und Lernende

Wenn Lernprozesse mit Unterrichtsgesprächen befördert werden sollen, sind an die Umsetzung Anforderungen zu stellen. Dies bedeutet, für Lehrende Standards zu definieren, die in der Lehrerausbildung verortet werden sollten:

- Gesprächsformen kennen und anwenden können (auch offene Gespräche leiten können)
- Kenntnisse von Fragetechniken
- Metaebene des Gespräches einbinden: Sprechen über Lösungswege, d.h. das Argumentieren, Dokumentieren, Erklären des individuellen Lernprozesses
- Gesprächskultur vermitteln können
- Unterrichtsgespräche als diagnostische Möglichkeiten nutzen können (Beobachten von Gesprächen von Schülern miteinander)

Zudem ist eine fachdidaktische Auseinandersetzung mit Unterrichtsgesprächen notwendig. Hierzu gehört auch, dass die Lehr-Lernforschung im Sachunterricht vermehrt Unterrichtsgespräche einbezieht und diese zum einen hinsichtlich ihrer Unterrichtsinhalte analysiert und zum anderen hinsichtlich der Forschung zur Unterrichtssprache und der Studien zu Interaktionsprozessen im Unterricht.

Literatur

Baumert, J./ Lehmann, R. (1997): TIMSS – Mathematisch-naturwissenschaftlicher Unterricht im internationalen Vergleich. Opladen.

Carle, U./ Berthold, B. (2004): Schuleingangsphase entwickeln. Leistung fördern. Wie 15 Staatliche Grundschulen in Thüringen die flexible, jahrgangsgemischte und integrative Schulcingangsphase einrichten. Baltmannsweiler.

Ehlich, K./ Rehbein, J. (1986): Muster und Institutionen. Untersuchungen zur schulischen Kommunikation. Tübingen.

Einsiedler, W. (1994): Aufgreifen von Problemen – Gespräche über Probleme – Problemorientierter Sachunterricht in der Grundschule. In: Duncker, L./ Popp, W. (Hrsg.): Kind und Sache. Weinheim, 199-212.

Forytta, C./ Linke, J. (1981) Ist Unterricht „gestörte" Kommunikation? Eine Untersuchung zum sprachlichen Handeln im Unterricht der Primarstufe. Bd. 1 u. 2, München.

Gage, N. L./ Berliner, D. C. (1996): Pädagogische Psychologie. 5. überarb. Aufl. Weinheim.

Gesellschaft für Politikdidaktik und politische Jugend- und Erwachsenenbildung (GPJE) (Hrsg.) (2004): Nationale Bildungsstandards für den Fachunterricht in der Politischen Bildung an Schulen. Entwurf. Schwalbach/Ts..

Gläser, E. (2004): Mehr als nur darüber reden. Unterrichtsgespräche im Sachunterricht. In: Grundschule. 36. Jg. ,H. 5, 36-38.

Gudjons, H. (2003). Frontalunterricht - neu entdeckt. Integration in offene Unterrichtsformen. Bad Heilbrunn/Obb..

Heinzel, F. (2003): Gespräche. In: Reeken, Dietmar von (Hrsg.): Handbuch Methoden im Sachunterricht. Baltmannsweiler, 121-129.

Helmke, A. (2003): Unterrichtsqualität. Erfassen, bewerten, verbessern. Seelze.

Kiper, H./ Mischke, W. (2004). Einführung in die Allgemeine Didaktik. Weinheim und Basel.

Lüders, M. (2003). Unterricht als Sprachspiel. Eine systematische und empirische Studie zum Unterrichtsbegriff und zur Unterrichtssprache. Bad Heilbrunn/Obb..

Lüders, M./ Rauin, U. (2004): Unterrichts- und Lehr-Lern-Forschung. In: Helsper, W./ Böhme, J. (Hrsg.): Handbuch der Schulforschung. Wiesbaden, 691-719.

Naujok, N./ Brandt, B./ Krummheuer, G. (2004): Interaktion im Unterricht. In: Helsper, W./ Böhme, J. (Hrsg.): Handbuch der Schulforschung. Wiesbaden, 753-773.

Richter, D. (Hrsg.) (2000): Methoden der Unterrichtsinterpretation. Qualitative Analysen einer Sachunterrichtsstunde im Vergleich. Weinheim/ München.

Ritz-Fröhlich, G. (1982): Das Gespräch im Unterricht. Anleitung, Phasen, Verlaufsformen. 2. neubearb. Aufl. Bad Heilbrunn/Obb..

Sinclair, J.M./ Coulthard, M. (1977): Analyse der Unterrichtssprache: Ansätze zu einer Diskursanalyse dargestellt am Sprachverhalten englischer Lehrer und Schüler. Heidelberg (englisch 1975).

Vermittlung von Wissenschaftsverständnis im Sachunterricht der Grundschule[1]

Patricia Grygier

In der empirischen Untersuchung, die im Folgenden skizziert wird, geht es um die Förderung des Wissenschaftsverständnisses von Grundschülern. Dabei wird untersucht, welche Vorstellungen die Grundschüler von dem Wesen der Naturwissenschaften haben und wie sich diese aufgrund speziell entwickelter Unterrichtseinheiten verändern. Eine Transferstudie prüft, ob sich aus einem verbesserten Wissenschaftsverständnis ein kognitiver Lernvorteil ergibt.

Die Forschungsarbeit liegt in dem Spannungsfeld zwischen Standardisierung und Individualisierung. Zu mehreren Zeitpunkten mit zwischenzeitlicher Unterrichtsintervention erheben wir auf *individueller Ebene* das Verständnis von Viertklässlern von der Natur der Naturwissenschaften. Dies geschieht in Einzelinterviews. Die Transkripte der Interviews werden ausgewertet, wobei man über Interpretationsschritte der Einzelaussagen schließlich zu quantitativen Aussagen über *Schülergruppen* gelangt (z. B. Trainings- und Kontrollgruppe). Die Ergebnisse erlauben es, gruppenspezifische Effektstärken im Hinblick auf verschiedene Faktoren anzugeben. Wir erwarten durch diese Untersuchung Aufschluss darüber, ob die metatheoretischen Inhalte für die Grundschüler erlernbar und für das Lernen der Naturwissenschaften hilfreich waren. Außerdem werden aus den Forschungsergebnissen *curriculare Folgerungen* für den Sachunterricht gezogen.

1 Wissenschaftsverständnis – Begriffsklärung und Begründung

Wissenschaftsverständnis zielt auf ein Metawissen *über* die (Natur-) Wissenschaften ab. Es geht hauptsächlich um das *Wesen der Naturwissenschaften*, nicht um die fachlichen Inhalte der naturwissenschaftlichen Disziplinen. Dieses

---

[1] Es wird eine Schülerstudie des Forschungsprojekts „Vermittlung von Wissenschaftsverständnis in der Grundschule" beschrieben. Dieses Projekt wird zur Zeit im Rahmen des Schwerpunktprogramms „Bildungsqualität von Schule" der DFG durchgeführt und von Frau Sodian (Universität München) und Herrn Kircher (Universität Würzburg) geleitet. Als weitere projektbezogene Publikation siehe zum Beispiel Sodian et al. 2002.

Verständnis umfasst unseres Erachtens nicht nur wissenschaftstheoretische Aspekte, sondern auch erkenntnistheoretische sowie wissenschaftsethische Gesichtspunkte.

Im angloamerikanischen Sprachraum gewinnt diese Thematik seit etwa zwanzig Jahren zunehmend an Bedeutung. Um die Natur der Naturwissenschaften („nature of science", NOS) durch einen möglichst konsensfähigen Aussagenkatalog zu umschreiben, analysierten Mc Comas et al. (1998) acht offizielle Dokumente zur NOS aus verschiedenen Ländern, um die Gemeinsamkeiten herauszustellen (s. Abb.1).

1. Naturwissenschaftliches Wissen hat, obwohl es beständig ist, einen vorläufigen Charakter.
2. Naturwissenschaftliches Wissen beruht stark (jedoch nicht ausschließlich) auf Beobachtung, experimentellen Belegen, rationalen Argumenten und Skepsis.
3. Es gibt keine Standardmethode, Naturwissenschaft zu betreiben (deswegen gibt es keine allgemeingültige, naturwissenschaftliche Schritt-für-Schritt-Methode).
4. Naturwissenschaft ist ein Versuch, natürliche Phänomene zu erklären.
5. Gesetze und Theorien spielen eine unterschiedliche Rolle in der Naturwissenschaft, deshalb sollten Schüler wissen, dass Theorien, auch durch zusätzliche experimentelle Belege, nie zu Gesetzen werden.
6. Personen aus allen Kulturen tragen zur Naturwissenschaft bei.
7. Über neues Wissen muss klar und offen berichtet werden.
8. Naturwissenschaftler benötigen sorgfältige Aufzeichnungen, gegenseitige Begutachtung und Reproduzierbarkeit der Ergebnisse.
9. Beobachtungen sind theoriegeladen.
10. Naturwissenschaftler sind kreativ.
11. Die Geschichte der Naturwissenschaft lässt sowohl einen evolutionären, wie auch einen revolutionären Charakter erkennen.
12. Naturwissenschaft ist ein Teil der sozialen und kulturellen Tradition.
13. Naturwissenschaft und Technik beeinflussen sich gegenseitig.
14. Naturwissenschaftliche Ideen werden von ihrem sozialen und historischen Umfeld beeinflusst.
(übersetzt v.d. Verf.)

Abb. 1: Aussagen über NOS (nach Mc Comas et al. 1998)

Zu ähnlichen Ergebnissen kam eine Untersuchung von Osborne u. a. (2003). Sie führten eine Delphistudie mit 25 Experten[2] durch, die dazu Stellung nehmen sollten, was im Unterricht über die Natur der Naturwissenschaften gelehrt werden sollte.

---

[2]   Als Experten gelten in der Studie Naturwissenschaftler, „science communicators", Philosophen und Soziologen sowie Naturwissenschaftslehrer.

Die englischsprachige Literatur lässt keinen Zweifel über die Wichtigkeit des Wissens über die Natur der Naturwissenschaften aufkommen. Besonders im Zusammenhang mit „scientific literacy" wird dieses metakonzeptuelle Wissen häufig diskutiert, als Teil einer adäquaten Vorbereitung auf das Leben in einer naturwissenschaftlich geprägten Gesellschaft. Während für den „literacy"-Begriff unter anderem auch fachliche Inhalte relevant sind, soll sich die Begründung für das hier skizzierte Wissenschaftsverständnis auf die erwähnte Natur der Naturwissenschaften beschränken.

Driver u. a. (1996) führen mehrere Argumente dazu an: ein *pragmatisches,* ein *demokratisches,* ein *kulturelles* und ein *moralisches* Argument. Zentral für unser Forschungsprojekt ist eine weitere Begründung, die in besonderem Maße auch grundschulrelevant sein kann. Es handelt sich um ein *pädagogisch-psychologisches* Argument, das besagt, dass *erfolgreiches Lernen naturwissenschaftlicher Inhalte dadurch gefördert wird, dass darin auch das Wesen der Naturwissenschaften als Inhalt eingeschlossen ist* (vgl. Driver u. a. 1996, 20). Dieses Argument wurde bisher durch einige empirische Studien mit älteren Schülern bis hin zu Studenten gestützt, im Grundschulbereich besteht jedoch noch beträchtlicher Forschungsbedarf.

2 Welches Wissenschaftsverständnis haben Grundschüler und wie weit kann es gefördert werden?

2.1 Design der Studie

Die Studie wurde im Trainings-Kontrollgruppen-Design angelegt. Die Trainingsgruppe erhielt Unterricht, der auf die Vermittlung von Wissenschaftsverständnis ausgerichtet war.[3] Beide Klassen wurden von mir im gleichen Stundenumfang unterrichtet. In der Kontrollgruppe wurde die Unterrichtzeit – statt für zusätzliche metatheoretische Reflexionen – für fachlich tiefgreifendere Darstellungen der Inhalte genutzt.

Zur Auswahl geeigneter, das heißt gut vergleichbarer und räumlich getrennter Gruppen führten wir in drei vierten Klassen in Würzburg einen Intelligenztest durch (CFT 20). Die dadurch ermittelten Trainings- und Kontrollgruppen nahmen beide vor und nach der Intervention an weiteren Tests teil, die im nächsten Abschnitt kurz vorgestellt werden.

---

[3]   In der Studie umfasste der Unterricht neben den Sachinhalten vor allem erkenntnis- und wissenschaftstheoretische Aspekte, nur sehr wenige wissenschaftsethische Gesichtspunkte. Details zu den beiden Unterrichtseinheiten „Wie zuverlässig ist unsere Wahrnehmung?" und „Warum geht der Brotteig auf?" sind unter anderem bei Grygier u. a. (2004) zu finden.

2.2   Verwendete Instrumente

Das Wissenschaftsverständnis der Grundschüler wurde mit Hilfe des „Nature of Science"-Interviews nach Carey u. a. (1989) erhoben. Das halbstandardisierte Interview enthält Fragen zu den Bereichen *Wissenschaft allgemein, Fragen, Experimente, Hypothese, Theorie* und *Evidenz*.

In einer Experimentieraufgabe nach Bullock und Ziegler (1999) wurde das Verständnis der Logik des Testens überprüft. Im Idealfall planen die Schüler hier innerhalb eines Beispielkontextes ein kontrolliertes Experiment und interpretieren vorgegebene Evidenzen richtig.

Die sogenannte Kuchenaufgabe (ein informeller Test) wurde nur im Nachtest eingesetzt. Sie dient dazu, neben der Experimentieraufgabe ein weiteres Instrument mit multivariater Problemstellung zu haben. Es geht hierbei um das Erkennen möglicher Fehlerquellen eines misslungenen Back-„Experimentes".

Mit Hilfe eines Wissenstests wurde außerdem das Vorverständnis der Grundschüler in den jeweiligen Inhaltsbereichen des bevorstehenden beziehungsweise durchgeführten Unterrichts erhoben.

2.3   Ergebnisse

Die Vortestergebnisse des „Nature of Science"-Interviews zeigen, dass die beiden Klassen (Trainings- und Kontrollgruppe) auch in den einzelnen Interviewbereichen sehr gut vergleichbar waren. Insgesamt überwiegen Antworten, die einem naiv-realistischen Level zuzurechnen sind. Im Nachtest zeigen sich nicht nur Unterschiede zum Vortestniveau, sondern auch zwischen den beiden Gruppen. Der Rückgang von kurzen „weiß nicht"-Antworten sowie naiv-realistischen Äußerungen zugunsten reflektierterer Ansichten wird in der Trainingsgruppe deutlicher als in der Kontrollgruppe.

Auch in der Experimentieraufgabe schneidet die Trainingsgruppe im Nachtest signifikant besser ab als die Kontrollgruppe. In dieser Aufgabe wird untersucht, wie viele Grundschüler in der Lage sind, kontrollierte Testvorschläge zu produzieren beziehungsweise auszuwählen.

In der Kuchenaufgabe finden Schüler beider Klassen Gründe, weshalb das Back-„Experiment" misslungen sein könnte. In den Antworten der Trainingsgruppe sind jedoch häufiger Angaben zu finden, die qualitativ höher einzustufen sind. Derartige Aussagen beziehen sich explizit auf Ungenauigkeiten im „Backrezept" und gehen damit über vage Vermutungen hinaus.

Auf die Darstellung der Ergebnisse des Wissenstests zu den Fachinhalten muss aus Platzgründen verzichtet werden.

3   Welche Lernwirksamkeit ergibt sich aus einem reflektierteren Wissenschaftsverständnis?

3.1   *Anlage und Instrumente der Transferstudie*

An die in Abschnitt 2.1 beschriebene Studie schloss sich noch eine weitere Unterrichtseinheit an. Diese wurde in *beiden* Klassen *identisch* durchgeführt und diente zur Überprüfung eines möglichen Transfereffektes. Gegenstand der Untersuchung war, ob die Trainingsgruppe auf Grund ihres vorherigen Unterrichts (mit expliziter Vermittlung von Wissenschaftsverständnis) in einer weiteren Sachunterrichtseinheit („Wie kommt es, dass ein Schiff schwimmt?") in stärkerem Maße profitieren würde als die Kontrollgruppe. Ein passender Wissenstest, der bereits zusammen mit den anderen Vortests und ebenso im Anschluss an die zusätzliche Unterrichtseinheit durchgeführt wurde, sollte darüber Aufschluss geben.[4]

3.2   *Ergebnisse der Transferstudie*

Der Wissenstest zeigt, dass in einem allgemeinen Summenwert beide Klassen durch den Unterricht viel hinzu lernen. Die Trainingsgruppe „überholt" jedoch die Kontrollgruppe, ihr Summenwert liegt also im Vortest unter, im Nachtest über dem Wert der Kontrollgruppe. Ein nach etwa sieben Monaten durchgeführter Langzeittest zeigte, dass dieser „Vorsprung" erhalten werden konnte.

Genauere Analysen der Daten gaben Hinweise darauf, dass die Vorteile der Trainingsgruppe vor allem in besonders anspruchsvollen Items zu finden waren. Diese Aufgaben verlangten die Berücksichtigung mehrerer Variablen.

3.3   *Vorläufige Schlussfolgerungen*

Unsere Studie hat gezeigt, dass die relativ kurzfristige curriculare Intervention nachweisbare Effekte auf das epistemologische Verständnis der (Trainingsgruppen-)Schüler hatte. Dies wurde in den Ergebnissen des „Nature of Science"-Interviews deutlich. Ebenso fand eine Verbesserung im Verständnis der Logik des Experimentierens statt, wie sich in der Experimentieraufgabe herausstellte. Die Vorteile und Leistungszuwächse der Trainingsgruppe bestätigten unsere Ergebnisse aus früheren Studien.

---

[4]   Sowohl die Unterrichtseinheit als auch der Wissenstest entstanden in Anlehnung an die Studie von Möller u. a.. (2002).

Die Transferstudie wurde im vorgestellten Design erstmals durchgeführt. Sie lässt Anzeichen erkennen, dass die Trainingsgruppe auf Grund ihres reflektierteren Wissenschaftsverständnisses im „normalen" Sachunterricht mit naturwissenschaftlichen Themen etwas stärker profitiert. Dieser Vorteil kommt jedoch erst bei komplexen Aufgabenstellungen zum Tragen.

Zudem ergab sich ein erwartungswidriges Ergebnis im Wissenstest zu den ersten beiden Unterrichtseinheiten. So lernten zwar beide Klassen in den fachlichen Schwerpunkten ihres Unterrichts hinzu. Dennoch zeigte die Trainingsgruppe auch Fortschritte in Items, die ursprünglich (auf Grund der dazu verwendeten Unterrichtszeit) einen größeren Wissenszuwachs in der Kontrollgruppe erwarten ließen.

Diese Ergebnisse weisen zum derzeitigen Stand der Auswertung darauf hin, dass die Sachunterrichtsvorgaben in Grundschullehrplänen das Leistungspotential der Viertklässler noch nicht soweit ausschöpfen, wie dies möglich und sinnvoll wäre.

Literatur

Bullock, M./ Ziegler, A. (1999): Scientific reasoning: Developmental and individual differences. In: Weinert, F.E / Schneider, W. (Hrsg.): Individual development from 3 to 12. Findings from the Munich Longitudinal Study. Cambridge, 38-54.

Carey, S./ Evans, R./ Honda, M. / Jay, E./ Unger, C. (1989). An experiment is when you try it and see if it works. In: International Journal of Science Education, 11. Jg., 514-529.

Driver, R./ Leach, J./ Millar, R./ Scott, P. (1996). Young peoples images of science. Bristol.

Grygier, P./ Günther, J./ Kircher, E. (2004) (Hrsg.): Über Naturwissenschaften lernen – Vermittlung von Wissenschaftsverständnis in der Grundschule. Baltmannsweiler Hohengehren.

Mc Comas, W.F./ Mc Clough, M./ Almaroza, H. (1998): The role and character of the nature of science. In: Mc Comas, W.F. (Hrsg.): The Nature of Science in Science Education. Dordrecht, 3-39.

Möller, K./ Jonen, A./ Hardy, I./ Stern, E. (2002): Die Förderung von naturwissenschaftlichem Verständnis bei Grundschulkindern durch Strukturierung der Lernumgebung. In: Zeitschrift für Pädagogik, 45. Beiheft, 176-191.

Osborne, J./ Collins, S./ Ratcliffe, M./ Millar, R./ Duschl, R. (2003): What "ideas-about-science" should be taught in school science? A Delphi study of the expert community. In: Journal of Research in Science Teaching, 40. Jg. H. 7, 692-720.

Sodian, B./ Thoermer, C./ Kircher, E./ Grygier, P./ Günther, J. (2002): Vermittlung von Wissenschaftsverständnis in der Grundschule. In: Zeitschrift für Pädagogik, 45. Beiheft, 192-206.

Die Heimatkunde in der DDR als der Versuch einer nationalen Standardisierung

Johannes Jung

1   Forschungslage und Problemstellung

Die historiographischen Beschreibungen der Schul- und Bildungsgeschichte der DDR legen in aller Regel spezifische Erzählmodi nahe, also Rekonstruktion unter bestimmten Perspektiven und Fragestellungen. Diese Rekonstruktionsversuche lassen sich als Verfalls-, Restbestands-, Irrelevanz-, Konvergenz-, Divergenz- und Kontinuitätsgeschichte in den Blick nehmen, wobei die Fragen nach dem Übriggebliebenen, dem Trennenden und Verbindenden im Verhältnis zur Bundesrepublik als untersuchungsleitende Kriterien identifiziert werden können (vgl. Cloer 2001, 122). Ebenso kann die Recherche nach dem „Nicht-Monolithischem" innerhalb einer bildungspolitischen Monokultur, also der Abweichungen von fixen Standards im Zentrum der Forschung stehen (vgl. Geißler/ Wiegmann 1996, 93 f.). Das Aufzeigen mehr oder weniger erfolgreicher Vereinheitlichungstendenzen soll im Folgenden, mit Bezug auf das Tagungsthema, schwerpunktmäßig versucht werden.

Als primäres Forschungsanliegen kann daher zunächst eine gleichsam antiquarische Rekonstruktion des Heimatkundeunterrichts in der Schule der DDR von 1945/46 bis 1989 gelten. An diese zunächst wertneutrale Bewahrung und Deskription der vorfindlichen Quellen muss sich zwangsläufig, als zweiter Schwerpunkt, die Frage nach dem Verhältnis von Politik und Pädagogik anschließen, das sich tendenziell als symbiotisch oder autonom, aber auch als dichotomisch beschreiben lassen könnte. Zum dritten soll nach dem Erfolg dieser Einflussnahmen hinsichtlich methodischer und inhaltlicher Gleichschaltung und Vereinheitlichung, einer Standardisierung und Uniformierung des Unterrichts unter dem notwendigen Diktat der Einheitspartei gefragt werden.

Die Heimatkunde erscheint dafür als besonders prädestinierter Bereich, da sie zum einen naturgemäß als ein regional und von den Bezugsfächern her ungemein heterogenes, kaum zu vereinheitlichendes Feld angesehen werden muss und zum anderen für gesellschaftspolitische Funktionalisierung besonders geeignet zu sein scheint.

Forschungsmethodisch soll diese Rekonstruktion auf verschiedenen Abstraktionsniveaus vorgenommen werden; auf höchster gesellschaftlicher Ebene werden die pädagogischen und bildungspolitischen Grundlagenwerke von Marx und Lenin bis Hoernle und Honecker sowie die maßgeblichen SED–Parteitagsbeschlüsse und die Berichte von den Pädagogischen Kongressen der DDR einer Analyse unterzogen. Auf der nächsten Konkretionsstufe stehen die amtlichen Lehrpläne, alle verwendeten Heimatkundebücher mitsamt den begleitenden Unterrichtshilfen und fachwissenschaftlichen Hintergrundwerke im Mittelpunkt, um damit gleichsam eine offizielle Vorgabe des gewünschten Heimatkundeunterrichts abbilden zu können. Auf einem möglichst unterrichtsnahen Niveau soll zuletzt noch eine stichprobenartige Analyse von Heimatkundeheften und -mappen, Beispielstunden und Visitationsberichten sowie ein illustrativer Zugriff auf oral history vorgenommen werden – dies allerdings wegen der Unüberschaubarkeit und Lückenhaftigkeit des Materials ohne echte empirische Validität.

2   Bildungspolitische Kurzchronik

Grundsätzlich lässt sich die Funktion des Erziehungs- und Bildungswesens in der sozialistischen Gesellschaft als „eine *Waffe und ein Instrument des Klassenkampfes*" (Hoernle zit. nach Lenin 1975, 94) [Herv. i. O.] beschreiben, das auf der Grundlage des dialektischen Materialismus die Menschen in bewusster Parteilichkeit zum Sozialismus zu erziehen habe. Bereits vor Kriegsende 1945 wurden daher von der KPD und dem „Nationalkomitee Freies Deutschland" mit Pieck und Ulbricht intensive Überlegungen zur Umgestaltung des deutschen Schulsystems angestellt. In den späten 1940er Jahren resultierte aus dieser Politisierung der Schule eine deutliche Abwendung von der individualistischen und bürgerlich-liberalen Reformpädagogik. Diese mündete daher in eine Frontstellung „entschieden gegen die idealistische und reaktionäre Auffassung von der angeblichen Autonomie der Erziehung und damit der Schule, als deren Exponent damals insbesondere Theodor Litt auftrat" (Günther u. a. 1973, 637).

In einer ersten Phase der antifaschistisch-demokratischen Schulreform von 1945-1952 lassen sich, unter den verheerenden Bedingungen nach der deutschen Kapitulation, Entnazifizierung, Entmilitarisierung und Demokratisierung als oberste Ziele identifizieren und wurden vor allem im „Gesetz zur Demokratisierung der deutschen Schule" vom Mai/Juni 1946 (vgl. Hearnden 1973, 22f.; Akademie der Pädagogischen Wissenschaften 1983, 9ff.) in eine legislative Form gebracht. Von Anfang an besaß hierbei die sowjetische Militäradministration (SMAD) entscheidenden Einfluss auf den ab dem 1.10.1945 wieder anlaufenden Schulbetrieb. Zentrale organisatorische Neuerung war die Etablierung einer achtklassigen demokratischen und gemeinsamen Grundschule, für die zum 1.7.1946 ein einheitliches, zentrales Lehrplanwerk erlassen wurde. Nach den ersten Jahren des organisatorischen Wiederaufbaus setzte mit der 2. Parteikonferenz der SED im Juli 1952 eine zweite Etappe der Schulreform mit dem Ziel eines raschen Aufbaus des Sozialismus ein, was konkret eine noch weiter gehende Ausrichtung des Bildungswesen an der sowjetrussischen Zehnklassenschule mit Russisch als dominierender Fremdsprache bedeutete (vgl. Froese 1962, 8). Die innen- und außenpolitischen Konfrontationen der 1950er Jahre, als Kampf mit Revisionismus und internationaler Konterrevolution interpretiert, erfuhren erst mit dem „Gesetz über die sozialistische Entwicklung des Schulwesens in der Deutschen Demokratischen Republik" vom 2.12.1959 und erst recht mit den „Sicherungsmaßnahmen vom 13. August 1961"[1] eine gewisse Beruhigung (vgl. Günther u. a. 1973, 654).

Ab dieser Zeit kann, bis zur überraschend schnellen staatlichen Implosion der DDR im Herbst 1989, von einer relativ stabilen Koexistenz und Konkurrenz der beiden deutschen Staaten und ihrer Bildungssysteme ausgegangen werden, sodass das „Gesetz über das einheitliche sozialistische Bildungssystem" im Februar 1965 auf die „Erfordernisse einer entwickelten sozialistischen Gesellschaft" (Akademie der Pädagogischen Wissenschaften 1983, 66) ausgerichtet werden konnte. Die allgemeinbildende Polytechnische Oberschule wurde in Unter-, Mittel- und Oberstufe gegliedert und ließ verschiedene Möglichkeiten beruflicher oder wissenschaftlicher Weiterbildung als Anschlussmöglichkeiten zu (vgl. genauer die Übersicht in Günther u. a. 1973, 660; Jung 2003, 84 ff.).

3   Die Standardisierungsfunktion der Heimatkunde

Der Begriff „Heimatkunde" dürfte ganz grundsätzlich in der DDR als durch Weimarer Republik und Nationalsozialismus vorbelastet gelten, zumal der sozialistische Mensch seine Heimat eher in seiner gesellschaftlichen Klasse denn innerhalb regionaler oder nationaler Grenzen finden könne, getreu der Marx'schen Maxime: „Die Arbeiter haben kein Vaterland." (Marx/ Engels 1977, 45). Dennoch wurde er im Rahmen der achtklassigen Grund-, später zehnklassigen polytechnischen Oberschule unbefragt übernommen, wenn auch nicht als eigenes Fach, sondern als Fachbereich im Rahmen des Deutschunterrichts und damit als Sammelbecken für die Fächer Physik, Astronomie, Chemie,

---

[1]   Bei Günther u. a. (1973, 656) weiter wird ausgeführt: „(sie) durchkreuzten die Konzeption westdeutscher Ultras, durch Provokationen an der Staatsgrenze den militärischen Überfall auf die DDR einzuleiten. Dadurch wurde der Frieden in Europa gerettet."

Biologie, Geographie, Staatsbürgerkunde und Geschichte in den Jahrgangsstufen 1-4 (vgl. Akademie der Pädagogischen Wissenschaften 1983, 58; beispielhaft Kunze u. a. 1983a).

Als durchaus konventionelle Leit- und Richtzieltrias des Heimatkundeunterrichts lässt sich das Verstehen und Erschließen der heimatlichen Umwelt, eine solide Fachpropädeutik im Blick auf die anschließenden Klassen und die *„Liebe der Schüler zu ihrer Heimat und unserem sozialistischen Vaterland"* (Akademie der Pädagogischen Wissenschaften 1976, 79) [Hervorhebung im Original] identifizieren.[2]

In den ersten vier Jahrgangsstufen wurden die Themen und Inhalte des Heimatkundeunterrichts in zwei große Teillehrgänge eher gesellschafts- und geisteswissenschaftlicher sowie eher naturwissenschaftlicher Provinienz unterteilt: „Einführung in das gesellschaftliche Leben" und „Kenntnisse über die Natur – Naturbeobachtungen" (Kunze u. a. 1983b, 5). Während der gesellschaftskundliche Teillehrgang eindeutig eine staatstragende und affirmative Zielsetzung verfolgt, bleibt der naturwissenschaftliche Bereich auf den ersten Blick weitgehend neutral. Diese klare Zweiteilung ermöglichte denn auch nach der politischen Wende 1989 eine relativ bruchlose Weiterverwendung der biologischen und geologischen Inhalte in den Heimatkundebücher nach der chirurgischen Entfernung aller geschichtlichen und soziologischen Stoffeinheiten (vgl. z.B. Szudra 1990).

Nach den vorliegenden Heimatkundebüchern und Unterrichtshilfen nehmen die gesellschaftswissenschaftlichen Themen rund doppelt soviel Raum ein wie der naturwissenschaftliche Bereich, in dem sich allerdings chemische, physikalische und technische Aspekte nur marginal vertreten finden. Stichprobenartige Einblicke in Schülerhefte aus den 1970er und 80er Jahren legen ebenfalls nahe, dass die gesellschaftskundlichen Themen in der Tat einen größeren Raum einnahmen als die naturkundlichen; das Ungleichgewicht fällt allerdings nicht so gravierend aus, wie nach den Schülerbüchern eigentlich zu erwarten gewesen wäre. Zudem erwecken die häufig mit uniformen Zeitungsausschnitten lediglich zusammenmontierten Heftseiten etwa zum 1.Mai oder zum Tag der NVA (Nationale Volksarmee) nicht den Eindruck eines besonderen Zeit- oder Arbeitsaufwandes, während die selbst gestalteten Einträge zu Blüten oder zur Heimattopographie weitaus mehr Engagement vermuten lassen.

In der 3. Klasse nimmt beispielsweise die vierte Stoffeinheit über den *„8.Mai – Tag der Befreiung vom Faschismus. ... UE 4.2. Vom Heldentum und*

---

[2] Margot Honecker fasst diese Haltung auf dem VII. Pädagogischen Kongress pointiert zusammen: „Die Jugend zur tiefen Liebe ihrer Heimat, der Deutschen Demokratischen Republik, zum Sozialismus zu erziehen heißt auch, sie den Imperialismus hassen zu lehren." (Ministerium für Volksbildung 1970, 48).

von den Opfern der Sowjetsoldaten bei der Befreiung ihres Landes und der Zerschlagung des Faschismus" (Szudra u. a. 1988, 13) [Herv. i. O.] im Heimatkundebuch von 1989 breiten Raum ein (30 Seiten), wobei die faschistischen Verbrechen gegenüber der innerdeutschen, antifaschistischen Opposition und dem sowjetischen Volk in meist persönlich gehaltenen Episoden thematisiert werden (vgl. ebd. 67-96). Allerdings erscheinen die Parteilichkeit und weltanschauliche Ausrichtung gerade bei dieser Darstellung, die bei aller Schilderungsbreite weder Juden noch bekennende Christen, Homosexuelle oder Sinti und Roma auf Seiten der Opfer auch nur am Rande erwähnt, so ungetarnt, offensichtlich und manipulativ, dass die unterrichtliche Bearbeitung relativ wenig gestalterischen Spielraum ließ. In wieweit oftmals nur den Buchstaben, nicht aber dem Geist der „unvergesslichen Heldentaten" (Szudra u. a. 1987, 4) entsprochen wurde, lässt sich im Nachhinein schwer feststellen; der Verdacht drängt sich bei manchen Einträgen aber auf, dass hier nicht mehr Zeit verwandt wurde als unbedingt vorgeschrieben.

Wesentlich subtiler stellt sich die Situation im biologisch-naturwissenschaftlichen Bereich dar. So widmet sich die erste Stoffeinheit der dritten Klasse den „Pflanzen und Tieren der Heimat" (Szudra u. a. 1988a, 3) und umfasst Laub-, Nadel- und „Obstbäume unserer Heimat" (ebd., 73) sowie verschiedene Nutztiere wie Schwein, Rind und Huhn, wobei Körperbau, Merkmale, Haltung und Nutzbarmachung der genannten Haustiere erarbeitet werden sollen. Diese auf insgesamt 16 Wochenstunden angelegte Stoffeinheit verdeutlicht unübersehbar das weitgehend utilitaristische Verständnis der vorgeschriebenen naturkundlichen Inhalte; die Ökonomisierbarkeit von Tieren und Pflanzen darf durchaus als Generalkriterium für ihre unterrichtliche Auswahl verstanden werden und mag mit ihrer zwar augenscheinlich unpolitischen, aber durchaus weltanschaulich geprägten Grundidee von Beherrschung und Benutzung der Natur und ihrer Ressourcen möglicherweise viel wirksamer und langanhaltender das Bewusstsein geprägt haben (vgl. Jung 2003, 98 ff.).

Damit kann auch eine mögliche Tendenz hinsichtlich des Erfolges oder Scheiterns der Vereinheitlichungs- und Standardisierungsbestrebungen im Heimatkundeunterricht der DDR umrissen werden. Bei zu offensichtlichen und realitätswidrigen Beeinflussungen war eine Monopolisierung des Bewusstseins und eine Uniformierung der Köpfe wohl kaum erreichbar, vor allem wegen der schlichten Unmöglichkeit, eine Gesellschaft hermetisch von der Außenwelt abzuschirmen.

Allerdings ist auf der anderen Seite, vor allem bei den politisch eher unverdächtigen naturwissenschaftlichen Themen, durchaus eine gewisse Standardisierungswirkung anzunehmen und in den Heimatkundeheften auch zu belegen. Dies dürfte (1.) durch die monopolisierten Medien und Materialien des zentralen

Volk & Wissen-Verlages, (2.) die vorgegebenen Jahresarbeitspläne und ihre strenge zeitliche Vertaktung und Verkoppelung mit Schulfernsehen und öffentlichen Feier- und Gedenktagen und (3.) durch die methodisch und fachwissenschaftlich verbindliche Vereinheitlichung via Unterrichtshilfen begründet sein, die die bildungspolitischen Vorgaben kleingearbeitet, realisierbar und lehrersicher in jedes Klassenzimmer hinein konkretisierten.

Literatur

Akademie der Pädagogischen Wissenschaften der DDR (Hrsg.) (1976): Die Erziehung des jüngeren Schulkindes. 3. Aufl. Berlin/ Ost.

Akademie der Pädagogischen Wissenschaften der Deutschen Demokratischen Republik (Hrsg.) (1983): Das Bildungswesen der Deutschen Demokratischen Republik. 2. Aufl. Berlin/ Ost.

Cloer, E. (2001): Die Bildungsgeschichte(n) der Bundesrepublik Deutschland und der deutschen Demokratischen Republik. In: Zeitschrift für Pädagogik. Jg. 47, 121-136.

Froese, L. (1962): Sowjetisierung der deutschen Schule. Freiburg i. Br..

Führ, Ch./ Furck, C.-L. (Hrsg.) (1998): Handbuch der deutschen Bildungsgeschichte / Hrsg. von Christa Berg. Band 6: 1945 bis zur Gegenwart Teilbd. 2: Deutsche Demokratische Republik. München.

Fuhrmann, P./ Drefenstedt, B./ Jablonski, U./ Eckstein, J./ Krohn, R. (1989): Unterrichtshilfen Heimatkunde Klasse 2. 4. Aufl. Berlin/ Ost.

Geißler, G./ Wiegmann, U. (1996): Pädagogik und Herrschaft in der DDR. Frankfurt a. Main u. a..

Günther, K.-H./ Hofmann, F./ Hohendorf, G./ König, H./ Schaffhauser, H. (1973): Geschichte der Erziehung. 11. Aufl. Berlin/ Ost.

Hearnden, A. (1973): Bildungspolitik in der BRD und DDR. Düsseldorf.

Jung, J. (2003): Die Heimatkunde in der DDR – Zwischen Fachpropädeutik und sozialistischer Heimatliebe. In: Götz M. (Hrsg.): Zwischen Sachbildung und Gesinnungsbildung. Bad Heilbrunn, 81-106.

Kunze, G./ Dahnke, W./ Geffert, H.-J./ Sandner, K. (1983 a): Fachwissenschaftliche Grundlagen des Heimatkundeunterrichts aus der Biologie und Geographie. Berlin/ Ost.

Kunze, G./ Borsch, R./ Frohne, I./ Heimerdinger, F./ Helbig, K./ Neigenfind, F./ Sack, L./ Sandner, K./ Schmidt, U./ Steinhardt, R./ Strietzel, H./ Thunemann, E. (1983 b): Heimatkunde – methodische Beiträge. Berlin/ Ost.

Lenin, W. I. (1975): Über Bildungspolitik und Pädagogik. Ausgewählt, eingeleitet und erläutert von Gottfried Uhlig unter Mitarbeit von Renate Tobies. Band 1. Berlin/ Ost.

Marx, K./ Engels, F. (1977): Manifest der Kommunistischen Partei. Berlin / Ost (Erstausgabe London 1848).

Ministerium für Volksbildung der Deutschen Demokratischen Republik (Hrsg.) (1970): VII. Pädagogischer Kongress vom 5. bis 7.5. 1970. Berlin/ Ost.

Szudra, U. (Hrsg.) (1990): Heimatkunde Lehrbuch für die Klasse 3. 1. Aufl. Berlin/ Ost.
Szudra, U./ Lucke-Gruse, A. (Hrsg.) (1987): Heimatkunde Lehrbuch für die Klasse 4. 3. Aufl. Berlin/ Ost.
Szudra, U./ Vogt, E./ Geffert, H./ Leimbach, R./ Brandt, M./ Pohle, M./ Kunze, G. (1988): Unterrichtshilfen Heimatkunde Klasse 3. 3. Aufl. Berlin/ Ost.

VI Individualisierung und Standardisierung in professionsbezogenen Kontexten

Auswahlgespräche zur Vergabe von Studienplätzen im Grundschullehramtsstudium – Standardsicherung durch Steuerung des Zugangs?

Frank Foerster & Gabriele Faust

Seit 2002 werden vom Lehrstuhl Grundschulpädagogik und -didaktik der Otto-Friedrich-Universität Bamberg Studienplätze u.a. nach dem Ergebnis von Auswahlgesprächen vergeben. Mittlerweile sind die Auswahlgespräche Teil einer umfassenden Neukonzeption der Grundschullehrerausbildung in Bamberg, die für drei Jahre vom „Stifterverband für die Deutsche Wissenschaft/Stiftung Mercator" finanziell unterstützt wird. Im Rahmen der Neukonzeption wird eine Standardsicherung nicht nur durch eine Verbesserung der Studienbedingungen, sondern auch durch eine Steuerung des Zugangs angestrebt.

1   Gesetzliche und institutionelle Voraussetzungen

Auswahlverfahren in Lehramtsstudiengängen waren bislang nicht üblich. Das im Folgenden vorgestellte Auswahlverfahren war das erste seiner Art in einem Lehramtsstudiengang in Deutschland und von daher neu zu entwickeln. Der Studiengang Grundschulpädagogik/Lehramt an Grundschulen ist an bayerischen Universitäten ein örtliches NC-Fach, in dem die Studienplätze hauptsächlich nach Abiturnote und Wartezeit vergeben werden. Mit dem am 1.1.2002 in Kraft getretenen „Gesetz zur Änderung des Bayerischen Hochschullehrergesetzes, des Bayerischen Hochschulgesetzes und des Gesetzes zur Ausführung des Staatsvertrags über die Vergabe von Studienplätzen" (GVBl 2001, 991) wurde in Bayern die Möglichkeit geschaffen, 50 % der Plätze nach dem Ergebnis eines Auswahlverfahrens zu vergeben. Die Note der Hochschulzugangsberechtigung muss dabei gleichrangig mit dem Ergebnis des Auswahlgesprächs berücksichtigt werden. Organisatorisch musste das Verfahren im Rahmen der gesetzlichen Vorgaben vor Ort umgesetzt werden (vgl. Faust u.a. 2003).

2   Begründungen für Auswahlverfahren

Die Ergebnisse von Studien, die die Voraussagbarkeit von Studienleistungen
aus Schulnoten untersucht haben, sind nicht einheitlich. Bei einer Zusammenfassung von Einzelstudien zum Zusammenhang zwischen Abiturnote und Exa-
mensnote kann festgestellt werden, dass sich *Studienleistungen* aus der Abiturnote mit einer mittleren Validität von r = 0.46 voraussagen lassen, wobei die
Einzelwerte zwischen r = - 0.14 und r = 0.77 variieren (vgl. Schuler 2001, 501
ff.). Bei angehenden Grund- und Hauptschullehrern ist der Studienerfolg aufgrund von Schulnoten besonders schlecht vorauszusagen (vgl. Giesen u.a.
1986). Was den Zusammenhang zwischen Abiturnote und *Berufserfolg* angeht,
ist die Datenlage in Deutschland gänzlich unbefriedigend. Amerikanische Untersuchungen, die lediglich bedingt übertragbar sein dürften, sehen allgemein
(also nicht auf den Lehrerberuf bezogen) eine Prognosequalität von Collegeno-
ten bei r = 0.30, für Schulnoten „eher darunter" (Schuler 2001, 505).

Neben der unbefriedigenden Datenlage gibt es weitere Gründe für die
Durchführung von Auswahlverfahren. Auswahlverfahren zielen darauf, geeig-
neteren Personen den Zugang zum Studium und dem Beruf „Grundschulleh-
rer/in" zu ermöglichen, als es über eine reine Zulassung nach Abiturnote der
Fall ist. Es soll noch vor Studienbeginn eine Abklärung der Voraussetzungen
der Bewerber/innen und der Anforderungen des Studiums und des Berufs erfolgen. Der Nutzen für die Institution Universität liegt auf der Hand: Sie hat die
Mög-lichkeit, geeigneten Bewerber/innen den Zugang zum Studium zu erleichtern, weniger geeignete oder ungeeignete Bewerber/innen abzulehnen. Es wird
erwartet, dass geeignetere Personen bei höherem Wohlbefinden leichter, schneller und besser studieren und auch im Beruf erfolgreicher sind. Aber auch den
Bewerber/innen können diese Auswahlgespräche nützen: Sie werden dazu angeregt, sich mit dem Studium und dessen Inhalten auseinander zu setzen und ihren
Studienentschluss zu überprüfen. Dies kann auf der einen Seite dazu führen,
dass sie oder er sich durch ein „erfolgreiches" Gespräch in der Studienwahl
bestärkt sieht – was dann einen zusätzlichen Motivationsschub auslösen könnte.
Auf der anderen Seite besteht aber bei weniger geeigneten Bewerber/innen die
Möglichkeit, dass diese von sich aus noch einmal ihren Studien- und Berufs-
wunsch reflektieren und auf entsprechende Beratungsangebote zurückgreifen,
z.B. auf das Beratungsmaterial „Lehrer/in werden?" (http://www.cct-austria.at;
vgl. Mayr/ Brandstätter 1998). Ziele der Auswahlgespräche sind demnach eine
Vermeidung von persönlichen Misserfolgserlebnissen der Studierenden und von
Studienabbrüchen (vgl. Henecka/ Gesk 1996).

3 Auswahlkriterien

In den Auswahlgesprächen wird versucht, lehrerspezifische Eignungskriterien zu erheben. Hierzu wurde aus verschiedenen konzeptionellen und empirischen Quellen ein eigenes „Eignungskonstrukt" entworfen. Insgesamt sechs Kriterien sind maßgebend: (1) Berufsbezogene Interessen, Motivation, (2) Pädagogische Vorerfahrungen, (3) Wahrnehmungsfähigkeit, (4) Kontaktbereitschaft und Kommunikationsfähigkeit, (5) Reflexionsfähigkeit, Differenzierungsvermögen, intellektuelle Beweglichkeit, (6) Mappe.

Im Hinblick auf das Kriterium *Berufsbezogene Interessen, Motivation* werden im Gespräch Informationen zur Motivation für den Lehrerberuf und die Lehrertätigkeit, aber auch für das Studium erhoben. Zentral für die Motivation der Wahl des Lehrerberufs ist das Verhältnis intrinsischer und extrinsischer Motive. Intrinsische Motive sind durch Interesse und Freude an der Arbeit mit Kindern und am Vermitteln von Wissen gekennzeichnet. Auch altruistische und sozial-karitative Motive gehören in diese Kategorie. Extrinsische Motive, z.B. berufliche Sicherheit, Rat zum Lehrerstudium von Familienmitgliedern und Freunden sowie Vereinbarkeit von Familie und Beruf, liegen dagegen nicht in der beruflichen Tätigkeit begründet. Nach Brühwiler (2001, 369 ff.) stellt das gemeinsame Auftreten wünschenswerter Motive wie „Freude an Kindern und Jugendlichen" und „Interesse an der Initiierung und Begleitung von Lernprozessen" einen guten Prädiktor für Ausbildungserfolg und erfolgreichen Berufseinstieg dar. Schaarschmidt (2004, 67) geht in seiner Untersuchung Potsdamer Lehramtsstudierender davon aus, dass für einen beträchtlichen Teil von Studierenden mit Einschränkungen in der Motivation gerechnet werden muss. Die Hälfte aller Lehramtsstudierenden, die angibt, sich unsicher zu sein, dass der Lehrerberuf der richtige Beruf für sie sei, kann zur Gruppe der „Belasteten" gerechnet werden (ebd., 69). Zwischen einer hohen intrinsischen Motivation für den Lehrerberuf und psychischer Gesundheit im Lehrerberuf dürften demnach Zusammenhänge bestehen.

Das Kriterium *Pädagogische Vorerfahrungen* fragt nach Vorerfahrungen der Bewerber/innen vor allem im Umgang mit Kindern und Jugendlichen, die nach Art, Dauer, Anzahl und Tiefe beurteilt werden. Nach der Kongruenztheorie von Holland (1985) suchen „Personen ... nach Umwelten, die es ihnen erlauben, ihre Einstellungen und Werte zu verwirklichen und personengemäße Aufgabenstellungen und Rollen zu übernehmen" (Bergmann/ Eder 2001, 52). Für diese (vermutete) Übereinstimmung von Person und beruflicher Umweltstruktur gibt es häufig bereits vor Antritt des Studiums Hinweise, sodass überprüft wird, inwieweit von den Bewerber/innen dem Grundschullehrerberuf ähnliche Umwelten aufgesucht worden sind. Auch das in Bayern verpflichtende drei- bis vierwöchige Orientierungspraktikum, das vor Studienbeginn abgeleistet werden sollte, wird in das Gespräch miteinbezogen. Es wird zu ermitteln versucht, inwieweit Vorerfahrungen zu einer reflektierten Studien- bzw. Berufsentscheidung „Grundschullehrer/in" beigetragen haben. Auch der Umgang mit negativen Erfahrungen ist vor dem Hintergrund der Studie von Lipowsky (2003) relevant, da sich die persönlichkeitsbezogene Kognition „Optimismus" als korrespondierend mit der späteren beruflichen Zufriedenheit von Lehrer/innen herausstellte.

Zur Erhebung der *Wahrnehmungsfähigkeit* wird den Bewerber/innen ein knapp zweiminütiger Videoausschnitt einer Unterrichtsszene vorgeführt. Es soll ermittelt werden, inwieweit bei den Bewerber/innen bereits eine elementare Wahrnehmungsfähigkeit für pädagogische Prozesse (im Sinne einer Vorstufe zur diagnostischen Kompetenz) in das Studium mitgebracht wird. Wichtige Aspekte sind hier die Breite und Differenziertheit der Wahrnehmungen. Darüber hinaus werden die Bewerber/innen um eine (erste) Einschätzung und Bewertung der Situation gebeten.

Nach Mayr (2000) sind u.a. *Kontaktbereitschaft und Kommunikationsfähigkeit* – neben psychischer Stabilität und Diszipliniertheit, die im Auswahlgespräch jedoch nicht hinreichend geprüft werden können – günstige Persönlichkeitseigenschaften, die prädiktiv für erfolgreiches Studieren und Zufriedenheit und Wohlbefinden im Beruf sind. In eine ähnliche Richtung gehen die Befunde von Lipowsky (2003), wonach sich aufgeschlossene und kontaktfreudige Lehramtsabsolventen zufriedener in ihrer beruflichen Tätigkeit als Lehrer/in erweisen als eher introvertierte und zurückhaltende Lehrpersonen. Überprüft werden demnach u.a. Ausdrucksfähigkeit in der Sprache und in der Gestaltung von Äußerungen, Herstellen und Halten des Kontakts zu beiden Kommissionsmitgliedern (auch Gestik, Mimik) sowie Situationsangemessenheit des gesamten Auftretens in der Sprache und im Verhalten.

Zusätzlich zu den vier vorgestellten Hauptkriterien werden zwei weitere Kriterien im Auswahlgespräch herangezogen. Beim Kriterium *Reflexionsfähigkeit, Differenzierungsvermögen, intellektuelle Beweglichkeit* geht es u.a. darum, inwieweit die Bewerber/innen Gedanken weiterführen können, Gesprächsimpulse und Nuancen erkennen, sich einer angemessenen Sprache bedienen, keine Floskeln verwenden. Außerdem bringen die Bewerber/innen zum Gespräch eine *Mappe* (ähnlich einer Bewerbungsmappe) mit. Sie ist quasi die „Visitenkarte", die die Bewerber/innen abgeben. Bewertet wird vor allem ihre Aussagekraft (Informationswert, Gliederung, Strukturiertheit der Unterlagen) im Hinblick auf die Vergabe eines Studienplatzes im Fach Grundschulpädagogik.

Die Auswahlgespräche werden parallel von vier Zweier-Kommissionen geführt. Jedes Gespräch dauert 30 Minuten, für die anschließende Beurteilung stehen noch einmal 10 Minuten zur Verfügung. Alle Kriterien wurden „operationalisiert", d.h. die jeweiligen Kommissionen legen Protokolle an und beurteilen die Gespräche direkt im Anschluss an diese entsprechend einer Bewertungsliste (jeweils 0 - 4 Punkte für die Kriterien 1 - 4, 0 - 2 Punkte für die Kriterien 5 und 6, insgesamt also maximal 20 Punkte).

4   Resultate und Perspektiven

Ob das Verfahren die beschriebenen Erwartungen erfüllt, kann nur durch eine begleitende, längsschnittlich angelegte Evaluation überprüft werden. Dennoch sollen hier zwei Ergebnisse einer ersten Analyse des Durchgangs von 2004 (N = 62) kurz vorgestellt werden. Eine Analyse der *Reliabilität* ergibt einen Cronbach Alpha-Gesamtwert von 0.86, also eine hohe interne Konsistenz. Im Hinblick auf die einzelnen Items zeigt sich, dass die Trennschärfe sehr hoch ist (r_{tT} = 0.53 bis 0.68) – mit Ausnahme des Items „Mappe" (r_{tT} = 0.32), das sich als wenig aussagekräftig erweist. Alle Items haben zudem eine mittlere Schwierigkeit. Aussagen über die prognostische Validität können hieraus allerdings nicht abgeleitet werden. Weiterhin stellt sich heraus, dass zwischen der Abiturnote der Bewerber/innen und dem Gesamtergebnis des Auswahlgesprächs keine signifikante Korrelation festzustellen ist (insgesamt r = 0,09), auch korreliert keines der erhobenen Einzelkriterien signifikant mit der Abiturnote (r = - 0.04 bis 0.13).

Die Auswahlgespräche sind eingebettet in eine umfassende Neukonzeption der Grundschullehrerausbildung in Bamberg (Projektgruppe Neukonzeption der Grundschullehrerausbildung an der Universität Bamberg 2003). Im Hinblick auf das hier vorgestellte Auswahlverfahren ist vor allem von Interesse, ob durch das entwickelte Verfahren tatsächlich geeignetere Bewerber/-innen ausgewählt werden als allein durch Schulabschlussnoten. In einer längsschnittlich angelegten Begleituntersuchung soll u.a. der Frage nachgegangen werden, ob sich die auf unterschiedlichen Wegen rekrutierten Studierendenteilkohorten voneinander unterscheiden: (1) Aufgrund von Leistung (Abiturnote), (2) aufgrund von Wartezeit oder als Härtefall, (3) aufgrund des Auswahlverfahrens, (4) beim Auswahlverfahren abgelehnt, aber im Nachrückverfahren zugelassen, (5) über Nachrückverfahren zugelassen. Es soll untersucht werden, ob die Maßnahmen Auswirkungen auf die Studierenden haben, und zwar hinsichtlich folgender Merkmale und Verläufe: Studienverlauf, Kompetenzerwerb, Studienmotivation, Zufriedenheit und studienbezogenes Wohlbefinden, Lernstrategien, Berufsauffassungen. Es wird erwartet, dass die Untersuchung eine Aussage darüber erlaubt, ob und wenn ja, welche Gruppen sich hinsichtlich welcher Merkmale und Verläufe unterscheiden. Außerdem kann grundschulbezogen die Prädiktionsleistung der Abiturnote überprüft werden.

Literatur

Bergmann, Ch./ Eder, F. (2001): Berufs- und Laufbahnberatung. In: Rost, D. H. (Hrsg.): Handwörterbuch Pädagogische Psychologie. 2. Aufl. Weinheim, 49-55.

Brühwiler, Ch. (2001): Die Bedeutung von Motivation in der Lehrerinnen- und Lehrerausbildung. In: Oser, F./ Oelkers, J. (Hrsg.): Die Wirksamkeit der Lehrerbildungssysteme. Von der Allrounderbildung zur Ausbildung professioneller Standards. Chur, 343-39.

Faust, G./ Mahrhofer, Ch./ Steinhorst, H., unter Mitarbeit von F. Foerster (2003): Auswahlgespräche zur Vergabe von Studienplätzen im Lehrerstudium. Erfahrungen im Fach Grundschulpädagogik in Bamberg. In: Die Deutsche Schule. 95. Jg., 329-338.

Giesen, H. u.a. (1986): Prognose des Studienerfolgs. Frankfurt/Main.

GVBI: Gesetz zur Änderung des Bayerischen Hochschullehrergesetzes, des Bayerischen Hochschulgesetzes und des Gesetzes zur Ausführung des Staatsvertrags über die Vergabe von Studienplätzen vom 24.12.2001. In: Bayerische Staatskanzlei (Hrsg.) (2001): Bayerisches Gesetz- und Verordnungsblatt (GVBI). Nr. 26 vom 31.12. 2001. München, 991.

Henecka, H. P./ Gesk, I. (1996): Studienabbruch bei Pädagogikstudenten. Eine empirische Untersuchung an Pädagogischen Hochschulen in Baden-Württemberg. Weinheim.

Holland, J. L. (1985): Making vocational choices : a theory of vocational personalities and work environments. 2nd ed. Englewood Cliffs, NJ.

Lipowsky, F. (2003): Wege von der Hochschule in den Beruf – Eine empirische Studie zum beruflichen Erfolg von Lehramtsabsolventen in der Berufseinstiegsphase, Bad Heilbrunn/Obb..

Mayr, J. (2000): Schriftliche Informationen, Selbsterkundungsverfahren und Tests als Hilfsmittel der Laufbahnberatung. In: Sieland, B./ Rißland, B. (Hrsg.): Qualitätssicherung in der Lehrerbildung. Hamburg, 233-265.

Mayr, J./ Brandstätter, H. (1998): Lehrer/in werden? Beratungsmaterial. 2. Aufl. Wien.

Projektgruppe Neukonzeption der Grundschullehrerausbildung an der Universität Bamberg (2003): Neukonzeption der Grundschullehrerausbildung an der Otto-Friedrich-Universität Bamberg. Antrag im Rahmen des Programms „Neue Wege in der Lehrerausbildung" des Stifterverbands für die Deutsche Wissenschaft – Stiftung Mercator. Unveröffentlichter Projektantrag. Bamberg.

Schaarschmidt, U. (2004): Situationsanalyse. In: Schaarschmidt, U. (Hrsg.): Halbtagsjobber? Psychische Gesundheit im Lehrerberuf – Analyse eines veränderungsbedürftigen Zustandes. Weinheim/ Basel, 41-71.

Schuler, H. (2001): Noten und Studien- und Berufserfolg. In: Rost, D. H. (Hrsg.): Handwörterbuch Pädagogische Psychologie. 2. Aufl. Weinheim, 501-507.

Wir danken dem „Stifterverband für die Deutsche Wissenschaft / Stiftung Mercator" für die finanzielle Unterstützung des Projekts.

Perspektivenübernahme und Verstehenlernen – Kompetenzerwerb durch Fallarbeit in der universitären Lehrer(aus)bildung

Susanne Pietsch

In dem Spannungsfeld von Standardisierung und Individualisierung kommt der widersprüchliche Anspruch von Bildungsinstitutionen, gleichzeitig den Subjekten von Bildungsprozessen und der Gesellschaft verpflichtet zu sein, zum Tragen (vgl. Heinzel in diesem Band). Als Gefahr von Standards wird diskutiert, dass Fach- und Sachkompetenzen in der Grundschule und in der Lehrerbildung ins Zentrum gerückt und individuelle Entwicklungsmöglichkeiten oder soziale Kompetenzen und Aufgaben zurückgedrängt werden. Anders als die Versuche durch Standards die Ergebnisse des Lernens festzulegen und zu überprüfen, fokussiert das im Folgenden vorgestellte Forschungsprojekt auf die Subjekte und deren Lernprozess. Zudem wird davon ausgegangen, dass die komplexer gewordenen Aufgaben der Grundschule eine Erweiterung des unterrichtlichen Aufgabenspektrums um erzieherische, sozialpädagogische, diagnostische und beratende Aufgaben (vgl. Fölling-Albers 1996) notwendig machen und erweiterte Kompetenzen im Hinblick auf Zuständigkeiten und Können bedürfen (vgl. Terhart 2000). Um die Anbahnung reflexiver, diagnostischer Kompetenzen in der universitären Lehrerbildung zu unterstützen existiert als Weiterführung des Kasseler Schülerhilfeprojekts mit veränderter Konzeption das Lehr-Forschungs-projekt „Projekt K – Kinder begleiten und verstehen lernen".

Im folgenden Beitrag wird exemplarisch dargestellt, wie eine Studentin im Rahmen ihrer Projektmitarbeit ihr Handlungsfeld aus dem Blickwinkel unterschiedlicher Perspektiven rekonstruiert und es ihr gelingt, eine mehrperspektivische Sichtweise aufzubauen. Zunächst soll aber die Bedeutung von Multiperspektivität deutlich gemacht werden.

1   Multiperspektivität in Kunst und Pädagogik

Um die Komplexität des pädagogischen Handlungsfeldes im Grundschulalltag erfassen zu können, aber auch um den individuellen Ansprüchen der Akteure gerecht zu werden ist ein individualisierender und verstehender Blick notwendig, der, gleich einem papier collé, eine Person, eine Situation oder eine Interaktion in multiperspektivischer Sichtweise betrachtet. Wie Braque, der 1913 in seinem Bild „Gläser auf der Zeitung" Fragmente des Alltags künstlerisch umgestaltet, diese collagierend und provozierend zusammensetzt und sie aus unterschiedlichen Perspektiven darstellt, werden wir im pädagogischen Alltag mit unterschiedlichen Sichtweisen und Erfahrungen konfrontiert und müssen uns Meinungen und Urteile bilden – uns „ein Bild machen". Unterschiedliche Sichtweisen ermöglichen dabei ein flexibles Bild, mit abgrenzbaren Teilen, die sich wie in einem Kaleidoskop verschieben lassen, durch Überlagerung und Überschneidung unterschiedlich färben und uns (vielleicht) zu neuen Sichtweisen oder Fragen herausfordern.

Die Kategorie Perspektivität wird in der Erziehungswissenschaft in pädagogisch-psychologischen, schulpädagogischen sowie in sozialpädagogischen Zusammenhängen verwendet und diskutiert. Als „prinzipielle Standort- und Positionsbezogenheit aller Erkenntnis" (Graumann 2002, 26) ist sie Voraussetzung für das „Sicheinlassen auf Andere" (ebd.), denn unterschiedliche Perspektiven ermöglichen verschiedene Einsichten, die in der „Pluralität der Erkenntnisperspektiven" und mit „mehrperspektivischem Erwägen" (Prengel 1999, 41) in ihrem dynamischen Wechsel die Analyse von pädagogischen Situationen und Verstehensprozessen unterstützen. Den theoretischen Hintergrund für meine Ausführungen bilden neuere Arbeiten zu dem Thema Perspektivenwechsel und Mehrperspektivität insbesondere von Prengel (1999; 2000), Graumann (2000) und Neuf (1997). Von besonderem Interesse ist, wie dieser multiperspektivische Blick und wie Verstehensprozesse als Voraussetzung für individualisierte Zugänge zu Kindern im Grundschulalter entwickelt und erlernt werden können.

2   Forschungsfeld und Forschungsfrage

Seit 2001 existiert an der Universität Kassel das „Projekt K – Kinder begleiten und verstehen lernen", das im Rahmen der universitären Lehrerausbildung den Aufbau eines verstehenden Blickes fördern soll. Studierende übernehmen in diesem Projekt einjährige Patenschaften für einzelne Kinder im Grundschulalter, die unter erschwerten Bedingungen groß werden. Sie treffen sich einmal wöchentlich für mindestens drei Stunden mit dem Kind und können es in seinen individuellen Lebenswelten kennen und verstehen lernen. Durch die Projektmitarbeit sollen die studentischen Paten und Patinnen erfahren, dass für das Verstehen eines Kindes eine multiperspektivische Sichtweise hilfreich, mehr noch – erforderlich ist.

Im Folgenden gehe ich der Frage nach, wie Studierende ihren individuellen Lernweg im Hinblick auf Perspektivenübernahme und Verstehen von Kindern nach beendeter Patenschaft rekonstruieren. Dabei ist Multiperspektivität selbst Prinzip und Grundlage meines Forschungsansatzes.

3 Methodensetting

Ihre Zeit der Patenschaft dokumentieren und reflektieren die Studierenden mit Portfolios. Nach beendeter Patenschaft stellen Sie ihren Fall mündlich in der Projektgruppe vor und erzählen mir 6 bis 12 Monate nach der Beendigung ihrer Patenschaft in narrativen Interviews von ihren Erfahrungen und Erlebnissen während ihrer Projektmitarbeit. Diese Datensammlung aus bisher acht kompletten Datensätzen bildet die Grundlage meiner Forschungsarbeit. Die zusammengestellten Daten dokumentieren wie in einem papier collé Facetten und Augenblicke verschiedener Situationen aus der gemeinsamen Zeit der Studierenden mit dem Kind. Ziel meiner rekonstruktiven Analyse der Daten ist das Verstehen der individuellen Lernwege und Entwicklungen der Paten und Patinnen.

4 Weras Sicht: vom eindimensionalen Blick zur mehrperspektivischen Sichtweise am Beispiel „behinderte Mobilität"

Zunächst in Kürze die Rahmenbedingungen der Patenschaft:

Wera hat eine Patenschaft für das 8-jährige Grundschulkind Mascha übernommen. Mascha wurde mit einem so genannten offenen Rücken (spina bifida) und einem Wasserkopf (Hydrocephalus) geboren, ist rechtseitig gelähmt und auf den Rollstuhl angewiesen. Sie wurde zu Beginn der Patenschaft in ein erstes Schuljahr in eine Integrationsklasse an einer Kasseler Grundschule eingeschult.

In dem narrativen Interview geht Wera besonders ausführlich auf Maschas Behinderung, Probleme der Mobilität und auf das Thema „Helfen" ein. Am Beispiel der behinderten Mobilität wird im Folgenden aufgezeigt, wie sich Weras zunächst eindimensionaler Blick im Verlauf der Projektmitarbeit zu einer mehrperspektivische Sichtweise erweitert.[1]

Wera wird nach ihrer Entscheidung, in dem Projekt mit zu arbeiten, gefragt, ob sie sich vorstellen kann, auch ein Rollstuhlkind zu betreuen. Sie sagt:

---

[1] Die Interpretationen entsprechen der strukturell-inhaltlichen Beschreibung des transkribierten Interviews nach dem narrationsstrukturellem Vorgehen von Fritz Schütze (1987).

„Und es war einfach so, ich hatte vorher keinerlei Erfahrungen mit Rollstühlen und ich hab einfach mal ja gesagt, weil ich dachte mir „es wird schon klappen". Also ich hab mir da keine großen Gedanken gemacht" (S.2/32 - 34).

Obgleich Wera nicht auf stabilisierende Erfahrungen im Umgang mit Körperbehinderung und daraus entwickelte Routinen zurückgreifen kann, geht sie spontan – gedankenlos und in diesem Sinne naiv – mit einer zuversichtlichen, positiven Haltung und der Einstellung „es wird schon klappen" an die Patenschaft heran. Dabei ist ihr Blick eindimensional auf die behinderte Mobilität gerichtet. Sie sagt „ich hatte keinerlei Erfahrung mit Rollstühlen". Dies verdeutlicht ihren anfänglich eindimensionalen Blick, der auf die Technik der Fortbewegung und weniger auf das Kind und sein Leben gerichtet ist. Möglicherweise versachlicht sie das Problem auch, um ihre Angst vor der Begegnung mit dem Kind in dem Rollstuhl einzugrenzen oder zu verdrängen. Die darauf folgende erste Begegnung mit Mascha ist von Sympathie geprägt. Im Verlauf der Patenschaft erlebt Wera (am eigenen Körper) und erfährt (mit Mascha im Rollstuhl), dass das Leben mit einem Kind im Rollstuhl nicht nur einen routinierten Umgang mit dem Rollstuhl als „technisches Hilfsmittel" bedeutet, sondern ein „Umdenken", wie sie selber sagt, in vielen Bereichen; so zum Beispiel, als sie die Mutter mit Mascha auf dem Weg zur Krankengymnastin begleitet, was ihr einen Wechsel der Perspektive ermöglicht. Wera berichtet dazu:

„Und bei der Krankengymnastik war ich auch einmal mit ihr (…) da (…) mussten [wir] superweit fahren, es war ein elendig langer Weg dahin weil (…) von Mascha bis zur Innenstadt fährt man eine halbe Stunde (…) erst mal eine viertel Stunde mit dem Bus (…) und dann (…) musste man halt in die Bahn (…) umsteigen und es war dann (…) oben an der Holländischen Straße. Es war erst mal so eine halbe Tortur da hin zu kommen (…) und die Mutter benutzt ja auch mit Mascha die öffentlichen Verkehrsmittel und dann war es wirklich so, der Berg zu dieser Krankengymnastik war elendig steil. Also wir mussten ich war wirklich ich bin wirklich fast ins Schwitzen gekommen. Aber die Mutter meinte: „Oh wir müssen jetzt da gleich einen ganz steilen Berg hoch." Ich so: „Och kein Problem ich schieb (...) schon nach oben." War ich total am Ende. Und die Mutter macht es halt immer."

Wera entwickelt langsam einen neuen Blick für die Planung gemeinsamer Unternehmungen und Wege. Sie erfährt, dass diese zeitaufwändig, kraftintensiv und beschwerlich sind. Ihre Erfahrung trägt u.a. dazu bei, dass Wera auch einen anderen Blick für die Mutter entwickelt, indem sie erlebt, wie belastend und körperlich anstrengend es für die Mutter sein muss, mit ihrem Kind außerhäusige Termine wahrzunehmen. Diese Situation entspricht nach Neuf (1997) einem gelungenen erkennenden, affektiven Perspektivenwechsel.

Wera erfährt auch, dass Unternehmungen genauestens geplant werden müssen und häufig durch nicht behindertengerechte Bauweise in der Stadt zusätzlich erschwert werden: aufgrund fehlender Aufzüge muss Wera z.b. in der Kinder- und Jugendbücherei, wo sie statt eines Aufzuges nur einen Lastenaufzug vorfindet, erst Mascha und dann den Rollstuhl in höher gelegene Stockwerke tragen. In Kinos sieht sie, dass Behindertenplätze nicht überall vorhanden sind und in einem neu erbauten Kaufhaus kann sie zwar mit Mascha behindertengerechte Fahrstühle und Rolltreppen benutzen, stößt aber bei den Eingangstüren, die mit Drehkreuzen versehen sind und keine automatischen Türöffner haben, auf erneute „Behinderungen". Wera berichtet dazu:

„das hat mich (...) irgendwie so böse gemacht" (S.21/6) „irgendwie musste ich total umdenken (…) das ist mir dann nachher auch erst aufgefallen als ich Mascha dann betreut hab, wie (…) schwierig das einfach für Rollstuhlfahrer ist (…) sich (…) in der Öffentlichkeit zu bewegen" (S.20/34 - 40)

Wera erlebt zudem, wie schwer es für Mascha ist, selbständig mobil zu sein und thematisiert diese Erfahrung als Ambivalenz zwischen Bequemlichkeit und Abhängigkeit in Momenten des Sich-schieben-lassens, und Selbstständigkeit und Autonomie durch unterstützende Hilfsmittel wie Gehschienen und Laufwagen oder ein Fahrrad mit drei Rädern, was Kraft erfordert und nicht ungefährlich ist.

5 Schluss

In der einjährigen Patenschaft erlebt Wera, wie verschiedene Menschen an unterschiedlichen Orten und in unterschiedlichen Situationen und Systemen mit einem Kind im Rollstuhl umgehen und auf das Kind und sie selbst reagieren. Dabei wird sie auch mit ihren eigenen Erwartungen und Gefühlen konfrontiert. Indem sie sich auf das Alltagsleben von Mascha und ihrer Familie einlässt und sich die Selbst- und Weltsicht anderer kommunikativ und situativ erschließt, kann sie ihren anfänglich eindimensionalen Blick und ihre fordernde Haltung hin zu Versuchen des Verstehens durch Perspektivenwechsel und Akzeptanz verändern. Während sie anfänglich nur die Symptome oder das Hilfsmittel „Rollstuhl" sieht, gelingt es ihr im Verlauf der Patenschaft, sich in andere Personen insbesondere in das Kind Mascha und ihre Mutter einzudenken und einzufühlen, ein Verständnis für ihr Verhalten zu entwickeln, die Belastungen und Anforderungen im Alltag in der Familie zu sehen und dabei auch sich selbst reflexiv zu betrachten. Durch die im Projekt angelegte und initiierte Erfahrungsorientierung konnte Wera ihren Blick für „die Differenzen im identifizierenden Geflecht alltäglicher Routinen" (Fournés 2002, 44) schärfen.

Das Projekt K stellt kein Abbild, sondern nur einen Aspekt der künftigen Berufssituation angehender Lehrer und Lehrerinnen dar mit dem Ziel, einen anderen, erweiterten Blick zu eröffnen und Veränderungsperspektiven erfahrbar zu machen. Gegenüber der Berufssituation angehender Lehrer und Lehrerinnen, die auf das Unterrichten von Schulklassen gerichtet ist, stellt die Betreuung eines einzelnen Kindes dabei „eine atypische, zugleich aber eine den Zusammenhang der Institution Schule und des Berufs nicht gänzlich verlassene Situation dar, in der das einzelne Kind im Mittelpunkt steht" (Hänsel 1995, 169).

Die Mitarbeit im Projekt K ermöglicht einen Erfahrungsraum, in welchem die Fokussierung auf Subjekte und deren Lernprozesse auf zwei Ebenen stattfindet: auf der hochschuldidaktischen Ebene geht es um das individuelle Lernen der Studierenden und die Begleitung ihrer Lernprozesse, zugleich geht es aber auch um die, durch die studentische Begleitung hervorgerufenen und beobachteten, Lern- und Entwicklungsprozesse bei den Kindern.

Das Arrangement der Lernbedingungen in diesem Projekt entspricht einer „situierten Lernumgebung" (Hartinger u.a. 2004, 21), welche durch Authentizität und eine möglichst große Nähe der Lernsituation zu den realen Lebensbedingungen und Anwendungssituationen gekennzeichnet ist. Es ermöglicht den Studierenden im Rahmen der universitären Lehrerausbildung unmittelbare Erfahrungen in der direkten, eigenverantwortlichen Auseinandersetzung mit dem Anderen, unterstützt individuelles Lernen und fördert den Aufbau einer multiperspektivischen Sichtweise sowie Perspektivenwechsel im Hinblick auf das Kind und die eigene Person, was eine Voraussetzung für Verstehensprozesse und die Basis für pädagogisch-diagnostische Kompetenz darstellt. Hierfür ist es notwendig, die vielfältigen Erfahrungen zu reflektieren und zu evaluieren und die darin verwobenen Themen theoretisch aufzuarbeiten. Indem sie eine reflektierte Form der Trennung von Theorie und Praxis eröffnet, kann Fallarbeit so in der universitären Lehrerbildung einen Beitrag zur Professionalisierung leisten (vgl. Beck u.a. 2000).

Literatur:

Beck, Ch./ Helsper, W./ Heuer, B. u.a. (2000): Fallarbeit in der universitären Lehrerausbildung. Leverkusen.

Fölling-Albers, M./ Hartinger, A./ Mörtl-Hafizovi , D. (2004): Situiertes Lernen in der Lehrerbildung. In: Zeitschrift für Pädagogik Jahrgang 50, 2004, 727-747.

Fölling-Albers, M.(1996) Veränderte Kindheit – neue Aufgaben für die Grundschule. In: Haarmann, D. (Hrsg.): Handbuch Grundschule Bd. 1. Weinheim und Basel, 52-64.

Fournés, Angelika (2002): Mehrperspektivität und dialogische Erziehung – Eine Antwort auf die Anforderungen an zeitgemäßen Unterricht. In: Pädagogische Rundschau 56. Jahrgang, 43-54.

Garlichs, A. (2000): Schüler verstehen lernen. Das Kasseler Schülerhilfeprojekt im Rahmen einer reformorientierten Lehrerausbildung. Donauwörth.

Graumann, C. F. (2002): Toleranz und Perspektivität. In: Heinzel, F./ Prengel, A. (Hrsg.): Heterogenität, Integration und Differenzierung in der Primarstufe. Jahrbuch Grundschulforschung 6. Opladen, 22-30.

Hartinger, A./ Mörtl-Hafizovi , D./ Fölling-Albers, M. (2004): Situiertes Lernen in der Lehrerbildung. Anwendungsbezogenes Lehren und lernen von Anfang an. In: Grundschule 36. Jg. H.6, 21-23

Hänsel, D. (1995): Lehrerbildungsreform durch Projekte. In: Hänsel, D./ Huber, L. (Hrsg.): Lehrerbildung neu denken und gestalten. Weinheim und Basel.

Heinzel, F./ Prengel, A. (Hrsg.) (2002): Heterogenität, Integration und Differenzierung in der Primarstufe. Jahrbuch Grundschulforschung 6. Opladen.

Neuf, H. (1997): Determinanten des Eindenkens in andere Personen. Der Perspektivenwechsel im Reaktionszeitexperiment. Münster/New York/München/Berlin.

Prengel, A. (1999): Vielfalt durch gute Ordnung im Anfangsunterricht. Unter Mitarbeit von Ute Geiling und Friederike Heinzel. Opladen.

Prengel, A. (2000): Perspektivenwechsel für eine Pädagogik der Vielfalt. In: Plebuch-Tiefenbacher, L./ Rodrian-Pfennig, M./ Heitz, S. (Hrsg.): Geschlechterfrage in der Schule. Wie wird (Zwei-)Geschlechtlichkeit gelebt? Weinheim, 87-100.

Schütze, F.(1987): Das narrative Interview in Interaktionsfeldstudien I. Kurseinheit 1: 3-fach Kurs. Fernuniversität Hagen.

Terhart, E. (Hrsg.) (2000): Perspektiven der Lehrerbildung in Deutschland. Abschlussbericht der von der Kultusministerkonferenz eingesetzten Kommission. Weinheim und Basel.

Situiertes Lernen als Chance für die Lehrerbildung

Andreas Hartinger, Dženana Mörtl-Hafizović & Maria Fölling-Albers

1   Theorie und Fragestellung

Auch wenn einem als Lehrer oder Unterrichtsforscher immer wieder der Satz begegnet: „Schools change slower than churches" (Haenisch 1991) – zumindest für die Grundschule gilt er nur eingeschränkt. So haben sich in den beiden letzten Jahrzehnten nicht nur vielfältigere Methoden der Unterrichtsgestaltung etabliert (z.b. verschiedene Formen offenen Unterrichts wie „Freie Arbeit", „Morgenkreis" oder „Stationentraining"), die nicht nur im Selbstverständnis dieser Schulstufe fest verankert sind, sondern auch in der Praxis regelmäßig anzutreffen sind. Vielmehr sind hier auch grundlegendere konzeptuelle fachdidaktische Umorientierungen zu verzeichnen. Besonders markant ist u.E. nach die Veränderung im Bereich der Didaktik des Schriftspracherwerbs. Hier kann fast von einem Paradigmenwechsel gesprochen werden. Basierend auf dem „Spracherfahrungsansatz" (vgl. Brügelmann 1997) wird die traditionelle Fibelarbeit immer mehr durch Formen des „Lesen(s) durch Schreiben" (z.b. nach Reichen 1982) ersetzt – zumindest aber ergänzt. Mit Hilfe einer Anlauttabelle werden die Schüler/innen in die Struktur unserer Buchstabenschrift eingeführt. So erwerben sie die Schriftsprache durch das Schreiben eigener Wörter und freier Texte in je individueller Geschwindigkeit. In Bayern hat diese Form des Schriftspracherwerbs auf der Basis des Schulversuchs „Phonetisches Schreiben" (ISB 2003) sowie durch die Vorgaben des bayerischen Lehrplans (vgl. Staatsministerium für Unterricht und Kultus 2000) eine große Verbreitung erfahren.

Der offene Ansatz des Schriftspracherwerbs enthält in zweifacher Hinsicht Herausforderungen für die künftigen Lehrkräfte: Zum einen müssen sie didaktische und methodische Kompetenzen des individualisierenden Lehrens und Lernens kennen lernen, um den unterschiedlichen Lernvoraussetzungen und Lernmöglichkeiten der Schüler/innen zu entsprechen, zum anderen aber müssen sie auch verstärkt förderdiagnostische Kompetenzen erwerben, um auf dieser Grundlage die passenden Lernmaterialien bzw. Lernhilfen anbieten zu können, d.h. den sachbezogenen Lernstand der einzelnen Kinder ermitteln können. Beide Aufgaben haben die Studierenden während ihres eigenen Schülerseins in der Regel nicht selbst kennen gelernt. Es ist deshalb sinnvoll, dass Studierende schon möglichst zu Beginn ihres Studiums auf die veränderten Ansprüche an den Schriftsprachunterricht herangeführt werden (vgl. Mörtl-Hafizović u.a. im Druck). Zudem ist es gerade in den didaktischen Disziplinen erstrebenswert, dass im Studium anwendungsbezogenes Wissen aufgebaut wird, da aus der Lehrerbildungsforschung das Problem bekannt ist, dass sich Lehrer/innen in ihrem Unterrichtshandeln wenig an dem in der Ausbildung erworbenen Wissen orientieren (vgl. z.B. Terhart u.a. 1994; Schönknecht 1997).

In zweifacher Hinsicht versprechen „situierte Lernbedingungen" zur Lösung der genannten Probleme beitragen zu können (vgl. für einen detaillierteren Überblick zum situierten Lernen z.B. Mandl u.a. 1995). Zum einen ist es erklärtes Ziel dieses auf aktuellen lernpsychologischen Grundlagen entwickelten Lehr-Lernkonzepts, die Anwendung des Gelernten zu unterstützen, indem von möglichst authentischen Situationen und Problemen ausgegangen wird, die von den Lernenden selbstständig bearbeitet werden. Zum anderen sollen durch eine komplexe Problemstellung sowie durch intensive Reflexions- und Artikulationsphasen gerade komplexe Fähigkeiten aufgebaut werden – und die korrekte Diagnose und auch angemessene Förderung von Kindern im Rahmen einer schulischen Unterrichtssituation stellt sicherlich eine solche komplexe Fähigkeit dar.

Da sowohl die Umsetzung der Gedanken des situierten Lernens (zumindest in dieser Terminologie – vgl. dazu den Diskussionsteil dieses Beitrags) in die Lehrerbildung als auch die empirische Überprüfung noch kaum geschehen ist, wurden an der Universität Regensburg verschiedene Seminarsitzungen konzeptioniert, die auf den Grundlagen des situierten Lernens basieren und die in einer empirischen Untersuchung vergleichend mit traditionell-textbasierten Seminareinheiten im Hinblick auf den Lernerfolg der Studierenden untersucht wurden.

Die erste Fragestellung war, wie gut die Studierenden der situierten Lernbedingung (= Experimentalgruppe/EG) im Vergleich zur traditionell-textbasierten Lerngruppe (= Kontrollgruppe/KG) Wissen aufbauen und in Fallbeispielen anwenden.

Da aus theoretischen Überlegungen und den Ergebnissen eines Vorgängerprojektes (vgl. Lankes u.a. 2000) sowie aus Untersuchungen der ATI-Forschung (Aptitude Treatment-Interaction) zu erwarten war, dass nicht alle Studierenden gleichermaßen von situierten Lernbedingungen profitieren, wurde als zweite Fragestellung überprüft, inwieweit es Unterschiede bei Lernenden mit unterschiedlicher Ambiguitätstoleranz gibt.

Aus Platzgründen ist es nicht möglich, alle Ergebnisse und Fragestellungen ausführlich darzustellen. Deshalb werden wir in diesem Beitrag die zentralen Ergebnisse nur kurz skizzieren und stattdessen die Lernumgebungen etwas ausführlicher vorstellen. Für detailliertere Darstellungen verweisen wir auf Fölling-Albers u.a. (2004) sowie auf Hartinger u.a. (im Druck).

2 Aufbau der Untersuchung

Die Untersuchung wurde im Rahmen der verpflichtenden Einführungsvorlesung mit allen Erstsemesterstudierenden für das Lehramt an Grundschulen der Universität Regensburg durchgeführt. Insgesamt fanden zwei Interventionen statt, die jeweils aus zwei Seminarsitzungen (im Abstand von einer Woche) bestanden. Alle Seminarsitzungen dauerten 90 Minuten, wobei in der jeweils zweiten Woche 45 Minuten für die Erhebungen verwendet wurden. Schwerpunkt der ersten Intervention war „Schriftspracherwerb als Denkentwicklung", Schwerpunkt der zweiten Intervention „Linguistische Grundlagen der deutschen Schriftsprache".

Kern der *situierten Lernbedingung* waren protokollierte Unterrichtsszenen aus einer ersten Jahrgangsstufe (vgl. dazu Dehn 1996; Dehn u.a. 1995). In diesen Unterrichtsszenen wurde ein Kind beschrieben, das Schwierigkeiten beim Erwerb der Schriftsprache hat. Die Protokolle wurden meistens durch Verschriftungsbeispiele des Kindes ergänzt.

Die Aufgabe der Lernenden war es nun, gedanklich die Aufgaben der Lehrperson zu übernehmen, sich also in die Lehrerperspektive hineinzuversetzen. D.h., die Studierenden mussten zunächst anhand des Protokolls sowie der Beispiele die Schriftsprachkompetenz des Kindes beurteilen. Sie sollten, wenn es die Situation hergab, aber auch z.B. das Arbeitsverhalten sowie die Lernstärken und -schwächen des Kindes einschätzen. Auf der Basis dieser Diagnose war es dann die Aufgabe der Studierenden, aus einem vorgegebenem Pool von Fördermöglichkeiten (vgl. Brügelmann/ Brinkmann 1994; Forster/ Martschinke 2002) begründet Übungen zur individuellen Förderung herauszusuchen.

Die Lernsituationen entsprechen damit den Grundideen komplexer, situierter Lernbedingungen. Die Komplexität ist unter anderem dadurch gegeben, dass es sich um Transkripte realer Unterrichtsbeobachtungen handelt, die inhaltlich nicht nachstrukturiert worden sind. Zudem enthalten die Lehr-Lernsituationen verschiedene Aspekte, die für die Einschätzung bestimmter Lernergebnisse und Verhaltensweisen sowohl der Kinder als auch der jeweiligen Lehrerin nicht eindeutig oder sogar irrelevant sind, wie z.B. relativ offene Arbeitsanweisungen der Lehrerin oder Interaktionen des Kindes mit seinen Mitschüler/innen.

Besonderer Wert wurde darauf gelegt, dass die Studierenden zunächst selbstständig mit den komplexen Anforderungen umgingen. In der Regel folgte dann eine ausführliche Plenumsdiskussion, in der es galt, die verschiedenen

Meinungen und Handlungsentscheidungen darzustellen. Erst danach wurde der jeweilige Theorie-Input gegeben, der entweder der fachwissenschaftlichen Untermauerung des Erarbeiteten oder der Korrektur diente. Die *traditionell-textbasierte Lerngruppe* befasste sich zunächst mit Fachliteratur. Diese wurde strukturiert angeboten und ebenso strukturiert bearbeitet. Im Sinne eines fairen Treatments war diese Arbeit bewusst mit Praxisbezügen versehen. Daher wurde ebenfalls auf das Handeln von Lehrer/innen im Schriftspracherwerb Bezug genommen. Auch erhielten die Studierenden Verschriftungsbeispiele von Kindern und denselben Pool an didaktischen Angeboten. Allerdings wurde ihnen beides in einer anderen Art und Weise zugänglich gemacht: Die Verschriftungen waren illustrierende Beispiele und nicht der Ausgangspunkt für die Fragestellung. Die didaktischen Angebote wurden ausführlich kommentiert, so dass die Bezüge zur Theorie von den Lehrenden verdeutlicht wurden und nicht von den Studierenden selbst geleistet werden mussten. Zusammenfassend kann man u.e. nach festhalten, dass der Unterricht in der KG den Kriterien einer guten universitären Lehre entspricht, in der klare, nachvollziehbare und theoretisch begründete Theorie-Praxisverbindung angeboten werden.

In der empirischen Begleituntersuchung wurde erhoben, welches Faktenwissen die Studierenden in der jeweiligen Lernbedingung aufgebaut hatten und wie gut sie nach den Sitzungen in der Lage waren, das Wissen anzuwenden. Letzteres wurde sowohl durch entsprechende Fragen in einem Wissenstest als auch durch einen Pool von Fallbeispielen erfasst, in denen die Studierenden einzelne Schüler/innen bezüglich ihres Lernstandes diagnostizieren sowie angemessene Fördermaßnahmen bestimmen mussten. Neben dem Lernerfolg wurde lernbegleitend die Motivation ermittelt und zudem erhoben, inwieweit die Studierenden schon während des Lernens eigenständig Bezüge zur Unterrichtspraxis herstellten (für eine genauere Beschreibung aller Skalen vgl. Fölling-Albers u.a. 2004).

3   Ergebnisse

Die Ergebnisse bestätigen in eindrucksvoller Weise die Überlegenheit des Lernens in der situierten Lernbedingung. Festzuhalten ist dabei, dass diese Überlegenheit v. a. die Anwendung des Wissens betrifft. So erreichten die Studierenden der EG signifikant (vgl. die Kennwerte bei Fölling-Albers u.a. 2004) bessere Ergebnisse bei den Fallbeispiel-Aufgaben sowie bei denjenigen Aufgaben des Wissenstests, in denen diagnostiziert werden musste oder in denen Fördermaßnahmen eingeschätzt bzw. ausgewählt werden mussten.

Als besonders wichtiges Ergebnis erachten wir die Tatsache, dass die komplexesten Aufgaben fast ausschließlich von Studierenden der EG bewältigt wurden: Die anspruchsvollste Leistung der Untersuchung war es, bei einem sehr ausführlich präsentiertem Fallbeispiel eine differenzierte (und nicht nur richtige) Diagnose zu erstellen und auf dieser Basis eine angemessene Fördermaßnahme auszuwählen und zu begründen. Für Erstsemesterstudierende zu Beginn des Studiums ist dies eine sehr schwierige Aufgabe, die auch nur 12% der Proband/innen bewältigten. Dazu waren in der EG jedoch mit 17,9% fast viermal so viele Studierende in der Lage als in der KG (4,5%).

Entgegen der Ursprungshypothese, nach der die Lernenden der KG durch die stärkere Strukturierung und klarere Aufbereitung der Theorieteile vermutlich bezüglich des Faktenwissens überlegen sein müssten, ergaben sich hier keinerlei Unterschiede zwischen den beiden Lernergruppen.

Bei den lernbegleitenden Prozessen zeigte sich erwartungsgemäß, dass die Studierenden der EG stärker intrinsisch motiviert lernten und zudem während des Lernprozesses stärker unterrichtspraktisch elaborierten und damit mehr Bezüge zu möglichen Anwendungen herstellten.

Bezüglich der oben kurz angedeuteten ATI-Fragestellung konnte festgestellt werden, dass zwar nach der ersten Lerneinheit tatsächlich signifikante Wechselwirkungen zwischen Lernbedingung und Ambiguitätstoleranz der Lernenden festzustellen waren (ambiguitätstolerante Studierende lernten zunächst besser in der situierten Lernumgebung, ambiguitätsintolerante Studierende besser in der traditionell-textbasierten Lernumgebung), dass diese Unterschiede aber im Verlauf der Untersuchung verschwanden (vgl. im Detail Hartinger u.a. im Druck). Man kann daher davon ausgehen, dass auch Personen, die eher komplexe, situierte Lernbedingungen meiden, durch Gewöhnung oder aber auch durch die innere Strukturierung der Komplexität ebenfalls von diesen gut profitieren können (vgl. Hartinger u. a. im Druck).

4   Diskussion

Wichtiges Ergebnis unserer Untersuchung ist die Tatsache, dass es in der (universitären) Lehrerbildung nicht nur geboten ist, theoriegeleitete Praxisbezüge zu schaffen, sondern dass es für die Effektivität des Lernens wichtig ist, solche Praxiskontexte als Grundlage des Lernens herzustellen.

Nun ist es zwar richtig, dass unter dem Stichwort „situiertes Lernen" in der Lehrerbildung bislang noch sehr wenige Lernbedingungen, Seminareinheiten o. Ä. entwickelt wurden. Doch es gibt verschiedene Vorschläge und Praxisberichte zur Lehrerbildung, die durch Merkmale gekennzeichnet sind, die dem Konzept des „situierten Lernens" entsprechen.

Als Beispiel sei hier das von Ariane Garlichs (vgl. Garlichs/ Hagstedt 2000) an der Gesamthochschule Kassel initiierte „Schülerhilfeprojekt" genannt, (weitergeführt von Friederike Heinzel; vgl. dazu auch den Beitrag von Pietsch in diesem Band). Hier betreuen Studierende über ein Jahr hinweg regelmäßig (meist wöchentlich) einzelne Schüler/innen aus meist benachteiligten Familien; Lernschwierigkeiten sind oftmals ein wichtiges, aber durchaus nicht das einzige Problem dieser Kinder. Der Kern der Betreuung liegt in der gemeinsamen Gestaltung eines Nachmittags. Begleitend findet ein Seminar statt, in dem die Studierenden u. a. bei auftretenden Problemen Hilfe erhalten können.

Diese Veranstaltung kann man durchaus mit Begriffen und Merkmalen des situierten Lernens beschreiben. Die Studierenden erfahren durch ihre Beschäftigung mit den Schüler/innen authentische, meist komplexe Probleme. In der konkreten Betreuungssituation müssen sie mit diesen Problemen eigenaktiv und selbstständig umgehen. Gleichzeitig gibt es aber auch Möglichkeiten zur Reflexion und Artikulation der Problemsituation sowie die Chance für theoriegeleitete Hilfestellungen von Fachleuten. Ein entsprechendes, aber zeitlich und methodisch weniger aufwändiges Konzept in der Lehrerbildung wird mit „Begleitkindern" im Rahmen von Veranstaltungen zur Schriftsprachdidaktik an der Universität Regensburg durchgeführt (vgl. Fölling-Albers im Druck).

Aufgrund der vergleichsweise eindeutigen Merkmale des situierten Lernens und nicht zuletzt aufgrund seiner lernpsychologischen Fundierung könnte u.E. nach dieses Konzept eine „Leitkonzeption" sein bzw. werden, die verschiedene – auch bereits bestehende – Lehrerbildungsmaßnahmen integrieren könnte. Dadurch könnten die verschiedenen, auf Transfer und Anwendung ausgerichteten Ansätze stärker strukturiert und gebündelt werden; dies könnte dann auch zu einer Profilierung didaktischer Konzepte und Maßnahmen der Lehrerbildung beitragen. Ob das Konzept des situierten Lernens z.B. auch auf die in der geisteswissenschaftlichen Tradition der Lehrerbildung differenziert ausgearbeiteten Ansätze des „Lernens an Fallbeispielen" (z.B. Kiper 2003) transferiert werden kann, müsste theoretisch-systematisch überprüft werden. Eine solche Überprüfung wäre aber schon allein aus dem Grund von Bedeutung, weil dadurch evtl. wichtige Bezüge zwischen der geisteswissenschaftlichen und der empirischen Tradition der Erziehungswissenschaft und Lehrerbildung aufgedeckt bzw. hergestellt werden könnten.

Zudem kann die Orientierung an den Grundlagen des situierten Lernens unseres Erachtens nach auch dazu beitragen, z.B. in den Praktika o.ä. die Erfahrungen der Studierenden effektiver und besser zu nutzen – Gleiches gilt für die zweite und dritte Phase der Lehrerbildung.

Literatur

Brügelmann, H. (1997): Kinder auf dem Weg zur Schrift. 6. Aufl. Lengwil.

Brügelmann, H./ Brinkmann, E. (1994): Stufen des Schriftspracherwerbs und Ansätze zu seiner Förderung. In: Brügelmann, H./ Richter, S. (Hrsg.): Wie wir recht schreiben lernen. Lengwil, 44-52.

Dehn, M. (1996): Schwierige Lernentwicklung und Unterrichtskonzept. In: Dehn, M./ Hüttis-Graff, P. / Kruse, N. (Hrsg.): Elementare Schriftkultur. Schwierige Lernentwicklung und Unterrichtskonzept. Weinheim, Basel, 16-30.

Dehn, M./ Lüth, O./ Schnelle, I. (1995): Der Blick auf das Kind. Schwierige Lernentwicklung und Unterrichtskonzept – Prävention von Analphabetismus im Anfangsunterricht? Ein Bericht. In: Brügelmann, H./ Balhorn, H./ Füssenich, I. (Hrsg.): Am Rande der Schrift. Zwischen Sprachenvielfalt und Analphabetismus. Lengwil, 45-56.

Fölling-Albers. M. (im Druck): Diagnostische Übungen mit Kindern.

Fölling-Albers, M./ Hartinger, A./ Mörtl-Hafizović, D. (2004): Situiertes Lernen in der Lehrerbildung. In: Zeitschrift für Pädagogik, 50.Jg., 724-747.

Forster, M./ Martschinke, S. (2002): Leichter lesen und schreiben lernen mit der Hexe Susi. Donauwörth.

Garlichs, A./ Hagstedt H. (Hrsg.) (2000): Schüler verstehen lernen. Donauwörth.

Haenisch, H. (1991): "Schools change slower than churches". In: Pädagogik , 43. Jg., H. 5, 27-31.

Hartinger, A./ Fölling-Albers, M./ Mörtl-Hafizović, D. (im Druck): Die Bedeutung der Ambiguitätstoleranz für das Lernen in situierten Lernbedingungen. Erscheint in: Psychologie in Erziehung und Unterricht 2005.

ISB (Staatsinstitut für Schulpädagogik und Bildungsforschung München) (2003): Neue Wege, die Schriftsprache zu entdecken. Donauwörth.

Kiper, H. (2003): Fallverstehen. Überlegungen zur Professionalisierung von Lehrerhandeln. In: PÄD-Forum; unterrichten, erziehen, 31.Jg., 102-108.

Lankes, E.-M.,/ Hartinger, A./ Marenbach, D./ Molfenter, J./ Fölling-Albers, M. (2000): Situierter Aufbau von Wissen bei Studierenden. Lohnt sich eine anwendungsbezogene Lehre im Lehramtsstudium? In: Zeitschrift für Pädagogik, 46. Jg., 417-437.

Mandl, H./ Gruber, H./ Renkl, A. (1995): Situiertes Lernen in multimedialen Lernumgebungen. In: Issing, L.J./ Klimsa, P. (Hrsg.): Information und Lernen mit Multimedia. Weinheim, 167-178.

Mörtl-Hafizović, D./ Hartinger, A./ Fölling-Albers, M. (im Druck). Die Förderung diagnostischer und förderdidaktischer Kompetenzen von Lehramtsstudierenden in ‚situierten Lernbedingungen' am Beispiel Schriftspracherwerb. In: Journal für Lehrer-Innenbildung.

Reichen, J. (1982): Lesen durch Schreiben. Wie Kinder selbstgesteuert lesen lernen. Zürich.

Schönknecht, G. (1997): Innovative Lehrerinnen und Lehrer. Weinheim.

Staatsministerium für Unterricht und Kultus (2000): Lehrplan für die bayerische Grundschule. München.

Terhart, E./ Czerwenka, K./ Schmidt, H.-J. (1994): Berufsbiographien von Lehrern und Lehrerinnen. Frankfurt/M.

Selbstorganisationsoffene Lernarrangements als hochschuldidaktisches Konzept: Chancen und Probleme beim Erwerb von Scientific Literacy

Brunhild Landwehr

1 Ausgangslage

Studierende des Lehramtes Sachunterricht zeigen eine eher distanzierte und ablehnende Haltung zu naturwissenschaftlich-technischen Seminarangeboten. Die Ursachen dafür sehen sie selbst im erfahrenen Physikunterricht während ihrer eigenen Schullaufbahn. Sie konnten sich kein physikalisches Wissen aneignen und wurden nicht vom Nutzen und Bildungswert physikalischer Inhalte und Methoden überzeugt (vgl. Landwehr 2002; Tenberge 1996).

Trotz der eigenen Unsicherheit und Uninformiertheit im Umgang mit physikalischen Sachverhalten sehen Grundschullehrkräfte wie Studierende in den Naturwissenschaften einen notwendig einzulösenden Bildungsauftrag für den Sachunterricht. Naturwissenschaftlicher Sachunterricht sollte die Verflochtenheit mit technischen und gesellschaftlichen Auswirkungen einbeziehen, um bei den Kindern eine Partizipationsfähigkeit anbahnen zu können. Offener Unterricht kann nur dann verantwortet werden, wenn er Lernfortschritte bei den Kindern ermöglicht. Insbesondere bei physikalisch-technischen Themen konstatieren die Befragten, dass nur eine fundierte Sachkenntnis, die sie in der Regel nicht haben, Offenheit ermöglicht. Physikalisch-technische Themenbereiche werden deshalb häufig nicht in den Sachunterricht einbezogen (vgl. Landwehr 2002).

1.1 Selbstorganisiertes Lernen – Theoretische Grundannahmen

„Lernen können" ist eine elementare Voraussetzung für Lehrkräfte, um sich den Veränderungen der Bildungsanforderungen und Erziehungsansprüche anpassen zu können. Die derzeitige Bildungsdiskussion über mehr Verantwortungsübernahme und Profilbildung an Schulen sowie die Wettbewerbs- und Qualitätsdiskussion erfordert ein „lebenslanges Lernen" bzw. ein „Lernen im Beruf" von jeder Lehrkraft (Terhart 2000, 125ff.). Terhart spricht von einer dauerhaften „dritten Phase Lehrerbildung", wobei er betont, dass „das Weiterlernen im Beruf in auch nicht-institutionell geregelter Form als gleichsam selbstverständliches Element der Berufsarbeit zu vollziehen sei" (ebd., 133). Als eine Schlüsselqualifikation für Lehrkräfte ist somit die Fähigkeit zum selbstgesteuerten Lernen anzusehen.

Selbstlernkompetenzen sind Eigenschaften, die jeder Mensch von Geburt an besitzt, die aber entsprechend den gestiegenen Anforderungen an die Effizienz des Lernens einer ständigen Weiterentwicklung bedürfen. Damit sind die *methodischen Fähigkeiten zur Analyse, Organisation und Reflexion des eigenen Lernens* gemeint. Diese Fähigkeiten sind wie andere Schlüsselqualifikationen nur im Rahmen tatsächlich stattfindender Lernprozesse erwerbbar. Die Lernbiographien von Studierenden sind in der Regel stark geprägt von den klassischen Methoden des Frontalunterrichts, deren Anforderungen sich in ihren Lerngewohnheiten manifestierten. Diese in der Lernsozialisation geprägten Erwartungen an Lehr-Lernsituationen und die darauf ausgerichteten Lernstrukturen werden in der Hochschule nur wenig reflektiert bzw. selten erfahrungsorientiert umstrukturiert (vgl. Rohs/ Käpplinger 2004, 16f.). Die Idee des „selbstorganisierten Lernens" speziell im Rahmen der Erwachsenenbildung ist nicht neu: Schon Flitner forderte eine „Neue Richtung" in der Erwachsenenbildung und betonte, „dass die Hörer nicht mit einigen Kenntnissen und Orientierungen, einigen Notizen im Heft nach Hause gehen, sondern dass sie geistig etwas erarbeitet haben oder mindestens von einem Geistigen ergriffen worden sind" (Flitner 1919, 16). Studierende heute sind nach unserer[1] Erfahrung in der Regel irritiert, teilweise auch überfordert, wenn sie in der Hochschule mit Selbstlernarrangements konfrontiert werden. Viele nehmen jedoch die Herausforderung an und akzeptieren die gewonnenen lerntheoretischen Erkenntnisse während ihrer Ausbildung auch für eigene Lernprozesse und sind interessiert an einer Seminargestaltung, die sich nicht in „Referate halten bzw. anhören" erschöpft.

In aktuellen Lerntheorien wird Lernen als ein Prozess verstanden, in dem Subjekte sich aufgrund einer eigenen Motivation etwas wissen zu wollen mit Phänomenen, Ereignissen und Problemen auseinandersetzen und dabei ihre eigenen Denkstrukturen verändern, erweitern, vielleicht auch grundsätzlich in Frage stellen. „Lernen heißt dann nicht mehr, einen Stoff aufzunehmen, sondern selbstständig und in der Auseinandersetzung mit gesellschaftlich verteiltem Wissen neue Wissensstrukturen aufzubauen. Dieses Lernen ist immer zugleich

---

[1] Das Konzept „Selbstorganisationsoffene Lernarrangements" ist in ein Forschungsprojekt eingebettet, das von dem Team Bruderreck/ Landwehr/ Murmann (siehe Beiträge in diesem Band) gemeinsam durchgeführt wird.

Arbeit an der Verbesserung und Veränderung von eigenen Denk- und Lernstrategien" (Forneck 2004, o. S.).

1.2 Das Konzept „Scientific Literacy"

Untersuchungen haben gezeigt, dass Lehrkräfte, die in Zukunft das Bildungsgeschehen in den Schulen mitbestimmen werden, nicht nur eklatante Wissensdefizite in den Naturwissenschaften (insbesondere Chemie und Physik) aufweisen, sondern den fachlichen Lerninhalten auch in integrativen Veranstaltungen (z. B. im Sachunterricht) aufgrund ihrer Schulerfahrungen ausweichen (vgl. Landwehr 2002). Dies korreliert nicht zwingend mit der Bedeutung und dem Interesse an Fragestellungen aus den Naturwissenschaften. Vielmehr wird Universitätsveranstaltungen unterstellt, dass sie sich nicht von den methodischen und inhaltlichen Strukturen des Unterrichts an den Schulen unterscheiden würden. Lehrveranstaltungen mit naturwissenschaftlichen Inhalten müssen die Motivationslagen von Studierenden berücksichtigen, wenn eine naturwissenschaftliche Grundbildung angestrebt werden soll. Ein Literacy-Konzept zielt auf die Anwendbarkeit und Verfügbarkeit der Wissensbestände. In der angelsächsischen Bildungslandschaft wird dieses Konzept seit längerem als Antwort auf die Bildungsmisere diskutiert (vgl. Gräber u.a. 2002). Schaefer schlägt ein Kompetenzmodell vor, in dem die Beschäftigung mit dem jeweiligen Fach die Fachgrenzen transzendiert und allgemeinere Kompetenzen erworben werden können. Scientific Literacy als Teil der Allgemeinbildung bedeutet das Erlangen einer Sachkompetenz im Bereich Natur *und* die Fähigkeit, sie für jede andere Kompetenz nutzbar zu machen (vgl. Schaefer 2002, 103).

Die von uns konzipierten Projektveranstaltungen[2] wollen fachliche Kompetenzdefizite der Studierenden berücksichtigen und kompensieren sowie das Nachdenken über Lerntechniken initiieren. Es wird ein didaktisches Modell vorgestellt und erfahren, das nachhaltiges Lernen ermöglicht und Identifikationsmöglichkeiten bietet für zukünftiges Lehrerinnenhandeln. Dies bezieht sich auf den methodischen Ablauf der Lehrveranstaltung wie auch auf das (hochschul)didaktische Moment der Selbstverpflichtung und -verantwortung von Lernprozessen.

---

[2] Vgl. Beiträge Landwehr/ Murmann sowie Bruderreck in diesem Band.

1.3   Das selbstorganisationsoffene Seminarkonzept: „Raum, Zeit und Einstein in der Grundschule" – zeitgleich durchgeführt an den Universitäten Lüneburg und Hamburg

Die von uns vorgegebenen methodischen Rahmenbedingungen fordern von den Studierenden ein selbstorganisiertes Lernen und soziale Kompetenzen durch die kommunikativen und sozialen Herausforderungen einer Gruppenarbeit. Neben den fachlichen Erkenntnissen ist die Arbeit begleitet durch die Chancen aber auch durch die Anforderungen, die eine Teamarbeit an jedes einzelne Individuum stellt.

Nach Siller (2004) unterstützt das Lernen in Gruppen nicht nur das Lernen von kommunikativen Handlungsstrategien und das Arbeiten im Team, sondern verhilft auch zur Reflexion des jeweiligen individuellen Lernstrategiewissens und fördert die für erfolgreiches selbstreguliertes Lernen notwendigen Kontrollstrategien. Zur kollektiven Wissenserarbeitung und -aneignung wurden den einzelnen Themengruppen Aufsatzordner/ Materialien mit Aufforderungscharakter (Texte verstehen, zusammenfassen und Fragestellungen für die Gruppe vorbereiten) zur Verfügung gestellt.

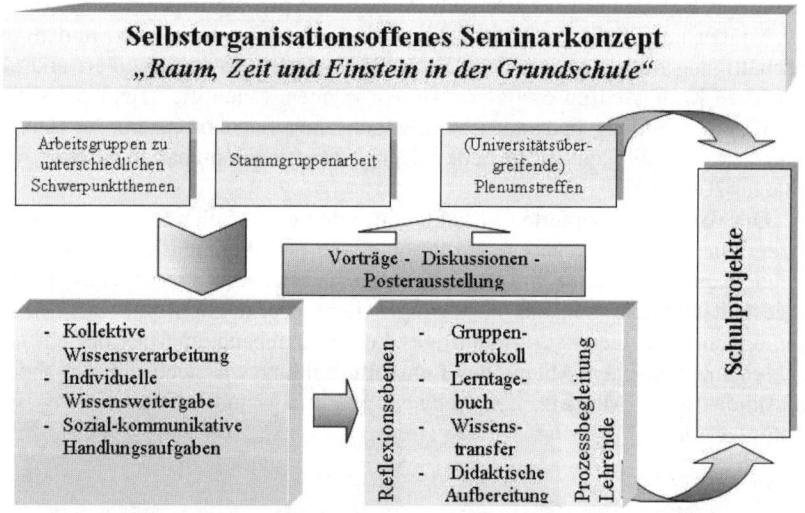

Abbildung 1: Zusammenhang zwischen der Seminarkonzeption und den individuellen und kollektiven Reflexionsebenen

Theoretische Leitfragen sollten die Hauptproblemstellungen fokussieren helfen (s. Murmann in diesem Band).

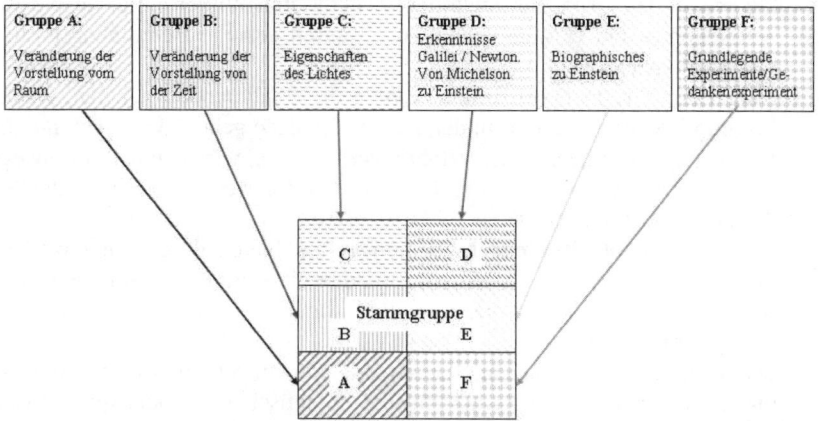

Abbildung 2: Arbeitsthemen der Gruppen und Zusammenführung der Erkenntnisse in der Stammgruppe

Durch die Diskussionsprozesse in der Gruppe wird Verstehen angebahnt und gefördert; eine Evaluation des Gelernten findet durch die individuelle Weitergabe des Gelernten an die Studierenden der anderen Arbeitsgruppen (Stammgruppentreffen, Vorträge) statt.

Den Studierenden kommt, als Gestaltende ihrer Lernprozesse, eine aktive Rolle zu, womit sich die Aufgabenanteile der Dozentinnen von der Lehre zur Beratung verschieben. Lehre oder z.B. ein gut strukturierter Wissensinput wird damit aber nicht überflüssig. „Gerade als Impulse werden Wissensinputs sogar eher wichtiger, weil sie vielfältige Anregungen und Anstöße für zeitlich nachfolgende Lernprozesse bieten müssen" (Rohs/ Käpplinger 2004, 20).

Der Lernprozess in den vorgestellten Seminaren wird durch Reflexionen auf mehreren Ebenen begleitet:

1.   Die Protokolle der einzelnen Arbeitssitzungen halten individuelle und kollektive Ergebnisse fest. Bei der Verschriftlichung naturwissenschaftlicher Erkenntnisse ist ein Orientierungswissen nötig, das sowohl die Verfügbarkeit von Wissen als auch Anwendungszusammenhänge aufzuzeigen vermag. Das Protokoll muss von allen Gruppenmitgliedern verstanden und ak-

zeptiert werden – das zugrunde liegende Orientierungswissen kann überprüft, nicht Verstandenes identifiziert werden.

2. Die Lehrenden begleiten die Lernprozesse durch kontinuierliche Anmer-
    kungen zu den Gruppenprotokollen, strukturieren Wissensinput für die Ar-
    beitsgruppen und Gesamtplenum sowie durch gezielte Beteiligung an den
    Gruppendiskussionen.

3. Neben den Gruppenprotokollen werden die Studierenden gebeten, eigene
    Lerntagebücher zu führen. In den Aufzeichnungen geht es vor allem um die
    Reflexion der eigenen Lernerfahrungen, Lernschwierigkeiten, Lernwege
    und Lernerfolge, aber auch um die subjektive Beurteilung der individuellen
    sozialen Kompetenzen.

4. Die hochschulübergreifenden Plenumstreffen bieten durch Kurzvorträge,
    Posterausstellungen und Diskussionsrunden ein Forum, in dem das erwor-
    bene Wissen reflektiert, diskutiert und somit als „Gebrauchswissen" er-
    kannt werden kann.

5. Die angestrebte thematische Umsetzung der Inhalte in die Schulpraxis
    macht eine didaktische Reduktion und didaktisches Nachdenken notwen-
    dig, was wiederum ein Verstehen der Fachinhalte erfordert.

2   Das Forschungsdesign

Die in Hamburg und Lüneburg durchgeführten selbstorganisationsoffenen Seminare sind einer Evaluation mit folgendem Erkenntnisinteresse unterzogen
worden: Wie beurteilen Studierende ihre Lernmöglichkeiten? Einbezogen in die
Untersuchung sind die oben beschriebenen Seminare und ein Seminar in Lüneburg zum Thema „Schalter – Stromkreis – Spule – Spannung im Sachunterricht"
(s. Bruderreck in diesem Band). Die Datenerhebung wurde durch einen Evalua-
tionsfragebogen am Ende der Seminare, die Gruppenprotokolle und die geführten Lerntagebücher vorgenommen. Insgesamt wurden 20 Fragebogen (16 aus
den Seminaren Raum, Zeit, Einstein von 64 Teilnehmenden/4 aus dem Elektro-
seminar von 46 Teilnehmenden) und 11 Lerntagebücher (Hamburg) in die Auswertung einbezogen. Der Fragebogen erfasst mit offenen Fragen u.a. die Erwartungen und Erfahrungen der Studierenden zum Selbstlernkonzept, eine Reflexion der Gruppenarbeit, die Analyse des eigenen Lernens, eine Beurteilung des
Lernarrangements und Themenstellung für den Primarstufenbereich insgesamt.

Die empirisch gewonnenen Daten wurden, orientiert an dem Verfahren der
Grounded Theory, mit Hilfe eines computergestützten Analyseverfahrens ausgewertet. Der Datenanalyse lagen als heuristisches Rahmenkonzept die thematischen Blöcke des Fragebogens zugrunde, die durch den offenen Kodiervorgang

mit Subkategorien angereichert wurden. Die Verwendung des Kodierparadigmas nach Strauss/ Corbin (1996) führte durch das Einsetzen vergleichender Textretrievals zu Kern- und Subkategorien, die dann analysiert und interpretiert werden konnten. Intercoding und Analyse im Team (Landwehr/ Bruderreck/ Murmann) zu einzelnen dimensionalen Ausprägungen dienten der Überprüfung bzw. der Unterlegung der Analyseergebnisse.

3 Studentische Beurteilungen des Konzeptes „Selbstorganisationsoffenes Seminar"

Da die Evaluationsbögen am Ende der Veranstaltungszeit eingebracht wurden, sind die Antworten der Studierenden auf einer Reflexionsebene angesiedelt und geben das eigene Verhalten retrospektiv wieder.

Insgesamt gesehen wurde die selbst zu organisierende Arbeit in den Arbeitsgruppen in den meisten Fragebögen positiv bewertet. Das selbstbestimmte Arbeiten wird als abweichend vom Uni-Alltag erlebt und die dadurch gegebenen Lernmöglichkeiten werden als Chance begriffen. Insbesondere wird immer wieder das „Selber Denken"-Müssen und -Können hervorgehoben. Die ersten Auswertungsergebnisse lassen folgende als heuristische Konzepte anzusehende Erkenntnisse zu:

1. Die Möglichkeiten der Selbstorganisation fördern *Selbstlernkompetenzen, Motivation* am Thema und *didaktische* Erkenntnisse.

„Mich hat besonders angesprochen, dass man so viel selbstbestimmt arbeiten sollte, Inhalte erarbeiten und nicht aufgetischt bekommen sollte". *(Stud. LG Einstein.14(w), 3/5)*

2. *Arbeit mit Texten* kommt durch das methodische Arrangement des Seminars eine wesentliche und neue Bedeutung zu: Inhalte werden nicht nur rezipiert, sondern *wollen* verstanden werden. Die Arbeitsfähigkeit der Arbeitsgruppe wird als selbst gesetztes Ziel bedeutsam.

„Die Diskussion des dritten Textes hat uns viel gebracht, weil wir hier erstmals Zusammenhänge in der Entwicklung der Physik vor und nach Einstein erkennen konnten und darüber diskutiert haben. Vorher hatten wir über die Theorienbildung Einsteins gesprochen und die Einordnung Einsteins wissenschaftlicher Arbeit in der geschichtlichen Entwicklung". (HH. Lerntagebuch A. B. 61/68)

Das eigentliche „Verstehen" der fachlichen Inhalte scheint bei den meisten Studierenden erst durch die Arbeit in der Gruppe vollzogen zu werden. Die Gruppenmitglieder verstehen sich nicht mehr als „Wissenstransporteure", sondern es wird mit den Texten gearbeitet: Inhalte werden der Gruppe so vorgetragen, dass an den Problemen diskutiert werden kann. Als Ziel wird ein „Verstehen" der fachwissenschaftlichen Inhalte in soweit angestrebt, als Fragen gestellt und diskutiert werden können.

3. Fragen bekommt im Gruppenprozess eine erkenntnisleitende Funktion – „*Fragen können*" wird als bedeutsam erlebt. „*Meine Rolle: permanent Fragen zu stellen und immer wieder sehr vereinfachte, bildhafte Erklärungen zu finden*".(Stud. HH Einstein. 2(w), 23/28)

4   Ausblick

Das hier vorgestellte Konzept eines selbstorganisationsoffenen Seminars zu anspruchsvollen (natur-)wissenschaftlichen Inhalten bietet Anlass, näher zu untersuchen, in wie weit diese hochschuldidaktische Methode geeignet ist, Interesse an Fragestellungen aus den Naturwissenschaften zu wecken und Fachwissen zugänglich zu machen. Die Auswertung der Fragebögen und Tagebücher weist auf einen positiven Effekt der Arbeitsmethode hinsichtlich des Interesses an naturwissenschaftlichen Fragen hin. Die weitere Evaluation wird sich auf Fragen konzentrieren, die die Grenzen der Methode unter Berücksichtigung unterschiedlicher Lerntypen aufzeigt.

Literatur

Flitner, W. (1919): Zur Volkshochschul-Pädagogik Gesammelte Schriften 1. Paderborn 1982, 15-17.
Forneck, H. J.: Konzept Selbstlernen. In: http://www.die-bonn.de/publikationen/online-texte/index.asp. (25.8.04).
Gräber, W./ Nentwig, P./ Koballa, T./ Evans, R. (Hrsg.) (2002): Scientific Literacy. Der Beitrag der Naturwissenschaften zur Allgemeinen Bildung. Opladen.
Landwehr, B. (2002): Distanzen von Lehrkräften und Studierenden des Sachunterrichts zur Physik. Eine qualitativ empirische Studie. Berlin.
Rohs, M./ Käpplinger, B.: Lernberatung: Ein Omnibusbegriff auf Erfolgstour. In: http://www.die-bonn.de/publikationen/online-texte/index.asp. (25.8.04).
Schaefer, G. (2002): Scientific Literacy im Dienste der Entwicklung allgemeiner Kompetenzen – „Fachübergreifende Fächer" im Schulunterricht. In: Gräber, W./ Nentwig,

P./ Koballa, T./ Evans, R. (Hrsg.) (2002): Scientific Literacy. Der Beitrag der Naturwissenschaften zur Allgemeinen Bildung. Opladen, 83-104.

Siller, R. (2004): Selbstgesteuertes Lernen im Sachunterricht. In: Kaiser, A. / Pech, D. (Hrsg.): Basiswissen Sachunterricht. Lernvoraussetzungen und Lernen im Sachunterricht. Baltmannsweiler, 152-158.

Strauss, A./ Corbin, J.: Grounded Theory (1996): Grundlagen qualitativer Sozialforschung. Weinheim.

Tenberge, C. (1996): Technische Bildung im Sachunterricht - gibt es unüberwindbare Barrieren? In: Marquardt-Mau, B./ Köhnlein, W./ Cech, D./ Lauterbach, R. (Hrsg.): Lehrerbildung Sachunterricht. Bad Heilbrunn, 181-194.

Terhart, E. (2000): Perspektiven der Lehrerbildung in Deutschland. Abschlussbericht der von der Kultusministerkonferenz eingesetzten Kommission. Weinheim/Basel.

Zur Angemessenheit komplexer Inhalte im Studium für die Primarstufe: Das Seminar „Raum, Zeit, Einstein"

Lydia Murmann

1   Einleitung

Das Seminar „Raum, Zeit, Einstein – ein Thema für die Grundschule?" wurde im Sommersemester 2004 an den Universitäten Hamburg und Lüneburg in Kooperation durchgeführt. Im Zentrum dieses Beitrags[1] steht die Frage nach der Angemessenheit der Inhalte des Seminars, die letztlich ein Verständnis der Entstehung und der Aussagen der speziellen Relativitätstheorie (Einstein 1905) grundlegen sollten und in verschiedenen Themengruppen erarbeitet wurden. Die heterogenen Lernvoraussetzungen der Studierenden, die Komplexität des Themas und die Orientierung auf den integrativen Sachunterricht als Berufsfeld legen ein hochschuldidaktisches Konzept nahe, das individuell unterschiedlichen Zugängen gerecht wird (vgl. dazu Landwehr in diesem Band). In diesem Beitrag wird erläutert, welche fachdidaktischen Anliegen mit dem Konzept verfolgt wurden und in welcher Weise es ermöglichte, das inhaltliche Konzept individuellen Interessen und Vorkenntnissen Rechnung zu tragen. Wie die Studierenden selbst das inhaltliche Seminarkonzept bzw. ihre inhaltliche Auseinandersetzung bewerten und inwiefern sie sie für Unterrichtskonzepte nutzbar machen konnten, wird anhand erster Ergebnisse der qualitativen Analyse schriftlicher Äußerungen der Studierenden dargestellt.

2   Raum und Zeit in der Lehrerinnenbildung für den Sachunterricht

2.1   *Raum und Zeit im Studium zur Sachunterrichtsdidaktik*

Eine Auseinandersetzung mit Raum und Zeit ist zum einen mit Bezug auf normativ bestimmte Inhalte des Sachunterrichts[2] begründbar. Begründbar ist diese Auseinandersetzung einerseits bezogen auf „Räumlichkeit" und „Zeitlichkeit"

---

[1]   Weitere Aspekte siehe Beiträge von Landwehr und Bruderreck in diesem Band.
[2]   z.B. der Perspektivrahmen Sachunterricht (GDSU 2002)

als allgegenwärtigen Aspekten jeglicher Erfahrung. Die philosophisch-physikalische Thematisierung von Raum und Zeit als kategorialen Erfahrungs-dimensionen betrifft außerdem eine vertiefte Reflexion von Bedingungen menschlicher Erfahrung und unterscheidet sich dadurch von einer Fokussierung auf die Vermittlung konkreter naturwissenschaftlicher, historischer, geografischer oder pädagogisch motivierter Inhalte im Unterricht. Was bedeutet „Zeit"? Was bedeutet „Raum"? Köhnlein (2000, 142) nennt „Raum-, Zeit-, und Beziehungsbegriffe" als Beispiel für „Elementares, das in exemplarisch-vertiefender Arbeit erst erkannt werden muss".

Primarstufenstudierende haben in der Regel keine hohen Ansprüche an die Inhalte des Sachunterrichts; „die Studierenden fassen ihr Schulwissen als Fachwissen auf, das sie den Grundschulkindern – angemessen – beibringen wollen" (Rauterberg 2004, 47). Die Herausforderungen für ihre zukünftige Berufstätigkeit und damit ihre Fokussierungen im Studium betreffen eher die pädagogische Dimension und methodischen Möglichkeiten zur Vermittlung des im Lehrplan vermeintlich konkretisierten *Stoffs*. Zu einer solchen Haltung steht die Komplexität der vorgegebenen Themen und Texte im Widerspruch. Erfahren Studierende durch ihre eigene Auseinandersetzung was es bedeutet, offene Fragen hartnäckig zu verfolgen, Fragehaltungen wertzuschätzen und weiterzuentwickeln, statt Antworten bereitzustellen? Hilft sie ihnen, die Konfrontation mit interessanten inhaltlichen Herausforderungen auch für Kinder zu organisieren? Werden sie im Jahr 2005, wenn sich die Formulierung der speziellen Relativitätstheorie zum 100sten Mal jährt, die zu erwartende mediale Inszenierung interessierter und kompetenter verfolgen können? Dies wäre eine Realisierungsform von Scientific Literacy.

2.2   Raum und Zeit nach Einstein

Von der Relativitätstheorie und Einstein haben die meisten Menschen unseres Kulturkreises schon einmal gehört, was durchaus bemerkenswert ist für einen einzelnen Naturwissenschaftler und eine hochkomplexe physikalische Theorie. Aber die wenigsten wissen, was sie besagt und warum sie Aufsehen erregt.

Mit der speziellen Relativitätstheorie, die Einstein 1905 formulierte, hat die physikalische Konzeptualisierung von Raum und Zeit einen Paradigmenwechsel erfahren. Zuvor, nämlich nach der Formulierung der Newtonschen Mechanik im Jahre 1687, herrschte ein naturwissenschaftlicher Konsens darüber, dass Raum und Zeit als absolute Maßstäbe gelten können. Längenmessungen und Zeitmessungen müssten also im Rahmen der erreichbaren Genauigkeiten unter allen Umständen eindeutige Ergebnisse liefern. Seit die spezielle Relativitätstheorie anerkannt ist, werden Zeit und Raum selbst als relativ begriffen. Zeit vergeht schneller oder langsamer, Räume werden gedehnt und gestaucht, es kommt auf die Geschwindigkeit von Relativbewegungen an.[3] Als absolute Größe gilt seither allein die konstante Geschwindigkeit des Lichts.[4] Dabei handelt es sich nicht etwa um eine definitorische Veränderung oder einen Perspektivwechsel, sondern um einen radikale Infragestellung anerkannter Grundkonzepte. Durch die spezielle Relativitätstheorie konnten Widersprüche zwischen Theorie und Beobachtung aufgelöst werden, mit denen Physiker Anfang des zwanzigsten Jahrhunderts rangen.

Die Relativität von Raum und Zeit widerspricht unseren Alltagsvorstellungen über Raum und Zeit ganz deutlich. Ein wesentlicher Aspekt der inhaltlichen Auseinandersetzung im Seminar war daher die Infragestellung scheinbar klarer und allgegenwärtiger Selbstverständlichkeiten.

3　Das Seminar „Raum, Zeit, Einstein"

Im der ersten Hälfte der Veranstaltung stand die inhaltliche Auseinandersetzung im Vordergrund, in der zweiten Seminarhälfte sollten die Studierenden didaktische Konzepte und Aufgaben für den Sachunterricht entwickeln und diese anschließend im Schulpraktikum umsetzen.

Dem inhaltlichen Konzept der Seminarveranstaltung liegen allgemeine Annahmen über den Sinn und Nutzen der Beschäftigung mit Naturwissenschaften im Sachunterrichtsstudium zugrunde:

a)　Sachunterrichtslehrkräfte sollten deutlich mehr über Naturwissenschaften wissen, als die Kinder, die sie unterrichten.

b)　Es geht nicht primär darum, dass die angehenden LehrerInnen möglichst detailliert die Wissensbestände der Naturwissenschaften rezipieren, sondern im Vordergrund steht eine Reflexion naturwissenschaftlicher Erkenntnisse und Erkenntnisgewinnung als Bestandteile unserer Kultur.

---

[3]　Diese Effekte treten nur bei sehr hohen Geschwindigkeiten merklich zu Tage. Selbst Hochgeschwindigkeitsflugzeuge, Geschosse oder ähnlich schnell bewegte Körper sind zu langsam, um Veränderungen von Zeit und Raum leicht nachweisen zu können.

[4]　Während ein im fahrenden Zug nach vorne geworfener Ball sich schneller über den Erdboden bewegt als über den Fußboden des Zuges, weil die Geschwindigkeit des Zuges ja noch hinzukommt, ist dies für das Licht nicht der Fall. Das Licht einer im Zug nach vorne leuchtenden Lampe bewegt sich genauso schnell durch den fahrenden Zug wie über den Erdboden.

Die Erarbeitung der Inhalte fand in sechs thematischen Kleingruppen statt, die
zu ihrem Thema einen Materialordner erhielten, in dem verschiedene Texte und
Leitfragen zum Thema zusammengestellt waren. Es wurden keine Lehrtexte,
sondern ausschließlich populärwissenschaftliche und wissenschaftliche Darstellungen angeboten. Die Themen und Leitfragen der Gruppen waren:

Gruppe A: Veränderung der Vorstellungen vom Raum	*Welche unterschiedlichen Theorien über das Universum und Vorstellungen über den Raum gibt es? Welche Fragen zum Weltraum sind in der Wissenschaft aufgeworfen aber nicht geklärt?*
Gruppe B: Veränderung der Vorstellung von der Zeit	*Worin besteht der Unterschied zwischen der Idee einer „absoluten Zeit" und der Vorstellung einer „relativistischen Zeit" wie Einstein sie beschreibt? Welche Vorgänge können dies verdeutlichen?*
Gruppe C: Eigenschaften des Lichtes	*Was hat Licht mit der Vorstellung von Raum und Zeit zu tun?*
Gruppe D: Erkenntnisse von Galilei über Newton zu Einstein	*Was ist schon gedacht worden, bevor Einstein seine spezielle Relativitätstheorie entwickelt hat? Wodurch ist eine anerkannte Theorie (in den Naturwissenschaften) gekennzeichnet?*
Gruppe E: Biografisches zu Einstein	*Welche Personen und Einflüsse waren aus der Sicht von Einstein für ihn relevant? Welche Entwicklungen und Widersprüche kennzeichnen Einstein im Hinblick auf gesellschaftspolitische Fragen?*
Gruppe F: Grundlegende Experimente/Gedankenexperimente	*Was illustrieren, prüfen oder befragen die dargestellten Gedankenexperimente?*

Das Ziel der ersten Seminarhälfte bestand darin, ein Grundverständnis für die
Gesamtthematik zu erlangen. Dies betrifft verschiedene physikalische, philosophische, historische und erkenntnistheoretische Aspekte, die in allen Themengruppen, allerdings mit unterschiedlicher Gewichtung relevant waren. Damit
verbunden war das Ziel, auch in der ersten Seminarhälfte Anknüpfungspunkte
für didaktische und methodische Überlegungen zum Thema zu bieten.

Didaktische Aspekte: Bildungsrelevanz erkennen; Möglichkeiten und Grenzen des naturwissenschaftlichen Lernens in der Grundschule reflektieren.

Methodische Aspekte: Selbstorganisiertes, forschend-entdeckendes Lernen
erleben; Gruppenarbeit; Diskutieren; Philosophieren; Präsentieren.

Zu Beginn der Veranstaltung wurden den Studierenden die Ziele, die genannten Inhalte, Aufgaben und geplanten Arbeitsformen des Seminars erläutert.
Die Gruppen arbeiteten anschließend selbstständig, konnten Beratung bei der
jeweiligen Dozentin einholen und bekamen nach Bedarf (seitens der Studierenden oder seitens der Seminarleiterin) Rückmeldungen zu ihren Gruppenprotokollen.

4   Erste Ergebnisse und Forschungsfragen

Zur Auswertung stehen verschiedene schriftliche Arbeitsprodukte und erhobene Äußerungen der Studierenden zur Verfügung (zu den Daten und dem Auswertungsverfahren vgl. Landwehr in diesem Band). Bislang wurden bezüglich der Angemessenheit der Inhalte Antworten auf offene Fragen von 16 Studierenden sowie elf Lerntagebücher ausgewertet.

Als Gründe für die Teilnahme am Seminar dominieren studienorganisatorische Gründe bzw. Interesse am Spannungsverhältnis zwischen dem anspruchsvollen Thema und dem Primarstufenbezug der Veranstaltung. Ein kleinerer Teil der Studierenden gibt explizites Interesse an den Inhalten selbst als Grund zur Teilnahme an. Bezogen auf Fragen nach attraktiven bzw. skeptisch stimmenden Aspekten, sowie erinnerten Erwartungen und Befürchtungen aus den Anfängen des Seminars wird die selbstorganisationsoffene Veranstaltungsform, z.b. der hohe Anteil an Gruppenarbeit, aber auch Inhaltliches thematisiert.

Jeweils sieben Studierende thematisieren retrospektiv anfängliche Skepsis bezüglich der Inhalte (komplex, abstrakt, langweilig), Skepsis bezüglich der eigenen Kompetenz bezüglich der Erarbeitung der Inhalte und bezüglich der Umsetzung für den Sachunterricht. Wenngleich es sich um retrospektive und nicht-repräsentative Äußerungen handelt, sind diese Auskünfte der Studierenden im Hinblick auf Äußerungen zum erlebten Seminarnutzen und zur Veränderung ihres Interesses und ihrer Einstellung gegenüber Naturwissenschaften interessant.

So lässt sich sowohl anhand der Lerntagebücher als auch anhand von Äußerungen zur eigenen inhaltsbezogenen Interessenentwicklung feststellen, dass die meisten Studierenden sich inhaltlich interessiert und engagiert (z.B. auch mit seminarfremden Personen) mit den Themen und Fragen des Seminars auseinandergesetzt haben. Von 16 Studierenden geben zwölf an, dass ihre Einstellung zu physikalischem (!) Fachwissen sich positiv verändert hat, vier, dass sie unverändert positiv bzw. negativ sei und elf Studierende nennen wissenschaftstheoretische, philosophische bzw. naturwissenschaftliche Fragestellungen, die durch das Seminar für sie interessant geworden sind. Eine Relevanz der inhaltlichen Erarbeitung für die eigenen Unterrichtsplanungen sehen die Studierenden in wissensbezogenen Aspekten (Hintergrundwissen, Sensibilisierung für das Thema, Wissen über naturwissenschaftliche Arbeitsweisen) und reflexiven Aspekten (Potenzial exemplarischen Arbeitens, Kompetenzerleben, Zugang zu zuvor verschlossenen Fragen, Respekt gegenüber geistigen Leistungen von WissenschaftlerInnen).

Direkte inhaltliche Zusammenhänge zwischen eigenen Erkenntnissen und Thematisierungen im Unterricht nennen zwei von 16 Studierenden, wobei die

Unterrichtsumsetzungen durchgehend thematisch auf das Seminar bezogen waren. Bemerkenswerterweise griffen die Studierenden dabei teilweise inhaltlich unkritisch auf verfügbare Unterrichtsmaterialien zurück. Kahlert (1999, 218) zeigt allerdings, dass auch Sachunterrichts-Lehrkräfte bei der Unterrichtsvorbereitung eher „methodische, aktivitätsorientierte Überlegungen" verfolgen als „wissensorientierte Aufklärungsinteressen".

Festzuhalten ist, dass Studierende die kooperative Auseinandersetzung mit komplexen wissenschaftsbezogenen Fragestellungen individuell nutzen konnten, um ihr diesbezügliches Interesse, ihre Kompetenz und ihre Einstellung positiv weiterzuentwickeln. Welche Faktoren die Entwicklung der Kompetenz fördern oder behindern, eben solche Erfahrungen bewusst für die Gestaltung Verstehens fördernder, differenzierender und altersgemäßer Konzeptionen für den Sachunterricht nutzbar zu machen, ist Gegenstand der weiteren Auswertung.

Literatur

Einstein, A. (1905): Zur Elektrodynamik bewegter Körper. In: Annalen der Physik. Band XVII, 891-921.

Gesellschaft für Didaktik des Sachunterrichts (GDSU) (2002): Perspektivrahmen Sachunterricht.

Kahlert, J. (1999): Vielperspektivität bewältigen – Eine Studie zum Management von Wissen und Informationen bei der Vorbereitung von Sachunterricht. In: Köhnlein, W./ Marquardt-Mau, B./ Schreier, H. (Hrsg.): Vielperspektivisches Denken im Sachunterricht. Bad Heilbrunn, 192-225.

Köhnlein, W. (2000): Vielperspektivität, Fachbezug und Integration. In: Löffler, G./ Möhle V./ v. Reeken, D./ Schwier, V. (Hrsg.): Sachunterricht zwischen Fachbezug und Integration. Bad Heilbrunn, 134-146.

Newton, I. (1687): Philosophiae Naturalis Principia Mathematica. O. O.

Landwehr, B. (2005): Selbstorganisationsoffene Lernarrangements als hochschuldidaktisches Konzept: Chancen und Probleme beim Erwerb von Scientific Literacy. In diesem Band.

Rauterberg, M. (2004): Kompetenzen für Sachunterrichtslehrerinnen und -lehrer aus der Perspektive von Studierenden und der Anspruch, mit Wissen umgehen zu können. In: Hartinger, A./ Fölling-Albers, M. (Hrsg.): Lehrerkompetenzen für den Sachunterricht. Bad Heilbrunn, 45-54.

Lern- und Wissenskonzepte von Sachunterrichtsstudierenden in selbstorganisationsoffenen Lernarrangements

Gerd Bruderreck

Sachunterricht im Spannungsfeld zwischen gesellschaftlichen Erwartungen an Schule und individuellen Bildungsvoraussetzungen von Kindern stellt aufgrund seiner disziplinären Bandbreite besondere Anforderungen an die professionelle Kompetenz von Lehrkräften. Aus der „Distanz" von Studierenden und Lehrenden des Sachunterrichts gegenüber naturwissenschaftlich-technischen Sachverhalten (vgl. Landwehr 2002) ergibt sich die Notwendigkeit einer hochschuldidaktischen Neuorientierung im Hinblick auf den Erwerb von Scientific Literacy. Ob in selbstorganisationsoffenen Lernarrangements (vgl. Landwehr in diesem Band) erfolgreiche Lernprozesse ausgelöst werden, hängt davon ab, wie es gelingt, Produktivität, Eigenaktivität und Selbstverantwortlichkeit der Studierenden zu fördern. Hierbei spielt die Wahrnehmung des Lernpotenzials der eröffneten Lernwege eine entscheidende Rolle.

Im vorliegenden Aufsatz werden Lern- und Wissenskonzepte identifiziert, die einen wesentlichen Hinderungsgrund für produktiv verlaufende Lernprozesse bilden, und Konsequenzen für die Gestaltung selbstorganisationsoffener Lernarrangements abgeleitet.

1 Eine selbstorganisationsoffene Lehrveranstaltung zur Elektrotechnik

Gegenstand der Untersuchung ist eine vom Autor im Sommersemester 2004 durchgeführte selbstorganisationsoffene Lehrveranstaltung („Schalter – Stromkreis – Spule – Spannung für den Sachunterricht"), die von 46 Lehramtsstudierenden (43 weiblich, 3 männlich) der Universität Lüneburg besucht wurde. In der Anfangsphase war das Lernarrangement vorstrukturiert: Die Benennung der vier Arbeitsgruppen fokussierte jeweils einen thematischen Schwerpunkt, innerhalb dessen die Studierenden durch Leitfragen angeregt wurden, eine eigene Fragestellung zu entwickeln.

Die Arbeitsgruppe „Spannung" baute ein galvanisches Element und untersuchte, wie sich dessen Leistung beeinflussen lässt. In den Arbeitsgruppen

„Bewegung" und „Schaltung" wurde die Kraftwirkung des Magnetfelds einer Spule für die Konstruktion eines Gleichstrommotors bzw. eines elektromagnetisch betätigten Schalters (Relais) genutzt.

Durch Literaturstudium, Gruppendiskussion, eigene Versuchsaufbauten und Messungen setzten sich die Studierenden mit grundlegenden Begriffen wie „Spannung", „Stromstärke" und „elektrische Leistung" auseinander. Für einen Teil der Studierenden schien sich erstmals die Möglichkeit zu ergeben, den Aufbau elektrischer Schaltungen mit einer eigenen Sinngebung zu verbinden. Technisches Handeln wurde in einem arbeitsteiligen und selbstverantworteten Setting erfahren. Rückschläge bei der konstruktiven Realisierung des eigenen Projekts führten zu einer Systematisierung der Fehleranalyse, woraus sich die Notwendigkeit des Messens elektrischer Größen ergab.

Die Arbeitsgruppe „Forschung" befasste sich mit dem „Monitoring" der Lernprozesse der anderen drei Arbeitsgruppen. Dahinter steht der Anspruch, die Begleitforschung unmittelbar in das Konzept der Lehrveranstaltung einzubinden und zum Bestandteil der Lernprozesse zu machen.[1] Die Studierenden dieser Arbeitsgruppe konstruierten einen Leitfaden, den sie für die Beobachtung der Lernprozesse im Seminar einsetzten. Parallel zu den Seminarsitzungen führten sie anhand eines selbst entwickelten Leitfadens Interviews mit Studierenden der anderen Arbeitsgruppen.

2 Unterschiedliche Wahrnehmung der Lernerfolge

Im Gegensatz zu meiner positiven Einschätzung der Arbeits- und Lernergebnisse im Seminar zeigten die von der Arbeitsgruppe „Forschung" geführten Interviews eine erhebliche Unzufriedenheit mit den praktizierten Arbeits- und Lernformen sowie den individuell wahrgenommenen Lernerfolgen:

„Ich denke, dass die Lernprozesse zum Teil sehr stockend ablaufen, weil kein Wissen vorweg gegeben wird vom Dozenten, sondern das Wissen sich selber erarbeitet werden muss." (Interview Forschungsgruppe 03, 3 – 3).

„Ich würde von vornherein mehr Anleitung geben. Es war schön, dass man mal rumbasteln konnte, aber man bewegt sich da sehr im Dunkeln, wenn man nur wenig Ahnung hat. Es fehlten genauere Anleitung und die Vermittlung von Basiswissen im Plenum." (Interview Forschungsgruppe 02, 53 – 56)

---

[1]   Die mit einem derartigen Forschungsansatz verbundenen methodologischen Probleme können im Rahmen der vorliegenden Darstellung nicht diskutiert werden. Hierzu verweise ich insbesondere auf Moser (1995).

„Würdest du sagen, dass du mit dem, was du gelernt hast, auch etwas anfangen kannst?" – „Eher weniger, weil man das nicht so richtig festgehalten hat, was man gelernt hat. Wir haben zwar etwas gebaut, mit dem Magnet, dass das angezogen und abgestoßen wird und dann klingelt es, aber das ist im Kopf nicht so richtig strukturiert. Man hat es zwar gebaut und ausprobiert und es funktioniert jetzt, aber ich habe jetzt irgendwie keine Fakten gespeichert. Es ist keine Struktur drin." (Interview Forschungsgruppe 04, 16 – 17)

Die Zusammenfassung dieser beispielhaft angeführten Kritikpunkte[2] ergibt, dass die (subjektiv wahrgenommenen) geringen Lernerfolge auf den als mangelhaft eingeschätzten eigenen Wissensstand sowie fehlenden „Wissens-Input" zurückgeführt werden. Demgegenüber wird das forschend-konstruktive Handeln im Seminar – trotz der (aus meiner Sicht) beachtlichen Arbeitsergebnisse – nicht als erkenntnisgenerierend wahrgenommen.

Wie kam es, dass das Lernpotenzial dieses selbstorganisationsoffenen Lernarrangements nicht ausgeschöpft bzw. nicht wahrgenommen wurde? Offensichtlich wurden die Lernvoraussetzungen der Studierenden sowie ihre Einstellungen und Erwartungen bezüglich der Lernprozesse nicht angemessen berücksichtigt. In diesem Zusammenhang spielten, so meine Vermutung, „unproduktive" Lern- und Wissenskonzepte der Studierenden eine entscheidende Rolle.

3   Datenauswertung

3.1   Kodierung der Daten

In die hier dargestellte Datenauswertung gingen 41 Seminarprotokolle, 5 Transkripte von leitfadengestützten Interviews (durch Studierende geführt), ein Seminartagebuch und 4 Evaluationsfragebögen (siehe Landwehr in diesem Band) ein. Die Auswertung orientierte sich an der Grounded Theory. Im Verlauf des offenen Kodierens mit dem Ziel des „Aufbrechens, Untersuchens, Vergleichens, Konzeptualisierens und Kategorisierens von Daten" (Strauss/ Corbin

---

[2]   Bei der Bewertung dieser Befunde muss berücksichtigt werden, dass die Arbeitsgruppe „Forschung" ihre Interviews im Rahmen der Seminarsitzungen geführt und sich vermutlich an Studierende gewendet hat, die weniger in die Gruppenprozesse involviert waren. Zudem sind fünf Interviewte nicht „repräsentativ" für die Gesamtheit der SeminarteilnehmerInnen. Jedoch bleiben Fragen der Repräsentativität in diesem Zusammenhang außer Betracht – schließlich sollen gerade diejenigen Studierenden erreicht werden, denen der Zugang zu „offenen" Lernformen bzw. zu naturwissenschaftlich-technischen Fragestellungen schwer fällt, unabhängig von ihrem zahlenmäßigen Anteil.

1996, 43) entstand ein System offener Kodes, das der Konzeptualisierung von Lernwegen und Lernergebnissen diente.[3]

3.2   Identifikation „unproduktiver" Lern- und Wissenskonzepte

Gemäß meiner Fragestellung konzentrierte ich mich bei der Textanalyse auf die Identifizierung von Lern- und Wissenskonzepten, die aus meiner Sicht einen wesentlichen Hinderungsgrund für konstruktiv verlaufende Lernprozesse darstellen. Es handelt sich dabei um heuristische Konzepte, die der weiteren Erkenntnisgewinnung dienen, also hypothetischen und teilweise bewusst provozierenden Charakter haben und nicht etwa Realität abbilden.

Konzept „Schulförmiger Archetyp des Lernens und Wissens"
Die subjektiven Theorien (vgl. Groeben/ Scheele 1986, 84) der Studierenden in Bezug auf Lernprozesse und den Erwerb von Wissen sind stark „schulförmig" geprägt. Die Studierenden vermeiden die Übernahme von Selbstverantwortung beim Lernen, wünschen klare Anweisungen und wollen herausfinden, was Lehrende von ihnen erwarten. Studentische Lernprozesse sind durch eine geringe Ambiguitätstoleranz gekennzeichnet. Das Ansammeln von Informationen wird mit Wissen verwechselt. Symbole, Formeln und Modellvorstellungen werden aus ihrem Kontext gelöst und als leicht reproduzierbare Wissensbeweise demonstriert. Risiken in Form von Irrtümern, Umwegen und eigenen Erkundungen werden vermieden.

Konzept „Vermeidung der Folgekosten von Fehlern"
Die Lernprozesse der Studierenden sind sehr stark durch Vermeidung der materiellen (Beschädigung/Zerstörung von Geräten, Gefährdung der Gesundheit), emotionalen (Gefühle des Scheiterns oder der Inkompetenz, Erinnerung an unliebsame Schulerlebnisse) und sozialen Folgekosten von Fehlern (Beschämung in Gegenwart von KommilitonInnen und Lehrenden) geprägt.

Konzept „Hypothesen müssen bestätigt werden"
Es fehlt an erkenntnistheoretischem Grundlagenwissen. So wird das Scheitern von Hypothesen lediglich als Misserfolg erlebt und nach Bestätigung vorhandenen Wissens gestrebt.

---

[3]   Die Auswertung der Texte wurde mit der Analysesoftware WINMAX durchgeführt, die zur Entwicklung eines Kodesystems, zum Textretrieval sowie zur Verwaltung von Memos für die Theorieentwicklung verwendet wurde (vgl. Landwehr in diesem Band).

4 Konsequenzen für die Gestaltung selbstorganisationsoffener Lernarrangements

Die drei identifizierten Konzepte weisen eine strukturelle Gemeinsamkeit auf: In latenter bis manifester Form scheint das Vermeiden von Fehlern[4] einen wesentlichen Hinderungsgrund für produktiv verlaufende, selbstorganisierte Lernprozesse zu bilden. Im Hinblick auf Anliegen und Konzeption der Lehrveranstaltung haben Fehler jedoch eine notwendige und erkenntnisleitende Funktion. Daher sollte bei der Gestaltung selbstorganisierter Lernarrangements besonderer Wert auf den Umgang mit Fehlern gelegt werden. Das Potenzial von Fehlern sollte konstruktiv genutzt und die materiellen, emotionalen und sozialen Folgekosten von Fehlern sollten „gemildert" werden.

Fehler sollten als Anlass zum Lernen und als notwendiger Schritt der Erkenntnisgewinnung begreiflich gemacht werden. Hier könnte die Vermittlung erkenntnistheoretischen Grundwissens ansetzen.

Um Fehler als Lernchance erfahren zu können, müssen Studierende zunächst in die Lage versetzt werden, sinnvolle und konstruktive Fehler machen zu können. Dazu gehört, dass die Diskrepanz zwischen der Komplexität des jeweiligen Problemfeldes und den (sich selbst zugeschriebenen) problembezogenen Kompetenzen als überwindbar wahrgenommen werden kann.

Angesichts der geringen Erfahrungen der Studierenden mit selbstorganisationsoffenen Lernarrangements empfiehlt sich eine sorgfältige Gestaltung der Problemfindungsphase. Die Vorgabe von Leitfragen hat sich als hilfreich erwiesen, den Studierenden bei der Entwicklung einer eigenen Fragestellung Orientierung zu geben. Da der Umgang mit Geräten und Messinstrumenten eine hohe Schwelle für handelndes Lernen darstellt, wird derzeit erprobt, inwieweit ein Einführungspraktikum geeignet ist, diese Hemmschwelle zu überwinden. Allerdings muss noch erforscht werden, welchen Einfluss die Gestaltung der Problemfindungsphase auf die Entwicklung eigener Fragestellungen hat.

Eine Möglichkeit, die materiellen sowie emotionalen Folgekosten von Fehlern zu mildern, besteht im Zulassen von Fehlern unter kontrollierten Bedingungen. So führten „Zerstörung" und „Reparatur" virtueller Bauelemente beim Einsatz von Lernsoftware nach anfänglicher Irritation zu einem verstärkten Interesse an der Untersuchung eigener Fragestellungen. Eine ähnliche Wirkung könnte die bewusst in Kauf genommene Zerstörung leicht ersetzbarer Bauteile haben.

---

[4]   Anstelle einer ausführlichen Diskussion des Fehlerbegriffs verweise ich auf die Konzepte zur Nutzung der Produktivität von Fehlern innerhalb einer Rahmentheorie des Fehlers (Weingardt 2004).

Es sollten Kommunikationsmöglichkeiten gefördert werden, die einen offenen Umgang mit Fehlern „belohnen" und die sozialen Folgekosten von Fehlern mildern. Dies betrifft nicht nur die Etablierung entsprechender Kommunikationsregeln, sondern auch die Schaffung von Lernarrangements, in denen sich Studierende als Gebende und als Nehmende beim Austausch von Erkenntnissen erleben.

Angesichts der zumeist geringen Erfahrungen mit arbeitsteiligen selbstorganisierten Lernprozessen könnte eine institutionalisierte studentische Projektberatung durch eine „Monitoring-Gruppe" Unterstützung anbieten und bei der Bewältigung kritischer Situationen helfen, die beim selbstorganisierten Lernen erfahrungsgemäß als besonders frustrierend erlebt werden.

Literatur

Groeben, N./ Scheele, B. (1986): Produktion und Rezeption von Ironie. Bd. I: Pragmalinguistische Beschreibung und psycholinguistische Erklärungshypothesen. 2., durchges. und korr. Aufl. Tübingen.

Landwehr, B. (2002): Distanzen von Lehrkräften und Studierenden des Sachunterrichts zur Physik. Eine qualitativ-empirische Studie zu den Ursachen. Berlin.

Moser, H. (1995): Grundlagen der Praxisforschung. Freiburg/B..

Strauss, A. L./ Corbin, J. M. (1996): Grounded Theory. Grundlagen Qualitativer Sozialforschung. Weinheim.

Weingardt, M. (2004): Fehler zeichnen uns aus. Transdisziplinäre Grundlagen zur Theorie und Produktivität des Fehlers in Schule und Arbeitswelt. Bad Heilbrunn/Obb. .

Die Unantastbarkeit des Unterrichts und die Folgen für Individualisierungsprozesse an Grundschulen

Ilona Esslinger-Hinz

1   Fragestellung

Dass Lehrerinnen und Lehrer das Klassenzimmer als autonome Zone verteidigen, ist vielfach belegt und beschrieben: Forschungsprojekte, in denen der individuelle Unterricht einsehbar wird, sind schwer zu realisieren (vgl. Carle 2000, 163), Schulentwicklungsprozesse sind dann eher zu verwirklichen, wenn sie den individuellen Unterricht nicht tangieren und Lehramtsstudierende berichten immer wieder aus ihren Praktika, dass Lehrerinnen und Lehrer sie nicht oder wenig hospitieren lassen und sie zur raschen Übernahme von Unterrichtsverantwortung drängen.

Warum ist das Klassenzimmer eine geschützte Zone? *Dieses Phänomen, seine Reproduktion sowie seine Wirkungen suche ich zu verstehen,* denn das Klassenzimmer bietet die strukturellen Voraussetzungen dafür, dass die Fiktion von der Homogenität von Lerngruppen aufrechterhalten werden kann und muss. Die Klassenzimmerstruktur sorgt außerdem dafür, dass widersprüchliche Konzepte von Erziehung und Bildung in ein- und derselben Schule zeitgleich verfolgt werden können.

Die Schattenseiten der verinselten Klassenzimmerstrukturen und der Bildung vermeintlich homogener Lerngruppen sind bekannt. Eine Erweiterung der Entscheidungskompetenzen für die einzelne Schule soll nun Abhilfe schaffen. Gestaltungs*möglichkeiten* reichen jedoch nicht aus, wenn Strukturen etabliert, tradiert, sozialisiert und habitualisiert sind.

2   Theoretische Anbindungen und Forschungsdesign

Um zu verstehen, wie Lehrerinnen und Lehrer die Offenheit bzw. Geschlossenheit ihrer Schule einschätzen, befragte ich Lehrerinnen und Lehrer an vier Grundschulen (N=67); zwei der Schulen besaßen relativ autonome Außenstellen. 47 Personen befanden sich zum Zeitpunkt der Untersuchung im Schuldienst, acht Personen zählten zur Schulleitung, drei Lehrerinnen waren gerade in den Ruhestand getreten. Um die institutionsgeschichtliche Perspektive vertiefen zu können, interviewte ich noch lebende Schulleiter sowie ehemalige Lehrerinnen und Lehrer. Die Interviews fanden an den Schulen statt. Um den Interviewpartnern einen ersten Zugang zum Thema „Offenheit" zu erleichtern, modellierte ich die Themenstellung optisch, indem ich den Befragten Metallringe vorlegte und sie bat, sich ihre Schule in deren Mittelpunkt vorzustellen. Die Interviewpartner wurden dann gebeten, ihre Schule hinsichtlich ihrer Offen- bzw. Geschlossenheit einzuschätzen, indem sie einen zur Schule passenden Ring (rot = geschlossen/weiß = offen/rot-weiß-gebrochene Linie = teiloffen) wählten und ihre Wahl begründeten; hierbei wurden die Interviewpartner immer wieder gebeten, ihre Einschätzungen mit Beispielen zu belegen.

Die Forschungsfrage, sowie der forschungsmethodische Zugang korrespondieren mit einer systemtheoretischen Betrachtungsweise (vgl. Luhmann 2000; Willke 1991; Girschner 1990), da sie eine Beschreibung der Verbindung zwischen der „Institutionsbiografie" (vgl. Schein 2003) und der „Institutionskonstitution" mit dem Gegenstandsfeld „Offenheit" ermöglicht.

Ich beschreibe an dieser Stelle einen Ausschnitt einer umfassenden Untersuchung, die sich dem Selbstkonzept von Schulen widmet (vgl. Esslinger-Hinz 2004). Die gesamte Untersuchung weist eine Art „Triangulation" theoretischer Referenzen auf, wobei die Korrespondenzen zwischen Theorieanbindung und Forschungsgegenstand innerhalb der Teilbereiche keinen Widerspruch erzeugen, sondern anbindungsfähig sein müssen. Der Wechsel zwischen theoretischen Zugängen wird durch den Zugewinn an Erkenntnis einerseits und der Widerspruchsfreiheit andererseits legitimiert. Im Rahmen dieser Untersuchung wird eine Verbindung zwischen Selbstkonzeptforschung (vgl. Filipp 1993; Bridges 1998) und systemtheoretischer Betrachtungsweise hergestellt.

3   Innere und äußere Offenheit bzw. Geschlossenheit

Wir wissen über Systeme (insofern sie nicht nahe am Kollaps stehen), dass es zwischen System und Systemumwelt Austauschbeziehungen gibt, die beständig ein Gleichgewicht zwischen System und Umwelt erzeugen.[1] Nun stellt „Offenheit" im schulpädagogischen Diskurs ein Hochwertwort dar und wird nicht selten als Qualitätsmerkmal von Schule und Unterricht gebraucht. Die Interviews zeigen jedoch, dass man nicht pauschal von einer offenen bzw. geschlossenen Schule sprechen kann, sondern dass zwischen *innerer und äußerer Offen-*

---

[1]   Wenn von Offenheit bzw. Geschlossenheit gesprochen wird, dann sind damit relative Offenheit bzw. Geschlossenheit gemeint. Eine ganz und gar geschlossene oder eine ganz und gar offene Schule wäre die Preisgabe des Systems und würde nicht lange existieren.

heit zu unterscheiden ist.[2] *Als innere Offenheit bezeichne ich den Grad der Vernetzung und Integration von Teilstrukturen innerhalb der Schule. Als äußere Öffnung bezeichne ich den Grad und die Integration der Schule als Ganzes zur außerschulischen Lebenswelt. In beiden Fällen handelt es sich um Formen institutioneller Öffnung.* Wird eine Schule undifferenziert als „offen" bezeichnet, dann wird ein Zusammenhang zwischen innerer und äußerer Öffnung unterstellt und eine Art Schwarz-weiß-Bild erzeugt: Schulen sind entweder „offen" oder „geschlossen". Die Interviewdaten zeigen, dass diese pauschale Einordnung den Blick für die strukturellen Voraussetzungen von Schule und Unterricht verstellt, denn alle befragten Lehrerinnen und Lehrer differenzieren zwischen der Öffnung hin zur Gemeinde, zum Stadtteil und der Öffnung zwischen den Teileinheiten, der jeweiligen Grundschulen, den Klassen. Alle untersuchten Schulen werden von den Lehrerinnen und Lehrern gleichermaßen in ihrer Geschlossenheit nach innen und – in graduellen Abstufungen – in ihrer Offenheit nach außen beschrieben.

Exemplarisch skizziere ich die Grundschule Blumheim (anonymisiert): *Die Offenheit der Grundschule Blumheim nach außen* ist ganz besonders in der Elternarbeit verankert. Elternkontakte, Vorführungen, Beteiligung an Festen, Kontakte zu Vereinen sind seit Jahrzehnten Bestandteile der schulischen Arbeit. Die Elternarbeit wurde nach dem Wechsel der Schulleitung dahingehend verändert, dass die Beteiligung an städtischen Veranstaltungen geprüft wird und nicht mehr, wie üblich, selbstverständlich übernommen wird. Hingegen sind die Einladungen der Elternschaft in die Schule verstärkt worden. Hier präsentieren Schülerinnen und Schüler Ausschnitte des im Unterricht Erarbeiteten. Die Offenheit nach außen und insbesondere gegenüber den Eltern wird in den Interviews positiv gesehen und mit der geteilten Erziehungsverantwortung und der finanziellen Unterstützung (Gründung eines Fördervereins) durch die Eltern begründet. Die Offenheit nach außen wird erwartet und durch die Schulleitung unterstützt. *Die innere Geschlossenheit* wird dadurch erreicht und stabilisiert, dass die Einheiten (Klassen) weitgehend autonom arbeiten. Die minimale Vernetzung zwischen den Einheiten besteht in Terminabsprachen, Absprachen über Verhaltensregeln und Aktivitäten, die den Tätigkeitsbereich außerhalb der geschützten Zone betreffen (z.B. Gottesdienste und Schulfeste). Jede weitere Form der Vernetzung (im Sinne von Kommunikation) zwischen diesen Einheiten schränkt die Autonomie der Teilsysteme ein, erfordert Aushandlungsprozesse und macht das System anfälliger für Irritationen von außen, denn durch die Vernetzung sind Interventionen weitreichender. Forderungen nach Vernetzung

---

[2] Ich verwende die Begriffe anders, als im schulpädagogischen Diskurs üblich. Dort steht innere Öffnung unter methodischem Vorzeichen und wird als Gegenstück zu frontalen bzw. fragend-entwickelnden Unterrichtsformen beschrieben (vgl. Haarmann 1998).

und Integration geschlossener Teilsysteme wirken kontraproduktiv für das Gesamtsystem und es ist zu erwarten, dass diese Störungen unterbunden werden. Ignorieren Lehrerinnen und Lehrer diese Systemeigenschaften, dann widersteht das System integrativen Bemühungen von Einzelnen. Diese Lehrerinnen erleben eine neue Dimension an Sisyphosarbeit. An der Grundschule Blumheim war das der Fall. Hier zwei Interviewsequenzen, die die Reaktion der Systemumwelt zeigt:

> Wenn ich jetzt zum Beispiel an meine alte Klasse denke, die ich jetzt abgegeben habe, dann muss ich sagen, da bin ich jetzt eigentlich eher enttäuscht, dass da *überhaupt kein Gespräch möglich ist über die Kinder. Das ist abgeschlossen und weg.* Die fangen irgendwo neu an. Man hat mit der Klassenlehrerin kurz mal gesprochen, das war auch in Ordnung, aber es kommt jetzt auch keine Rückmeldung. Und ich denk, damit die Arbeit auch in Eins, Zwei gut sein kann, dann find ich, ist einfach auch eine Reflexion und Rückmeldung notwendig. Oder zumindest, wie war das bei dir? Oder der hat da Schwierigkeiten. ...
>
> *Es kommt niemand ins Klassenzimmer rein, obwohl bei mir die Tür ja wirklich schon seit über zwei Jahren offen ist.* Erstaunlich auch, es wird von ihr mit angeregt und sie selber praktiziert es zum Beispiel nicht. Das sind dann für mich auch Sachen, wo ich für mich dann ins Nachdenken komme. Also das fehlt mir auch von ihr, sie möchte zwar Offenheit und eine Zusammenarbeit, eine Teamarbeit, würde sie ganz arg gerne fördern ... .

Die Interviewausschnitte zeigen, dass Systemveränderungen nicht herzustellen sind, wenn sie nicht an die vorhandenen Strukturen anschlussfähig sind. Implementierbar sind systemkonforme Neuerungen bzw. solche, die sich in das vorhandene System über Modifikationen einpassen lassen. Probleme treten auf, sobald Vernetzungen und damit Systemfremdes und damit auch -feindliches eingefordert werden. Eine nach innen geschlossene Schule wird daher durch Anforderungen irritiert, die Systemwandel erforderlich machen. Hierzu zählen die verbindliche Festlegung von Erziehungszielen, von Unterrichtsmethoden, die Auflösung der Zeit-, Raum-, und Arbeitsgruppenstrukturen: Hier entstehen Widerstände, weil die Integrationsforderungen *im Widerspruch zu den etablierten Systemstrukturen stehen.* Sie werden deshalb zwar unbewusst, aber systematisch unterlaufen. Nun mag man einwenden, dass in Studien zur Lehrerkooperation über Austauschbeziehungen (ausgetauschte Arbeitsblätter, Klassenarbeiten und Stoffverteilungspläne) berichtet wird (z.B. Eckert 1997). Diese Formen des Austauschs gleichen Briefkastenschlitzen: was mit den Informationen geschieht, bleibt dem Empfänger überlassen; der Absender hat darauf keinen Einfluss. Diese Art der Kooperation macht daher keine Öffnung erforderlich, sie ist systemkonform und deshalb etabliert.

Die Schwelle des Klassenzimmers birgt damit eine verfängliche Ambivalenz: Geht man von draußen nach drinnen, dann eröffnen sich Spielräume, die im Rahmen der rechtlichen Grenzen grenzenlos sind. Man nennt diesen Umstand häufig „pädagogische Autonomie". Tritt ein Lehrer bzw. eine Lehrerin aus dem Klassenzimmer heraus, dann unterliegt er bzw. sie den Spielregeln, die diese Verinselungen ermöglichen: eine möglichst geringe Vernetzung der Teileinheiten. Somit sinkt aber auch die Gestaltungsmöglichkeit des einzelnen Lehrers bzw. der einzelnen Lehrerin im Hinblick auf die gesamte Schule. Die Lehrerin, die „nach Montessori" unterrichtet, die, die Schwarzes Theater macht und die, die sich für Umwelterziehung einsetzt, stören sich nicht, solange keine Kommunikation erwartet wird. Werden die Lehrerinnen und Lehrer beurlaubt oder versterben, dann stirbt auch ihr pädagogisches Konzept. *Es ist nicht in das System eingeschrieben. Damit erzeugt die sogenannte pädagogische Autonomie von Lehrerinnen und Lehrern ein Paradox: Autonomie stützt nach innen geschlossene Strukturen.*

Lehnen Lehrerinnen und Lehrer Konzepte ab, die mit Integrationsanforderungen (z.B. jahrgangsübergreifender Unterricht) einhergehen, lässt sich das als Professionalisierungs- bzw. Professionalitätsdefizit werten oder gar mit der Persönlichkeit der Lehrperson erklären. Folgt man jedoch der eben entwickelten Perspektive, dann tun die Lehrerinnen und Lehrer nichts anderes als die bestehenden Strukturen zu reproduzieren.

Auch unter institutionshistorischer Perspektive lässt sich an der Grundschule Blumheim zeigen, dass die Konstitution des vorhandenen Systems seine Geschichte spiegelt. Zu keiner Zeit in der Geschichte der Schule tangierten Neuerungen die Öffnung des Unterrichts. Die Klassenzimmerautonomie hat an der Schule Tradition.

Die innere Geschlossenheit, die an allen untersuchten Schulen zu finden war, könnte auch professionsgeschichtlich erklärt werden. Die Klassenzimmerautonomie ist historisch erkämpft; sie bietet ein Machtpotenzial und begründet Professionalität. Autonomie zeigt weiterhin auch den Status an.[3] Was bedeutet unter diesen Voraussetzungen die Forderung nach Öffnung von Schule und Unterricht und damit einhergehend Forderungen nach Individualisierung und Differenzierung?

Eine „offene Schule", die die Klassenzimmertüre öffnet, *muss* für Lehrerinnen und Lehrer, die das System reproduzieren, Verlustängste auslösen: sie verlieren ihren autonomen Raum und damit auch Prestige. *Offenheit ist damit die Eintrittskarte für Kontrolle.* Die autonomiefreie Zone außerhalb des Klas-

---

[3]   Das Pendant, die Kontrolle verweist auf einen niedrigen Status: Stechuhren, Arbeits- und Ergebnisdokumentationen, Inspektionen und Formen externer Evaluation zeigen, dass das Arbeitspensum und die Arbeitsqualität (häufig von nicht Professionellen!) bewertet werden.

senzimmers wird respektiert, um die Klassenzimmerautonomie zu sichern. Stimmt dieser Zusammenhang, *dann haben Lehrerinnen und Lehrer gelernt, keine oder wenig Mitbestimmungsbestrebungen außerhalb des Klassenzimmers zu zeigen. In der Konsequenz brechen sich die Autonomien, die den einzelnen Schulen zur Schulentwicklung nunmehr eingeräumt werden an den vorhandenen, gewachsenen Strukturen und an den an sie gebundenen Verhaltensweisen.*

Damit sind die Zukunftsperspektiven von Schulen, die eine Öffnung anstreben, nicht besonders aussichtsreich. Treffen die Überlegungen zu, dann werden Öffnungen, die die Klassenzimmertür überschreiten, selten zu finden sein (vgl. Carle 2000).

4   Konsequenzen

Es ist nicht damit getan, sich im Studium mit Offenheit, Individualität und Heterogenität zu beschäftigen und bedauernd auf die geringe Resonanz an den Schulen zu verweisen, verbunden mit der festen Absicht, es besser machen zu wollen. *Systemveränderungen können nur greifen, wenn Systeme gestaltet werden.* Ohne die Bewusstmachung der strukturellen Rahmenbedingungen sind Systemveränderungen nicht einzuleiten (vgl. Oelkers 2003; Holtappels 2003, 143; Carle 2000, 292ff.). Diese Forderungen entbehren aus der Sicht der befragten Lehrerinnen und Lehrer der Notwendigkeit, vielmehr bedeutet die Übernahme von Systemverantwortung eine potenzielle Gefährdung des Vorhandenen. Schulen können nur zur Öffnung bewegt werden, wenn die strukturellen Grundlagen vorhanden sind. Da das selten der Fall ist, brauchen wir zumindest ein Strukturbewusstsein auf der Ebene der Einzelschule.

An Schulen, die neu gegründet werden oder an Schulen mit einer stark reformpädagogischen Tradition lässt sich beobachten, dass hier die Passung von Kind und Sache und Welt die Gestalt von Schule bestimmt. Wir stehen in der Situation, dass bereits gewachsene, stabilisierte Strukturen in jeder einzelnen Schule vorhanden sind. Bleiben sie ungeprüft, dann bestimmen sie, ob das Kind, das pädagogische Konzept oder die Sache passt und nicht umgekehrt. Deshalb gilt es auch, künftige Lehrerinnen und Lehrer für die Struktur von Schulen zu sensibilisieren. Wolfgang Klafki (1996) hat mit seinen Fragen zur didaktischen Analyse die Tauglichkeit der Inhalte geprüft. Heute gilt es, die Angemessenheit und Brauchbarkeit der Strukturen jeder einzelnen Schule zu prüfen. Systementwicklung muss ein Kernelement von Schulentwicklung werden, damit Heterogenität und Individualisierung durch eine institutionelle Verankerung auf- und ernst genommen werden können.

Literatur

Bridges, W. (1998): Der Charakter von Organisationen. Organisationsentwicklung aus typologischer Sicht. Göttingen.

Carle, U. (2000): Was bewegt die Schule? Internationale Bilanz, praktische Erfahrungen, neue systemische Möglichkeiten für Schulreform, Lehrerbildung, Schulentwicklung und Qualitätssteigerung. Hohengehren.

Eckert, T. (1997): Mangelnde Kommunikation und mangelnder Konsens im Lehrerkollegium als Entwicklungsbedingungen zum „schlechten Lehrer". In: Schwarz, B./ Prange, K. (Hrsg.): Schlechte Lehrer/innen. Zu einem vernachlässigten Aspekt des Lehrberufs. Weinheim, 219-246.

Esslinger-Hinz, I. (2004): Die Grundschule zwischen Institutionalisierung und Individualisierung. In: Carle, U./ Unckel, A. (Hrsg.): Entwicklungszeiten. Forschungsperspektiven für die Grundschule. Jahrbuch Grundschulforschung. Wiesbaden, 108-115.

Filipp, S.-H. (Hrsg.) (1993): Selbstkonzeptforschung. Probleme, Befunde, Perspektiven. 3. Aufl., Stuttgart.

Girschner, W. (1990): Theorie sozialer Organisationen. Eine Einführung in Funktionen und Perspektiven von Arbeit und Organistion in der gesellschaftlich-ökologischen Krise. Weinheim/ München.

Haarmann, D. (Hrsg.) (1998): Wörterbuch Neue Schule. Die wichtigsten Begriffe zur Reformdiskussion. Weinheim und Basel.

Holtappels, H.-G. (2003): Schulqualität durch Schulentwicklung und Evaluation. Konzepte, Forschungsbefunde, Instrumente. München.

Klafki, W. (1996): Neue Studien zur Bildungstheorie und Didaktik. Zeitgemäße Allgemeinbildung und kritisch-konstruktive Didaktik. 5. Aufl. Weinheim/ Basel.

Luhmann, N. (2000): Organisation und Entscheidung. Opladen/Wiesbaden.

Oelkers, J. (2003): Wie man Schule entwickelt. Eine bildungspolitische Analyse nach PISA. Weinheim.

Schein, E. H. (2003): Organisationskultur. Bergisch Gladbach: Edition Humanistische Psychologie.

Willke, H.(1991): Systemtheorie. 3. überarb. Aufl., Stuttgart/ New York.

Zur Rezeption externer Evaluation: Wie gehen Lehrkräfte, Eltern und die Schulaufsicht mit Ergebnissen leistungsvergleichender Studien um?

Britta Kohler

1 Externe Evaluation im deutschen Schulsystem

Externe Evaluationen haben in Deutschland bislang keine Tradition, und so gibt es hierzulande auch noch keine Kultur im Umgang mit entsprechenden Leistungserhebungen. Erst seit der Teilnahme Deutschlands an großen internationalen Schulleistungsstudien wie TIMSS, PISA oder IGLU beginnt sich allmählich ein Wandel abzuzeichnen. Zunehmend scheint sich die Auffassung durchzusetzen, dass die systematische Evaluation von Schule und Unterricht wichtige Informationen liefert, die auf anderem Wege nicht zu erhalten sind und die zur Verbesserung und Entwicklung des Schulsystems genutzt werden können. Damit soll keineswegs negiert werden, dass von externen Leistungskontrollen auch Gefahren für das schulische Lernen ausgehen können, dass es also z.B. zu einem „teaching to the test" und zu einer mangelnden Berücksichtigung individueller Interessen und persönlicher Besonderheiten von Kindern kommen kann. Gleichfalls ist nicht in Abrede zu stellen, dass das aufwändige Gewinnen von Daten letztlich nur dann sinnvoll ist, wenn diese Daten auch zum Ausgangspunkt von Reformen gemacht werden.

Zu Beginn der Diskussionen um die Durchführung externer Evaluationen, d.h. unmittelbar nach der Veröffentlichung von TIMSS im Jahr 1997, kreisten die meisten diesbezüglichen Überlegungen um die Frage der Sinnhaftigkeit externer Evaluationen und auch um die Frage, ob der eingeschlagene Weg, Schulleistungen systematisch und vergleichend zu erfassen, überhaupt weitergegangen werden soll. Nun, nachdem die Bildungspolitik diese Frage in großen Teilen einfach entschieden hat, haben sich auch die Diskussionen gewandelt. Es geht jetzt nicht mehr nur um das „Ob", sondern – und v.a. – um das „Wie" externer Evaluationen und vielleicht auch – insbesondere für die Primarstufe – um das „Wann" leistungsvergleichender Studien.

Ein Punkt, der bislang noch fast gar nicht untersucht wurde, ist die Frage, wie eigentlich betroffene Personengruppen mit jenen Daten umgehen, die bei schulischen Leistungsvergleichen erhoben werden, bzw. – anders gewendet – wie diese Daten sinnvollerweise aufbereitet und übermittelt werden müssen und wie der Implementations- und Rückmeldeprozess bei schulischen Leistungsvergleichen insgesamt gestalten werden sollte, wenn man an der Entwicklung und Verbesserung von Schule und Unterricht interessiert ist.

Bei der Beantwortung dieser Fragen sind Unterschiede zwischen Primar- und Sekundarschulen sicher unausweichlich. Dennoch lassen sich viele Fragen auch schulstufenunabhängig klären. Ebenfalls deutliche Unterschiede v. a. bei der Rückmeldung von Daten wird es auch in Abhängigkeit vom Design der jeweiligen Untersuchung geben müssen.

2 Studie zur Rezeption externer Evaluation

Die im Folgenden skizzierte Studie zur Rezeption externer Evaluation bezieht sich auf die Rezeption der Ergebnisse der TIMS-Studie durch Lehrkräfte, Eltern und die Schulaufsicht. Wichtig erscheint dabei, dass die TIMS-Studie den deutschen Schülerinnen und Schülern am Ende der Sekundarstufe ein im internationalen Vergleich „nur" mittelmäßiges Niveau in Mathematik und in den Naturwissenschaften – und insbesondere in den Bereichen Anwenden und Problemlösen – attestieren konnte, wobei diese Mittelmäßigkeit häufig als katastrophal eingeschätzt wurde und bekanntlich zu einer Vielzahl an Initiativen und Projekten und auch zu neuen Leistungsvergleichen führte. Dies bedeutet, dass die Rezeption der TIMSS-Testergebnisse sich von jener der IGLU-Resultate unterscheiden dürfte, welche ja durchaus erfreulicher ausgefallen sind.

2.1   Fragestellungen

Die Untersuchung bezog sich u. a. auf die folgenden zwei Fragestellungen:

Fragestellung 1:
Inwieweit schätzen Lehrkräfte, Eltern und die Schulaufsicht die Ergebnisse der TIMS-Studie als bedeutsam, zutreffend und bedenklich ein?

Fragestellung 2:
Auf welche Ursachen führen Lehrkräfte, Eltern und die Schulaufsicht das im internationalen Vergleich nur mittelmäßige Abschneiden der deutschen Schülerinnen und Schüler zurück? Ergeben sich intergruppale Unterschiede, die auf Attributionsvoreingenommenheiten schließen lassen?

Von besonderem Interesse erschien hier die zweite Fragestellung. Menschen tendieren, insbesondere bei negativen und erwartungswidrigen Ereignisausgängen, dazu, nach dem „Warum" zu fragen, also Ursachenzuschreibungen vorzunehmen. Diese sind durchaus folgenreich, und sie sind immer subjektive Erklärungsmuster, die mit den so genannten „wahren" Ursachen nicht übereinstimmen müssen: Attributionen unterliegen häufig beträchtlichen Verzerrungen, sei es aus motivationalen Gründen oder sei es aus Gründen einer fehlerhaften Informationsverarbeitung. In der Literatur ist auch die Bevorzugung internaler Attributionen nach Erfolgen und die größere Häufigkeit externaler Attributionen nach Misserfolgen vielfach belegt. Neben zahlreichen Untersuchungen zu Attributionen im Anschluss an persönliche Erfolge oder Misserfolge gibt es auch bereits einige wenige Studien, die die Beeinflussung von Attributionen durch Gruppenzugehörigkeiten belegen.

2.2   Methode

An den Untersuchungen, die in den Jahren 2000 und 2001 durchgeführt wurden, nahmen insgesamt 201 Lehrerinnen und Lehrer sowohl der Primar- als auch der Sekundarstufe, 194 Eltern sowie 90 Beamtinnen und Beamten der Schulaufsicht aus Baden-Württemberg teil, die alle nicht unmittelbar von TIMSS betroffen waren. Die Daten wurden mit Hilfe von Fragebögen erhoben. Das Untersuchungsdesign bei den Lehrkräften und Eltern war praktisch identisch, und die Fragebögen wurden für alle drei Gruppen parallel konzipiert. Die Lehrkräfte wurden an Konferenzen und die Eltern an schulischen Elternabenden befragt. Dies hatte den Vorteil eines sehr hohen, bei den Lehrkräften sogar eines hundertprozentigen Rücklaufs. Die Befragung der Schulaufsichtsbeamtinnen und -beamten erfolgte postalisch und damit deutlich weniger aufwändig. Wie hoch der Rücklauf bei dieser Gruppe war, lässt sich aus verschiedenen Gründen nicht genau bestimmen, er lag aber mit Sicherheit weit über 50 %.

2.3   Ergebnisse und Diskussion

Fragestellung 1:
Zunächst sollten Lehrkräfte, Eltern und die Schulaufsicht angeben, für wie bedeutsam, zutreffend und bedenklich sie die Ergebnisse der TIMS-Studie hielten. Die Skala war vierstufig angelegt mit den beiden Polen „stimmt nicht" und „stimmt genau". Wie Abbildung 1 entnommen werden kann, ergaben sich bei den Eltern Ratings, die noch im mittleren Bereich der Skala liegen, während die

Schulaufsichtsbeamtinnen und -beamten höhere Zustimmungen zeigten. Besonders deutlich wird die intergruppale Differenz bei der Frage der Bedeutsamkeit; hier betrug der Unterschied zwischen den Lehrkräften und der Schulaufsicht nahezu eine Standardabweichung.

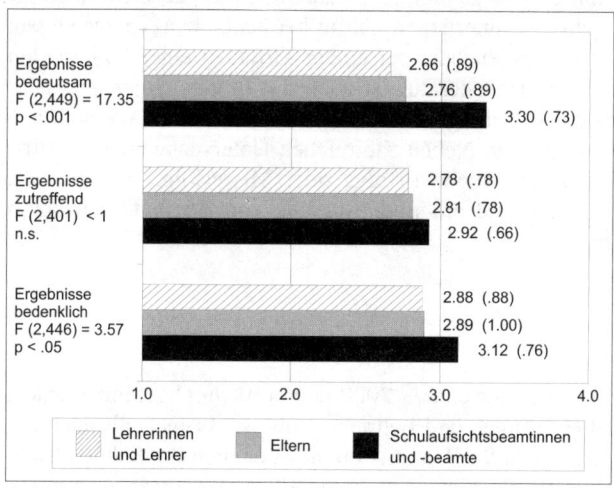

Abbildung 1: Einschätzung der Ergebnisse der TIMS-Studie. Werte der Lehrkräfte, der Eltern und der Schulaufsicht

Bei der Beantwortung der Frage, wie es zu diesen Einschätzungen und insbesondere zu den intergruppalen Differenzen gekommen sein könnte, ist zunächst einmal daran zu denken, dass die Schulaufsichtsbeamtinnen und -beamten die TIMS-Studie einfach besser als die beiden Vergleichsgruppen kannten und sie vielleicht auch eher um die Qualität und Aussagekraft der Studie wussten. Möglich erscheint aber auch, dass die Schulaufsicht die Konzentration der TIMS-Studie auf den Aspekt kognitiver Leistungen eher mittragen konnte als die Lehrerinnen und Lehrer und auch die Eltern. Zudem sind Lehrkräfte in der Praxis oft schlicht mit der Frage beschäftigt, wie sie einen Vormittag mit schwierigen Schülerinnen und Schülern überstehen oder in ihrer Klasse alle Kinder nichtdeutscher Muttersprache optimal fördern sollen. Unter dieser Perspektive wird die Frage nach den Fachleistungen im internationalen Vergleich schnell zweitrangig. Hinzu dürfte kommen, dass für Lehrkräfte sowie für Eltern eher jene Studien bedeutsam sind, die sich auf die eigenen Klassen bzw. Kinder beziehen. Der Vergleich mit anderen Nationen ist für sie, schon rein räumlich gesehen, weit weg.

Fragestellung 2:

Im Hinblick auf die Frage, worauf Lehrkräfte, Eltern und die Schulaufsicht das im internationalen Vergleich nur mittelmäßige Abschneiden der deutschen Schülerinnen und Schüler zurückführten, enthält der verwendete Fragebogen insgesamt 60 Items, die in einer Voruntersuchung mit 10 Lehrkräften und 10 Eltern formuliert worden waren. Diese lauten z.b.: „Es liegt daran, dass sich die Eltern zu wenig um die schulischen Leistungen kümmern", "Es liegt daran, dass die Lehrerinnen und Lehrer sich zu wenig anstrengen" oder "Es liegt daran, dass zu oft Unterricht ausfällt". Sie lassen sich zu fünf – wiederum vierstufigen – Skalen gruppieren, nämlich zu den Skalen "Ursache Eltern", "Ursache Gesellschaft", "Ursache Lehrerinnen und Lehrer", "Ursache Schülerinnen und Schüler" sowie "Ursache Schulverwaltung und Bildungspolitik".

Wie Abbildung 2 zu entnehmen ist, gaben alle drei Gruppen ihre höchste Zustimmung jeweils der Skala „Ursache Schülerinnen und Schüler". Sie waren also gleichermaßen der Meinung, die Ursachen der unerfreulichen Resultate müssten vor allem bei den Lernenden selbst zu lokalisieren sein. Alle drei Gruppen stimmten außerdem in der Ansicht überein, das TIMSS-Testergebnis könne in hohem Maße durch gesellschaftliche Bedingungen und Zustände erklärt werden. Ein klarer Unterschied oder – je nach Perspektive – eine weitere Gemeinsamkeit ergab sich schließlich bei der Frage, worauf das Abschneiden der deutschen Schülerinnen und Schüler bei TIMSS am wenigsten zurückgeführt werden könne: Die Lehrerinnen und Lehrer gaben ihre geringste Zustimmung der Skala „Ursache Lehrerinnen und Lehrer", die Eltern der Skala „Ursache Eltern" und die Beamtinnen und Beamten der Schulaufsicht der Skala „Ursache Schulverwaltung und Bildungspolitik". Das heißt also, dass alle drei Gruppen die Ursachen des wenig erfreulichen Resultates am wenigsten bei der eigenen Gruppe lokalisierten und sich, der Erwartung entsprechend, bevorzugt auf externe Faktoren konzentrierten. Damit zeigten Lehrkräfte, Eltern und die Schulaufsicht ganz typische Attributionsvoreingenommenheiten.

Dieses vorzugsweise externe Lokalisieren geht vermutlich mit einer entlastenden Wirkung einher, dürfte aber auch die Kommunikation zwischen Lehrenden, Eltern und der Schulaufsicht bezüglich notwendiger Reaktionen auf die Ergebnisse von TIMSS erschweren. Zudem bedeutet es vermutlich eine geringere Bereitschaft, sich und die eigenen Bemühungen kritisch zu betrachten und sich um eine Veränderung zu bemühen: Wer sich für ein unerfreuliches Ergebnis nicht verantwortlich wähnt, braucht auch keine Konsequenzen daraus zu ziehen.

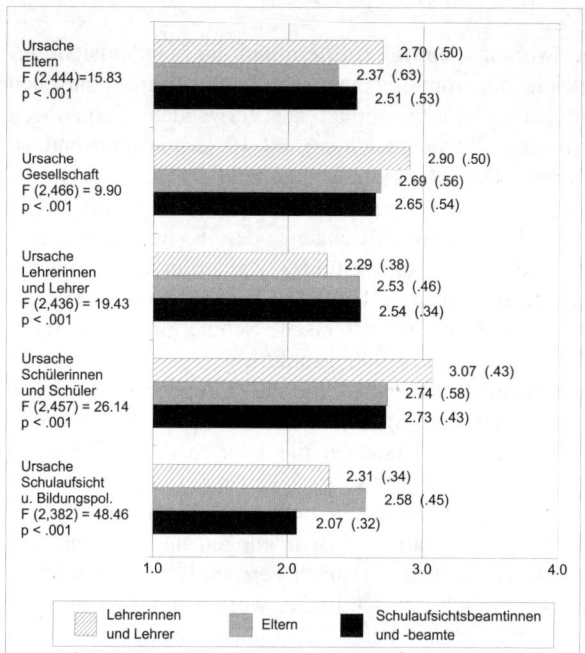

Abbildung 2: Zustimmungen zu den „Ursache-Skalen". Werte der Lehrkräfte, der Eltern und der Schulaufsicht

Zu bedenken – bei allen Überlegungen um ein externales Lokalisieren – ist an dieser Stelle aber auch, dass die drei Personengruppen von vornherein Zugang zu unterschiedlichen Informationen haben. Die Einschätzungen der Lehrenden basieren ja im Wesentlichen auf ihren täglichen Eindrücken. Eltern dagegen beziehen ihre Informationen in hohem Maße in indirekter Weise aus Gesprächen mit ihren Kindern und auch mit anderen Eltern. Schulaufsichtsbeamtinnen und -beamte wiederum erleben die schulische Arbeit zwar einerseits mit einem großen Überblick, andererseits aber auch sehr ausschnitthaft und in geglätteter Weise. Dies bedeutet, dass die Überlegungen der drei Gruppen zu den möglichen Ursachen der TIMSS-Testergebnisse unausweichlich perspektivenabhängig sind und damit notwendig divergieren.

Literatur

Kohler, B. (2005): Internationale Schulleistungsstudien. Münster.

Individualisierung durch Kooperation – Aufgaben von Sonderpädagogen in der integrierten Förderung

Roland Stein

1   Einleitung

Die Bestrebungen, lernbeeinträchtigte und verhaltensauffällige Kinder in der Regelschule zu halten, werden zunehmend intensiviert (vgl. etwa Gehrmann 2003). Für Grundschulpädagogen bringt dies die große Herausforderung mit sich, mit den damit verbundenen Problemen und Schwierigkeiten umzugehen. Allerdings bestehen in zunehmendem Maße auch verschiedene Unterstützungsmöglichkeiten durch integrativ tätige Lehrer für Sonderpädagogik[1] (vgl. etwa Schor 2002).

In diesem Beitrag soll der Frage nachgegangen werden, was besondere Aufgaben dieser Lehrer für Sonderpädagogik zugunsten einer Individualisierung in der Grundschule sind bzw. sein können. Im Vordergrund stehen dabei, neben einigen grundsätzlichen Überlegungen, Befunde aus einer größeren eigenen Untersuchung, in deren Rahmen u.a. auch die selbst erlebte Rolle von Sonderpädagogen in der integrierten Förderung beleuchtet wurde.

2   Zur Diskussion des Aufgabenprofils von Lehrern für Sonderpädagogik

Wenn Lehrer für Sonderpädagogik in bzw. für Grundschulen tätig werden, so dient dies insbesondere der Gewährleistung einer weitest möglichen Individualisierung. Sie sollen dabei besondere Aufgaben übernehmen, wobei das Verständnis dieser Aufgaben sowie das Aufgabenspektrum selbst recht heterogen sind. Wenn beispielsweise das Rheinland-Pfälzische Ministerium für Bildung, Wissenschaft und Weiterbildung (vgl. MBWW 1999, 9) in einer Handreichung zur Kooperation von Grundschullehrern und Sonderpädagogen schreibt, die Rolle der in Regelschulen eingesetzten Lehrerinnen und Lehrer für Sonderpäda-

---

[1]   Hier wird, gerade im Hinblick auf die thematisierten Aufgabenstellungen, nicht mehr der gängige Begriff der „Sonderschullehrer" verwendet

gogik unterliege „einer relativen Offenheit", kann dies den in einer solchen Rolle tätigen Pädagogen kaum weiterhelfen. Wir stehen vor der drängenden Aufgabe, solche Rollen näher zu bestimmen.

Aus der Diskussion um die integrierte Förderung ergeben sich für entsprechend tätige Lehrerinnen und Lehrer die folgenden Aufgaben (vgl. Wocken 1997; Zielke 1997; MBWW Rheinland-Pfalz 1999):

- Beratung verschiedener Rollenpartner (Lehrerkollegen, Eltern, Schulleitung)
- Diagnostik im Sinne der Zuweisungs- sowie der Förder- bzw. Beratungs-Diagnostik
- Erstellung individueller Förderpläne
- gemeinsame Arbeit im Lerngeschehen (Planung, Team-Teaching, Arbeit mit einzelnen Schülern und Kleingruppen)
- Arbeit mit einzelnen Schülern in gesonderten Lernräumen (Einzel- und Kleingruppen-Förderung)
- Mitarbeit an einem „integrativen Schulprofil" (Schulklima, Gestaltung von Unterrichts- und Arbeits-Formen)

Während im Vordergrund der *Aufmerksamkeit* nach wie vor die Aufgabe der gesonderten Einzel- und Kleingruppen-Förderung steht, gefolgt von gemeinsamem Unterrichten, stehen im Vordergrund verschiedener *Konzepte* andere Aspekte, insbesondere die Beratung von Lehrern oder Eltern. Gerade diese Aufgabe erfüllt einen gewissen „Multiplikatoreffekt" (siehe etwa das sechsstufige „Brandenburger Fördermodell bei Verhaltensstörungen" BraV; Goetze/ Rudnick 1996; Rudnick/ Goetze 1996).

Grundlegende Kompetenzen auf Seiten der Sonderpädagogen sind ein Expertenstatus im Hinblick auf bestimmte Behinderungen und Beeinträchtigungen sowie eine besonders ausgeprägte kommunikative Kompetenz, um den vielfältigen Kontakten gerecht werden zu können. Dabei werden insbesondere Konfliktbewältigung und Vermittlungstätigkeiten vonnöten sein. Auch die Fähigkeit zu schnellem Umschalten und flexiblem Reagieren scheint unverzichtbar. All das verlangt die kritische Reflexion eigener Rolle und Identität sowie eine erhöhte Ambiguitätstoleranz.

3 Die Untersuchung des berufsbezogenen Selbstkonzepts von Lehrern für Sonderpädagogik in Rheinland-Pfalz

Die zentrale Zielsetzung einer im Jahr 2001 in Rheinland-Pfalz durchgeführten größeren Untersuchung zur Fragestellung des berufsbezogenen Selbstkonzepts von Lehrern für Sonderpädagogik (vgl. Stein 2004a; 2004b) lag darin, in Ergänzung zu einer lebhaften Diskussion in der wissenschaftlichen Sonderpädagogik Informationen zum Selbstverständnis von Lehrern in der Praxis zu gewinnen. Eingesetzt wurde ein eigens entwickeltes Messinstrument, der „Fragebogen zur Erfassung des berufsbezogenen Selbstverständnisses bei Lehrern für Sonderpädagogik (FEBS-LS)". Dieser enthält eine große Fülle von Items zu den beiden Hauptkomplexen „Eigenschaften" und „Aufgaben", die jeweils im Hinblick auf die erlebte tatsächliche Realisierung („aktual"), die subjektive Relevanz („ideal") sowie erlebte Außenerwartungen („sollte") abgefragt werden. Ergänzend wird für eine Reihe von Aufgaben noch nach einem Vergleich der eigenen Tätigkeit zu derjenigen von Regelschullehrern gefragt. Des Weiteren finden sich Items zu besonderen beruflichen Spannungsfeldern, zu Rahmenvariablen wie „Selbstwert" oder „Zentralität" des Berufes sowie zu den Begleitvariablen „Burnout" und „Berufs-Unzufriedenheit".

Die Untersuchung wurde als sonderpädagogische „Binnenuntersuchung" durchgeführt. Ausgewertet werden konnten 345 Fragebögen. Das erhobene Spektrum erstreckte sich auf ca. 70 Schulen; die antwortenden Lehrerinnen und Lehrer waren in der gesamten Breite sonderpädagogischer Handlungsfelder tätig. Darunter waren 76 Lehrerinnen und Lehrer, die in der integrierten Förderung tätig waren; von diesen arbeiteten 25 mit mindestens 50 % ihrer Arbeitszeit in diesem Bereich. Das Gros dieser Pädagogen war Schulen mit dem Förderschwerpunkt „Lernen" zugeordnet; ein zu beachtender zweiter Teil auch einem „Förderzentrum", in diesem Fall einer Schule mit Klientel im Schnittbereich der Förderschwerpunkte „Lernen" und „Ganzheitliche Entwicklung".

Die 25 Lehrerinnen und Lehrer, die mit mindestens der Hälfte ihrer Arbeitszeit in der integrierten Förderung tätig sind, wurden im Rahmen der Auswertung als Expertengruppe für diesen Bereich betrachtet. Im Folgenden sollen bezogen auf diese Gruppe einige prägnante Befunde dargestellt werden.

Vorweg ist darauf hinzuweisen, dass anhand der erhobenen über 100 Eigenschaften und Kompetenzen sowie über 60 Aufgaben auf Basis von Faktorenanalysen Dimensionen gebildet wurden. Die im folgenden dargestellten Analysen beziehen sich teilweise auf diese gebildeten Dimensionen (die jeweils aus mehreren Items zusammengesetzt sind), teilweise aber auch auf die Analyse interessanter Einzelitems. Zu bedenken ist, dass die Ergebnisse teilweise mögli-

cherweise abhängig sind von den (sonderpädagogisch-) schulischen Gegeben-
heiten im betrachteten Bundesland.

4   Befunde der Untersuchung im Hinblick auf „hauptamtlich" integrativ tätige Lehrpersonen

Im Gesamtbild der Befunde dieser rheinland-pfälzischen Untersuchung erscheinen die integrativ tätigen Lehrer für Sonderpädagogik im Vergleich zu den anderen Gruppen von Sonderpädagogen als eine potentiell „gefährdete" Gruppe.
Dies gilt im Hinblick auf drei Beobachtungen:

▪ Erstens erreichen sie vergleichsweise hohe „Burnout"-Werte.
▪ Zweitens erleben sie in besonderem Maße eine Unbestimmtheit ihrer Rolle
und auch die Konfrontation mit heterogenen Außenerwartungen.
▪ Drittens treten für sie eine Reihe hier nicht einzeln zu betrachtender Befunde in solchen Einzeldimensionen des Erhebungsinstrumentes FEBS-LS zutage, die wiederum einen ungünstigen Zusammenhang mit Burnout und/
oder Berufsunzufriedenheit aufweisen (vgl. Stein 2004a).

Vergleicht man das inhaltliche Profil der integriert fördernden Lehrer mit der
Restgruppe in allen anderen sonderpädagogischen Arbeitsbereichen, so fallen
für den Aufgabenbereich zwei Aspekte ins Auge:

▪ Es wird hochsignifikant weniger Zusammenarbeit mit Kollegen realisiert
(vgl. ebd., 296ff.). Da sich die gestellten Fragen explizit auf das Kollegium
beziehen, dem die Lehrer offiziell zugeordnet sind, ist dies allerdings nicht
weiter verwunderlich. Beachtenswert ist dennoch, dass Zusammenarbeit
mit Kollegen als Dimension hier auf einer ganzen Fülle von Einzelitems
basiert – und damit einzelnen Möglichkeiten der Zusammenarbeit vom In-
formationsaustausch über wechselseitige emotionale Unterstützung und
wechselseitige Beratung bis zur Abstimmung und gemeinsamen Durchführung pädagogischer Maßnahmen. Soweit die betroffenen Lehrer hier nicht
Kooperationspartner in den Regelschulen finden, ist zu befürchten, dass sie
beruflich in bedenklichem Maße isoliert werden, da keine Kompensation in
dem Kollegium erfolgt, dem sie offiziell zugeordnet sind.
▪ Es wird signifikant bis hochsignifikant weniger „Gestaltung und Verwaltung von Schule" erlebt (vgl. ebd., 298f.). Da diese Fragen „institutionen-
neutral" gestellt waren, ist dieser Befund recht interessant und nicht unproblematisch. Diese Dimension umfasst vier Items: „aktive Beteiligung an

der Entwicklung meiner Schule", „Einsatz für ein humanes Schulklima in meiner Schule", „Schulstrukturen verändern" sowie „Verwaltungsaufgaben erfüllen". Zu fragen ist natürlich, wie die einzelnen Befragten den Passus „meine Schule" interpretiert haben.

Dass der letztgenannte Befund von Bedeutung ist, wird nachvollziehbar, wenn man sich „Diskrepanzen" im Selbsterleben ansieht. Für die über 60 Items des hier besonders interessierenden Bereiches der „Aufgaben" können Diskrepanzen zwischen den Aktual-Einschätzungen einerseits und den Ideal- sowie Sollte-Einschätzungen andererseits bestimmt werden. Die Skalierung dieser Diskrepanzen reicht von -5 über 0 bis +5. Positive Werte stehen für eine höher erlebte Realisierung einer Aufgabe im Vergleich zu Ideal bzw. Außen-Ansprüchen, negative Werte ganz gegenteilig für eine als niedriger erlebte Realisierung einer Aufgabe im Vergleich zum Ideal bzw. zum „Sollte"-Erleben.

Besonders starke negative „aktual-ideal-Diskrepanzen" (M > 1.0) treten für die Gesamtgruppe der hier betrachteten Lehrpersonen in folgenden Aufgaben-Bereichen zutage (vgl. ebd., 398f.): die eigene Mitgestaltung des Schul- und Ausbildungssystems, die emotionale Unterstützung der eigenen Person durch „Lehrer-Kollegen" sowie die Anwaltschaft für bestimmte Schüler und ihre Interessen. Größere Diskrepanzen zwischen erlebter Realisierung und erlebten Außenerwartungen (Rollenerwartungen) finden sich (wiederum) im Hinblick auf eine als zu gering erfahrene Beteiligung an der Schulentwicklung. Hinzu tritt ein besonderes, auch belastendes Engagement im beruflichen und privaten Bereich – und der spezifische Aspekt pflegerischer Aufgaben. Letzteres erstaunt etwas, denn die meisten der hier betrachteten Lehrer haben es mit eher „milderen" kognitiven Beeinträchtigungen zu tun: Lernbeeinträchtigungen und dem Grenzbereich zwischen solchen Beeinträchtigungen und milderen geistigen Behinderungen.

Ein großer Teil der Items zu Aufgaben wurde zusätzlich abgefragt mit der Aufgabenstellung, den eigenen Auftrag mit denjenigen von Regelschullehrern zu vergleichen: „gehört zu meinem Auftrag im Vergleich zu Regelschullehrern ... genauso ... weniger ... mehr ... in qualitativ anderer Form". Die inhaltlichen Abgrenzungen der hier betrachteten Gruppe zu Regelschullehrern beziehen sich insbesondere auf als „mehr" zum eigenen Auftrag gehörende Aufgaben – einzig „Wissen vermitteln" wird hier wiederum von einer Mehrheit als „qualitativ anders" beurteilt:

- Von allen Antwortenden wird funktionell-therapeutische Förderung als etwas Besonderes erlebt, dabei auch von 40 % als „qualitativ andere" Aufgabenstellung. Gemeint ist hiermit insbesondere Bewegungsförderung sowie die Förderung von Wahrnehmungsfunktionen.

- In der Folge erscheint ein zweiter Aspekt der (erzieherisch orientierten) „therapeutischen" Förderung.
- Auch hier erweist sich Gutachtenerstellung als besondere Aufgabe.
- Hinzu kommt der Aspekt der Maßnahmenplanung gemeinsam mit Eltern.

Aus dem Vergleich zu Regelschullehrern heraus ist zu ergänzen, dass die starke Abgrenzung traditioneller Lehrer-Aufgaben wie die Vermittlung von Wissen und die Beurteilung von Schulleistungen (insbesondere als „qualitativ anders") ins Auge fällt. Auch das Planen von Maßnahmen mit Eltern als sehr spezifischer Aspekt der Elternarbeit wird hier häufiger als in den anderen Handlungsfeldern als etwas qualitativ Besonderes der eigenen Rolle betrachtet. Als weitere Spezifika des eigenen Auftrages im Regelschullehrer-Vergleich sind Diagnostik einschließlich Schülerbeobachtung, erzieherisch-therapeutische Förderung, Teamarbeit sowie emotionale Unterstützung von Eltern zu nennen.

5   Fazit

Aus der allgemeinen Diskussion um den Beitrag von Lehrerinnen und Lehrern für Sonderpädagogik zur Individualisierung in der Regelschule sowie aus den Befunden der eigenen Untersuchung ergeben sich vier zentrale Forderungen:

Es müssen für diese Lehrerinnen und Lehrer Möglichkeiten stärkerer Beteiligung an institutionellen Innovationsprozessen geschaffen werden. Damit ist insbesondere die Frage gemeint, wie sie sich stärker in die Entwicklung der Regelschulen einbringen können, in denen sie tätig werden. Das Bundesland Rheinland-Pfalz geht seit kurzem auch den Weg, Lehrer für Sonderpädagogik teilweise offiziell an Regelschulen abzuordnen. Damit werden sie auf einer offiziellen Ebene Teil des entsprechenden Teams.

Die persönlichen Kompetenzen dieser Lehrergruppe zur professionellen Gestaltung vielfältiger, auch komplexer Sozialkontakte im Arbeitskontext müssen gestärkt werden. Dabei ist die Ausbildung in beiden Phasen gefordert, aber auch die dritte Phase der berufsbegleitenden Weiterbildung.

Gerade angesichts der Vielfalt der Kontakte gilt es, auch die Distanzierungsfähigkeit gegenüber unterschiedlichen, unter Umständen als überfordernd oder widersprüchlich erlebten Anforderungen zu unterstützen.

Das Aufgabenspektrum integriert fördernder Lehrer für Sonderpädagogik und die damit verbundenen Erwartungen in diesen spezifischen Arbeitsbereichen müssen differenzierter geklärt werden. Es ist nicht hilfreich, aus der Not eine Tugend zu machen und die Rolle einfach als unbestimmt zu kennzeichnen.

Literatur

Gehrmann, P. (2003): Die Allgemeine Schule als Lernort für alle Kinder und Jugendlichen. In: Leonhardt, A. / Wember, F.B. (Hrsg.): Grundfragen der Sonderpädagogik. Weinheim, 711-742.

Goetze, H./ Rudnick, M. (1996): Förderung für Grundschulkinder mit emotionalen Störungen / Verhaltensauffälligkeiten. Konzeptpapier zum Brandenburger Fördermodell bei Verhaltensstörungen (BraV). Ministerium für Bildung, Jugend und Sport und Institut für Sonderpädagogik der Universität Potsdam. Potsdam: Manuskript.

MBWW (Ministerium für Bildung, Wissenschaft und Weiterbildung Rheinland-Pfalz) (1999): Zur Kooperation von Sonderschullehrkräften, Pädagogischen Fachkräften und Grundschullehrkräften in integrierenden Maßnahmen. Mainz: Eigendruck.

Rudnick, M./ Goetze, H. (1996): Förderung für Grundschulkinder mit emotionalen Störungen / Verhaltensauffälligkeiten in Brandenburg. In: Sonderpädagogik Jg. 26 Heft 2, 104-109.

Schor, B.J. (2002): Mobile Sonderpädagogische Dienste. Donauwörth.

Stein, R. (2004a): Zum Selbstkonzept im Lebensbereich Beruf bei Lehrern für Sonderpädagogik. Hamburg.

Stein, R. (2004b): Berufsbezogene „Diskrepanzen" bei Lehrern für Sonderpädagogik. In: Zeitschrift für Heilpädagogik Jg. 55 Heft 10, 430-439.

Wocken, H. (1997): Die Bildung von Sonderpädagogen neu denken! In: Wittrock, M. (Hrsg.): Sonderpädagogischer Förderbedarf und sonderpädagogische Förderung in der Zukunft. Beiträge zur zukünftigen Entwicklung des sonderpädagogischen Förderbedarfs, der sonderpädagogischen Arbeit und universitären Ausbildung. Neuwied, 69-84.

Zielke, G. (1997): Einsatz von Sonderpädagoginnen und Sonderpädagogen in integrativ arbeitenden Grundschulen. In: Eberwein, H. (Hrsg.): Handbuch Integrationspädagogik. Kinder mit und ohne Behinderung lernen gemeinsam. 4. Aufl. Weinheim, 277-284.

Standardisierung des Curriculums im Kindergarten? – Erwartungen von Grundschullehrerinnen und -lehrern an den Kindergarten

Karin Müller

1 Einleitung

Der Kindergarten als erste Bildungsinstitution hat die Aufgabe die von ihm initiierten Bildungsprozesse so zu gestalten, dass diese für die weitere Arbeit in der Grundschule anschlussfähig sind. Eine Möglichkeit die Anschlussfähigkeit der Bildungsprozesse zu gewährleisten, ist der Versuch einer curricularen Standardisierung der Bildungsinhalte im Kindergarten. Dabei ergeben sich jedoch Konsequenzen für das Arbeitsfeld und berufliche Selbstverständnis von Lehrerinnen und Lehrern in der Grundschule. In diesem Zusammenhang ist es von Interesse, welche Erwartungen Grundschullehrerinnen und -lehrer an den Kindergarten haben und ob sich diese Erwartungen mit den aktuellen Bestrebungen der curricularen Standardisierung im Kindergarten decken.

Der folgende Beitrag skizziert zu Beginn die bildungspolitischen Standardisierungsbemühungen bezogen auf den Kindergarten und zeigt in einem zweiten Schritt das Untersuchungsdesign und erste Ergebnisse des Pre-Tests für die Teilstudie[1] „Erwartungen von Grundschullehrerinnen und -lehrern an den Kindergarten".

2 Bildungspolitische Standardisierungsbemühungen

Grundlage für die bundesländerspezifischen Gesetze Kindertageseinrichtungen und Kindergärten betreffend ist § 22 des Kinder- und Jugendhilfegesetzes (KJHG) (vgl. Sozialgesetzbuch), der den Auftrag von Kindergärten mit den Schlagworten „Betreuung, Bildung und Erziehung" des Kindes skizziert.

---

[1]   Dieser Beitrag bezieht sich auf eine Teilstudie des Forschungsprojekts „Subjektive Konzepte von Erzieherinnen und Grundschullehrerinnen und -lehrern der ersten Klassen zum Bildungsauftrag des Kindergartens".

2.1   Länderspezifische Gesetze

Ein Instrumentarium der Standardisierung des Curriculums im Kindergarten erfolgt über die bundesländerspezifischen Gesetze für Kindertageseinrichtungen und Kindergärten. Analysiert man die Gesetze und administrativen Vorgaben von allen 16 Bundesländern[2] so fällt auf, dass die Mehrheit der Länder einen *eigenständigen* Bildungs- und Erziehungsauftrag für den Kindergarten postuliert und damit eine Differenz zu allen anderen Bildungseinrichtungen markiert. Als konsensfähiges Bildungsziel ist in fast allen Gesetzen die *Förderung der Gesamtpersönlichkeit* zu finden. Eine Auswertung der Regelungen zeigt, dass der Bildungsauftrag des Kindergartens in 15 Bundesländern in erster Linie sozialerzieherisch ausgerichtet ist, gefolgt von motorischer Förderung (12 Länder) und der Förderung geistiger Fähigkeiten (11 Länder). In deutlichem Abstand dazu haben nur 5 Bundesländer die Förderung von Sprache explizit festgeschrieben und nur 4 Bundesländer die Förderung der Wahrnehmung. Drei Bundesländer erwarten von Kindergärten die Förderung lernmethodischer Kompetenzen und die Pflege der Lernfreude. Die Förderung von Denken, Mengenerfassung und räumlicher Orientierung wird noch von zwei Bundesländern ausdrücklich als Bildungsauftrag des Kindergartens vorgeschrieben.

Betrachtet man zusammenfassend das Bildungsverständnis, das in den Gesetzen und administrativen Vorgaben charakterisiert wird, so leitet sich aus der Analyse ein ganzheitlicher Bildungsanspruch des Kindergartens ab. Bildung vollzieht sich als eigenaktiver[3], als individueller[4] und als sozialer Prozess[5]. Auf der Ebene der Ländergesetze folgt das Bildungsverständnis für den Kindergarten in seiner Darlegung der reformpädagogischen und geisteswissenschaftlichen Tradition. Das Bildungsverständnis ist sehr allgemein gehalten, die Inhaltsbereiche sind sehr selten differenziert benannt und in den meisten Fällen als „schulfern" zu bezeichnen, also wird von der Intention her auf Anschlussfähigkeit der Bildungsprozesse wenig Wert gelegt. Das heißt, die administrativen Vorgaben und Gesetze dürften aufgrund ihrer Offenheit in ihren Formulierungen noch

---

[2]   Alle Gesetze und Regelungen, die zur Auswertung herangezogen wurden, sind im Literaturverzeichnis unter dem Ländernamen aufgeführt.

[3]   Wie beispielsweise in Brandenburg „Herausforderung der eigenaktiven Bildungsprozesse" (Brandenburg Kindertagesstättengesetz, § 3, 1).

[4]   Das zeigt sich in Formulierungen wie „Anregung der körperlichen, geistigen und seelischen Entwicklung des Kindes durch ... differenzierte Erziehungsarbeit" (Rheinland-Pfalz Kindertagesstättengesetz, § 2, 1) und „Förderung der ... Fähigkeiten, entsprechend dem jeweiligen Alters- und Entwicklungsstand" (Schleswig-Holstein Gesetz zur Förderung von Kindern, § 4, 2)

[5]   Dies wird daran deutlich, dass alle Bundesländer den Aspekt der Sozialerziehung in ihren Gesetzen betonen.

nicht zu einer Standardisierung des Curriculums im Kindergarten beitragen; in der Regel legen sie nur übergeordnete Bildungsinhalte, -ziele und -prinzipien fest. Dieser Interpretationsvielfalt und auch -beliebigkeit, die sich daraus ergeben kann, wird versucht, spätestens seit Veröffentlichung der PISA-Studie, in Form von differenzierten Bildungsprogrammen für den Kindergarten in den einzelnen Bundesländern zu begegnen.

2.2   Bildungsprogramme für den Kindergarten in den Bundesländern

Aktuell werden in allen Bundesländern Bildungsprogramme für den Kindergarten erstellt bzw. angekündigt (vgl. Hovestadt 2003, 62). Von sechs Bundesländern (Bayern, Berlin, Brandenburg, Nordrhein-Westfalen, Rheinland-Pfalz, Thüringen)[6] liegen bereits veröffentlichte Entwürfe bzw. bereits abgeschlossene Programme vor, die sich jedoch hinsichtlich ihres Umfanges[7] und ihres Verbindlichkeitscharakters[8] unterscheiden, der häufig bereits im Titel zum Ausdruck kommt[9]. Allen Entwürfen ist gemeinsam, dass sie *konkrete* inhaltliche Bildungsgegenstände benennen und damit den bisher offen gehaltenen Bildungsauftrag des Kindergartens konkretisieren und standardisieren.

Dabei fällt auf, dass nun mathematische, naturwissenschaftliche und schriftsprachliche Bildung explizit als Bildungsbereich für den Kindergarten benannt wird. Ein weiterer neuer Aspekt, der auch in den meisten Programmen festgelegt wird, ist die Förderung lernmethodischer Kompetenz. Die Bildungsinhalte des naturwissenschaftlichen Bereiches sind wissenschaftsnah ausgerichtet. Dies manifestiert sich in der Favorisierung wissenschaftstypischer Methoden, wie sammeln, beobachten und klassifizieren. Dem gegenüber wird der Aspekt des Erlebens und der emotionalen Begegnung vernachlässigt.

---

[6]   Die genauen Angaben zu den Bildungsprogrammen sind unter den Ländernahmen im Literaturverzeichnis angegeben.

[7]   Im Vergleich: der Umfang von Thüringen: „Leitlinien frühkindlicher Bildung" mit 12 Seiten und Bayern: „Bayerische Bildungs- und Erziehungsplan" mit 253 Seiten.

[8]   So wird beispielsweise der Bayerische Bildungs- und Erziehungsplan einen rechtsverbindlichen Status erhalten, in Berlin und Nordrhein-Westfalen hingegen wird eine Vereinbarung mit den Trägerverbänden und den kommunalen Spitzenverbänden eine Vereinbarung geschlossen. Die Verbindlichkeit ist jedoch gleich. Nur in Rheinland-Pfalz wird das Bildungsprogramm als „reine" Empfehlung verstanden.

[9]   So zeigt sich der Anspruch des Bildungsprogrammes in Bayern durch seinen Titel „Bildungs- und Erziehungs*plan*", im Unterschied zu Brandenburg mit dem Titel „*Grundsätze* der Bildungsarbeit" oder Thüringen mit dem Titel „*Leitlinien* frühkindlicher Bildung" (Herv. K. M.).

Mit den Bildungsprogrammen erfolgt eine Standardisierung und Operationalisierung[10] des Curriculums im Kindergarten. Die Bildungsziele sind in
ihrer Mehrzahl operationalisierbar und damit ist ihr Erreichen überprüfbar. Neu
für den Elementarbereich ist die damit erfolgte Kanonisierung der Inhalte. Der
Elementarbereich erfährt dadurch eine Didaktisierung und eine Annäherung in
seinen Inhalten an die Grundschule. Wenn dies nun als die neue Tendenz des
Bildungsanspruchs des Kindergartens gilt, stellt sich die Frage, wie die daran
anschließende Bildungsinstitution darauf reagiert. Auf professionsbezogener
Ebene ist es von Interesse, welche Erwartungen und Vorstellungen Grundschullehrerinnen und -lehrer an den Bildungsauftrag des Kindergartens haben, wenn
Anschlussfähigkeit erzielt werden soll. Dies soll im Rahmen einer Teilstudie
untersucht werden.

3   Untersuchungsdesign

Ziel der Untersuchung ist es, die subjektiven Konzepte von Erstklasslehrerinnen
und -lehrern der Grundschule zum Bildungsauftrag des Kindergartens und damit
implizit ihre Erwartungen an den Kindergarten zu erfassen. Das Anliegen der
Studie ist es, hypothesengenerierend zu arbeiten, daher wurde ein qualitativer
Zugang zu dieser Fragestellung gewählt, um das Problem nicht bereits von
vornherein einzuengen. Es ist im Interesse dieser Studie, die subjektiven Konzepte zum Bildungsauftrag des Kindergartens von Lehrerinnen und -lehrern
zunächst zu erheben und diese in der Phase der Diskussion der Ergebnisse mit
wissenschaftlich begründeten Bildungskonzeptionen des Kindergartens zu kon-
frontieren.
    Im Rahmen eines leitfadengestützten Interviews werden die subjektiven
Konzepte erhoben. Aktuell befindet sich die Studie in der Pre-Test-Phase des
Interviewleitfadens. Bisher wurde der Interviewleitfaden mit Grundschullehrerinnen der ersten Klasse getestet.

---

[10]   Folgende Beispiele dürften den Ansatz der Operationalisierung verdeutlichen. So wird im
„Bayerischen Erziehungs- und Bildungsplan" als Teilziel formuliert „Kinder [lernen] den
Aufbau einer Versuchanordnung kennen ... vom Experiment können sie Antworten auf ihre
Fragen ableiten" (Bayerisches Staatsministerium, S. 139), oder in den „Bildungs- und Erziehungsempfehlungen in Rheinland-Pfalz" wird konkret erwartet, dass „die Einrichtung ... dafür Sorge zu tragen" habe, „dass die Kinder den eigenen Namen und schreiben und erkennen
lernen" (Ministerium für Bildung, S. 14).

4 Konzeption des Leitfadens

Der Leitfaden für die Interviews mit den Lehrerinnen und Lehrern lässt sich inhaltlich in drei größere Themenabschnitte untergliedern. Zu Beginn werden die Lehrerinnen und Lehrer mit zwei offenen Impulsen dazu befragt, wie ihrer Meinung nach gelungene Bildungsarbeit im Kindergarten aussieht und wie sie den Bildungs- und Erziehungsauftrag des Kindergartens charakterisieren würden. Daran schließen sich Fragen an, die konkretere Definitionsarbeit der Befragten fordern, z. B. wenn danach gefragt wird, wie die Begriffe „erziehen, bilden und betreuen" definiert werden oder wenn nach konkreten Bildungs- und Erziehungszielen gefragt wird. Die letzten Fragen fokussieren in ihrer Richtung die Bedeutung von schulnahen Inhalten für den Kindergarten und die konkreten Erwartungen von Lehrerinnen und Lehrern an die schulvorbereitende Arbeit des Kindergartens.

5 Darstellung von beispielhaften Interviewausschnitten des Pre-Tests

Im Folgenden werden Interviewausschnitte dargestellt, die sich damit auseinandersetzen, wie die zwei in Einzelinterviews befragten Lehrerinnen die Begriffe „erziehen, bilden und betreuen" definieren und was diese Begriffe ihrer Ansicht nach nicht bedeuten. Im Rahmen dieses Beitrags können nur die Antworten wiedergegeben werden, die sich auf den Begriff „Bildung" beziehen.

I[11]: „Der Auftrag des Kindergartens ist „erziehen, bilden, betreuen". Was verbinden Sie mit diesen Begriffen?"
L 1: „Bilden ist für mich Werte vermitteln, Werte bilden, Meinungen bilden, auch Verhaltensweisen bilden."
L 2: „Bildung ist das, denke ich, sind ganz weitgefächert, dass sind kognitive Fähigkeiten, Informationen über Feuerwehr, über Imker, was sie so alles machen so ganz spezielle Bereiche, die die Kinder wirklich interessieren. Wirklich sehr intensiv beleuchten und sich auch sehr stark an den Kindern orientieren. Was mir da sehr gut gefällt, was ja dann in der Schule immer stärker reduziert wird. Und eben auch würde ich sagen, die körperliche Weiterentwicklung, also die körperlich-geistige Entwicklung voranzutreiben."
...
I: „Was verbinden Sie mit diesen Begriffen im Zusammenhang mit dem Erziehungs- und Bildungsauftrag des Kindergartens nicht?"
L 1: „Also bilden heißt für mich nicht, dass Inhalte, die in der Grundschule gelehrt werden, schon unbedingt angebahnt werden müssen oder vorweggenommen wer-

---

den müssen. Es gibt ja so eine Tendenz alles nach vorne zu verschieben und ich finde nicht, dass Kinder unbedingt schon Erfahrungen mit Buchstaben machen müssen. Also das heißt bilden für mich nicht."
L 2: „Was sollte es nicht sein? Ich denke es sollte nicht sein, Bildung ein Vorgriff auf die Schule. …ich möchte keine vorprogrammierten Schüler haben … und ich denke, wenn Bildung in dem Sinne, dass man dann irgendwann mal funktionieren soll weiter vorgezogen wird, dann habe ich, dann haben diese Kinder keine Zeit mehr sich zu entwickeln, zu einer Person zu entwickeln."

Die Antworten der beiden Lehrerinnen lassen sich dahingehend zusammenfassen, dass unter Bildung im Kindergarten eine Werteerziehung, eine Förderung von kognitiven Fähigkeiten bezogen auf Sachbereiche und eine Förderung der körperlich-geistigen Entwicklung verstanden wird. Unter Bildung im Kindergarten wird explizit nicht verstanden, dass grundschulnahe Inhalte bereits im Kindergarten behandelt werden, wie z.b. Erfahrung mit Buchstaben[12].
    Interessant an diesem Interviewausschnitt sind vor allem die Negativ-Definitionen von Bildung. Inhaltsspezifisches Vorwissen als Voraussetzung für erfolgreichen Wissenserwerb (vgl. Renkl 1996) spielt für die befragten Lehrerinnen nur eine untergeordnete Rolle. Die Auseinandersetzung mit grundschulnahen Inhalten im Kindergarten wird mit einer normierten Leistungserwartung und einer Anlehnung an eine schulspezifische Lehrgangsdidaktik gleichgesetzt und ruft bei den befragten Personen Ablehnung hervor. Die Möglichkeit, dass eine Auseinandersetzung mit grundschulnahen Inhalten auch spielerisch und dem Entwicklungsstand von Kindergartenkindern angemessen erfolgen kann, wird nicht in Betracht gezogen[13].

6   Fazit

Die von der Bildungspolitik angestrebte Standardisierung des Curriculums im Kindergarten scheint nach einer Analyse der Interviews nicht den Erwartungen der befragten Grundschullehrerinnen zu entsprechen und scheint nicht mit einer am Kind orientierten Kindergartenarbeit vereinbar zu sein[14]. Ebenso wird eine an spezifischen Inhalten ausgerichtete Kindergartenarbeit nicht unbedingt erwünscht, vielmehr wird vom Kindergarten eine formale und eher inhaltsleere

---

[12]   An anderer Stelle im Interview wird das damit begründet, dass mit der Auseinandersetzung mit schulnahen Inhalten eine normierte Leistungserwartung assoziiert wird, die sich negativ auf die Entwicklung des Kindes auswirken würde.

[13]   An keiner Stelle in den geführten Interviews wird diese Möglichkeit erwähnt.

[14]   vgl. PWL 2 „Ich denke, so ein Kind ist geduldig, aber ich habe so die Befürchtung, je mehr ich vornormiere, so weniger kann ich eine Ich-Stärke entfalten…".

Förderung der Kinder erwartet, mit der Begründung, dass für den spezifischen Inhalt dann die Grundschule zuständig ist[15]. Dieses Fazit hat selbstverständlich nur einen vorläufigen Geltungsanspruch. In einer Hauptstudie wird zu prüfen sein, inwieweit sich diese Aussagen bestätigen lassen.

Literatur

Hovestadt, Gertrud: Wie setzen die Bundesländer den Bildungsauftrag der Kindertageseinrichtungen um? Eine Studie im Auftrag der Max-Traeger-Stiftung. November 2003. In: http://www.edu-con.de/bericht_2003.pdf (14.11. 2004).

Bayerisches Staatsministerium für Arbeit und Sozialordnung, Familie und Frauen (Hrsg.): Der Bayerische Bildungs- und Erziehungsplan für Kinder in Tageseinrichtungen bis zur Einschulung. In: http://www.stmas.bayern.de/familie/kinderbetreuung/bep.pdf (14.11. 2004).

Ministerium für Bildung, Jugend und Sport des Landes Brandenburg (Hrsg.): Grundsätze elementarer Bildung in Einrichtungen der Kindertagesbetreuung im Land Brandenburg.   In: http://www.brandenburg.de/sixcms/media.php/1234/bildungsgrundsaetze.pdf

Ministerium für Schule, Jugend und Kinder des Landes Nordrhein-Westfalen (Hrsg.): Bildungsvereinbarung NRW. In: http://www.bildungsportal.nrw.de/BP/Service/broschueren/bildungs-vereinbarung/download pdf (14.11. 2004).

Ministerium für Bildung, Frauen und Jugend (Hrsg.): Bildungs- und Erziehungsempfehlungen für Kindertagesstätten in Rheinland-Pfalz. In: http://www.mbfj.rlp.de/downloads/bildungs_erziehungsempfehlung_kitas.pdf

Renkl, A. (1996): Vorwissen und Schulleistung. In: Möller, J./ Köller, O. (Hrsg.): Emotionen, Kognitionen und Schulleistung. Weinheim, 175-190.

Senatsverwaltung für Bildung, Jugend und Sport (Hrsg.): Das Berliner Bildungsprogramm für die Bildung, Erziehung und Betreuung von Kindern in Tageseinrichtungen bis zu ihrem Schuleintritt. Berlin 2004.

Thüringer Ministerium für Soziales, Familie und Gesundheit (Hrsg.): Leitlinien frühkindlicher Bildung. Erfurt 2003.

Zitierte gesetzliche Regelungen

Baden-Württemberg: Gesetz über Betreuung von Kindern in Kindergärten, anderen Tageseinrichtungen und der Tagespflege (Fassung v. 11. April 2003).

Bayern: Bayerisches Kindergartengesetz (Fassung v. 10. August 1982); Verordnung über Rahmenpläne für anerkannte Kindergärten (Fassung v. 06. August 1979).

---

[15] vgl. PWL 1: „Und ich weiß nicht umgekehrt, warum jetzt die schulischen Aufgaben dann noch in den Kindergarten reingezogen werden sollten. ... Ich weiß es nicht, also so vielleicht kriegt dann auch ein Lehrer irgendwie Schwierigkeiten mit dem, was er denn jetzt wirklich beibringen soll. Also mit den eigenen Bildungsinhalten, die er vermitteln würde."

Berlin: Gesetz zur Förderung und Betreuung von Kindern in Tageseinrichtungen und Tagespflege (Fassung vom 04. September 2002).

Brandenburg: Zweites Gesetz zur Ausführung des Achten Buches des Sozialgesetzbuches – Kinder- und Jugendhilfe – Kindertagesstättengesetz (Fassung 01. Januar 2002).

Bremen: Bremisches Gesetz zur Förderung von Kindern in Tageseinrichtungen und in Tagespflege (Fassung 19.12. 2000).

Hamburg: Hamburgisches Gesetz zur Förderung von Kindern in Tageseinrichtungen und in Tagespflege (Fassung v. 14. April 2003).

Hessen: Hessisches Kindergartengesetz (Fassung v. 14. Dezember 1989).

Mecklenburg-Vorpommern: Gesetz zur Förderung von Kindern in Tageseinrichtungen und Tagespflege (Fassung v. 01. April 2004).

Niedersachsen: Gesetz über Tageseinrichtungen (Fassung v. 07. Februar 2002).

Nordrhein-Westfalen: Gesetz über Tageseinrichtungen für Kinder (Fassung v. 16. Dezember 1998).

Rheinland-Pfalz: Kindertagesstättengesetz (Fassung v. 09. April 2002).

Saarland: Gesetz zur Förderung der vorschulischen Erziehung (Fassung v. 07. Juni 2000).

Sachsen: Sächsisches Gesetz zur Förderung von Kindern in Tageseinrichtungen (Fassung v. 27. November 2001).

Sachsen-Anhalt: Gesetz zur Förderung von Betreuung von Kindern in Tageseinrichtungen und in Tagespflege des Landes Sachsen-Anhalt (Fassung v. 07. Februar 2003).

Schleswig-Holstein: Gesetz zur Förderung von Kindern in Tageseinrichtungen und Tagespflegestellen (Fassung vom 18. Juli 2000).

Sozialgesetzbuch Achtes Buch Kinder- und Jugendhilfe (Fassung v. 27.12.2003).

Thüringen: Thüringer Gesetz über Tageseinrichtungen für Kinder als Landesausführungsgesetz zum Kinder- und Jugendhilfegesetz (Fassung v. 21. 12. 2000).

Elternberatung zwischen Individualisierung und Standardisierung – aufgezeigt am Beispiel der Vermittlung von Lernstrategien

Iris Kühnl

Die Vermittlung von Lernstrategien ist ein wesentliches Ziel modernen Lehrens. Kinder sollen mittels verschiedener Strategien ihren Lernprozess selbstständig und eigenverantwortlich vorbereiten, durchführen und kontrollieren können (vgl. Konrad/ Traub 1999). Das bedeutet konkret, dass Kinder zum einen ihren Arbeitsplatz angemessen gestalten und für die nötige Ruhe sorgen können. Kinder müssen zum anderen wissen, wie sie am besten an eine Lernaufgabe herangehen und schließlich ihren Lernerfolg kritisch überprüfen können.

Alle dafür nötigen Lernstrategien sollten zwar in der Schule vermittelt werden, ihre tatsächliche Anwendung hängt jedoch davon ab, wie konsequent neu erlernte Lernstrategien trainiert werden (vgl. Friedrich 1992, 209f.). Das heißt, dass das tägliche häusliche Lernen und Üben als Trainingsraum für Lernstrategien in den Mittelpunkt des Interesses rückt. Kinder entwickeln beim Erledigen der Hausaufgaben eine bestimmte Art und Weise, wie sie ihren Arbeitsplatz gestalten, sie verfügen schon über eine bestimmte Form, etwas auswendig zu lernen usw.. Entsprechen die häuslichen Lernstrategien jedoch nicht jenen, die in der Schule forciert werden, sinkt die Wahrscheinlichkeit, dass das Kind die neu erlernten Strategien anwendet, erheblich, denn altbekannte und vertraute Strategien werden neuen gegenüber bevorzugt – auch wenn die neu erworbenen eigentlich effizienter wären (vgl. Flavell/ Wellmann 1977, 28).

Eine erfolgreiche Vermittlung von Lernstrategien muss also individuelle häusliche Lerngewohnheiten aufgreifen und entsprechend thematisieren. Das bedeutet, dass einer systematischen Beratung der Eltern[1] große Bedeutung zukommt. Eltern sind ein elementarer Teil der Lernumwelt der Kinder (vgl. Sigel 1982, 48) und gestalten das häusliche Lernen emotional und materiell (vgl. Beeler 1999; Keller 1999). Durch die Art und Weise, wie Eltern Hausaufgabenregeln einfordern, Übungen verbessern oder durchführen, nehmen sie Einfluss

---

[1] Wenn im Folgenden von Eltern gesprochen wird, so bezieht sich dies auf Erwachsene, welche die Hausaufgaben von Kindern betreuen. Dies bedeutet, dass die Darstellung ebenso für Hortnerinnen oder andere betreuende Erwachsene gültig ist.

auf die Lernhaltung der Kinder. Eltern geben zum Beispiel vor, wie etwas auswendig gelernt wird. Sie geben dem Kind Tipps, wie es an eine Sachaufgabe
herangehen sollte oder leben es entsprechend vor. Dadurch vermitteln Eltern
täglich Lernstrategien.

Eine systematische und individualisierte Vermittlung von Lernstrategien in
der Schule muss also, im Rahmen der Elternarbeit, die Eltern und ihre spezifischen Vorgehensweisen miteinbeziehen. Dies wird derzeit nur in einzelnen
Ansätzen zur Vermittlung von Lernstrategien angesprochen (vgl. Beeler 1999;
Keller 1999). Die dargestellte Situation erfordert jedoch eine stärkere Betonung
der Elternberatung. Daher wird im Folgenden für eine Elternberatung auf zwei
Ebenen plädiert:

- Relevante Lernstrategien sollten im Sinne grundlegenden Wissens allen
  Eltern gleich, also nahezu standardisiert, vermittelt werden.
- Individuelle häusliche Lerngewohnheiten müssen gezielt analysiert und im
  Hinblick auf mögliche Verbesserungen durchgesprochen werden.

1   Ansatzpunkte standardisierter Elternberatung

Die Vermittlung von Lernstrategien erfordert eine gewisse Standardisierung: Zu
Beginn des Schuljahres, am allgemeinen Elternabend oder einem gesonderten
Themenabend, sollte besprochen werden, welche Lernstrategien vorteilhaft und
für das Lernen förderlich sind (vgl. Beeler 1999, 39f.). Dabei erhalten alle die
gleichen Informationen. So werden grundlegende Informationen darüber gegeben, wie der Arbeitsplatz gestaltet werden sollte, wie Hefteinträge effektiv gelernt werden können oder welche Übungsformen sinnvoll sind. Eltern können
nur dann lernstrategisch vorteilhafte Vorgehensweisen fördern, wenn sie diese
selbst kennen. Neben einem Elternabend können hier auch schriftliche Informationen und Elternbriefe allgemeingültige Lernstrategien vermitteln (vgl. Keller
1999, 128).

Strategiewissen stellt die Grundlage einer sinnvollen Elternbetreuung der
Hausaufgaben dar. Die Vermittlung von Strategiewissen alleine bürgt jedoch
noch nicht dafür, dass Eltern auch lernstrategisch vorteilhaft intervenieren. Dazu
ist es nötig, die konkrete familiäre Situation, die Arbeits- und Lerngewohnheiten
und die bisher üblichen Formen der elterlichen Betreuung näher zu betrachten.
Mit anderen Worten: Die allgemeine Elternberatung muss durch eine individuelle ergänzt werden.

2   Ansatzpunkte individueller Elternberatung

Um Eltern individuell zu beraten, müssen Lehrerinnen und Lehrer wissen, wie Eltern das Lernen ihrer Kinder konkret beeinflussen. Auf dieser Basis können dann sinnvolle Beratungsinhalte entwickelt werden. Was den Einfluss der Eltern auf das kindliche Lernen im Allgemeinen betrifft, so gibt es dazu durchaus Studien (vgl. Sigel 1982; Power/ Parke 1982) und Theorien, wie zum Beispiel im Rahmen der sogenannten Anlage-Umwelt-Diskussion (vgl. Kreppner 1998). Aus diesen Ergebnissen kann jedoch nicht abgelesen werden, wie Eltern Lernstrategien weitergeben und was dies für eine schulische Elternberatung bedeutet.

Aus diesem Grund wurde eine qualitative Studie mit dem Ziel durchgeführt *grundlegende familiäre Handlungsformen* bei der Betreuung der Hausaufgaben zu isolieren.[2] Die analysierten Handlungsformen umschreiben Interventionsmodi der Eltern, wie z.B. die Hilfe, die Kontrolle oder das Einschätzen des Kindes. Bei allen Familien konnten diese Handlungsformen beobachtet werden. Das bedeutet allerdings nicht, dass alle Eltern ähnliche Vorgehensweisen gegenüber ihren Kindern entwickelten – im Gegenteil. Die konkreten Vorgehensweisen *innerhalb einer Handlungsform* variierten bei den Eltern und waren teilweise durchaus konträr. Der Gewinn der Studie liegt darin, dass das Vorgehen der Eltern durch die Lehrerinnen und Lehrer benannt und zugeordnet werden kann. Dies bietet einen praktikablen Interventionsrahmen für die Elternberatung.

Mit Hilfe der Handlungsformen von Eltern können Lehrerinnen und Lehrer zunächst feststellen, ob Eltern überhaupt auf allen Feldern agieren oder einzelne Handlungsformen, wie die Kontrolle oder Hilfe außen vor lassen. Darüber hinaus bieten diese Handlungsfelder die Möglichkeit, Eltern ihren Einfluss bewusst zu machen und systematisch Anregungen für das elterliche Handeln zu geben. Beispielsweise kann thematisiert werden, welche Interventionen seitens der Eltern in einem bestimmten Bereich positiv auf die Lernhaltung der Kinder und

---

[2]   Dazu wurden im Rahmen von Einzelfallstudien drei Kinder der 3. Jahrgangsstufe und der die Hausaufgaben betreuenden Elternteil je zweimal mit Leitfaden interviewt. Ausgewertet wurde nach der Methode der Grounded Theory. Diese Methode gewährleistete die nötige Offenheit für das Vorhaben (vgl. Glaser/ Strauss 1998), während die Konzentration auf den Einzelfall das Erfassen und Generalisieren möglicher Zusammenhänge versprach (vgl. Lamnek 1993). Bei der Auswahl der Kinder wurde darauf geachtet, dass keine besonderen Auffälligkeiten, weder soziale noch intellektuelle, die häusliche Lernsituation beeinflussen. Damit sollte gewährleistet werden, dass tatsächlich Grundformen des elterlichen Handelns isoliert werden können.

die auszubildenden Strategien wirken und welche nicht. Dies soll im Folgenden anhand der Handlungsform „Hilfe" näher aufgezeigt werden[3]. Das Helfen stellt eine häufige und daher sehr relevante Form elterlichen Handelns dar. Vor allem die Kinder nehmen das Helfen als eine sehr wichtige Funktion der Eltern wahr. Beim Helfen greift der jeweilige Elternteil aktiv in das Lerngeschehen ein. Er unterstützt das Kind und versucht ihm so das Lernen zu erleichtern. Damit nimmt er direkt auf das Lernen des Kindes und seine Lernstrategien Einfluss. Eltern helfen dabei auf zwei verschiedenen Ebenen. Zum einen *erklären* sie Inhalte, zum anderen unterstützen sie ihr Kind, indem sie konkrete *lernstrategische Vorgehensweisen* vorschlagen. Der Unterschied zwischen beiden Formen des Helfens war im Rahmen der geführten Interviews meist weder dem Kind noch den Eltern bewusst. In der Regel wurde jedoch die inhaltliche Hilfestellung bevorzugt.

Helfen Eltern ihrem Kind inhaltlich, so lösen sie zum einen Probleme für ihre Kinder, indem sie beispielsweise sagen, wie etwas geschrieben wird. Diese Form zeigt sich deutlich in der folgenden Aussage der Mutter.

> L: Und fragt er dann öfter?
> E3: Ab und zu
> L: Bei was ungefähr?
> E3: Bei Wörter zum Beispiel, ob man sie mit zwei t schreibt oder ob man sie groß oder klein schreibt.
> (I, E3, 60-65)

Zum anderen erklären sie den jeweiligen Inhalt noch einmal, geben also fachliche Hilfestellung. Dazu wäre beispielsweise das Erklären einer Sachaufgabe oder eines Themas im Heimat- und Sachunterricht zu zählen. Dieser Aspekt des Helfens kann unter dem Begriff des Erklärens zusammengefasst werden. Er gibt den Kindern Unterstützung und ermöglicht ihnen, zügig beim Erledigen der Hausaufgaben voranzuschreiten.

Daneben können Eltern dem Kind aber auch dadurch helfen, dass sie ihm Lern- und Arbeitsstrategien vorschlagen. Dies bedeutet, dass sie nicht zusammen mit dem Kind die Fragestellung lösen, sondern ihm eine Hilfestellung geben, wie es das Problem selbst lösen könnte. Ein typisches Beispiel wäre der Verweis auf den Duden, wenn ein Kind nicht weiß, wie ein Wort geschrieben wird. Ein weiteres Beispiel findet sich in dem folgenden Zitat. Hier bietet die Mutter eine Gedächtnisstrategie an, um ihren Sohn beim Lernen zu helfen.

---

[3]   Alle im folgenden dargestellten Zusammenhänge und Sachverhalte sowie die angefügten Zitate stammen aus der oben skizzierten Untersuchung.

„Ja, manchmal tun wir es, wie es dort steht und manchmal sag' ich, mach' dir eine kleine Geschichte dazu, dann merkst du dir es leichter. Manchmal kann man einen Sinn daraus finden, dann tut man sich sowieso leichter, wie wenn er ein Gedicht hat, wo er sich nichts vorstellen kann. Also des sowieso. Auch jetzt mit der Religion zum Beispiel, da war eben die Hl. Messe und da habe ich gesagt, wir waren in der Kirche und sind öfters in der Kirche, dann stell dir das bildlich vor, wie das abläuft, und dann kannst du dir es auch leichter merken. Da merkt man schon, dass er es sich dann leichter merken kann (I, E2, 209-220).

Diese zweite Form des Helfens steigert die Selbstständigkeit des Kindes, da ihm eigenverantwortliche Lösungswege aufzeigt werden. Es wird das selbstgesteuerte Lernen des Kindes gefördert. In einer späteren ähnlich problematischen Lernsituation können die Kinder nun ohne die Hilfestellung der Eltern die Lernaufgabe lösen, weil sie eine effektive Methode kennen. Allerdings ist diese Form der Hilfestellung langwieriger, da sich das Kind die Lösung seines Problems selbst erarbeiten muss. Unter Umständen wurde deshalb diese zweite Form der Hilfe in den interviewten Familien seltener angewandt. Von beiden Seiten wird es als unbefriedigend empfunden, wenn das Kind nicht sofort im Lernprozess weiter schreiten kann. Kinder möchten ihre Aufgaben zügig und ohne unbequeme Umwege erledigen. Eltern möchten zeigen, dass ihre Intervention das Problem schnell und effektiv löst. Daneben versteht das Kind das Vorschlagen von Vorgehensweisen teilweise als Einmischung in seine Arbeitsweise, die es nur ungern duldet.

Das Wissen um die Problematik der Hilfestellung stellt die Voraussetzung für eine adäquate Elternberatung dar. Der Lehrende wird zunächst den Eltern die Formen der Hilfe vorstellen, um Verständnis für die weiteren Ausführungen zu ermöglichen. In einem zweiten Schritt wird dann im Gespräch festgestellt werden, welche Hilfeform die Eltern tendenziell bevorzugen und was dies für den Aufbau einer lernstrategisch vorteilhaften Arbeitshaltung bedeutet. Dabei ist denkbar, dass die Eltern entweder *erklären* bzw. *lernstrategische Vorgehensweisen* anbieten oder auch keine Hilfe leisten. Entsprechend muss dann das weitere Vorgehen variiert werden. Ziel muss es sein, Hilfestellungen, die lernstrategische Vorgehensweisen anbieten, zumindest punktuell zu stärken. Dazu müssen den Eltern zum einen wichtige Lernstrategien aus der allgemeinen Elternberatung bekannt sein. Zum anderen müssen darauf basierend individuelle Interventionsformen besprochen werden, die der spezifischen kindlichen Situation und ihren Problemen gerecht werden.

3   Fazit

An dieser Stelle wird die Verbindung zwischen beiden Formen der Elternberatung deutlich: Die Informationen aus der allgemeinen und standardisierten Elternberatung dienen als Grundlage für die individuelle Beratung, sie werden
angereichert und je nach spezifischer häuslicher Situation weiterentwickelt. Die
allgemeine Elternberatung legt also die Grundlagen, um in der individuellen
Elternberatung eine schnelle Konzentration auf die konkrete Situation zu ermöglichen.

Literatur

Beeler, A. (1999): Wir helfen zu viel. Lernen lernen in der Volksschule als Erziehung zur
    Selbständigkeit. Zug.
Flavell, J. H./ Wellman, H. M. (1977): Metamemory. In: Kail R.V./Hagen J. W. (Hrsg.):
    Perspectives on the Development of Memory and Cognition. Hillsdale, 3-33.
Friedrich, H. F. (1992): Vermittlung von reduktiven Textverarbeitungsstrategien durch
    Selbstinstruktion. In: Mandl, H./ Friedrich, H. F. (Hrsg.): Lern- und Denkstrategien.
    Analyse und Intervention. Göttingen, 193-212.
Glaser, R./ Strauss, A. L. (1998): Grounded Theory. Strategien qualitativer Forschung.
    Bern.
Keller, G. (1999): Lehrer helfen lernen. Lernförderung. Lernhilfe. Lernberatung. 5. Auf-
    lage. Donauwörth.
Konrad, K./ Traub, S. (1999): Selbstgesteuertes Lernen in Theorie und Praxis. München.
Kreppner, K. (1998): Vorstellungen zur Entwicklung der Kinder: Zur Geschichte von
    Entwicklungstheorien in der Psychologie. In: Keller, H. (Hrsg.): Lehrbuch Entwick-
    lungspsychologie. Bern / Göttingen u.a., 121-146.
Power Thomas G./ Parke Ross D. (1982): Play as a Context for Early Learning. Lab and
    Home Analyses. In: Laosa, L. / Sigel, I. (Hrsg.): Families as Learning environe-
    ments for children. London, 147-178.
Sigel, I. E. (1982): The Relationship between Parental Distancing Strategies and the
    Child's Cognitive Behavior. In: Laosa, L./ Sigel, I. (Hrsg.): Families as Learning
    environements for children. London, 47-86.

Brauchen wir eine „systematische Grundschulpädagogik"? Überlegungen zur Standardisierung der Grundschulpädagogik als Wissenschaftsdisziplin

Günther Schorch

1 Problemstellung

Angesichts der beeindruckenden Fülle von Einzelprojekten, die uns bei dieser Tagung vorgestellt wurden, möchte ich unter dem Aspekt der Standardisierung eine *übergreifende* Problemstellung ansprechen, die das Selbstverständnis von Grundschulpädagogik als Wissenschaftsdisziplin betrifft. Mein Anliegen ist es, über empirische Erhebungen hinaus, übergeordnete (grund-)schulpädagogische Theoriebildung als eigenständige Forschungsaufgabe wieder stärker ins Bewusstsein zu rufen.

Als vor rund 20 Jahren in Nürnberg der „Arbeitskreis Grundschulforschung" gegründet wurde, ging es bereits um die Frage, ob alles, was irgendwie mit Grundschule zu tun hat, auch entsprechende grundschulpädagogische und -didaktische Forschungsrelevanz besitzt und wo Grenzen und Standards einer relativ eigenständigen Grundschulforschung liegen. Einig war man sich schon damals, dass angesichts der Komplexität des Forschungsfelds *Methodenvielfalt und Methodenverbund* unvermeidlich sind: Hermeneutische wie empirische Methoden, ethnographische Verfahren und Handlungsforschung, ebenso vergleichende wie historische Grundschulforschung.

Um so wichtiger erschien es, einen *Theorierahmen* zu entwickeln, der den noch jungen Wissenschaftsbereich (bei aller Akzeptanz von Freiheit der Forschung) zu Fachdisziplin und Fachdisziplinierung zwingt. Gefordert wurde zunächst, Kernfelder der Grundschulpädagogik und -didaktik zu bearbeiten und nicht gleich in Rand- und Überschneidungsgebieten zu beginnen.

In den letzten Jahrzehnten hat sich „Grundschulforschung" – wie vorauszusehen – in verschiedene Forschungsrichtungen ausdifferenziert. Sie ist dabei aber zunehmend in ein Vielerlei zusammenhangsloser Forschungsfragen zerfallen (von A wie Aufmerksamkeit bis Z wie Zahlenverständnis). „Grundschule" wird oftmals nur als rein formaler Bezugsrahmen verstanden, der zwar die Chance der Offenheit, aber auch das Risiko der Beliebigkeit beinhaltet. Indiz hierfür ist z.B. die einschlägige Handbuchliteratur, die in Lexikonmanier immer mehr Stichworte anreichert, ohne dass theoretisch reflektierte Grundstrukturen vorliegen und Verbindungslinien aufgezeigt werden.

2   Selbstverständnis der Grundschulpädagogik

Die Frage nach dem Selbstverständnis der Grundschulpädagogik wurde in letzter Zeit ausgeklammert, ja geradezu tabuisiert. Die Auseinandersetzung mit einer übergreifenden bildungstheoretischen bzw. stufenpädagogischen Systematik wird in grundschulbezogenen Forschungsprojekten meist übergangen oder gar nicht erst als Notwendigkeit erkannt. Grundschulforschung wird aber um so effektiver sein, wenn nicht konzeptionslos an einem „Fleckerlteppich" von Einzelprojekten gearbeitet wird, sondern das Gesamtkonzept im Blick bleibt. Die mit Recht geforderte Verstärkung empirischer Forschung darf nicht dazu führen, übergeordnete Theoriebildung und systematische Einordnung von Forschungsfragen zu vernachlässigen.

Mit Recht wird deshalb in Evaluationen der Erziehungswissenschaften Identifikation und Profil der Grundschulpädagogik als Wissenschaftsdisziplin angemahnt.

Auch im Hinblick auf die akademische *Lehre* können wir eine Selbstverständnisdebatte nicht lange hinausschieben, weil sie eigentlich längst begonnen hat. Im Zuge der *Lehrerbildungsreform* und im Auf- bzw. Ausbau konsekutiver und modularisierter Studiengänge geht es bereits um Selbstbehauptung und überzeugende Selbstdarstellung. Zu fragen ist z.B.: Wie soll das spezifische pädagogische Profil der Grundschule gewichtet und die Eigenständigkeit der Grundschulpädagogik im Fächerkanon akzentuiert werden? Wie wirkt sich die geforderte Anschlussfähigkeit der Bildungsprozesse auf das pädagogische Selbstverständnis der Grundschule aus, wenn mit der Öffnung „nach unten und oben" die Übergänge zu anderen Bildungsinstitutionen fließend werden (vgl. neue Einheitsschuldebatte!) und noch stärker individuelle „Bildungsgänge" im Vordergrund stehen sollen (vgl. Tenorth in diesem Band)?

Es ist sogar noch grundsätzlicher anzusetzen: Kann und soll es angesichts der notwendigen Veränderungen im Bildungssystem überhaupt (noch) eine eigenständige Theorie der Grundschule geben? Reicht die Zuordnung zu einer allgemeinen Theorie der Schule oder zur allgemeinen Schulpädagogik aus? Brauchen wir so etwas wie eine systematische Grundschulpädagogik? Wäre diese überhaupt konsensfähig?

3   Pädagogische Handlungstheorie

Wenn es um *Professionalisierung* der Lehrer im Hinblick auf Könnensziele und Kompetenzen geht, brauchen wir zumindest ein klares Berufsbild und damit einhergehend eine (konsensfähige) pädagogische Handlungstheorie. Die Frage nach einer entsprechenden systematischen Grundschulpädagogik stellt sich somit aus der Notwendigkeit von Forschung *und* Lehre. Wir sind – so meine These – auf eine Rahmenkonstruktion angewiesen, in der Forschungsprojekte und Lehrinhalte systematisch verortet, Praxisanforderungen theoriegeleitet bewältigt werden können.

Damit das Anliegen nicht abstrakt bleibt, möchte ich kurz einen Diskussionsvorschlag zu einem möglichen Grundgerüst systematischer Grundschulpädagogik skizzieren. Dabei müsste man m.E. mindestens zwei Ebenen unterscheiden:

1. Grundschule als *Institution* im Bildungssystem
    Hier geht es um historisch gewachsene, gesellschaftlich-politische Rahmenbedingungen, um staatlich verordnete Schulentwicklung, um die Stellung der Grundschule im Schulsystem und um die Bestimmung spezifischer Aufgaben bzw. Programme, die schwerpunktmäßig der Grundschule zugewiesen werden.
2. Grundschule als *pädagogisches Handlungsfeld*
    Gemeint ist die Verantwortlichkeit der einzelnen Schule im gegebenen Praxisfeld, von pädagogischen Entscheidungen der Schulleitung bis hin zum pädagogischen Alltagshandeln der einzelnen Lehrkraft im Klassenzimmer.

In wissenschaftstheoretisch-pädagogischer Sichtweise werden dabei empirische und normative Aussagen miteinander in Beziehung gesetzt, ohne allerdings einem „naturalistischen Fehlschluss" zu unterliegen.

Unter dieser Vorgabe geht es um Analyse wichtiger Bestimmungs- und Funktionsmerkmale der Grundschule als Bildungsinstitution *und* pädagogisches Handlungsfeld. Die Erhellung einer solchen Grundstruktur kann als eine Art „Betriebswirtschaftslehre der Schule" verstanden werden, die zunächst Voraussetzungen, Aufgaben und Realisierungsmöglichkeiten des „Betriebs Grundschule" klärt, bevor Rückschlüsse für „innerbetriebliches Handeln" gezogen werden.

Wenn man Grundschulpädagogik als *pädagogische Handlungstheorie* versteht, müssen *schulartbezogen* zunächst kritisch Zielsetzungen und Voraussetzungen analysiert werden, also die historisch gewachsenen und politisch gesetzten Rahmenbedingungen der Institution Grundschule. In Abhängigkeit offen gelegter Handlungsbedingungen können Leitlinien und Möglichkeiten pädagogischen Handelns entworfen werden, die im Praxisfeld umsetzbar sind. Wir brauchen dazu kein völlig neues Denkmodell, sondern können einen gewissen *Grundkonsens* in der grundschulpädagogischen Literatur aufgreifen, wie ich ihn an anderer Stelle bereits aufgezeigt habe (vgl. Schorch 1998). Dieses Grundmodell des pädagogischen Profils der Grundschule weist akzentuierende Merkmale auf, die umfassende pädagogische Aufgabenfelder darstellen, jedoch eine deutliche Abgrenzung zur allgemeinen Schulpädagogik zulassen. Die einfache Struktur hat den Vorteil, dass einzelne Faktoren isoliert betrachtet, durch ihre Wechselwirkungen aber auch in komplexe Beziehungen gebracht werden können.

	Grundlegende Schule	Erste Schule	Gemeinsame Schule	Kinderschule
Grundschule als Bildungs-institution ⬇	Basis des Bildungs-systems Stätte „grundlegender Bildung"	Vermittler-schule Stätte der Schulpropä-deutik und Schulbefähigung	Schule der Vielfalt und Gemeinsamkeit Schule der Selektion und Förderung	Pflichtschule für Kinder Kindgemäße Schule
Grundschule als pädagogisches Handlungsfeld (Leitlinien und Gestaltungs-möglichkeiten)	Anschluss-fähigkeit der Bildungsprozesse berücksichtigen Einführung in Kulturtechniken päd. gestalten Unterricht wissenschafts-nah anlegen Auf künftige Heraus-forderungen vorbereiten	Den Schulanfang pädagogisch gestalten Den Anfangs-unterricht pädagogisch arrangieren Positive Arbeits-haltung und Lernbereitschaft anbahnen	Pädagogischer Umgang mit Heterogenität Förderung individuellen Lernens Förderung gemeinsamen Lernens	Berücksichti-gung altersspe-zifischer Merk-male und Inter-essen Berücksichti-gung von Vor-wissen und -erfahrungen Adressatengem. Arrangement von Lernumge-bungen

Abb. 1: Aufgabenfelder der Grundschulpädagogik

4 Grundschule als Bildungsinstitution

Auf einer ersten Ebene analysieren wir *Rahmenbedingungen* der Bildungsinstitution Grundschule: Die Grundschule als grundlegende, erste und gemeinsame Schule und als spezielle Schule für Kinder.

„*Grundlegend*" ist zwar ein relativer Begriff, in der Bezeichnung *Grundschule* aber klar akzentuiert. Grundschulpädagogik als Wissenschaftsdisziplin findet hier einen Kernbereich vor, beispielsweise als vergleichende Bildungsforschung, die Schulsysteme hinsichtlich Verknüpfung mit dem Vorschul- und Sekundarbereich untersucht. Der Topos „Grundlegende Bildung", verstanden als Anfang der Allgemeinbildung, ist Gegenstand historischer und bildungstheoretisch orientierter Bildungsforschung, in der Frage nach den grundlegenden Bildungsinhalten ein Thema der Lehrplanentwicklung und der didaktischen Umsetzung.

Die Grundschule als *erste* verpflichtende Schule vermittelt zwischen Vorschulzeit und Schule. Einzuordnen sind hier Fragen nach dem optimalen Einschulungsalter (Diskussion Eingangsstufe), nach effektiver Schulvorbereitung (Diskussion Bildungsstandards für Elementarbereich), nach Kriterien für die Schulaufnahme des Kindes (Diskussion Schuleingangsdiagnostik), nach den Möglichkeiten einer Schule, die alle Kinder aufnehmen soll (Diskussion Integration, Inklusion, Differenzierung), nach Vermittlung zwischen kindlichen Bedürfnissen und gesellschaftlichen Erwartungen (Diskussion Anfangsunterricht) und nach der organisatorischen Gestaltung des Übergangs (Diskussion Schulanfang). Es geht hier auch um Schulfähigkeit des Kindes *und* um Schulbefähigung als pädagogische Aufgabe.

Durch den Verfassungsauftrag, im Prinzip alle Kinder des Volkes aufnehmen zu müssen, ist die *gemeinsame* Grundschule die Schule mit der größten Heterogenität der Schülerschaft. Das ist eine Rahmenbedingung, die programmatische Konsequenzen für das Selbstverständnis der Grundschule im Spannungsfeld divergierender Aufgabenbereiche hat: Schule der Vielfalt und Gemeinsamkeit, Schule der Selektion und Förderung. Wissenschaftliche Grundschulpädagogik fragt hier nach empirischen Ursachen der Heterogenität, aber auch nach der Wirkung von Lösungsmodellen wie jahrgangsübergreifendes Lernen oder Ganztagsgrundschule.

Die Grundschule ist schließlich die einzige Pflichtschule im Schulsystem, die als *Kinderschule* bezeichnet werden kann, alle weiteren Schularten haben es bereits mit Jugendlichen oder Erwachsenen zu tun. Systematische Grundschulpädagogik orientiert sich deshalb an soziologischen Untersuchungen zur gesellschaftlichen Konstruktion des Kindes, an anthropologischen und entwicklungspsychologischen Befunden der Kindheitsforschung.

Sie behält dabei nicht nur die Ausgewogenheit der Bildungsaufgaben im Blick, sondern auch die Ausgewogenheit des Einflusses von Bezugswissenschaften (derzeit ist etwa Psychologisierung der Pädagogik und Dominanz sozialwissenschaftlicher Bildungsforschung zu beobachten).

5 Grundschule als pädagogisches Handlungsfeld

Die zweite Ebene hat eine eigene Qualität. Sie ist nicht als einlinige und direkte *Ab*leitung aus den Rahmenbedingungen zu verstehen, sondern vor allem als *An*leitung zu einer pädagogischen Reflexion, die die vorhandenen (empirischen und programmatischen) Voraussetzungen zur Kenntnis nimmt, mit den konkreten Bedingungen vor Ort abgleicht und mit umsetzbaren Zielsetzungen in Einklang zu bringen versucht. Es ist die Ebene theoriegeleiteter Praxis unter dem Anspruch von Professionalisierung: Reflektiertes Alltagshandeln, das übergeordnete Aufgaben nicht aus dem Auge verliert.

So muss in der konkreten Schulklasse die *Anschlussfähigkeit der Bildungsprozesse* berücksichtigt werden, und zwar nach unten (was ist vorausgegangen?) und nach oben (welche Ziele im Bildungsgang werden weiter verfolgt?). Elementare Bildung bezieht sich auf kategoriale Welterschließung, die in der höheren Bildung ihren Anschluss findet, so z.B. (im Sinne Humboldts) im Hinblick auf sprachliches, historisches, mathematisches und ästhetisches Bildungswissen.

Die Grundschule als *erste* Schule prägt bei den Kindern nachhaltig das „Bild von Schule". Die pädagogische Herausforderung ausgewogener Gestaltung des Schulanfangs als bruchloser Übergang *und* Neubeginn ist dabei beispielsweise abhängig von der Rahmenbedingung einer vorhandenen bzw. fehlenden Eingangsstufe. Ein spezielles pädagogisches Handlungsfeld stellt der Anfangsunterricht dar, der spielerisches Lernen als Brückenfunktion nutzt sowie positive Arbeitshaltung und Lernbereitschaft anzubahnen sucht.

In der Grundschule ist *Heterogenität* der Schülerschaft der Normalfall. Vielfalt als pädagogische Herausforderung bemüht sich um ein stimmiges Verhältnis zwischen zieldifferentem, individuellem Lernen einerseits und der Förderung gemeinsamen Lernens andererseits. „Vielfalt in der Gemeinsamkeit" *und* „Gemeinsamkeit in der Vielfalt" sind Standardthemen systematischer Grundschulpädagogik.

Die *Berücksichtigung altersspezifischer Merkmale und Interessen* erfordert von Grundschullehrern nicht nur pädagogisches Einfühlungsvermögen, sondern auch anthropologisches und entwicklungspsychologisches Handlungswissen. Hinzu kommt eine spezifische Diagnosekompetenz, die adressatengemäßes Arrangieren von Lernumgebungen erst ermöglicht.

6   Zusammenfassung

Das skizzierte Konzept stellt eine mögliche Zugangsweise unter anderen dar. Entscheidend für die Weiterentwicklung der Grundschulpädagogik als Wissenschaftsdisziplin ist die verstärkte gemeinsame Bemühung um inhaltlich-systematische Profilbildung in Forschung und Lehre: Synergieeffekte bei Forschungsfragen, gezielte Praxisadaption von Forschungsergebnissen, maßvolle Standardisierung von Lehrinhalten und ihre Übertragung in kompetenzorientierte Module der Lehrerbildung.

Literatur

Schorch, G.: Grundschulpädagogik – eine Einführung. Bad Heilbrunn 1998.

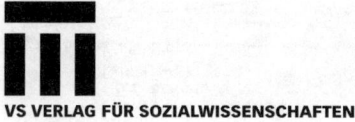